高等学校交通运输与工程类专业教材建设委员会规划教材

道路交叉设计理论与方法

潘兵宏 著

人民交通出版社股份有限公司

北 京

内 容 提 要

本教材完整划分了道路交叉分类体系，依据笔者的科研成果、设计实践和现代设计理念，论述了设计控制要素、交通流线连接方法、交叉总体设计内容等方面控制性指标制定的基本原理和设计方法；从形式设计、平面设计、立面设计三个方面阐述了平面交叉设计方法；论述了互通式立体交叉的形式设计、匝道几何设计、附加车道和连接部设计参数指标确定基本原理和设计方法；从交通安全角度论述了道路交叉景观绿化设计控制区设计的基本原则和设计方法。本书具有结构的系统性与先进性、内容的理论性与实践性、形式的可读性与操作性特点，图表丰富，内容翔实。

本教材可作为高等学校道路桥梁与渡河工程专业、交通工程专业以及土木工程专业的教学用书，也可供从事公路、城市道路交叉工程设计的工程技术人员和科研人员参考。

图书在版编目(CIP)数据

道路交叉设计理论与方法/潘兵宏著. — 北京：人民交通出版社股份有限公司，2022.12
ISBN 978-7-114-18082-8

Ⅰ.①道… Ⅱ.①潘… Ⅲ.①公路交叉—设计 Ⅳ.①U412.35

中国版本图书馆 CIP 数据核字(2022)第 118918 号

高等学校交通运输与工程类专业教材建设委员会规划教材
Daolu Jiaocha Sheji Lilun yu Fangfa

书　　名：	道路交叉设计理论与方法
著　作　者：	潘兵宏
责任编辑：	李　瑞
责任校对：	赵媛媛　魏佳宁　卢　弦　刘　璇
责任印制：	刘高彤
出版发行：	人民交通出版社股份有限公司
地　　址：	(100011)北京市朝阳区安定门外外馆斜街 3 号
网　　址：	http://www.ccpcl.com.cn
销售电话：	(010)59757973
总　经　销：	人民交通出版社股份有限公司发行部
经　　销：	各地新华书店
印　　刷：	北京印匠彩色印刷有限公司
开　　本：	787×1092　1/16
印　　张：	25.75
字　　数：	520 千
版　　次：	2022 年 12 月　第 1 版
印　　次：	2022 年 12 月　第 1 次印刷
书　　号：	ISBN 978-7-114-18082-8
定　　价：	80.00 元

(有印刷、装订质量问题的图书，由本公司负责调换)

PREFACE 前言

随着我国公路和城市道路的快速发展,路网日趋完善,路网密度进一步增加,道路交叉节点越来越密集,交叉建设制约条件也越来越多。交叉节点不仅是路网通行能力的制约点,也是交通事故风险较高的地点。道路交叉规划和设计的科学性不仅关系整个路网的通行效率、影响路网的畅通性,也关系道路使用者的生命和财产安全,因此道路交叉的设计越来越重要,在道路总体设计中举足轻重,对道路建设方案影响重大。

早期修建的部分道路交叉通行能力不足和事故频发的问题越来越明显,同时也出现了许多交叉总体间距控制的问题。道路交叉设计不仅仅涉及交通流转换和衔接的问题,也涉及转向交通流的特性、通行能力、行驶安全、环境制约因素等。道路交叉设计中控制性要素和几何设计指标的确定既要考虑车辆行驶的稳定性、制动性、动力性,也要考虑驾驶人的心理和生理特性,还要综合微观交通流的特征,满足交通流在转换过程中的安全性、舒适性需求,并结合环境制约要素,节约工程建设费用,保护环境。为此,国内外相关专家和学者进行了深入研究,取得了较多成熟的科研成果。道路交叉设计理论和方法不断成熟,道路交叉设计标准和规范也不断完善。

虽然我国的道路交叉建设取得了举世瞩目的成就,但是设计理论和方法的不完善,导致部分道路交叉工程设计不尽合理。目前国内外有关道路交叉部分的设计理论和方法主要集中于交叉形式选择和常规几何设计指标选择两方面,相关教材和著作尚未建立道路交叉设计理论与方法体系,相关控制性指标制定的原理解释不清,来源不明确,导致设计者存疑,也无法根据具体制约条件灵活设计,因为灵活设计是建立在控制性指标设计原理和方法明确的基础上的。

作者从事道路交叉方面的教学、科研、设计、安全性评价等工作二十多年,带领研究生团队十几年持续对道路交叉设计中的基本原理、设计方法、关键性指标等进行深入的调查、试验分析和理论建模,在国内外的核心期刊上发表了与道路交叉设计和安全有关的论文近30篇,主持广东省交通运输厅科技项目"珠三角路网密集区互通式立交设计关键技术研究"、中交科技基金项目"高速公路路线及互通立交安全性优化设计研究"和"互通式立交出入口与主线出入口间最小净距和交通安全保障技术研究"等道路交叉方面的科研项目5项。通过二十多年的学习和研究,逐渐建立了道路交叉设计的理论框架和方法流程,厘清了交叉设计理论体系,界定了部分设计指标的范围,建立了道路交叉设计指标计算原理模型,提出了道路交叉设计方法,并总结了国内外道路交叉设计的新形式和新理念。

本书基于两个大框架编写:一是总体设计思想框架,即先阐述道路交叉设计的控制性因素和总体指标的要求,归纳具有通用性的基础原理和方法,注重在基本原理、分析思路等方面的论述,重视建立核心的基础原理模型,为几何指标的制定奠定基础;二是道路交叉形式分类框架,即在道路交叉分类的基础上,将核心内容分为平面交叉和互通式立体交叉两部分,按照各自的分类方法分别阐述,注重基本原理、基本设计方法在设计应用中的论述。基于这两个框架,本书首先阐述了道路交叉分类体系和组成、设计控制要素、基于交通流线的交通流连接方式,全面论述了道路交叉总体设计的内容和总体设计控制性指标的基础理论;其次,从形式设计、平面设计、立面设计三个方面阐述了平面交叉的设计方法;再次,阐述了互通式立体交叉的形式设计、匝道的几何设计,附加车道和连接部的设计参数指标确定的基本原理;最后,着重从交通安全角度,提出了道路交叉景观绿化控制区的概念,并提出了保障道路交叉交通安全的景观绿化设计的基本原则和具体的设计方法。

本书充分反映了作者对道路交叉设计理论和方法的探索,体现了国内外在道路交叉设计方面的新理念、新技术、新方法;阐述了相关路线设计规范和《公路立体交叉设计细则》(JTG/T D21—2014)中部分原理不清晰的设计指标,详尽地叙述了设计的方法和步骤,并绘制了大量的插图来解释基本的设计理论和方法。本书具有注重结构的系统性与先进性、内容的理论性与实践性、形式的可读性与可操作性的特点,可为广大道路设计人员的设计和分析研究、在校本科生和研究生的学习和研究提供参考,也可作为不同学校、不同层次的教学授课选材。

全书共分十一章,依次为概论、交通流线及其连接、道路交叉总体设计、平面交叉形式设计、平面交叉平面设计、平面交叉立面设计、互通式立体交叉形式设计、互通式立体交叉匝道设计、附加车道和连接部设计、互通式立体交叉的其他设施设计、道路交叉景观绿化设计。

本书内容丰富,主要内容来自作者的研究成果。因为研究具有局限性且作者水平有限,书中不成熟、不周全的地方在所难免,希望读者不吝批评指正,共同探讨,一起推进道路交叉设计理论与方法的完善和进步,为建设平安、畅通交通,实现交通强国作出贡献。

本书在撰写过程中参考了有关标准、规范、教材和论著,在此诚挚地向有关作者表示衷心的感谢!撰写过程也得到了作者指导的研究生们的大力协助,他们协助完成相关试验调查和数据分析、建模和仿真分析等工作,在此一并表示衷心的感谢!

潘兵宏
2022 年 6 月

CONTENTS 目录

第一章 概论
- 第一节 道路交叉功能和分类 ········· 002
- 第二节 道路交叉的组成 ········· 010
- 第三节 设计控制要素 ········· 013
- 本章参考文献 ········· 037

第二章 交通流线及其连接
- 第一节 交通流线概念、分类和数量 ········· 040
- 第二节 交通流线的基本形式和连接 ········· 043
- 本章参考文献 ········· 054

第三章 道路交叉总体设计
- 第一节 道路交叉总体设计原则 ········· 056
- 第二节 平面交叉总体设计内容及要求 ········· 063
- 第三节 立体交叉总体设计内容及要求 ········· 089
- 本章参考文献 ········· 119

第四章 平面交叉形式设计
- 第一节 平面交叉的形式 ········· 122

第二节　平面交叉的形式选择 …………………………………… 135
　　本章参考文献 …………………………………………………… 151

第五章　平面交叉平面设计

　　第一节　平面交叉正线平面线形设计 …………………………… 154
　　第二节　平面交叉转弯设计 ……………………………………… 157
　　第三节　平面交叉展宽设计 ……………………………………… 161
　　第四节　渠化交通岛设计 ………………………………………… 169
　　第五节　环形平面交叉设计 ……………………………………… 177
　　第六节　掉头车道设计 …………………………………………… 193
　　本章参考文献 …………………………………………………… 200

第六章　平面交叉立面设计

　　第一节　立面设计的基本原则 …………………………………… 202
　　第二节　正线纵断面线形设计 …………………………………… 202
　　第三节　立面设计的方法 ………………………………………… 207
　　本章参考文献 …………………………………………………… 217

第七章　互通式立体交叉形式设计

　　第一节　匝道的类型和布设形式、特点 ………………………… 220
　　第二节　匝道组合与互通式立体交叉形式 ……………………… 226
　　第三节　常用互通式立体交叉的形式 …………………………… 239
　　第四节　收费互通式立体交叉和收费站 ………………………… 247
　　本章参考文献 …………………………………………………… 251

第八章　互通式立体交叉匝道设计

　　第一节　匝道标准横断面 ………………………………………… 254
　　第二节　匝道平面设计 …………………………………………… 260
　　第三节　匝道纵断面设计 ………………………………………… 274
　　第四节　匝道横断面设计 ………………………………………… 280

本章参考文献 ·· 297

第九章 附加车道和连接部设计

第一节　变速车道设计 ·· 300
第二节　辅助车道设计 ·· 327
第三节　集散道设计 ··· 332
第四节　连接部设计 ··· 333
本章参考文献 ·· 348

第十章 互通式立体交叉的其他设施设计

第一节　收费站及收费广场设计 ·· 350
第二节　互通式立体交叉与服务设施合并设置 ······································· 355
本章参考文献 ·· 367

第十一章 道路交叉景观绿化设计

第一节　道路交叉景观绿化总体设计原则 ·· 370
第二节　道路交叉景观绿化设计基本要求 ·· 372
第三节　满足交通安全要求的景观绿化控制区 ······································· 378
第四节　绿化设计 ·· 385
本章参考文献 ·· 401

第 一 章
CHAPTER 1
概论

第一节 道路交叉功能和分类

一、道路交叉的功能

路线交叉是指线状工程之间的交叉,主要包括公路、城市道路、乡村道路、铁路、各种管线等人工线状工程之间的交叉。而道路交叉专门指各种道路之间的交叉,主要包括公路、城市道路、乡村道路之间的交叉,不包括与铁路和管线的交叉。

在路网中,道路纵横交错,道路之间会形成大量的交叉。在道路交叉处,不同方向的交通流在此汇集、通过、转向,因此道路交叉是实现交通流连续通行或行驶方向转换的重要交通节点。道路交叉既要为直行交通流的连续行驶提供可能,也要为转弯交通流提供改变行驶方向的路径。转弯交通流有左转弯、右转弯和掉头三种。当存在三种转弯交通需求时,道路交叉应为这三种转弯交通流的行驶提供安全通畅的行驶空间。当道路上存在行人和非机动车时,道路交叉也应考虑行人和非机动车的直行和转向的需求,为其提供安全顺畅的通行条件。道路交叉的存在提高了道路交通流流动的灵活性和可达性,进而增加了路网的活力,完善了路网的交通功能。

道路交叉是道路系统的重要组成部分,也是道路交通的咽喉。相交道路的各种车辆和行人都要在交叉处汇集、通过和转向,不同行驶方向的交通流之间存在相互干扰,会使运行速度降低,交通阻滞,通过时间延误,也容易引发交通事故。因此,选择合理的交叉类型、采取合适的交通组织方式、选择满足交通需求的布局和形式、确定合理的几何指标等,对提高道路交叉的通行能力和效率,避免交通阻塞,保障行车通畅,减少交通事故,保障行车安全等都具有重要意义。

总的说来,道路交叉为各种交通在交叉处的直行和转向行驶提供了安全通畅的空间,是路网节点实现交通流转换的重要地点,也是路网规划和道路路线设计中重要的控制性节点。道路交叉的位置、形式、设计指标等不仅影响道路的总体设计,也对交通运行安全和通行效率有重要的影响。

二、道路交叉的分类

根据相交道路在交叉位置的设计高程之差和是否存在共同的构筑面两个条件,将道路交叉分为平面交叉和立体交叉两大类。

(一)平面交叉

道路与道路(包括公路、城市道路、林区道路、乡村道路等)在同一高度相交,并有一共同构筑面的交叉称为平面交叉,简称平交。平面交叉按相交道路的岔数、几何形状、交通组织方式、交通管理方式等可分为如下类型。

1. 按相交道路的岔数分类

平面交叉相交道路的岔数是指以各条道路交叉点为基点的道路条数,可分为三岔、四岔和多岔(图1-1)。在规划和设计平面交叉时,应减少相交道路的岔数,尽量避免五岔或五岔以上的平面交叉,减少交通流之间的冲突数量,简化交通组织和管理,提高平面交叉的通行能力,降低交通安全风险。

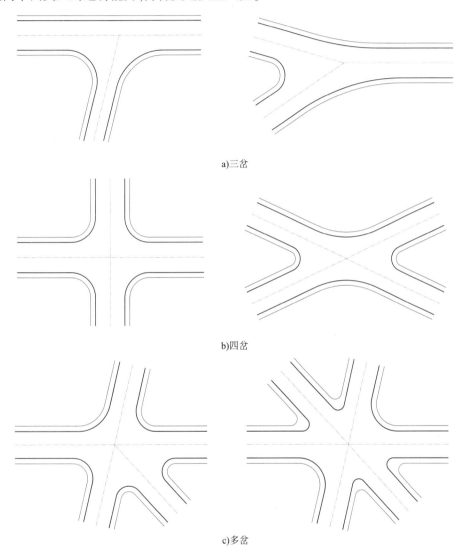

a)三岔

b)四岔

c)多岔

图1-1 按相交道路的岔数分类

一般情况下,平面交叉相交道路不得多于四条。新建公路不得直接与已建的四岔或四岔以上的平面交叉相连接。如确有必要接入既有平面交叉时,应对平面交叉进行改建设计。既有平面交叉为四岔交叉时,应将交通量最小的一条公路在距交叉一定距离处并入另一条交通量较小的公路,不增加原位置的平面交叉相交道路的岔数。特殊情况下,可采用环形平面交叉,环形平面交叉相交道路的岔数不宜大于五岔。

2. 按几何形状分类

平面交叉按几何形状分为十字形、T形,以及由十字形演变而来的X形和由T形演变而来的Y形、错位等(图1-2)。平面交叉范围内两相交公路应正交或接近正交,平面交叉的交角宜为直角,即宜采用T形和十字形交叉;斜交时,其锐角应不小于60°。当受地形条件及其他特殊情况限制时,交角应不小于45°。当相交道路交角无法满足要求时,应对交叉前后的公路平面线形进行修改,以满足最小交角的规定。

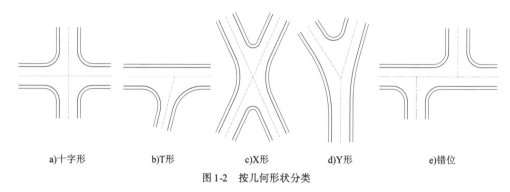

a)十字形　　b)T形　　c)X形　　d)Y形　　e)错位

图1-2　按几何形状分类

3. 按交通组织方式分类

在具体设计中,根据相交道路的交通组织方式,将平面交叉设计成各具交通特点的形式,可归纳为加铺转角式、分道转弯式、展宽路口式和环形平面交叉四类。

(1) 加铺转角式

加铺转角式是指用适当半径的单圆曲线或复曲线平顺连接各个转角构成的平面交叉,如图1-3所示。

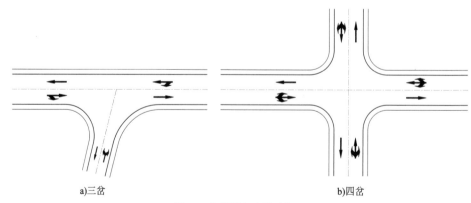

a)三岔　　　　　　　　　　　　b)四岔

图1-3　加铺转角式平面交叉

(2) 分道转弯式

分道转弯式是指采用设置导流岛、划分车道等措施,使转弯车辆分道行驶的平面交叉,如图1-4所示。

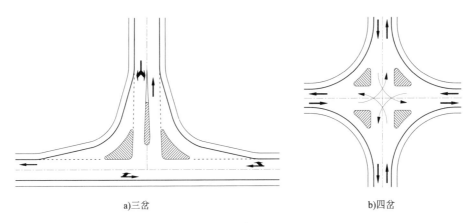

a) 三岔 b) 四岔

图 1-4　分道转弯式平面交叉

(3) 展宽路口式

展宽路口式是指在接近平面交叉相交道路的两侧展宽或增辟附加车道的平面交叉。可单增右转或左转车道，也可同时增设左、右转车道，如图 1-5 所示。

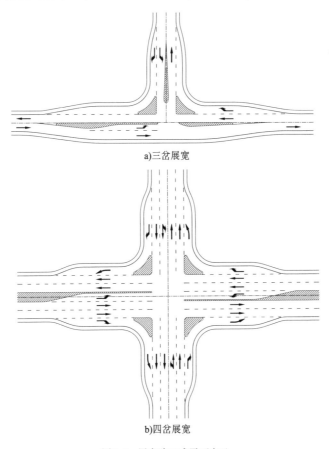

a) 三岔展宽

b) 四岔展宽

图 1-5　展宽路口式平面交叉

(4) 环形平面交叉

环形平面交叉是指多条道路交会处设有中心岛的平面交叉。在平面交叉中央设置中心岛,用环道组织渠化交通,使进入环道的所有车辆一律按逆时针方向绕岛单向行驶,直至所要去的路口离岛驶出。环形平面交叉根据绕岛交通组织的方式可以分为普通环形、入口让路环形和涡轮环形三种(图1-6)。

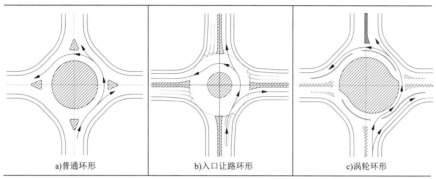

a) 普通环形　　　　b) 入口让路环形　　　　c) 涡轮环形

图1-6　环形平面交叉

环形平面交叉的优点是驶入环形平面交叉的各种车辆可连续不断地单向行驶,没有停滞,减少了车辆在平面交叉的延误时间;环道上行车只有分流与合流,提高了行车的安全性;交通组织简便;对多路交叉和畸形交叉,用环道组织渠化交通更为有效;中心岛绿化可美化环境。缺点是占地面积大,城区改建困难;增加了车辆绕行距离,特别是左转弯车辆;适应交通量有限,当交通量较大时,环道容易发生拥堵;一般造价高于其他平面交叉。

4. 按交通管理方式分类

平面交叉根据相交公路的等级、功能地位、交通量等的不同,而采用不同的交通管理方式。按交通管理方式不同,平面交叉可分为信号控制平面交叉和无信号控制平面交叉两种。信号控制平面交叉是指采用信号灯或交警指挥控制,引导交通流在不同时间分别行驶的平面交叉。无信号控制平面交叉是指没有设置信号灯或交警指挥控制,不同方向的交通流在平面交叉内自行选择时机通过的平面交叉。无信号控制平面交叉可分为主要道路优先交叉和无优先交叉两种。

《城市道路交叉口设计规程》(CJJ 152—2010)(以下简称《交叉规程》)规定,城市道路平面交叉按照交通管理和组织方式分为3大类6小类(表1-1)[1]。

城市道路平面交叉分类　　　　表1-1

类型		交通管理方式	交通组织方式	特点
A类	平A₁类	信号控制	进口道展宽	有转弯专用车道
	平A₂类		进口道不展宽	无转弯专用车道
B类	平B₁类	无信号控制	干路中心隔离封闭、支路只准右转	禁左
	平B₂类		减速让行或停车让行标志管制	主要道路优先
	平B₃类		全无管制交叉口	自主通行
C类	平C类	环形交叉	交织运行	—

(二)立体交叉

立体交叉是利用跨线构造物使道路与道路或道路与其他线形工程,在不同设计高程上相互跨越的交叉。立体交叉是高速道路(高速公路和城市快速路的统称)重要的组成部分。立体交叉能保证相交道路上车流连续不断地通过交叉而不互相产生干扰。立体交叉能克服平面交叉通行能力低、行车延误大、行车速度慢、安全性差等缺点。

立体交叉可减少或消除相交道路各方向车流的冲突点,控制相交道路的车辆出入,保证行车安全和畅通;车流可连续、稳定地行驶,减少时间延误,提高行车速度;车辆各行其道,等候时间减少,能快速、连续行驶,提高了道路通行能力。立体交叉构造物多、施工复杂、造价高、不易改建。因此,采用立体交叉应根据道路、交通、环境及自然条件,经过技术、经济及环境效益的比较和分析慎重确定。

1. 按交通功能分类

立体交叉按交通功能分为分离式立体交叉和互通式立体交叉两类。

(1)分离式立体交叉

分离式立体交叉是仅需要设置一座跨线构造物(跨线桥或通道),上层和下层道路(或道路与其他线形工程)间不设置匝道连通的交叉方式,如图1-7a)所示。这种类型的立体交叉结构简单,相交道路车辆不能转弯行驶,占地少,造价低。分离式立体交叉的设置应根据路网规划,相交道路的功能、等级、交通量,地形和地质条件,经济与环境因素等确定。

(2)互通式立体交叉

互通式立体交叉是指不仅设跨线构造物使相交道路空间分离,且上层、下层道路相互连通的交叉方式,如图1-7b)所示。这种类型的立体交叉车辆可转弯行驶,部分或全部消除了冲突点,各方向行车相互干扰小,行车安全,通行能力大。与分离式立体交叉比较,其结构复杂,占地多,造价高。

根据交叉道路的等级、交叉道路条数、交通转换程度、交叉处交通流轨迹的交叉方式和几何形状,互通式立体交叉可进一步分类:

①按交叉道路的等级,互通式立体交叉分为枢纽互通式立体交叉和一般互通式立体交叉两类。高速公路之间、高速公路与具有干线功能的一级公路之间或具有干线功能的一级公路之间,应采用枢纽互通式立体交叉。高速公路、一级公路与其他道路相交时应采用一般互通式立体交叉。

②按交叉道路条数,互通式立体交叉分为三岔、四岔和多岔互通式立体交叉,如图1-8所示。

③按交通转换程度,互通式立体交叉分为完全互通式立体交叉和部分互通式立体交叉。完全互通式立体交叉是指相交道路所有转弯方向均设置专门的匝道连接,可实现所有方向的转弯[图1-9a)]。部分互通式立体交叉是指相交道路部分转弯方向没有被连通[图1-9b)]。

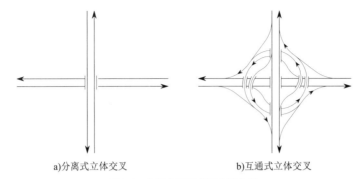

a)分离式立体交叉　　　　　b)互通式立体交叉

图 1-7　立体交叉按交通功能分类

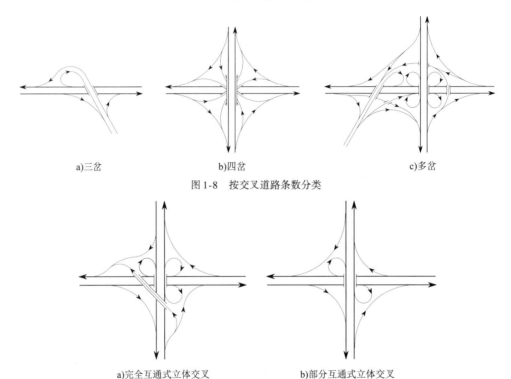

a)三岔　　　　　　b)四岔　　　　　　c)多岔

图 1-8　按交叉道路条数分类

a)完全互通式立体交叉　　　　　b)部分互通式立体交叉

图 1-9　按交通转换程度分类

④按交叉处交通流轨迹的交叉方式,互通式立体交叉可分为完全立体交叉型、平面交叉型和交织型互通式立体交叉。完全立体交叉型是指在交叉范围内,不同方向的交通流轨迹发生交叉时,均采用立体交叉方式的互通式立体交叉,如图 1-10a)所示。平面交叉型是指在交叉范围内,不同方向的交通流轨迹发生交叉时,部分交通流轨迹之间采用平面交叉方式的互通式立体交叉,如图 1-10b)所示。交织型是指在交叉范围内,不同方向的交通流轨迹发生交叉时,部分交通流轨迹之间采用交织运行方式的互通式立体交叉,如图 1-10c)所示。

⑤按几何形状,互通式立体交叉可分为喇叭形、苜蓿叶形、菱形、环形、涡轮形、T形、Y形、子叶形互通式立体交叉等(表 1-2)。

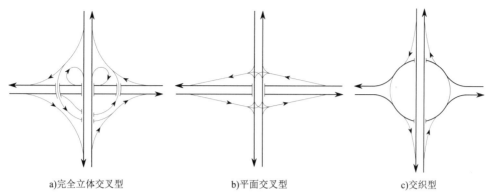

a)完全立体交叉型　　　　　　b)平面交叉型　　　　　　c)交织型

图 1-10　按交叉处交通流轨迹的交叉方式分类

互通式立体交叉分类体系　　　　　　　　　　　表 1-2

按交叉道路等级分类	交叉道路条数	几何形状
一般互通式立体交叉	三路	单喇叭形、子叶形等
	四路	喇叭形、苜蓿叶形、菱形、环形、组合型等
	多路	环形、组合型等
枢纽互通式立体交叉	三路	Y形、T形等
	四路	X形、苜蓿叶形、涡轮形等
	多路	组合型

2. 按主要道路跨越方式分类

立体交叉按主要道路跨越被交线的方式可分为上跨式和下穿式两类，如图 1-11 所示。

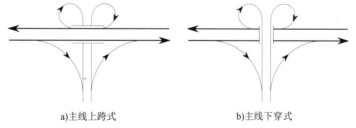

a)主线上跨式　　　　　　b)主线下穿式

图 1-11　按主要道路跨越方式分类

①上跨式：主要道路利用结构物(桥梁或通道等)从被交道路上方跨越的交叉方式。

②下穿式：主要道路利用结构物从被交道路下方穿过的交叉方式。

应根据相交道路的功能、等级，立体交叉所处位置的地形、地质、排水、施工、周围景观等因素，经技术经济比较后再选择上跨式还是下穿式。

3. 按用途分类

①公路立体交叉：城镇范围以外的公路之间的立体交叉。

②城市道路立体交叉：城市道路之间，或者城市道路与城市外围及穿越公路之间的立体交叉。城市道路立体交叉应根据相交道路等级、直行及转向（主要是左转）车流行驶特征、非机动车对机动车干扰等分类，主要类型划分及功能特征宜符合表 1-3 的规定[1]。

城市道路立体交叉分类　　　　　　　　表 1-3

类型		重要性	直行交通特征	转弯交通特征	非机动车、行人干扰情况
A 类	立 A₁ 类	枢纽互通式立体交叉	连续快速行驶	左转弯交通流经定向匝道、集散车道、变速车道行驶，无交织行驶	机非分行，无干扰
	立 A₂ 类			左转交通流经定向匝道、集散车道、变速车道行驶，或者部分左转减速行驶，存在部分交织行驶	
B 类	立 B 类	一般互通式立体交叉	主要道路连续快速行驶，次要道路有交织或平面交叉	部分转弯有交织或平面交叉	主要道路机非分行，无干扰；次要道路机非混行，有干扰
C 类	立 C 类	分离式立体交叉	连续快速行驶	无转弯功能	—

立 A₁ 类为枢纽互通式立体交叉，是城市快速路之间，或快速路与高速公路以及公路之间的互通式立体交叉，一般宜在城市外围区域采用。立 A₂ 类也为枢纽互通式立体交叉，是城市快速路与主干路、主干路与高速公路之间的互通式立体交叉，一般宜在城市外围与中心区之间区域采用。

立 B 类为一般互通式立体交叉，是城市快速路与主干路或次干路、主干路与高速公路之间的互通式立体交叉，一般宜在城市中心区域采用。

立 C 类为分离式立体交叉，是城市快速路或高速公路与主干路、次干路、支路之间，不允许交通转换时设置的立体交叉，可在城市外围、中心区域采用。

③公铁立体交叉：道路与铁路的立体交叉。

④人行立体交叉：供行人、非机动车横跨道路的人行天桥或通道。

第二节　道路交叉的组成

一、平面交叉的组成

平面交叉一般指相交道路缘石线延长后所包括的范围，见图 1-12。在交通设计中发现，紧接平面交叉的道路段，即交叉入口和出口处一段道路，对平面交叉的通行能力具有特殊的影响和作用。因此，在进行平面交叉设计和交通处理时，也应将这一部分作为平面交叉范围考虑。所以，一个完整的平面交叉应由平面交叉及其所连接的部分道路所组成。

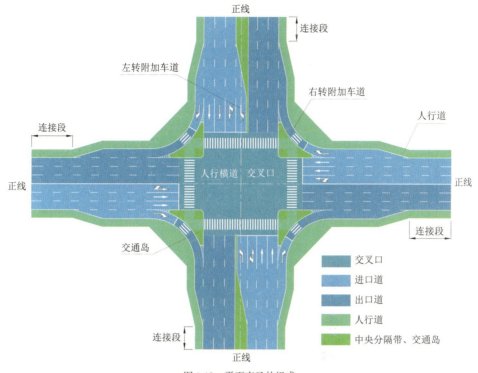

图 1-12　平面交叉的组成

平面交叉的基本组成(图 1-12)如下：

①正线：平面交叉范围内的直行道路。正线可分为主要道路(简称主线或者主路)和被交叉道路(简称被交线或被交路，也可称为次要道路或次路)。主线是指交叉道路中等级较高、功能较重要或交通量较大的、占主导地位的道路。被交线是指交叉道路中除主线外的其他道路。

②交叉口：直行道路共同的部分，包括转弯部分。

③附加车道：为提高交叉口通行能力，并改善其使用功能，在交叉口另外设置的专供转弯车辆行驶的车道，包括左转弯附加车道、右转弯附加车道、掉头车道。

④进口道：正线进入交叉口的部分，包括直行车道、左转弯车道、右转弯车道。

⑤出口道：从交叉口驶离的部分，包括正线的直行车道和右转弯附加车道。

⑥连接段：与进口道和出口道紧连的正线的基本路段。

⑦人行横道：交叉口内在车行道上用斑马线等标线标示的专供非机动车和行人横穿正线的步行范围。在人行横道内，非机动车和行人具有优先通行权。

⑧交通岛：为控制车辆行驶方向和保障行人安全，在车道之间设置的岛状设施。交通岛按功能分为方向岛、分隔岛、中心岛、安全岛等。

⑨其他：平面交叉除以上主要组成部分外，还包括绿化地带，平面交叉范围内的排水、照明、交通安全工程设施等。

平面交叉的设计范围,一般是指各相交道路出入口以内包含的正线、跨线构造物、专用转弯车道等全部区域。

二、互通式立体交叉的组成

互通式立体交叉的主要组成部分如图 1-13 所示。

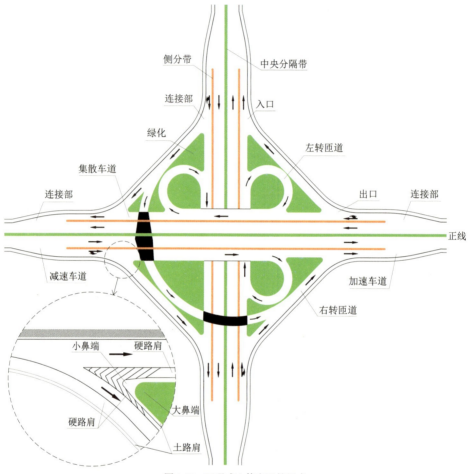

图 1-13　互通式立体交叉的组成

①正线:互通式立体交叉范围内的直行道路。与平面交叉一样,正线可分为主线和被交线。

②匝道:相交道路间的连接道路,是互通式立体交叉的重要组成部分,主要供转弯车辆行驶。按其转向可分为右转匝道和左转匝道两类。

③跨线构造物:跨越被交线的跨线桥(上跨式)或下穿被交线的通道(下穿式)。跨线构造物是立体交叉实现车流空间分离的主体构造物,包括跨越正线和匝道的桥梁或通道等。

④连接部:匝道与正线、正线相互之间以及匝道相互连接的道口,包括出口、入

口、变速车道、小鼻端、大鼻端、辅助车道、集散车道等。

  a.出口:匝道从正线(或主匝道)驶离的位置。由正线(或主匝道)驶出进入匝道的道口为出口。

  b.入口:匝道汇入正线(或主匝道)的位置。由匝道驶入正线(或主匝道)的道口为入口。

  c.变速车道:在匝道与正线连接的路段,为适应车辆变速行驶的需要,不影响正线交通所设置的附加车道。变速车道分为减速车道和加速车道,出口端为减速车道,入口端为加速车道。

  d.小鼻端:在分流或合流连接部,相邻路面边缘交汇形成的圆形端部。其圆心的位置称为小鼻点。小鼻端是主线硬路肩和匝道硬路肩分离或者汇合的地方,在出口处称为分流鼻,在入口处称为合流鼻。

  e.大鼻端:在分流或合流连接部,相邻路基边缘交汇形成的圆形端部。其圆心所在位置称为大鼻点,是路基分离或者汇合的地方。

  f.辅助车道:在互通式立体交叉设置双车道变速车道的分流、合流段附近,为使车道数平衡,或为便于出入主线的车辆调整行驶速度与车距、变换车道,平行设置于正线直行车道外侧的附加车道。

  g.集散车道:为隔离交织区、减少主线出入口数量而设置于主线外侧并与主线隔离的附加道路。

  h.其他:互通式立体交叉除以上主要组成部分外,还包括绿化地带、排水、照明、交通工程等设施。

  互通式立体交叉的设计范围,一般是指各相交道路出入口变速车道渐变段起点以外一定距离,包含正线、跨线构造物、匝道等全部区域。

第三节 设计控制要素

  控制要素应作为道路交叉设计的基本依据,涉及安全和因环境、经济等条件限制不得更改的控制要素应作为强制性控制要素。设计控制要素主要包括设计车辆、设计速度、视距、设计交通量、服务水平、建筑限界等。

一、设计车辆

  设计车辆是指道路几何设计所采用的代表车型,以其外廓尺寸、质量、运行特性等特征作为道路几何设计的依据,对道路几何设计具有决定性控制作用。车辆尺寸直接影响加宽设计、车道宽度、最小转角半径、视距和道路建筑限界,动力特性影响纵断面设计等。道路上行驶的车辆种类繁多,形状各异,动力大小差别很大,因此,应结合道路上运行的各种车辆的特性,按使用目的、结构或发动机的不同而分成各种类型,在每种类型中选择质量、尺寸和运行特性有代表性的车辆作为设计车辆。道路设计选用的设计车辆有五类,即小客车、大型客车、铰接客车、载重汽车和铰接列车,各车辆类型的外廓尺寸见表1-4[2]，其中前悬是指车体前端到前轮车轴中心的距离，轴距是指前轮车轴中心到后轮车轴中心的距离，后悬是指后轮车轴中心到车体后端的距离。

设计车辆外廓尺寸 表1-4

车辆类型	车身几何尺寸(m)						最小转角半径(m)	
	总长	总宽	总高	前悬	轴距	后悬	外轮	车身
小客车	6	1.8	2	0.8	3.8	1.4	8.07	8.44
大型客车	13.7	2.55	4	2.6	6.5+1.5	3.1	13.58	14.68
铰接客车	18	2.5	4	1.7	5.8+6.7	3.8	10.52	11.27
载重汽车	12	2.5	4	1.5	6.5	4	13.59	14.18
铰接列车	18.1	2.55	4	1.5	3.3+11	2.3	11.20	11.74

选择设计车辆要考虑符合车辆尺寸的发展趋势，并代表当前一个时期内道路上运行车辆的一种组合。道路交叉设计中应将交通流中比例较高、尺寸最大、转角半径要求最高的作为转弯设计车辆，因为只要能满足这部分车辆的要求，也就可以满足其他车辆行驶的要求。

1. 平面交叉设计中采用的设计车辆

不同设计车辆转弯的轨迹不同，同一设计车辆以不同速度转弯时其轨迹也不同，因此转弯曲线设计中首先应确定用来控制设计的设计车辆及其对应设计速度。通过分析五种设计车辆的转弯轨迹发现：尽管铰接列车的车身总长最大，但载重汽车转弯时的外轮轨迹最小半径却大于铰接列车和其他设计车型；另外，铰接列车在转弯时，车身外廓所需的转向净空大于载重汽车等其他设计车型。经综合分析论证，同时考虑载重汽车的操控性能没有大型客车灵活这个特点，在平面交叉的转弯设计中应采用载重汽车的轨迹进行控制设计(转弯曲线的内缘半径一般不宜小于15m)(图1-14)；必要时，应根据铰接列车等设计车辆的轨迹对转弯时路面的加宽值、转向净空等进行检验。

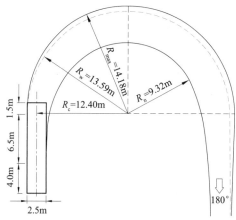

图1-14 载重汽车最小转角半径轨迹

R_c-车轴中心转角半径；R_w-车外轮转角半径；R_n-车内轮转角半径；R_{max}-车身最外侧转角半径

2. 互通式立体交叉设计中采用的设计车辆

互通式立体交叉设计中应采用小客车、大型客车、铰接客车、载重汽车、铰接列车等作为设计车辆,交通量换算宜采用小客车为标准车型。当有大量集装箱、重大装备和国防等运输需求时,互通式立体交叉宜采用最大车辆作为验算车辆,对匝道和平面交叉圆曲线半径、加宽、视距、建筑限界等设计指标进行验算,当不满足最大车辆通行要求时,应调整相关技术指标。

二、设计速度

(一)平面交叉

1. 正线设计速度

平面交叉范围内正线的设计速度应与路段设计速度相同。两正线等级相同或交通量相近时,平面交叉范围内直行车道设计速度可适当降低,但不应低于基本路段设计车速的70%。次要道路因保证交叉正交等而需要在交叉范围内改线或因其他限制因素而采用较低的线形指标时,可适当降低设计速度。

2. 转弯设计速度

平面交叉范围内转弯车道的设计速度应根据路段设计速度、交通量、交叉类型、交通管理方式、用地情况等因素综合确定。

左转弯有时是待机进行的,没必要采用较高的设计速度。一般采用5～15km/h转弯速度。设计车辆为载重汽车,所以设计中左转弯的内缘曲线的最小半径为15m。大型车比例很小的道路(如旅游道路)可采用载重汽车以5km/h行驶速度控制设计;条件受限时,可采用载重汽车低速行驶时的轨迹控制设计,相应地可采用12.5m的极限半径。

道路等级低、交通量不大的情况下,右转弯不设专门的行车道,其速度可与左转弯的相同或略高。设置分隔的右转弯专用车道时,右转弯速度不宜大于40km/h;当主要道路的设计速度较低(如≤60km/h)时,右转弯速度不宜低于主要道路设计速度的50%。

(二)互通式立体交叉

1. 互通式立体交叉范围内正线的设计速度

互通式立体交叉范围内正线的设计速度应采用基本路段的设计速度。当互通式立体交叉匝道按高速公路相互分流、合流设计时,互通式立体交叉范围内的高速公路设计速度可适当降低,但与相邻路段设计速度差应小于20km/h。

2. 匝道设计速度

匝道设计速度是匝道线形受限路段所能保证的最大安全速度,应根据互通式立体交叉的类型、匝道的形式、转弯交通量的大小以及用地和建设费用等条件选定。受经济限制且转弯交通量较小时,匝道设计速度一般低于正线设计速度,但速度差不应过大,以免车辆在驶离或汇入正线时急剧减速或加速,导致行车危险和不顺畅,降低通行能力。公路、城市道路互通式立体交叉匝道设计速度的规定见表1-5。

公路、城市道路互通式立体交叉匝道设计速度(km/h) 表1-5

类型	匝道形式	直连式	半直连式	环形
公路	枢纽互通式立体交叉	80、70、60、50	80、70、60、50、40	40
	一般互通式立体交叉	60、50、40	60、50、40	40、35、30
城市道路	A类、B类、C类		80、70、60、50、40、35、30、25、20	

三、视距

道路交叉范围内的视距包括停车视距、安全交叉停车视距、识别视距、合流视距。直行车道和转弯车道均应满足停车视距的要求,出口前应满足识别视距的要求,合流三角区应满足通视视距要求。在视距曲线与轨迹线之间的空间范围内,应保证通视,如有遮挡驾驶人视线的障碍物,则应予以清除。

(一)停车视距

正线的停车视距应满足正线设计速度所要求的停车视距。转弯车道的停车视距应满足转弯设计速度所要求的停车视距。当对向非分隔双车道匝道有会车可能时,应满足会车视距的要求,会车视距不应小于2倍停车视距,受条件限制,有分道行驶措施的路段可采用停车视距。位于曲线路段的平面交叉,应检查各直行车道的停车视距。在视距检查中,应重点检查道路平面上的"暗弯",即平曲线内侧有树林、房屋、边坡和中央分隔带上有护栏和防眩设施等阻碍驾驶人视线的路段。

停车视距S_S包括反应距离和制动距离两部分。

1. 反应距离

反应距离是当驾驶人发现前方的阻碍物,经判断决定采取制动措施的瞬间到制动器真正开始起作用的瞬间汽车所行驶的距离。这段时间又可分为"感觉时间"和"反应时间"。驾驶人的感觉时间取决于物体的外形、颜色,驾驶人的视力和机敏度,大气的可见度等。高速行驶时的感觉时间要比低速行驶时短一些,因为高速行驶时警惕性会更高。根据实测资料,设计采用的感觉时间为1.5s,反应时间取1.0s。感觉和反应的总时间为2.5s,在该时间内汽车行驶的距离为S_1:

$$S_1 = \frac{v}{3.6} \cdot t \tag{1-1}$$

式中:v——车辆的行驶速度(km/h),设计时可按设计速度取值,《公路路线设计规范》(JTG D20—2017)(以下简称《路线规范》)取设计速度的0.85~0.9[3],从安全行驶角度,不建议对设计速度折减。评价分析时,按照运行速度取值。

t——感觉和反应的总时间(s)。

2. 制动距离

制动距离是汽车从制动生效到完全停止这段时间内行驶的距离。因停车视距是发生在紧急情况下的制动距离,在驾驶人完全踩下制动踏板,制动力达到最大后,制动减速度可近似认为不变。因此根据匀减速运动公式,制动距离 S_2 采用式(1-2)计算:

$$S_2 = \frac{v^2}{25.92a} \tag{1-2}$$

式中:a——制动减速度(m/s^2);

其余符号意义同前。

美国各州公路与运输工作者协会(American Association of State Highway and Transportation Officials, AASHTO)对 45 名驾驶人进行了 3000 次制动试验[4],指出大多数驾驶人在意外发现前方道路有障碍物需停车时所采用的减速度大于 $4.5m/s^2$,约 90% 的驾驶人采用的减速度大于 $3.4m/s^2$。调查研究表明大多数的车辆制动系统和多数道路都能提供至少 $3.4m/s^2$ 的减速度。根据欧盟法律条例 71/320/EWG 附录中对汽车行车制动的要求,可以得到小客车制动减速度为 $5.8m/s^2$,大客车和货车的制动减速度为 $5.0m/s^{2[5]}$。而澳大利亚对制动减速度进行了更为详细的分类,考虑了驾驶人的不同感受和实际操作状态。根据澳大利亚《公路设计指南》的规定[6],驾驶人在紧急制动情况下小客车的制动减速度为 $4.51m/s^2$(表 1-6)。

小客车制动减速度(m/s^2) 表 1-6

参数	美国 (AASHTO,2011)	欧盟 (71/320/EWG,1988)	澳大利亚(Australia,2009)	
平均制动减速度	3.40	5.80	2.55	舒适制动
			3.53	舒适紧急制动
			4.51	紧急制动

而从表 1-6 中可以看出,澳大利亚规定紧急状况下小客车的制动减速度为 $4.51m/s^2$。而在计算停车视距时,应考虑是在紧急状况下。此外,根据相关研究可知,在紧急状况下,小客车的最大减速度一般都能达到 $7.5m/s^2$ 以上,采用 $4.51m/s^2$ 的减速度,约为最大减速度的 60%,不仅留有富余,且减速度不是特别大,给后车保留一定的制动距离,为避免追尾留有空间。因此采用基于制动减速度的停车视距计算模型,即式(1-2)更合适,并建议小客车制动减速度采用 $4.51m/s^2$。

货车的制动减速度应根据货车制动特点分析,货车在不同纵坡路段受力状态如图 1-15 所示。

当货车位于上坡路段时,其受到路面的支持力 N 和重力 G,而重力 G 可分解为沿纵坡方向的分力和垂直于纵坡方向的向下分力,其中沿纵坡方向的分力与货车制动力共同为货车提供减速度;当货车位于平坡路段时,货车减速度完全由货车制动力提供;当货车位于下坡路段时,重力 G 可分解为沿纵坡方向的分力和垂直于纵坡方向的分力,其中沿纵坡方向的分力会抵消部分货车制动力,不利于货车制动。在高速公路、一级公路以及大型车比例较高的二、三级公路的下坡路段,应采用下坡段货车停车视距对相关路段进行检验。小客车的停车视距可不考虑纵坡修正,但货车的停车视距应根据纵坡大小进行修正。

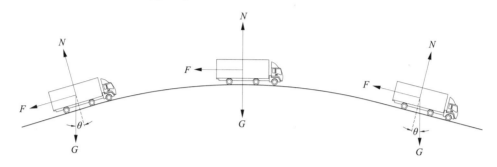

图 1-15 货车在不同纵坡路段制动受力状态示意图

货车在纵坡路段总制动力 F 采用式(1-3)计算:

$$F = (\varphi\cos\theta + \sin\theta)G \tag{1-3}$$

$$a_{\max} = \frac{F}{m} \tag{1-4}$$

式中:F——货车的总制动力(N);
φ——路面与轮胎间的附着系数,即制动力系数;
θ——道路与水平面夹角(°);
G——货车的重力(N),$G = mg$,其中,$g = 9.8 \text{m/s}^2$,重力加速度;
m——货车的质量(kg)。

将式(1-3)代入式(1-4)得到货车最大制动减速度 $a_{\max}$ 计算公式:

$$a_{\max} = \varphi g\cos\theta + g\sin\theta \tag{1-5}$$

由于道路纵坡与水平面夹角 θ 较小,因此可近似认为 $\sin\theta \approx i, \cos\theta \approx 1$,则式(1-5)可简化为

$$a_{\max} = (\varphi + i)g \tag{1-6}$$

根据汽车动力学相关研究可知,当路面处于潮湿状态时,车辆行驶速度增加,附着系数随之降低。一方面,车轮转速增加时,轮胎表面温度上升,橡胶受热软化,同时轮胎与路面接触时间变短,啮合度减小导致摩擦系数减小;另一方面,当路面处于潮湿状态时,车速越快,轮胎表面凹槽被雨水持续填充,轮胎表面变得越光滑,从而降低轮胎与路面的附着系数[5]。路面纵向附着系数与车辆行驶速度之间存在如下关系:

$$\varphi_b = f_s - \lambda\delta v \tag{1-7}$$

$$\delta = \frac{v - r\omega}{v} \times 100\% \qquad (1-8)$$

式中：φ_b——路面纵向附着系数；

f_s——摩擦系数；

λ——修正系数，取 0.005；

δ——滑移率(%)；

v——车辆行驶速度(m/s)；

r——车轮滚动半径(m)；

ω——车轮角速度(rad/s)。

在纯滚动状态时，$v = r\omega$，滑移率 δ 为 0；在纯滑动状态时，$\omega = 0$，滑移率 δ 为 100%；边滚动边滑动状态时，$0 < \delta < 100\%$。所以滑移率可说明车辆运动中车轮滑动成分所占的比例，滑移率越大，滑动成分越高。纵向和横向附着系数与滑移率 δ 的关系如图 1-16 所示[7]。图中曲线表明滑移率越低，在相同侧偏角条件下的横向附着系数越大，即车辆防止侧滑的能力越大。所以制动时若能使滑移率保持在较低值，便可使轮胎同时获得较大的纵向和横向附着系数，从而显著改善制动时的制动效能与方向稳定性。滑移率较低的区域通常称为稳定区。当滑移率在 15% ~ 20% 时，制动力系数达到最大值，即峰值纵向附着系数。滑移率再增加，附着系数有所下降。因此滑移率采用稳定区的最大值，即 20%。

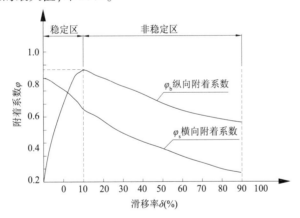

图 1-16　车辆滑移率与附着系数的关系

将式(1-7)代入式(1-6)得到货车最大制动减速度计算公式：

$$a_{max} = (f_s - \lambda\delta v + i)g \qquad (1-9)$$

根据前述停车视距计算公式、制动减速度公式，可计算得到客车和货车在水平路段的停车视距、货车在非水平路段的停车视距(表 1-7 ~ 表 1-9)。

水平路段的停车视距(结果取为 5m 的整数倍)　　表 1-7

设计速度(km/h)		120	100	80	70	60	50	40	35	30	25	20
计算值	客车(m)	210	160	110	95	75	60	45	35	30	25	20
	货车(m)	290	200	140	110	85	65	50	40	35	25	20

续上表

设计速度(km/h)		120	100	80	70	60	50	40	35	30	25	20
《路线规范》	客车(m)	210	160	110	—	70	—	40	—	30	—	20
	货车(m)	245	180	125	—	85	—	50	—	35	—	20
AASHTO	所有车型(m)	250	185	130	105	85	65	50	—	35	—	20

下坡货车停车视距　　　　　　　　　　　　表1-8

设计速度(km/h)		120	100	80	70	60	50	40	35	30	25	20
计算值(m)	−3%	310(265)	215(190)	145(130)	115	89	67	50	40	35	25	20
	−4%	320(273)	221(195)	148(132)	118	91	68					
	−5%	—	227(200)	152(136)	120	93	70					
	−6%	—	—	155(139)	125	95	71					
	−7%	—	—	—	—	97	72					
	−8%	—	—	—	—	—	—					

注：括号内的数值为《路线规范》中的规定，与本书计算结果不同。

上坡货车停车视距　　　　　　　　　　　　表1-9

设计速度(km/h)		120	100	80	70	60	50	40	35	30	25	20
计算值(m)	3%	267	189	131	105	83	63	45	40	30	25	20
	4%	261	186	129	104	82	62					
	5%	—	182	127	102	81	62					
	6%	—	—	125	101	80	61					
	7%	—	—	—	100	79	60					
	8%	—	—	—	—	—	—					

(二)平面交叉通视三角区

1.均满足停车视距

在平面交叉内,由相交道路上的停车视距构成的三角形区域称为通视三角区。在该区域内不能有任何阻挡驾驶人视线的物体,如图1-17所示。通视三角区范围应以最不利的情况来确定,确定平面交叉通视三角区的方法和步骤如下：

①确定停车视距：可用前述停车视距计算公式计算或根据相交道路的设计速度按表1-7选用,分别确定主线和被交线的停车视距S_{S1}和S_{S2}。

②找出行车最危险冲突点：不同形式平面交叉的最危险冲突点不尽相同。常见

四岔十字形和三岔 T 形(或 Y 形)交叉口的最危险冲突点可按下述方法确定。

四岔十字形交叉口的最危险冲突点是最靠右侧第一条直行机动车道的中心线与相交道路最靠中线的第一条直行车道的中心线的交叉点[图 1-17a)]。三岔 T 形(或 Y 形)交叉口的最危险冲突点为直行道路最靠右侧第一条直行车道的中心线与相交道路最靠中线的第一条左转车道的中心线的交叉点[图 1-17b)]。

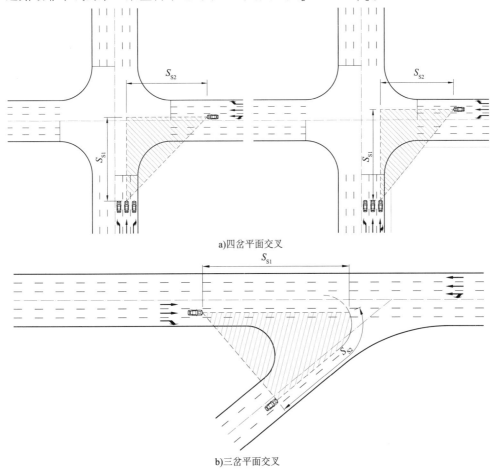

a)四岔平面交叉

b)三岔平面交叉

图 1-17　平面交叉通视三角区(图中阴影区域)

③从最危险冲突点向后沿行车轨迹线各量取停车视距。

④连接末端构成平面交叉通视三角区。

2. 主要道路满足安全停车视距

在主路和次路相交的平面交叉范围内,当条件受限,次路不能满足停车视距时,应保证当主路上的车辆看见次路车辆横穿时,主路车辆能安全停车所需要的紧急停车距离。按照这个要求,应保证主路安全交叉停车视距和次路至主路边车道中线 5~7m 所组成的视距三角区通视(图 1-18)。安全交叉停车视距值规定如表 1-10 所示。

图 1-18 安全交叉停车视距三角区(图中阴影区域)

主路安全交叉停车视距　　　　　　表 1-10

主路设计速度(km/h)	100	80	60	40	30	20
主路安全交叉停车视距(m)	250	175	115	70	55	35

对于信号控制平面交叉,由于各进口道的车辆受信号控制,行驶速度较低,且直接冲突少,因此信号控制平面交叉的视距,只要满足任一条车道路口停车线前的第一辆车驾驶人能看到相邻路口第一辆车即可(图 1-19)。

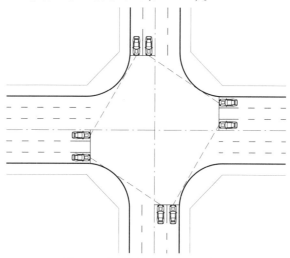

图 1-19 信号控制平面交叉通视条件

(三)平面交叉的识别视距

为保证车辆安全顺利通过交叉口,应使驾驶人在离交叉口一定距离时,能识别平面交叉的存在、交通信号、交通标志等,这一距离称为平面交叉的识别视距。平面交叉的识别视距随交通管理方式而异。

1. 信号控制平面交叉

对于信号控制平面交叉,平面交叉识别视距应保证正常行驶的驾驶人能看清交通信号和显示内容,有足够时间制动减速直至停车,但这种制动停车并非紧急制动。

平面交叉的识别视距可用式(1-10)计算,结果见表1-11。

$$S_{\mathrm{ds}} = \frac{v}{3.6}t + \frac{v^2}{25.92a} \tag{1-10}$$

式中:S_{ds}——平面交叉的识别视距(m);

v——路段设计速度(km/h);

t——识别时间(s),包括驾驶人的反应时间和制动生效时间,在公路上识别时间可取10s;在城市道路上因交叉口较多,驾驶人对其存在已有思想准备,识别时间可取6s;

a——减速度(m/s^2),因识别平面交叉的存在,不是紧急制动,从舒适性角度考虑,应适当小一些,一般取2.0m/s$^{2[8]}$。

2.无信号控制平面交叉

(1)主要道路优先平面交叉

主要道路优先平面交叉为主要道路与次要道路交叉,主次关系明确,一般应在次要道路上设置停车标志。驾驶人对交通标志的识别要比对信号的识别更容易,识别时间更短,一般取2s,可采用式(1-10)计算,得到无信号控制平面交叉识别视距,见表1-11。在平面交叉识别视距范围内不应有任何障碍物。

平面交叉的识别视距　　　　表1-11

设计速度(km/h)	信号控制(m)				无信号控制(m)		
	公路		城市道路		主要道路优先		无优先
	计算值	采用值	计算值	采用值	计算值	采用值	采用值
100	471	475	—	—	—	—	—
80	346	350	—	—	—	—	—
60	236	240	169	170	103	105	—
50	187	190	132	135	76	80	65
40	142	145	98	100	53	55	50
30	101	105	67	70	34	35	35
20	63	65	41	45	19	20	20

(2)无优先平面交叉

无优先平面交叉是道路等级低、交通量小,且车辆行驶速度不高的道路之间的交叉。无优先平面交叉的识别视距可采用各相交道路货车的停车视距(表1-8和表1-9)。

(四)互通式立体交叉出口识别视距

在互通式立体交叉正线出口之前一定的距离,驾驶人应能看见互通式立体交叉正线出口的位置,以便驾驶人能及时换道至最外侧车道,做好驶出的准备,避免在出口前因变道不及时而引发交通事故。这一必需的最短距离为互通式立体交叉出口识别视距。

互通式立体交叉正线出口是交通事故的多发区,主线上行驶的车辆将在该区域进行分流,并将速度从正线上较高的速度降低到匝道上较低的速度,会出现换道、变速等多种变化的车辆运行状况。相关研究表明,出口附近发生的事故数占互通式立体交叉及服务区的事故总数的50%左右。美国的相关统计研究也表明,出口分流区的交通事故数占互通式立体交叉区事故总数的50%。因此,在分流前一定距离内,应有良好视线条件,让驾驶人容易观察到正线出口的位置,以便驾驶人能及时、从容地分析判断出口之前路段的交通流状况、驶出信息,做出正确驾驶决策,采取合适的操作,安全、顺利地从主线分流。

为使驾驶人安全通过或驶离互通式立体交叉分流区,应提供充足的出口识别视距,而保证充足出口识别视距的本质则是提供驾驶人充足的反应时间和换道的距离。分析驾驶人驶入互通式立体交叉分流区的驾驶过程特点,可将出口识别视距分为标志和标线反应距离、等待换道机会的行驶距离和换道时前进的距离三段。车辆在这三个过程中行驶的距离之和为出口识别视距(图1-20)。根据识别视距的作用和相关的调查分析可知,识别视距的终点应为减速车道渐变段的起点[9],但当减速车道采用双车道,且设置了辅助车道时,识别视距的终点应为分流点[图9-1c)或图9-2c)]。

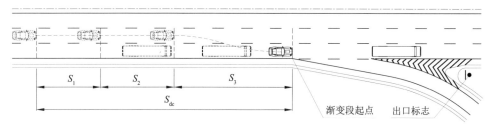

图1-20 识别视距组成

1. 反应距离 S_1

驾驶人在看见出口匝道处的标志和标线时,将视觉接收到的信息传到中枢神经,处理后将信息传送给肢体,以采取符合驾驶人期许的动作,这期间车辆行驶的距离称为反应距离。在本书的计算模型中,驾驶人在次外侧车道看到分流区出口标志和标线后,采取换道动作。对驾驶人在公路上反应时间的研究表明:当指路标志上的地名不超过5个时,同时考虑驾驶人辨认路面标线的反应时间,认为驾驶人在2.616s内就可以完成对指路标志上汉字的认读和理解[10]。考虑驾驶人对出口标志上汉字的认读时间随着信息数目的增加而增加,在对一个汉字简单识别的基础上,应该加上选择信息所增加的时间0.3s[11](表1-12),因此综合出口反应时间取3.0s。驾驶人可在该时间内获取出口标志和出口渐变段起点位置信息,并做出相应操作(包括不驶出、需要换道驶出、不需要换道直接驶出)的准备。

选择信息数目与需增加的时间 表1-12

选择信息数目(个)	1	2	3	4	5	6	7	8
增加时间(s)	0	0.13	0.18	0.25	0.30	0.35	0.38	0.42

在看到出口标志和标线后的反应过程中,驾驶人还未对认读信息作出动作处理,此过程未减速,因此反应距离为

$$S_1 = \frac{v}{3.6}t_1 \quad (1\text{-}11)$$

式中:v——车辆行驶速度(km/h),可取设计速度;

t_1——看到标志和标线后的反应时间(s),取 3.0s。

根据式(1-11)计算出不同设计速度下的反应距离,见表 1-13。

反应距离 S_1 表 1-13

设计速度(km/h)	120	100	80	60	50
反应距离(m)	100	83	67	50	42

2. 等待距离 S_2

驾驶人通过视觉接收到的道路信息需要驾驶人进行相应的判断分析。在此过程中,驶出的部分驾驶人要观测右侧目标车道的车流间隙,等待目标车道出现可插入的车流间隙,才能向右侧换道,因此换道前应考虑等待可插入间隙时行驶的距离 S_2(简称等待距离)。

等待距离采用式(1-12)计算:

$$S_2 = \frac{v}{3.6}t_w \quad (1\text{-}12)$$

式中:t_w——等待一个可插入间隙的平均时间(s)。

研究表明,等待段的车头时距服从 k 阶埃尔朗(Erlang)分布,在三级服务水平下,高速公路出口分流区路段符合移位 3 阶埃尔朗分布,由交通流理论可建立等待可插入间隙行驶距离模型。车头时距 h 大于或等于时间 t 的 k 阶埃尔朗分布概率为

$$P(h \geq t) = \sum_{i=0}^{k-1}(k\lambda t)^i \frac{e^{-k\lambda t}}{i!} \quad (1\text{-}13)$$

式中:h——车头时距(车头间隙)(s);

t——时间(s);

i——取 0,1,2;

λ——单位时间内车辆的平均到达率(veh/s),采用 $\lambda = \dfrac{Q}{3600}$ 计算,式中,Q 为相应服务水平下的最大服务交通量[pcu/(h·ln)],可采用正线单车道的设计通行能力[3,12],取值见表 1-14。

等待距离 S_2 表 1-14

道路类型、等级	高速公路			一级公路			城市道路			
设计速度(km/h)	120	100	80	100	80	60	100	80	60	50
最大服务交通量 Q [pcu/(h·ln)]	1650	1600	1500	1400	1250	1100	2000	1750	1400	1350

续上表

道路类型、等级	高速公路			一级公路			城市道路			
临界最小间隙 $t_c(s)$	3.75	3.75	3.75	3.75	3.75	3.5	3.75	3.75	3.5	3.5
车头时距最小值 $\tau(s)$	1.58	1.62	1.67	1.62	1.67	1.76	1.62	1.67	1.76	1.83
等待时间(s)	3.91	3.47	2.77	2.47	1.77	1.76	6.35	4.13	1.76	1.83
等待距离(m)	130	96	62	69	39	29	176	92	29	25

则概率密度函数为

$$f(t) = \lambda k e^{-\lambda kt} \frac{(\lambda kt)^{k-1}}{(k-1)!} \quad (1\text{-}14)$$

当埃尔朗分布用于单车道交通流的车头时距时,理论上会得出大量的 0~1.2s 的车头时距,但实际上这种情况不可能出现。因为车头时距至少为一个车身长加上一定的安全间隔。为了改正这种不合理情况,将埃尔朗分布曲线从原点 O 沿时间轴向右移一个车辆车头间隙最小值 τ,得到修正后的移位 3 阶埃尔朗分布曲线,则移位 3 阶埃尔朗分布车头时距大于或等于 t 的概率为

$$P(h \geq t) = F(t) = [4.5\lambda^2(t-\tau)^2 + 3\lambda(t-\tau) + 1]e^{-3\lambda(t-\tau)} \quad (1\text{-}15)$$

式中:τ——目标车道上最小车头时距(s),与车辆紧急制动过程有关,是保证汽车安全行驶的必需距离。采用式(1-16)[13]计算:

$$\tau = t_r + t_s + \frac{3.6L}{v} \quad (1\text{-}16)$$

式中:t_r——驾驶人反应时间(s),取 1.0s;

t_s——协调制动时间(s),主要是制动器制动力上升需要的时间,取 0.4s;

L——车长(m),小汽车取 6m;

v——车辆行驶速度(km/h),可取设计速度。

因此,相应的概率密度为

$$f(t) = 13.5\lambda^3(t-\tau)^2 e^{-3\lambda(t-\tau)} \quad (1\text{-}17)$$

变换车道时,若目标车道上车头间隙小于临界最小间隙 t_c,无法完成换道,则这个车头间隙会被拒绝。变换车道的车辆在等到一个可接受间隙之前,必然拒绝了 j 个不可接受间隙,其概率采用式(1-18)计算:

$$P(\text{拒绝}j\text{个}) = \{1 - P(h \geq t_c)\}^j \times P(h \geq t_c) \quad (1\text{-}18)$$

则拒绝不可接受间隙的平均个数 $\bar{n}$ 采用式(1-19)计算:

$$\bar{n} = \sum_{j=0}^{\infty} j\{1 - P(h \geq t_c)\}^j \times P(h \geq t_c) = \frac{1 - P(h \geq t_c)}{P(h \geq t_c)} \quad (1\text{-}19)$$

式中：t_c——车辆临界最小间隙(s)，按照1.0m/s的换道横移速度(车辆从一个车道换至另一个车道过程中，车辆横向移动的速度)确定，所以被拒绝的间隔平均时长 $\bar{h}$ 为

$$\bar{h} = \frac{\int_\tau^{t_c} tf(t)\,dt}{1 - P(h \geq t_c)} \tag{1-20}$$

则平均等待时间 t_w 为

$$t_w = \bar{h} \times \bar{n} = \frac{\int_\tau^{t_c} tf(t)\,dt}{1 - P(h \geq t_c)} \times \frac{1 - P(h \geq t_c)}{P(h \geq t_c)} = \frac{\int_\tau^{t_c} tf(t)\,dt}{P(h \geq t_c)} \tag{1-21}$$

积分后得到等待距离：

$$S_2 = \frac{v}{3.6} \times$$
$$\frac{2(1+\lambda\tau) - [9\lambda^3 t_c^3 + 9(1-2\lambda\tau)\lambda^2 t_c^2 + 3(3\lambda^2\tau^2 - 4\lambda\tau + 2)\lambda t_c + 3\lambda^2\tau^2 - 4\lambda\tau + 2]e^{-3\lambda(t_c-\tau)}}{2\lambda[4.5\lambda^2(t_c-\tau)^2 + 3\lambda(t_c-\tau) + 1]e^{-3\lambda(t_c-\tau)}}$$
$$\tag{1-22}$$

3. 换道距离 S_3

目标车道出现可插入间隙后，驾驶人开始变换车道。综合国内外相关换道模型的特点和适用性，并综合等速偏移换道模型和余弦曲线换道模型的优点，建立如下等速偏移余弦曲线换道模型。其初始函数式为 $y = x + \cos x$，该模型具体表达式为

$$y = \frac{Wx}{L} - \frac{W}{2\pi}\cos\left[\frac{2\pi}{L}\left(x - \frac{L}{4}\right)\right], x \in [0, L] \tag{1-23}$$

式中：y——换道任意时刻横移的宽度(m)；

W——两相邻车道中线的距离，即换道的横向距离(m)；

L——换道距离，车辆完成换道所需的纵向距离(m)；

x——车辆在 t 时刻所行驶的距离(m)，即 $dx = vdt$，v 为车辆换道时的运行速度(m/s)。

实际行车时，除了个别激进驾驶人外，一般驾驶人会连续均匀打方向盘，确保车辆安全稳定换道，因此车辆轨迹线曲率是连续变化的，而等速偏移余弦曲线换道模型(图1-21)有两个突出优点：一是此模型基础函数属于余弦函数，曲线上各个点的曲率连续变化，无曲率突变点，与大多数驾驶人操作车辆的行为相吻合；二是此模型起终点曲率为零，与实际换道的情况相符合。

将式(1-23)对时间 t 求导，得

$$\begin{cases} ① \dfrac{dy}{dt} = \dfrac{Wv}{L}\left[1 + \sin\left(\dfrac{2\pi}{L}x - \dfrac{\pi}{2}\right)\right] \\ ② \dfrac{d^2y}{dt^2} = 2\pi W\left(\dfrac{v}{L}\right)^2 \cos\left(\dfrac{2\pi}{L}x - \dfrac{\pi}{2}\right) \\ ③ \dfrac{d^3y}{dt^3} = -(2\pi)^2 W\left(\dfrac{v}{L}\right)^3 \sin\left(\dfrac{2\pi}{L}x - \dfrac{\pi}{2}\right) \end{cases} \tag{1-24}$$

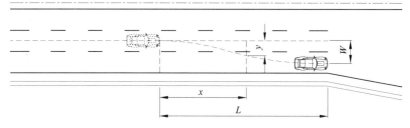

图 1-21 等速偏移余弦曲线换道轨迹示意图

式(1-24)中第②式和第③式反映了车辆换道时横向加速度 a 和横向加速度变化率 α 与横向运动位置的函数关系。由式(1-24)可知,横向加速度在 $x=\dfrac{L}{4}$、$\dfrac{3L}{4}$ 时的绝对值最大为 $a_{\max}$,横向加速度变化率在 $x=0$、$\dfrac{L}{2}$、L 时的绝对值最大为 $\alpha_{\max}$。换道过程应满足驾驶人及乘客舒适度要求,横向加速度 a 和横向加速度变化率 α 在任意时刻还必须满足以下要求:

$$\begin{cases} a \leqslant a_{\max} = 2\pi W \left(\dfrac{v}{L}\right)^2 \\ \alpha \leqslant \alpha_{\max} = (2\pi)^2 W \left(\dfrac{v}{L}\right)^3 \end{cases} \quad (1\text{-}25)$$

式中:$a_{\max}$——最大允许横向加速度(m/s²);
v——行驶速度(m/s);
$\alpha_{\max}$——最大允许横向加速度变化率(m/s³)。

为满足式(1-25),换道距离 S_3 应满足:

$$S_3 \geqslant L_{\min} = \max\left(v\sqrt{\dfrac{2\pi W}{a_{\max}}},\ v\sqrt[3]{\dfrac{(2\pi)^2 W}{\alpha_{\max}}}\right) \quad (1\text{-}26)$$

式中:$L_{\min}$——最小换道距离(m)。

换道过程一般在路面的单向横坡上就能完成,其轨迹一定有一半位于反向横坡上,车辆在圆曲线上的运动平衡方程有

$$a_{\max} = (\mu - i_h)g \quad (1\text{-}27)$$

因此将式(1-27)代入式(1-26)可得换道最小距离:

$$S_3 \geqslant \max\left(v\sqrt{\dfrac{2\pi W}{(\mu - i_h)g}},\ v\sqrt[3]{\dfrac{(2\pi)^2 W}{\alpha_{\max}}}\right) \quad (1\text{-}28)$$

式中:μ——横向力系数,根据《公路工程技术标准》(JTG B01—2014)中计算圆曲线最小半径时的横向力系数,按表 1-15 取值;
g——重力加速度,取 9.8m/s²;
i_h——行车道横向坡度。

最 小 换 道 距 离　　　　　　　　　表 1-15

道路类型		公路				城市道路			
设计速度(km/h)		120	100	80	60	100	80	60	50
车道宽度(m)		3.75	3.75	3.75	3.50	3.75	3.75	3.5	3.5
横向力系数		0.1	0.12	0.13	0.15	0.14	0.14	0.15	0.15
满足 a_{max} 的换道距离(m)	横向坡度2%	183	136	104	136	124	99	69	58
	横向坡度3%	195	143	109	143	130	104	72	60
	横向坡度4%	211	152	115	152	136	109	75	63
最大允许横向加速度变化率(m/s³)		0.5	0.5	0.6	0.6	0.6	0.6	0.6	0.6
满足 α_{max} 的换道距离(m)		222	185	139	185	174	139	102	85
最小换道距离(m)		222	185	139	102	174	139	102	85

由式(1-28)可知,在速度一定的条件下,影响换道距离的参数有四个,分别是换道的横向距离、横向力系数、路面横向坡度和最大允许横向加速度变化率 α_{max}。

横向加速度变化率对行车舒适性影响很大,且在车辆类型、行车环境、超高等因素的影响下,横向加速度变化率对行车舒适性的影响有差别。不同国家、不同行业采用值也不同。铁路上一般采用 $0.16\sim0.3\text{m/s}^3$。公路上因车辆行驶更灵活,可采用较大的数值。美国高速公路一般采用 0.61m/s^3,考虑超高的影响,修正后采用 0.305m/s^3;联邦德国在《乡村地区公路标准》(RAL)中提出采用 0.5m/s^3;英国采用 0.3m/s^3;日本规定[14]为 $0.5\sim0.75\text{m/s}^3$;我国公路一般取 $0.5\sim0.6\text{m/s}^3$。因此按照我国的规定,最大允许横向加速度变化率 α_{max} 取 $0.5\sim0.6\text{m/s}^3$,见表1-15。

结合换道的横向距离、横向力系数、路面横向坡度、最大允许横向加速度变化率 α_{max} 的取值,计算出 $v\sqrt{\dfrac{2\pi W}{a_{max}}}$ 和 $v\sqrt[3]{\dfrac{(2\pi)^2 W}{\alpha_{max}}}$ 的值见表1-15。

4. 互通式立体交叉出口识别视距 S_{dc}

尽管主线存在单向车道数大于2的情况,但驶出车辆在出口前,通过连续换道从最内侧车道换道至最外侧车道的情况是否需要考虑呢? 首先,一般出口都设置有连续3块预告标志,所以要驶出的车辆驾驶人应该预先了解前方出口的大概位置,一般不会在出口前还持续保持在最内侧车道行驶。其次,若考虑从最内侧车道开始换道,则所需的换道距离会随着车道数的增加而增长,但是人眼正常的可视距离为 $300\sim500\text{m}$,识别视距超过人眼的可视距离则没有意义。最后,外侧车道上行驶的大型车居多,所以在出口前一定距离时,小型车驾驶人一般也不会在最外侧车道行驶。因此,确定识别视距时,只考虑一次换道距离即可,即考虑在次外侧车道上行驶。设计时受地形严格限制的情况下,在加强出口预告的前提下,可以不考虑出口标志反应时间,只考虑等待距离 S_2 和换道距离 S_3,将这种情况下的最小距离作为识别视距的极限值。因此,最后得到的出口识别视距如表1-16所示(结果取为5m的整数倍)。表中列出了《路线规范》中关于识别视距的规定值。

互通式立体交叉出口识别视距　　　　　表1-16

道路类型、等级	高速公路			一级公路			城市道路			
设计速度(km/h)	120	100	80	100	80	60	100	80	60	50
反应距离(m)	100	83	67	83	67	50	83	67	50	42
等待距离(m)	130	96	62	69	39	29	176	92	29	25
换道距离(m)	222	185	139	185	139	102	174	139	102	85
识别视距(m) 一般值	455	365	270	340	245	185	435	300	185	155
识别视距(m) 极限值	355	285	205	255	180	135	350	235	135	115
识别视距(m) 《路线规范》	350(460)	290(380)	230(300)	290(380)	230(300)	170(240)	—	—	—	—

注：括号内的数值为《路线规范》中规定行车环境复杂、路侧出口提示信息较多时应采用的值。

(五)合流视距

在互通式立体交叉合流点前,主线距合流点一定距离、匝道距合流点一定距离所形成的通视三角区(图1-22)内应清除阻碍主线与匝道之间相互通视的障碍物。

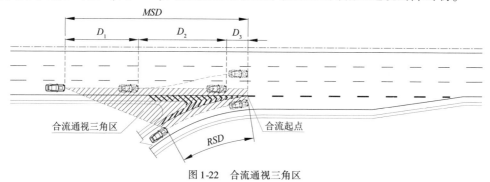

图1-22　合流通视三角区

主线合流视距包括驾驶人的反应距离、操作距离(取换道距离和减速距离中的较小值)和安全距离。

互通式立体交叉合流区的跟驰和换道风险较大,匝道及主线的交通运行易紊乱,主线车辆超速行驶,加速车道车辆强制汇入,这些情况都是合流区存在的交通安全隐患。互通式立体交叉合流区容易发生的主要事故类型包括：

①主线外侧车辆秉持主要道路优先原则,快速行驶时对入口汇入车辆发现不及时,车辆强制减速,易与汇入车辆发生碰撞事故。

②驾驶人对入口识别不清,接近合流点时才减速变换车道,后方或主线内侧车辆不能及时采取措施,发生追尾或挤撞事故。

③主线交通流量较大,加速车道上待汇入的车辆长时间寻找不到可插入间隙,强制汇入主线时,与主线外侧车辆发生挤撞事故。

分析互通式立体交叉合流区的主要事故特征可发现,合流区事故主要诱因是加速车辆的强制汇入,以及主线车辆在交通流紊乱情况下的相互冲突。所以合流区的安全视距主要研究区域为互通式立体交叉合流影响区,即合流点上游。

1. 主线合流视距 MSD

合流点上游驾驶人的操作有三种情况:一是合流点上游主线的交通流量较小,最外侧车道上的车辆有足够空间和时间进行换道,从而保证匝道车辆可自由加速汇入主线外侧车道。二是合流点上游主线的交通流量较大,最外侧车道的车辆因内侧车道不能提供足够时间与空间变换车道,只能通过降低速度与加速车道汇入的车辆合流。三是合流点上游主线的交通流为自由流,主线外侧车道有足够时间和空间向内侧车道换道,即使匝道的交通量较大,加速车道上的车辆也易于汇入外侧车道。

(1) 反应距离 D_1

一般行驶在主线上的驾驶人会观察入口方向匝道上车辆行驶情况,依据观察作出相应判断,此过程汽车行驶的距离为驾驶人的反应距离。反应时间与停车视距中的反应时间相同。此过程中车辆的行驶距离采用式(1-29)计算:

$$D_1 = \frac{v}{3.6}t_1 \tag{1-29}$$

式中:v——主线设计速度(km/h);

t_1——反应时间(s),取2.5s。

(2) 操作距离 D_2

主线上驾驶人观察到匝道上行驶车辆后,会判断目前车道是否满足自身驾驶状态,可能选择向内侧车道换道,或选择不换道,而采取降低车速的方法,避免与匝道上未经完全加速而汇入主线的车辆发生碰撞。

①主线车辆换道距离。

驾驶人观察到匝道上的车辆后,若左侧车道车流之间存在可插入间隙,则会采取换道操作,换道所需要的距离 D_{21} 见表1-15。

②主线车辆减速距离。

若左侧车道车流之间没有可插入间隙,驾驶人无法采取变换车道措施,则会采取在原车道减速的措施。而避免主线车辆与匝道汇入车辆相撞的临界条件是主线上的车辆要在匝道车辆汇入之前将其速度降低至汇入车辆的行驶速度。减速过程中车辆驶过的距离采用式(1-30)计算:

$$D_{22} = \frac{v_M^2 - v_R^2}{25.92a} \tag{1-30}$$

式中:D_{22}——减速距离(m);

v_M——合流鼻前主线上车辆的行驶速度,取主线设计速度(km/h);

v_R——匝道汇入主线时车辆的行驶速度(km/h),为保证安全,当匝道设计速度大于主线设计速度的50%时,取匝道设计速度,当匝道设计速度小于或等于主线设计速度的50%时,取主线设计速度的50%;

a——减速时的加速度(m/s²),根据小汽车和货车的制动减速的相关研究,认为在减速过程中,车辆的减速度一般均能达到3.4m/s²,甚至更大[4],因此,减速时加速度取3.4m/s²。

计算得到主线车辆在合流点前完成减速过程所需的减速距离见表1-17。

主线车辆减速距离(m)　　　　　　　　　表1-17

匝道设计速度(km/h)		80	70	60	50	40	35	30	20
主线设计速度(km/h)	120	91	108	123	123	123	123	123	123
	100	41	58	73	85	85	85	85	85
	80	—	17	32	44	54	54	54	54
	60	—	—	—	12	23	27	31	31
	50	—	—	—	—	8	11	14	16

从保证合流区安全的角度看，换道操作需要目标车道有可插入间隙，所以不一定能实现，而减速则相对容易实现，且是最低安全要求。因此，只要保证了减速所需要的距离，就能避免在合流点前外侧车道上的车辆与匝道上汇入车辆发生碰撞。因此，操作距离取减速距离即可。

(3) 安全距离 D_3

为保证主线车辆与合流车辆不发生碰撞，主线上减速的车辆与合流车辆之间的安全距离应保证一个车身长度。从安全角度，车身长度应按大型车考虑，当合流车辆为铰接列车时，其长度最大，为18.1m，因此安全距离 D_3 取20m。

(4) 主线合流视距 MSD

主线合流视距为反应距离 D_1、操作距离 D_2 与安全距离 D_3 之和，结果见表1-18 (取为5m 的整数倍)。

主线合流视距(m)　　　　　　　　　表1-18

匝道设计速度(km/h)		80	70	60	50	40	35	30	20
主线设计速度(km/h)	120	195	210	225	225	225	225	225	225
	100	130	150	165	175	175	175	175	175
	80	—	95	110	120	130	130	130	130
	60	—	—	—	75	85	90	90	90
	50	—	—	—	—	65	65	70	70

2. 匝道合流视距 RSD

当匝道上的车辆观察到主线上车辆时，应避免与主线车辆在合流冲突点处相遇，主线合流视距发生的时间内，匝道上车辆行驶的距离即匝道合流视距，采用式(1-31)计算。匝道上车辆行驶时间包括主线上驾驶人的反应时间 t_1 (取 2.5s) 和减速时间 t_2。计算得到匝道合流视距见表1-19(结果取为5m 的整数倍)。当主线设计速度小于或等于匝道设计速度时，取匝道设计速度确定的反应距离为匝道合流视距，以便匝道上驾驶人适当控制车辆。

$$\text{RSD} = (t_1 + t_2)v_{\text{RP}} = \left(t_1 + \frac{v_{\text{M}} - v_{\text{R}}}{3.6a}\right)\frac{v_{\text{RP}}}{3.6} \tag{1-31}$$

式中：v_{RP}——匝道车辆的平均行驶速度(km/h)，取匝道设计速度和汇入速度 v_R 的平均值；

其余符号意义同前。

匝道合流视距(m)　　　　　　　　　　表1-19

匝道设计速度(km/h)	80	70	60	50	40	35	30	20
主线设计速度(km/h) 120	130	130	125	115	105	100	95	80
100	90	95	95	90	80	80	75	65
80	55	65	70	70	65	60	55	50
60	20	35	40	45	45	45	40	35
50	—	15	30	35	35	35	35	30

四、设计交通量和服务水平

(一)交通量

1. 设计交通量

交叉范围内正线和转弯方向的设计交通量是指单位时间内通过正线或某个转弯方向的某一断面的车辆数。在工程可行性研究阶段，采用年平均日交通量。互通式立体交叉正线和匝道的年平均日交通量应采用基本路段预测年限，或者采用建成通车后第20年的预测交通量。平面交叉正线和转弯方向的年平均日交通量应采用预测年限末的预测交通量。

2. 设计小时交通量

小时交通量是以小时为计算时段的交通量，是确定车道数、车道宽度和评价服务水平的依据。设计小时交通量宜采用第30位小时交通量，也可根据当地调查结果采用第20～40位小时交通量，这样全年99.67%的时间能够保证交通顺畅。

设计交通量在确定道路等级、论证道路的计划费用或各项结构设计等方面有重要作用，但不宜直接用于交叉的几何设计。因为在一年中的每月、每日、每小时交通量都在变化，在某些季节、某些时段可能高出年平均日交通量数倍。交叉是道路的重要节点，若交叉的设计通行能力不足，出现拥堵，容易影响路段的通畅，因此在设计阶段，交叉正线和转弯方向宜采用设计小时交通量作为几何设计的依据。设计小时交通量按式(1-32)计算：

$$DDHV = AADT \times D \times K \tag{1-32}$$

式中：DDHV——主要方向设计小时交通量(pcu/h)；

AADT——设计交通量，即预测年的年平均日交通量(pcu/d)；

D——方向不均匀系数，一般取0.5～0.6，单向交通时取1.0；

K——设计小时交通量系数(%),为选定时位小时交通量与年平均日交通量的比值,当有观测资料时,可求得 K 值,无观测数据的地区可参照表 1-20 取值。

设计小时交通量系数 K 值(%)　　　　表 1-20

地区		华北 京、津、冀、晋、内蒙古	东北 辽、吉、黑	华东 沪、苏、浙、皖、闽、赣、鲁	中南 豫、湘、鄂、粤、桂、琼	西南 川、滇、黔、藏、渝	西北 陕、甘、青、宁、新
近郊	高速公路	8.0	9.5	8.5	8.5	9.0	9.5
	一级公路	9.5	11.0	10.0	10.0	10.5	11.0
	二级公路、三级公路	11.5	13.5	12.0	12.5	13.0	13.5
城间	高速公路	12.0	13.5	12.5	12.5	13.0	13.5
	一级公路	13.5	15.0	14.0	14.0	14.5	15.0
	二级公路、三级公路	15.5	17.5	16.0	16.5	17.0	17.5

交叉应根据节点的交通量分布图明确各转弯方向和直行路段的设计小时交通量。交叉节点交通量分布图示例如图 1-23 所示。

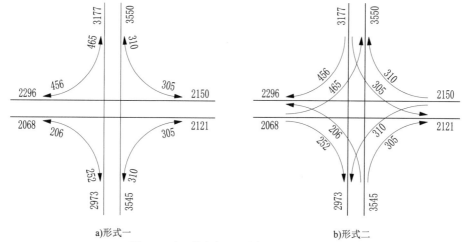

a)形式一　　　　　　　　　　　　　　b)形式二

图 1-23　交叉节点交通量分布图(单位:pcu/h)

(二)服务水平和通行能力

1. 服务水平

道路平面交叉应根据交通量、正线的道路等级、区域位置及用地条件合理确定服务水平和通行能力。

公路立体交叉范围内的交叉公路、匝道基本路段、附加车道(集散车道、辅助车道、变速车道)的服务水平分为六级。交叉道路的设计服务水平应按相应道路分功能及等级选取,匝道基本路段和附加车道设计服务水平可比主线低一级,但不宜低于四级服务水平。

城市道路立体交叉范围内的正线、匝道基本路段、附加车道(集散车道、辅助车道、变速车道)的服务水平分为四级。交叉道路的设计服务水平应按相应道路分功能及等级选取,一般情况下选用二级服务水平,特殊情况下不低于三级服务水平。

2. 通行能力

通行能力是在一定的道路、环境和交通条件下,单位时间内道路某个断面上所能通过的最大车辆数,是特定条件下道路能承担车辆数的极限值,用辆/小时(pcu/h)表示。通行能力和交通量是确定道路交叉规模、主要技术指标和几何线形要素的依据。道路交叉应进行服务水平和通行能力的分析、评价。

各种通行能力的计算方法详见交通工程有关内容。

五、建筑限界

道路建筑限界是指为保证道路交叉范围内各种车辆、人群的正常通行与安全,在一定高度和宽度范围内不允许有任何障碍物侵入的空间界线。道路建筑限界又称净空,由净高和净宽两部分组成。道路建筑限界是横断面设计的重要依据,设计时应充分研究组成路幅要素的相互关系及道路各种设施的设置规划,在有限空间内作出合理的安排。绝对不允许桥台、桥墩以及照明灯柱、护栏、信号机、标志、行道树、电杆等设施侵入道路建筑限界以内。道路交叉范围内各条道路的建筑限界应符合图 1-24 的规定。交叉范围内正线的建筑限界按相应道路等级建筑限界执行,各转弯方向的建筑限界按正线中等级最高道路的建筑限界执行。

1. 净空高度

净空高度,简称净高,指道路在横断面范围内保证安全通行所必须满足的竖向高度。净高应根据汽车装载高度、安全高度及路面铺装等因素确定。我国规定高速公路和一级、二级公路的净高为 5.0m,三、四级公路的净高为 4.5m。净高可预留 20cm。一条公路应采用相同的净高。当构造物位于凹形竖曲线上方时,长大车辆通过会形成悬空而降低构造物下有效净高,设计时应充分考虑以满足有效净高的要求;同理,公路下穿时应保证路面距构造物底部任意点均应满足净高的需要。城市道路最小净高:各种汽车 4.5m,无轨电车 5.0m,有轨电车 5.5m,自行车和行人 2.5m,其他非机动车 3.5m。

2. 净空宽度

净空宽度,简称净宽,指道路在横断面范围内保证安全通行所必须满足的横向宽度。净宽包括行车带、路肩、中间带、绿化带等宽度。路肩在净宽范围之内,因此道路上各种设施(标志、护栏等)均应设置在硬路肩以外的保护性路肩上,而且必须保证其伸入部分在净高以上。设于中间带和路肩上的桥墩或门式支柱不应紧靠建筑限界设置,应留有设置防护栏的余地(不小于 0.5m)。

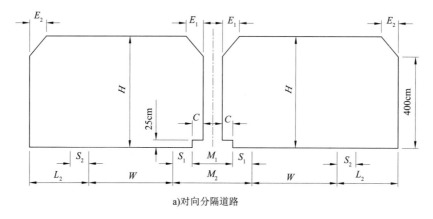

a) 对向分隔道路

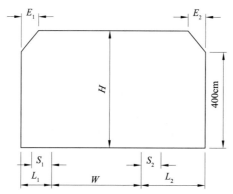

b) 单向或对向非分隔道路

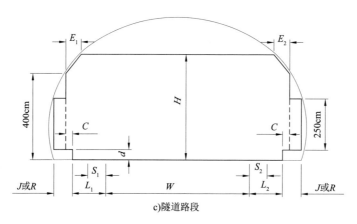

c) 隧道路段

图 1-24　主线和匝道建筑限界

H-净空高度；E_1-左侧顶角宽度；E_2-右侧顶角宽度；C-侧向余宽；W-车道宽度；S_1-左侧路缘带宽度；S_2-右侧路缘带宽度；L_1-左侧硬路肩宽度；L_2-右侧硬路肩宽度；M_1-中间带宽度；M_2-中央分隔带宽度；J-检修道宽度；R-人行道宽度；d-检修道或人行道高度

3. 顶角宽度

顶角宽度应根据硬路肩宽度取值,当硬路肩宽度小于或等于 1.0m 时,顶角宽度应与硬路肩宽度相同;当硬路肩宽度大于 1.0m 时,顶角宽度应为 1.0m。当仅有路缘带时,硬路肩宽度为路缘带宽度。

4. 侧向余宽

侧向余宽是左侧行车道的左侧或者右侧行车道的右侧的安全宽度。侧向余宽与路侧障碍物的类型、高度、车辆行驶速度等有关。侧向余宽一般不应小于 0.25m。在侧向余宽 0.25m 范围内,分隔带、检修道、人行道或其他固定物的高度宜为零。

5. 车道宽度

车道宽度应包含基本车道的宽度、附加车道宽度、连接部加宽部分等。

6. 硬路肩宽度

匝道隧道路段两侧硬路肩宽度应与隧道外路段的硬路肩宽度保持一致。正线隧道路段的硬路肩有条件时宜和隧道外路段的硬路肩宽度保持一致,困难时可不设硬路肩。

桥梁、隧道及高架道路的净空一般应与路段相同,有时为了降低造价需压缩净空,其压缩部分主要体现在侧向宽度上。但在桥梁、隧道中需设人行道,且当人行道宽度大于侧向宽度时,其增加的宽度应包括在净宽之内。人行道、自行车道、检修道与行车道分开设置时,其净高一般为 2.5m。

本章参考文献

[1] 中华人民共和国住房和城乡建设部. 城市道路交叉口设计规程:CJJ 152—2010 [S]. 北京:中国建筑工业出版社,2011.

[2] 中华人民共和国交通运输部. 公路工程技术标准:JTG B01—2014[S]. 北京:人民交通出版社股份有限公司,2014.

[3] 中华人民共和国交通运输部. 公路路线设计规范:JTG D20—2017[S]. 北京:人民交通出版社股份有限公司,2017.

[4] AASHTO. A Policy on Geometric Design of Highways and Streets[M]. Washington DC:GDHS-6,2011.

[5] 米奇克,瓦伦托维兹. 汽车动力学[M].5 版.陈荫三,余强,译.北京:清华大学出版社,2019.

[6] Roads and Transport Agency Australia. Guide to Road Design(2009)[S]. Sydney: Austroads Ltd.,2009.

[7] 姚占辉. 汽车防抱死制动系统控制方法分析与仿真研究[D].西安:长安大学,2009.

[8] 许金良,等.道路勘测设计[M].5版.北京:人民交通出版社股份有限公司,2018.

[9] 潘兵宏,周锡浈,周廷文,等.高速公路互通式立交出口识别视距计算模型[J].同济大学学报(自然科学版),2020,48(9):1312-1318,1352.

[10] 张伯明.交通标志汉字视认性的研究[J].公路交通科技,1993(2):40-46.

[11] 沈强儒,赵一飞,陈璋勇,等.高速公路互通式立交约束型出口识别视距分析[J].中外公路,2012,32(6):305-307.

[12] 中华人民共和国住房和城乡建设部.城市快速路设计规程:CJJ 129—2009[S].北京:中国建筑工业出版社,2009.

[13] 项乔君,王炜,李伟.汽车最小行车时距计算模型的研究[J].东南大学学报,1998(3):81-84.

[14] 日本道路公团.日本高速公路设计要领(几何设计·休息设施)[M].交通部工程管理司译制组,译.西安:陕西旅游出版社,1991.

第 二 章
CHAPTER 2
交通流线及其连接

第一节 交通流线概念、分类和数量

一、交通流线的概念

交通流线是指道路交叉范围内具有相同运行方向的交通流运行轨迹线。交通流线不仅具有方向属性和表示交通量大小的交通属性,同时也具有描绘交通运行轨迹线的几何形状属性,包括平面、纵断面、横向宽度等,其中横向宽度可用车道数及车道宽度来描述,通常用车道的中心线来描述其运行轨迹的几何形状。因此,交通流线的三要素可概括为方向、交通量大小和几何形状。

道路交叉为路网系统中的节点,与不同性质的道路和其他节点共同形成层次分明的路网结构,并为各向交通流提供协调、顺畅的全过程运行路径。道路交叉主要担负交通流的转换职能。直行车道和转弯车道为各个方向的交通流提供通道,交通流在车道内运行,其轨迹表现为交通流线。完善的道路交叉应为交通流的顺畅和安全运行提供协调的交通流线组合结构。各交通流线之间应按照交通转换功能、交通运行安全以及其他影响因素的要求建立内在的有机联系,形成内外部协调的道路交叉系统。各交通流线之间内在的联系是通过交通流线之间的连接方式实现的。

二、交通流线的分类

(一)按车流运行轨迹分类

根据交通流运行时方向的变化和车道位置的调整变化,交通流线可以分为直行交通流线、转弯交通流线、掉头交通流线三种类型,如图 2-1 所示。

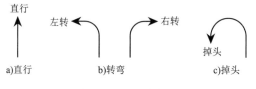

图 2-1 交通流线类型

1. 直行交通流线

直行交通流线是指在某一路段,交通流沿着一条车道运行形成的轨迹线,如图 2-2 所示。单向只有一条车道,且没有出入口时,只有一条直行交通流线;单向有多条车道,且没有出入口时,则有多条直行交通流线。为研究方便,多条直行交通流线统称直行交通流线。从微观层面而言,直行交通流线还可以分为在一定时间或者路段保持在同一车道行驶的交通流线和在不同车道间变换车道行驶的交通流线。

图 2-2　直行交通流线

根据道路交叉范围内直行交通流线所在道路的功能和地位,把具有干线且占主导地位的直行交通流线称为主线;把具有集散或支线功能,且占次要地位的直行交通流线称为被交线。主线的认定是处理交通流线连接关系的基础。对主线的认定有两种方法:一是根据功能认定,把具有干线功能,且完全或严格控制出入的道路确定为主线;二是根据相交道路的相对地位认定,把相交道路中功能强、交通量最大、地位最高的道路确定为主线,其他的相交道路即为被交线。

2. 转弯交通流线

转弯交通流线是指交通流从一条道路以较大角度转向另一条相交道路运行时形成的轨迹线。道路上存在出入口时,就存在转弯交通流线。转弯交通流线可分为左转弯交通流线、右转弯交通流线两种。根据转弯交通流线与直行交通流线的位置关系,左转弯交通流线可以分为直连式、间接式(也称环形)和半直连式三种类型(对应图 2-3 中①、②、③)。

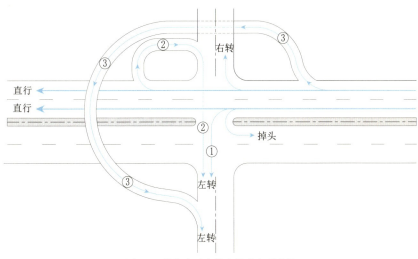

图 2-3　转弯交通流线和掉头交通流线

3. 掉头交通流线

掉头交通流线是指交通流在当前道路前进方向回转约 180°,至当前道路对向运行时形成的轨迹线。道路上允许掉头的地方存在掉头交通流线(图 2-3)。

在道路交叉范围内,一般都存在直行交通流线、转弯交通流线,若允许掉头,则还存在掉头交通流线。

(二)按交通量大小分类

根据道路交叉范围内不同交通流线交通量的大小,可以把交通流线分为主交通流线和次交通流线两种类型。

1. 主交通流线

主交通流线是指道路交叉范围内,交通量明显比其他交通流线交通量大的交通流线。一般情况下,道路交叉范围内的直行交通流线为主交通流线。

2. 次交通流线

次交通流线是指道路交叉范围内,交通量明显比其他交通流线交通量小的交通流线,简称次线。一般道路交叉范围内的转弯和掉头交通流线为次交通流线。

三、相交道路岔数与交通流线数量

由图 2-4、图 2-5 可知,交叉范围内的交通流线的数量与相交道路的岔数有关,道路交叉范围内各种交通流线的数量见表 2-1。

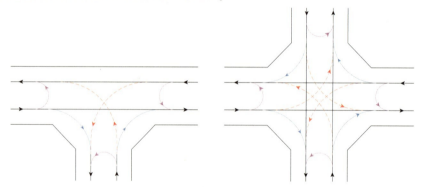

图 2-4　三岔、四岔交叉交通流线

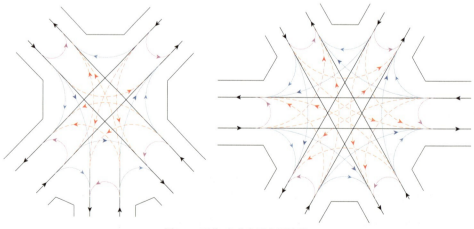

图 2-5　五岔、六岔交叉交通流线

交 通 流 线 数 量　　　　　　　表2-1

相交道路岔数（条）	交通流线数量(条)					
	直行	左转	右转	掉头	直行与转弯	总数
3	2	2	2	3	6	9
4	4	4	4	4	12	16
5	4	8	8	5	20	25
6	6	12	12	6	30	36

1. 交通流线总数量与相交道路岔数之间的关系

道路交叉范围内直行、转弯和掉头交通流线三者的总数量 N 可采用式(2-1)计算：

$$N = n^2 \tag{2-1}$$

式中：N——交通流线总数量(条)；

n——交叉岔数(条)($\geqslant 3$)。

2. 各种交通流线与相交道路岔数之间的关系

道路交叉范围内直行交通流线的数量 N_1 采用式(2-2)计算：

$$N_1 = \begin{cases} n-1(n \text{ 为奇数}) \\ n(n \text{ 为偶数}) \end{cases} \tag{2-2}$$

左转弯或右转弯交通流线的数量 N_2 采用式(2-3)计算：

$$N_2 = \begin{cases} (n-1)^2/2(n \text{ 为奇数}) \\ n(n-2)/2(n \text{ 为偶数}) \end{cases} \tag{2-3}$$

掉头交通流线的数量 N_3 采用式(2-4)计算：

$$N_3 = n \tag{2-4}$$

交通流线的数量随着相交道路岔数的增加呈级数增长，交通流线的数量越多，交通流线之间的关系越复杂。从某种意义上讲，相交道路岔数在一定程度上反映了道路交叉的复杂程度和建设规模。为了降低交叉路口交通流线之间的复杂度，一般情况交叉口的相交道路岔数不宜多于四岔，特殊情况下不宜多于五岔。

第二节　交通流线的基本形式和连接

一、交通流线的基本形式

直行交通流线的形式只有一种，而转弯交通流线则有不同的形式。转弯交通流线是以主线或直行交通流线为基线来区分其形式的。一条完整的转弯交通流线，应从分流端开始，沿交通流线的基本路径，到合流端为止，即交通流线由分流端、中段、合流端三部分组成。

以直行交通流线为基线,根据转弯交通流线与基线之间的相对位置关系,分流端的连接形式有右侧分流和左侧分流,简称右出和左出。合流端则有右侧合流和左侧合流之分,简称为右进和左进。

1. 右转弯交通流线的基本形式

根据上述划分方法,右转弯交通流线有右出右进(DD)、右出左进(DS)、左出右进(SD)、左出左进(SS)、环形(L)五种基本形式(图2-6),其中环形匝道是左出左进的一种特例。

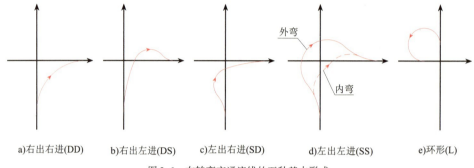

图2-6 右转弯交通流线的五种基本形式

右转弯交通流线的形式中,采用右出右进形式时称为直连式,采用左出右进、右出左进或左出左进形式时称为半直连式。左出左进形式根据轨迹跨越的象限又可以分为内弯和外弯两种[图2-6d)]。按照我国的行车规则,上述五种形式中,在直行交通流的左侧分流和合流均存在交通安全隐患,因此互通式立体交叉和平面交叉的右转弯交通流线应选择右出右进(DD)形式。

2. 左转弯交通流线的基本形式

同样,根据交通流线基于直行交通流线的划分方法,左转弯交通流线可分为左出左进(DD)、左出右进(DS)、右出左进(SD)、右出右进(SS)、环形(L)五种基本形式(图2-7),其中环形匝道是右出右进的一种特例。右出右进(SS)根据路径跨越的象限又可以分为内弯和外弯两种(图2-7)。

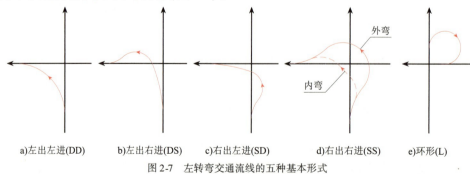

图2-7 左转弯交通流线的五种基本形式

对于左转弯交通流线,采用左出左进形式时称为直连式,采用左出右进、右出左进或右出右进形式时称为半直连式。按照我国的行车规则,上述五种形式中,在直行交通流的左侧分流、合流均存在交通安全隐患,因此互通式立体交叉的左转弯宜选择右出右进(SS)和环形(L)两种形式。从控制工程规模和交通量大小的角度考虑,平面交叉的左转弯宜选择左出左进(DD)的形式,或者采用绕街区绕行的环形(L)形式。

左转弯交通流线有如下特征和应用原则:

①左转弯交通流线是影响交叉几何方案的最重要交通流线,一般情况下是决定交叉类型和形式的主要因素。

②左出左进形式转弯路径最短、最直接,但存在左侧分流和合流的困难,互通式立体交叉中直行交通量较大时,一般不宜采用;平面交叉中一般宜直接采用。

③左出右进和右出左进这两种形式也因存在左出或左进的分流或合流的困难,互通式立体交叉中直行交通量较大时,也较少采用。而这两种形式存在右进或右出,左转弯交通流存在绕行,平面交叉中一般也不采用。

④右出右进形式中的内弯交通流线转弯路径较为直接,且转角半径较大,因而适用于转弯交通量较大且运行速度较高的匝道。

⑤右出右进形式中的外弯交通流线绕行距离较大,特别当所穿越象限夹角较小时,迂回距离最大,但转角半径一般不太大,因而适用于互通式立体交叉中左转弯交通量中等的交通流,外弯形式所穿越象限以大于或接近直角为好。外弯适用于2层。而内弯交通流线绕行距离较短,转角半径一般比外弯大,因而适用于互通式立体交叉中左转弯交通量较大的交通流。内弯适用于3层,其对象限的适应性最好。平面交叉中不采用右出右进的半直连式。

⑥环形常用于转弯交通量较小且运行速度较低的互通式立体交叉。当平面交叉附近存在合适的街区时,也可采用这种形式组织交通量较小的左转弯交通流。平面交叉中存在合适的绕行街区时,也可采用环形绕街区的交通组织方式。

3.掉头交通流线的基本形式

掉头交通流线可分为前位掉头(BU)、路口掉头(CU)、后位掉头(AU)、次路右侧掉头(SRU)、次路左侧掉头(SLU)、环形掉头(LU)六种基本形式(图2-8)。常见的形式是前位掉头(BU)、路口掉头(CU)。为减少掉头交通流对平面交叉的干扰,一般不建议采用后位掉头和次路掉头。平面交叉附近有合适的街区绕行时,可以采用环形掉头;互通式立体交叉可以采用环形掉头。

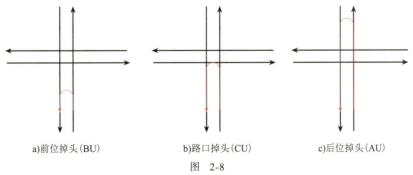

a)前位掉头(BU)　　b)路口掉头(CU)　　c)后位掉头(AU)

图 2-8

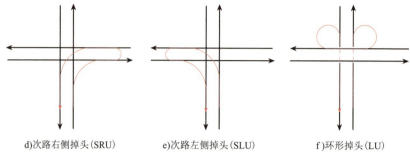

d)次路右侧掉头(SRU)　　e)次路左侧掉头(SLU)　　f)环形掉头(LU)

图 2-8　掉头交通流线的六种基本形式

二、交通流线间的基本连接和交错点

(一)交通流线间的基本连接类型

交通流线之间的连接决定了不同交通流线之间在运行时的位置关系,这种位置关系不仅影响交通流运行的连续性、运行的速度和效率,还影响运行的交通安全。直行交通流线之间、直行与转弯交通流线之间、转弯交通流线之间的连接有分流(diverging)、合流(merging)、交织(weaving)、平面穿插(crossing)和立体穿插(grade separation)五种基本类型。

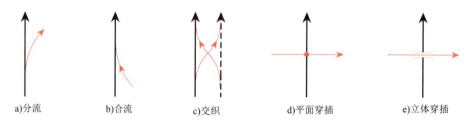

a)分流　　b)合流　　c)交织　　d)平面穿插　　e)立体穿插

图 2-9　交通流线间的基本连接类型

(1)分流

分流是指同一行驶方向的交通流向不同方向分离行驶的过程。根据分流后两个方向交通量的相对大小和道路等级,可分为主线分流、主次分流和次线分流三种。而主次分流根据主次交通流的相对位置,又可分为右侧分流和左侧分流两种(图 2-10)。分流过程中可能发生追尾事故,或者因分流前换道不及时,强行分流而引发碰撞事故。

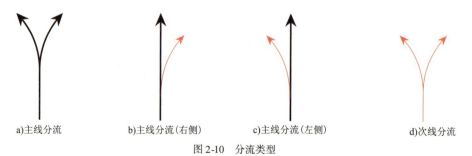

a)主线分流　　b)主线分流(右侧)　　c)主线分流(左侧)　　d)次线分流

图 2-10　分流类型

(2) 合流

合流是指不同行驶方向的交通流以较小角度向同一方向汇合行驶的过程。根据合流前两个方向交通量的相对大小和道路等级,可分为主线合流、主次合流和次线合流三种。而主次合流根据主次交通流的相对位置,又可分为右侧合流和左侧合流两种(图2-11)。此过程可能发生侧撞、剐擦、挤撞、追尾等类型的交通事故。

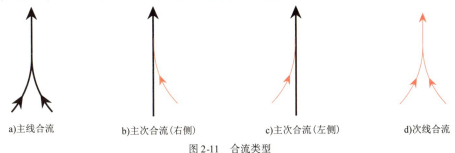

a)主线合流　　　b)主次合流(右侧)　　　c)主次合流(左侧)　　　d)次线合流

图2-11　合流类型

(3) 交织

交织是指两股同方向行驶的交通流汇合交换位置后又分离行驶的过程。根据交织车流的交通量和道路等级,可分为主线交织、主次交织和次线交织三种类型。而主次交织根据主次交通流的相对位置,又可分为右侧交织和左侧交织两种(图2-12)。车流在交织过程中可能发生侧撞、挤撞等类型的交通事故。

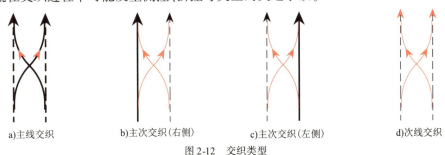

a)主线交织　　　b)主次交织(右侧)　　　c)主次交织(左侧)　　　d)次线交织

图2-12　交织类型

(4) 平面穿插

平面穿插是指两股不同方向行驶的交通流以较大角度在同一高度相互穿插行驶的过程。平面穿插根据穿插车流的交通量和道路等级,可分为主线平面穿插、主次平面穿插和次线平面穿插三种类型。而主次平面穿插根据主次交通流的相对位置,又可分为右侧平面穿插和左侧平面穿插两种(图2-13)。在无交通信号控制的情况下,平面穿插过程中可能发生对冲碰撞等较为激烈的事故,事故损伤程度高于交织过程。平面穿插对道路的通行能力和交通安全最不利。平面交叉中直行车流与左转弯车流之间存在平面穿插。

(5) 立体穿插

立体穿插是指两股不同方向行驶的交通流以较大角度在不同高度相互穿越行驶的过程。同样地,立体穿插根据穿插车流的交通量和道路等级,可分为主线立体穿插、主次立体穿插和次线立体穿插三种类型。而主次立体穿插根据主次交通流的相对位置,又可分为右侧立体穿插和左侧立体穿插两种(图2-14)。由于两股交通流之间采用跨线桥分离行驶,两股交通流之间不会发生车辆碰撞事故,因此是最为安全的交通流线连接方式。

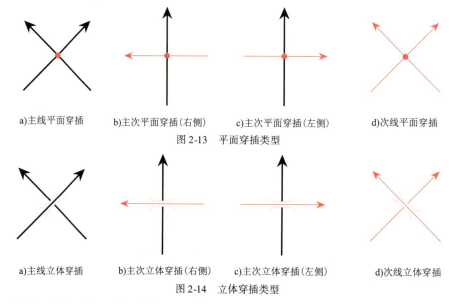

a)主线平面穿插　　b)主次平面穿插(右侧)　　c)主次平面穿插(左侧)　　d)次线平面穿插

图2-13　平面穿插类型

a)主线立体穿插　　b)主次立体穿插(右侧)　　c)主次立体穿插(左侧)　　d)次线立体穿插

图2-14　立体穿插类型

分流、合流、交织、平面穿插和立体穿插这五种交通流线连接方式的交通安全程度各不相同,其中运行和安全状况最差的是平面穿插,其次是交织,再次是合流,最后是分流,最为安全的是立体穿插。

(二)交通流线间穿插类型的重要性

交通流线之间的穿插类型具有非常重要的作用,其决定了道路交叉的基本类型,即穿插类型决定道路是平面交叉还是立体交叉。当道路交叉中所有交通流线之间的穿插均采用平面穿插时,该交叉的类型为平面交叉[图2-15a)]。即平面交叉中除了存在分流、合流、交织外,还存在平面穿插,不存在立体穿插。当道路交叉中交通流线之间的穿插均采用立体穿插时,该交叉的类型为立体交叉[图2-15b)]。在立体交叉中不仅存在分流、合流、交织,还存在立体穿插,不存在平面穿插。当道路交叉中交通流线之间既存在平面穿插,又存在立体穿插时,该交叉的类型为平面交叉型互通式立体交叉[图2-15c)]。在立体交叉中不仅存在分流、合流,还可能存在交织、立体穿插和平面穿插。

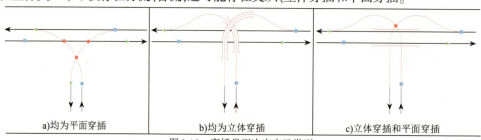

a)均为平面穿插　　　　b)均为立体穿插　　　　c)立体穿插和平面穿插

图2-15　穿插类型决定交叉类型

(三)交通流线之间的交错点

车辆驶入交叉时,不同交通流线之间会形成合流、分流、交织、穿插等交错行为。当交叉范围内不同进口道之间的交通流线以较大角度同时通过同一高度上的某点时,车辆在行驶过程中必然产生路权冲突,此时两交通流线之间的穿插连接点称为冲突点。当同一方向的交通流驶入交叉范围,分流成不同的行驶方向时,交通流线之间的连接点是车辆分离行驶的地点,称为分流点。当不同方向的交通流线汇入同一个行驶方向时,交通流线之间的汇合连接点称为合流点。

冲突点、分流点以及合流点统称交错点。不同交通流上的车辆经过交错点时,可能产生位置冲突,存在碰撞的潜在危险。交叉范围内的交错点越多,则交叉的行车安全性越低,通行能力也越弱。以上交通流线的三种交错点如图2-16所示。

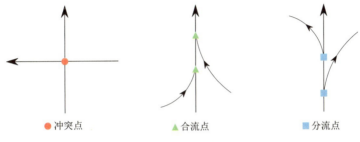

图2-16　三种交错点示意图

通过交通流线分析,当采用平面交叉,且不存在任何交通管制措施时,三岔、四岔、五岔和六岔平面交叉的交错点分布如图2-17所示,各类交错点的数量见表2-2。

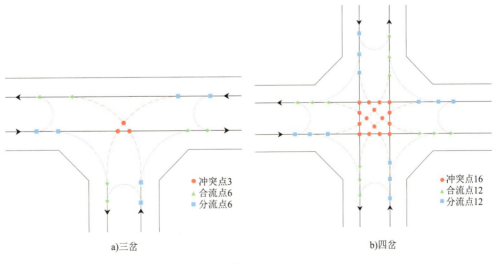

a)三岔　　　　　　　　　　b)四岔

图　2-17

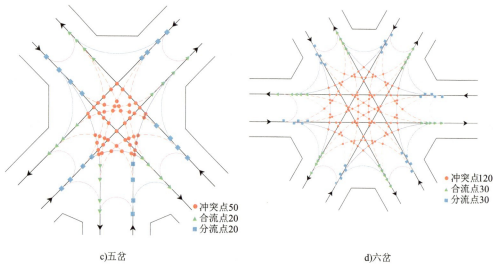

c)五岔　　　　　　　　　　　　　　d)六岔

图 2-17　平面交叉交错点的分布示意图

平面交叉交错点数量　　　　　　　表 2-2

相交道路岔数	分流点数(个)	合流点数(个)	冲突点数(个)	交错点数(个)
三岔	6	6	3	15
四岔	12	12	16	40
五岔	20	20	50	90
六岔	30	30	120	180

交叉的各类交错点数量与相交道路的岔数有关，分流点数 N_D、合流点数 N_M、冲突点数 N_c 的计算公式如下：

$$N_D = N_M = n(n-1) \tag{2-5}$$

$$N_c = \frac{n^2(n-1)(n-2)}{6} \tag{2-6}$$

式中：N_M——合流点数；

N_D——分流点数；

N_c——冲突点数；

n——相交道路岔数。

从图 2-17、图 2-18 和式(2-5)、式(2-6)可以看出，当平面交叉相交道路岔数超过 4 条时，随着相交道路岔数的增加，交错点数量将显著增加，且冲突点的数量增加最快。因此，在进行平面交叉交通流组织时，应避免出现四岔以上的多条道路相交，使交通构成简单化，以减少交通冲突点。对于传统四岔平面交叉，绝大部分交错点由左转车辆产生。由图 2-19 可知，当四岔平面交叉中减少一个左转弯交通流线时，冲突点可由 16 个减少到 12 个，分流点、合流点由 12 个减少到 11 个；当减少三个左转弯交通流线时，冲突点可由 16 个减少到 6 个，分流点、合流点由 12 个减少到 9 个。因此，在进行平面交叉交通流组织时，左转弯交通流的组织是保障平面交叉通畅运行和车辆安全行驶的重点考虑因素。

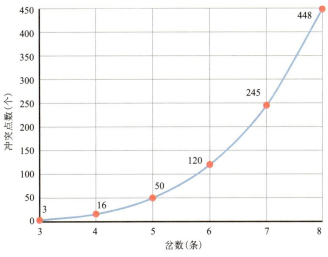

图 2-18　岔数与冲突点数关系曲线

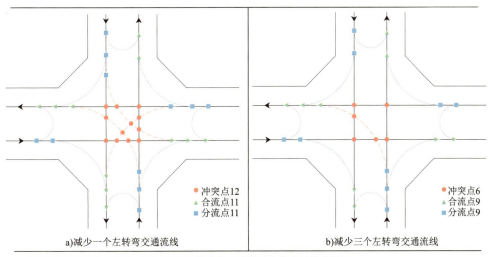

图 2-19　左转弯交通流线对交错点的影响分析

(四)减少交通流线之间交错点的方法

减少交通流线之间交错点的主要方法是对平面交叉交通流进行合理组织,通过合理的路权分配,以期达到提高平面交叉通行效率的目的。在确定平面交叉交通流组织方法以后,首先进行平面交叉渠化设计,确定不同流向交通流的空间路权,然后合理地进行信号配时优化,确定不同流向交通流的时间路权。有条件时,采取设置立体交叉的方法,从根本上解决交通流之间的冲突。减少或者消除冲突点的常规措施有以下几种:

1. 交通流在时间上分离

用交通组织和交通管制的办法,对平面交叉的交通流进行限制,使发生冲突的交通流从通行时间上错开。在平面交叉上设置交通信号灯，或由交通警察指挥，或设置让路交叉口，或定时不准左转车辆通行等，均属在时间上分离的措施。

2. 交通流在平面上分离

在交叉口采用各种交通设施或进行交通组织，使交通流在平面上分离，是减少交叉口冲突点的有效方法。通常采用以下方法：

①合理组织交通路线，变左转为右转，如设置中心岛组织环形交叉、街区绕行、远引掉头等。

②组织渠化交通。对平面交叉进行渠化处理，采用标志、标线以及交通岛，限制车辆行驶路径，缩小交通流平面冲突的范围，让驾驶人明确可能发生冲突的位置，及时采取措施，避免碰撞事故。

3. 交通流在空间上分离

立体交叉代替平面交叉，使可能存在冲突的交通流从空间上分离，彻底消除冲突点，提高交叉运行效率。这是解决交叉交通冲突问题最彻底的办法。

三、交通流线间连接方式的选择

根据交通流的主次关系及相互位置关系，交通流线之间存在如表 2-3 所示的 16 种连接方式。

主次交通流线之间的连接方式　　　　　表 2-3

基本连接	相对于主交通流线的位置		主交通流线	次交通流线
	右侧	左侧	相互	
分流(D)				
合流(M)				
交织(W)				
穿插(C)				

注：图中粗线为主交通流线，细线为次交通流线，虚线表示可能存在的直行交通。

不同的车辆行驶规则,对分流、合流和交织的位置选择有较大的影响。我国的车辆行驶规则是靠右行驶,在左侧超车,左侧车道上的车辆行驶速度一般较快。在主交通流的左侧分流、合流和交织的连接关系存在较大的交通安全隐患,次交通流不宜从主交通流的左侧分流、合流和交织,应选择从主交通流的右侧进行分流、合流和交织。因此交通流线间推荐采用的连接方式如表 2-4 所示。

交通流线间推荐采用的连接方式　　　　　　　　　　表 2-4

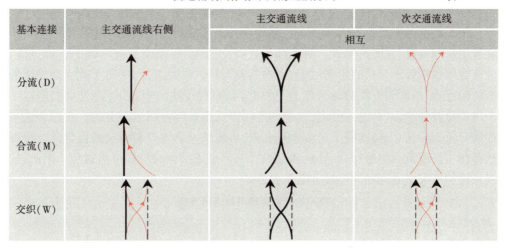

四、相邻次要交通流线间的连接方式

根据主交通流线上多个相邻次要交通流线之间的位置关系,分流和合流交通流线间的连接关系分为连续分流、合并分流、连续合流、合并合流。再考虑次要交通流相对主交通流的位置,可以分为如表 2-5 所示的 20 种相邻次要交通流线连接方式。

相邻次要交通流线之间的连接方式　　　　　　　　　　表 2-5

连接方式	右侧		左侧		分布	
	连续	合并	连续	合并	先右后左	先左后右
相邻分流(D)						
相邻合流(M)						
相邻分合流(DM)						

续上表

连接方式	右侧		左侧		分布	
	连续	合并	连续	合并	先右后左	先左后右
相邻合分流（MD）						

在上述各种连接关系的选择中还需要考虑行车规则。按照我国的行车规则，不宜采用左侧分流、合流的形式。对相邻的次要交通流，在主交通流一侧的连续分流、合流会导致相邻出入口的距离过近，影响驾驶人对出口的选择，从而干扰主交通流的连续稳定运行，削弱主线的通行能力。因此，在靠右行驶的规则下，应先从右侧以一个出口合并分流后，再继续分流，其余的连接方式则是需要尽量避免的。相邻合流与连续分流一样，应先将次要交通流合并合流，再通过一个入口与主交通流合流。最好选择在主交通流右侧进行分、合流和交织[1,2]，其余连接方式应尽可能避免。因此，建议采用的主次交通流间的连接方式见表2-6。

推荐的相邻交通流线连接方式 表2-6

连接方式	连续分流(D)	连续合流(M)	分合流(DM)	合分流(MD)
建议采用				
条件受限			—	—

本章参考文献

[1] 刘子剑. 互通式立体交叉设计原理与应用[M]. 北京：人民交通出版社股份有限公司，2015.

[2] 许金良，等. 道路勘测设计[M]. 5版. 北京：人民交通出版社股份有限公司，2018.

第 三 章
CHAPTER 3
道路交叉总体设计

总体设计是在综合考虑建设规模、设计标准的前提下,在协调方案拟订、设计构思、工程内外各专业等方面做出的综合设计。道路交叉总体设计是道路总体设计中重要的组成部分,既要服从道路总体设计的原则和要求,又对道路总体设计有重要的影响,特别是对路线总体布局具有重要的影响,在道路总体设计中,要特别关注道路交叉的总体设计。道路交叉总体设计是道路交叉设计的总纲,既要体现道路交叉使用安全、功能、质量、环保、节约的基本要求,又要处理好交叉与相交道路、相邻交叉之间的协调配合,是事关全线出入交通和转弯交通的一项系统工程。其内容涵盖了道路交叉的功能和设计要素,如间距控制、道路交叉位置选择、相交道路的岔数、相交角度、交通组织方式、交通管理方式、交叉形式选择等;包含了大自然的各种影响因素,如交叉范围的地形、地质、水文等,也涉及人为因素,如交叉范围内的各种人工建筑物、电力电信设施、各种管线、土地规划和利用等。道路交叉总体设计应对这些要素和因素进行综合分析,系统考虑各种因素对交叉定性、定位、定形的影响,使道路交叉设计既满足道路交通转换的安全和功能要求,又能与自然、人文环境相融合。道路交叉的总体设计不仅直接影响道路的总体布局和走向,还影响着其他专业设计及工程建设,关系道路建设投资的合理性,运营的安全性和经济性,建设及运营的环保性。道路交叉总体设计应统一协调路线交叉与各相关专业及项目内外部的衔接关系,并最终实现与路线和相关专业一起成为完整的系统工程。

各级道路交叉应根据相交道路的功能、等级及其在路网中的作用进行交叉总体设计。

第一节 道路交叉总体设计原则

一、交叉类型选择原则

根据路网规划和现状,相交道路的功能、技术等级,相邻交叉的间距等合理选择交叉类型,确定是平面交叉还是立体交叉,立体交叉是采用分离式立体交叉还是互通式立体交叉。道路功能和技术等级对交叉类型的选择具有决定性作用。

(一)公路交叉类型选择的一般原则

1. 公路交叉设置立体交叉的条件

①高速公路与其他公路相交处,必须采用立体交叉。
②一级公路同交通量大的其他公路相交处,宜采用立体交叉。
③二、三级公路相交处,在交通功能需要或有条件的地点可采用立体交叉。

2. 公路交叉设置互通式立体交叉的条件

①高速公路间及其与一级公路相交处。
②高速公路、一级公路同通往县级以上城市、重要的政治或经济中心的主要公路

相交处。

③高速公路、一级公路同通往重要工矿区、港口、机场、车站、游览胜地等的主要公路相交处。

④高速公路同通往重要交通源的公路相交而使该公路成为其支线时。

⑤两条具干线功能的一级公路相交时。

⑥一级公路上,当平面交叉的通行能力不能满足需要或出现频繁的交通事故时。

⑦因地形或场地条件等原因,设置互通式立体交叉综合效益大于设置平面交叉时。

高速公路间、高速公路与干线一级公路间、干线一级公路间的互通式立体交叉,应为枢纽互通式立体交叉。枢纽互通式立体交叉的匝道应具有良好自由流的线形,匝道上不设置收费站,匝道端部不出现穿越冲突。高速公路、一级公路间及其与其他公路相交的互通式立体交叉,应为一般互通式立体交叉,其匝道上可设置收费站,且高速公路出入口以外允许设置平面交叉。

3. 公路交叉设置分离式立体交叉的条件

①高速公路同其他各级公路相交时,除因交通转换而设置互通式立体交叉外,均必须设置分离式立体交叉。

②具干线功能的一级公路同其他各级公路相交,且相交公路又不能截断时,除因交通转换需要而设互通式立体交叉外,为减少平面交叉,应采用分离式立体交叉。

③二、三、四级公路相交,直行交通量很大或地形条件适宜,且不考虑交通转换时,可设置分离式立体交叉。

4. 公路之间的平面交叉设置原则

公路之间的交叉除了设置立体交叉外,还应该设置平面交叉。平面交叉应根据相交公路的功能、技术等级,区域路网规划和现状,地形、地貌等条件合理设置,并满足表 3-1 的要求。

平面交叉设置要求　　　　　　　　　　　表 3-1

被交叉公路		公路主线				
		一级公路		二级公路		三、四级公路
		干线	集散	干线	集散	
一级公路	干线	严格限制	—	—	—	—
	集散	严格限制	限制	—	—	—
二级公路	干线	严格限制	限制	限制	—	—
	集散	严格限制	限制	限制	允许	—
三、四级公路		严格限制	限制	限制	允许	允许

5. 公路与铁路之间交叉形式选择原则

公路与铁路之间交叉形式应根据公路和铁路的等级、交通量(年客、货运量)、安全、经济等因素综合确定,原则上应考虑设置立体交叉。公路与铁路交叉设计年限应同时符合公路规划交通量预测年限、铁路设计年限规定的要求。对规划中的项目,必须有批准的规划修建年限,以确定交叉方式与预留交叉条件。

①公路与铁路相交时,新建的公路项目或铁路应首选立体交叉。

②高速公路、一级公路与铁路相交时,必须设置立体交叉。

③高速铁路、城际铁路和路段旅客列车设计行驶速度大于或等于140km/h的铁路与公路相交时,必须设置立体交叉。

④公路与铁路相交时,符合下列情况之一者应设置立体交叉:

　　a.Ⅰ级铁路与公路相交;

　　b.路段旅客列车设计行驶速度大于或等于120km/h的铁路与公路相交;

　　c.铁路与二级公路相交;

　　d.铁路调车作业会对公路上行驶的车辆造成较严重延误;

　　e.受地形等条件限制,采用平面交叉会危及公路行车安全;

　　f.结合地形或桥涵构造物情况,具备设置立体交叉的条件。

除了上述情况下应设置立体交叉外,其他情况下应设置平面交叉。

6.公路与乡村道路之间的交叉形式选择原则

公路与乡村道路的交叉设计也应纳入道路交叉总体设计,统筹规划,合理布局。公路与乡村道路交叉的形式、位置、间隔等,应根据县级和乡(镇)土地利用总体规划中农业耕作机械需求布设。必要时应结合公路网建设规划,对农业机耕道进行调整或归并,以控制建设用地指标。

①高速公路与乡村道路相交必须设置立体交叉。

②一级公路与乡村道路相交宜设置立体交叉,即通道或天桥。乡村道路与干线一级公路相交,尽量设置立体交叉;与集散一级公路相交,宜设置立体交叉。设置平面交叉时,应禁止直行和左转,或者采用信号控制的管理方式,相邻平面交叉的最小间距应满足相关要求。

③二、三级公路与乡村道路相交应设置平面交叉,四级公路与乡村道路相交宜设置平面交叉,地形条件有利或公路交通量大时亦可设置分离式立体交叉(即通道或天桥)。

④二级及二级以上公路位于城镇或人口稠密的村落或学校附近时,宜设置专供行人通行的人行通道或人行天桥。

7.公路与各级城市道路的交叉类型选择原则

①高速公路与各级城市道路相交必须设置立体交叉;

②高速公路和一级公路与城市快速路、主干路相交应设置互通式立体交叉;

③高速公路和一级公路与城市次干路相交可设置互通式立体交叉;

④高速公路和一级公路与城市支路相交应设置分离式立体交叉;

⑤二、三、四级公路与城市快速路相交必须设置立体交叉;

⑥二、三、四级公路与城市主干路相交可设置立体交叉；
⑦二、三、四级公路与城市次干路、支路相交应设置平面交叉。

(二)城市道路之间交叉类型选择的一般原则

城市道路之间的交叉类型应根据交叉节点在城市道路网中的地位和作用、相交道路的等级、城市性质和规模、交通需求、节点用地条件综合考虑。可按照表 3-2 的建议来选择合理的城市道路交叉类型。

城市道路交叉类型　　　　表 3-2

交叉道路类型		推荐类型		可用类型	
主路	被交道路	推荐交叉类型	推荐具体类型	可用交叉类型	可用具体类型
快速路	快速路（一级公路）	互通式立体交叉	立 A_1 类	互通式立体交叉	—
	主干路		立 B 类		立 A_1 类或立 C 类
	次干路		立 C 类		立 B 类
	支路		立 C 类	分离式立体交叉	立 C 类
主干路	主干路	平面交叉	平 A_1 类	互通式立体交叉	立 B 类
	次干路		平 A_1 类		立 B 类
	支路		平 B_1 类	平面交叉	平 A_1 类
次干路	次干路	平面交叉	平 A_1 类	平面交叉	—
	支路		平 B_2 类		平 A_1 类或平 B_1 类
支路	支路	平面交叉	平 B_2 类或平 B_3 类	平面交叉	平 C 类或平 A_3 类

二、交叉位置选择原则

①交叉位置应依据公路网现状和规划、经济与环境因素等进行选择。交叉一般选择在路网规划的相交位置。尽量选择不需要对现有道路进行改线的位置。存在特殊困难时，可以结合被交道路改线方案来综合考虑交叉的位置。

②应考虑与现有道路相交处的地形、地质和地物条件。交叉应选在地形平坦、地质条件良好、地物较少、拆迁数量少、无重要建筑的位置。

③与相邻交叉之间保持合理的间距，必要时可利用邻近道路或辅道合并相邻交叉，减少交叉数量，降低工程造价。

④交叉范围内相交道路的平面线形应满足设置不同形式交叉的要求，纵断面线形应平缓。相交道路的平面和纵断面线形指标应满足识别视距的要求，若条件受限，应满足停车视距要求。

⑤相交道路的交角宜为直角。当斜交时，其锐角应满足平面交叉最小交角的要求。交角过小时，应考虑被交线改线的方案，改线后的技术标准应充分考虑被交道路

未来发展的需求。

⑥远期计划改为互通式立体交叉时,应按分期修建原则设计,充分考虑并预留布设匝道的工程条件。

⑦平面交叉的位置选择还应考虑如下原则:

a. 应综合考虑道路网的结构和车辆通行条件,满足交织长度、视距、转弯车道长度等的最小距离,保证车辆通过交叉时不受前方交叉处等候最长车辆队列干扰。

b. 平面交叉所在位置的相交道路岔数不得多于 4 条。新建道路不得直接接入已建的岔数大于或等于 4 条的平面交叉,采用环形平面交叉时,岔数不宜多于 5 条。

c. 平面交叉范围内应通视,视野开阔,视距三角区内无遮挡驾驶人视线的障碍物,满足识别视距的要求。

d. 位置选择应确保平面交叉范围内具备良好的排水条件,平面交叉范围内不积水。

e. 平面交叉与隧道出入口、公共汽车停靠站、城市广场出入口、停车场出入口之间应保持足够的净距。

⑧分离式立体交叉的位置选择还应考虑如下原则:

a. 充分考虑设置分离式立体交叉位置的地形、地质条件,有利于分离式立体交叉的纵断面设计,减少结构物长度,降低工程造价。

b. 高速公路与被交道路均不得因增设分离式立体交叉而使平、纵面线形过于弯曲、起伏,相交道路的平、纵面线形均应满足停车视距的要求。

⑨互通式立体交叉的位置选择应考虑如下原则:

a. 交叉的位置应能使主交通流线的连接更顺畅。

b. 被交道路应有与互通式立体交叉出入交通量相适应的通行能力。相连接道路在路网中的等级不应低于次要干道或集散路,通行能力应满足过境和集散交通量的要求,不应有较大的横向干扰。

c. 出入互通式立体交叉的交通量应能适当地分配到该地区路网中,不应使某些道路或路段负荷过重。

d. 互通式立体交叉与隧道出入口、公共汽车停靠站、城市广场出入口、停车场出入口等应有足够的净距,满足安全交织行驶的要求。

e. 根据路网布局等条件而选定的道路,在通行能力和其他方面不能满足需要时,应进行改建设计。

三、确定合适的交通管理方式

平面交叉需要确定交通管理方式,立体交叉中若存在平面交叉的情况,也需要确定平面交叉的交通管理方式。平面交叉的交通管理方式是交通管理的重点,是交叉设计的先决条件。交通管理方式不仅决定了平面交叉的类型,也决定了平面交叉的几何构造和几何设计。某些情况下,平面交叉位置条件受限制时,也决定了交通管理方式。随着交叉交通量的增大和设施的复杂化,平面交叉中交通管理设施的作用越趋明显,其被依赖的程度越发提高。因此,平面交叉总体设计应先明确平面交叉交通管理方式。

平面交叉根据相交道路的功能、等级、交通量等可分为无优先交叉、主路优先交叉、信号控制交叉三种交通管理方式。

1. 无优先交叉

无优先交叉是在相交道路交通量都较小时,各方向车流在平面交叉处寻找间隙通过,不设任何管理措施的平面交叉。其是无任何管理控制的平面交叉,交叉范围内冲突点多,若交通量大,则会严重影响平面交叉的畅通,安全性较差。

2. 主路优先交叉

主路优先交叉是指对没有实施信号控制的主、次道路相交平面交叉,主路车辆可优先通行,次路车辆必须停车让行或减速让行的控制方式。其适用于交通量较小的平面交叉,或相交道路有明显主、次关系的平面交叉。在非优先车流的进口道上设置停车让行或减速让行标志,在保障有优先通行权车辆通行的前提下,以停车让行或减速让行方式通过平面交叉。主路上的车流通常不受影响,无须停车就可顺畅通过,其速度可保证和路段上的速度基本一致;次路车流需在平面交叉进口处先停车或减速观望,利用主路的车头间隙通过平面交叉。如果主、次道路上都有左、右转弯车流,可遵循以下优先规则通过平面交叉:次路右转弯车流、主路左转弯车流、次路直行车流、次路左转弯车流。

有停车让行或减速让行标志的平面交叉可最大限度地保证主路车辆顺畅通过,但次路因让行会产生较大延误,特别是当平面交叉的交通量接近其通行能力时,停车、延误更加严重,此时应考虑采用信号控制方式。

3. 信号控制交叉

信号控制交叉是采用交通信号控制灯方式,对平面交叉路口的交通流实施动态控制和调节的平面交叉。交通信号配时有多种方法,目前应用较普遍的是多相位定周期配时方法。相位是在一个周期内安排若干种控制状态,每一种控制状态对某一方向的车辆或行人配给通行权,并合理安排这些控制状态的显示顺序。车辆进入信号交叉,要根据信号灯提供的通行相位排队等候通过。实行信号交叉,在时间上使相互冲突的车流分离,减少了各向车流之间的相互干扰,提高了车辆运行的安全性和效率。

四、选择合理的交叉形式

1. 平面交叉形式选择的基本原则

①平面交叉的形式应根据相交道路的功能、等级、交通管理方式、用地条件、工程造价等因素确定,选用能使主要道路或主要交通流畅通、冲突点少、冲突区域小,并且冲突区分散的形式。

②平面交叉的形式设计应以设计交通量为基本依据,考虑直行和转弯设计速度,合理确定转角半径的要求、混入车辆的需求、行人需求、安全因素等内容,结合交通管理方式,尽量采用渠化的平面交叉形式。

③平面交叉的形式应紧密结合交通组织方式,特别是左转弯交通流的组织方式,选择能使交通流安全、顺畅、快速地通过平面交叉,减少行车延误,以有效提高交叉节点通行能力的形式。

④优先采用能较大幅度减少冲突点的形式,或者采取合适的管理和渠化措施,使冲突区域减小到最低限度,明确冲突点的位置,给主流交通优先权。

⑤尽量采用能有效控制进入平面交叉范围内车辆的行驶速度的形式。

⑥平面交叉的形式应注意保持进出口直行车道数平衡。如果道路断面宽度发生变化,则应尽量使平面交叉进出车道数保持平衡(在基本路段改变断面宽度和车道数,不在平面交叉范围内调整车道数)。

⑦进行既有平面交叉改建设计时,应根据收集的交通量资料,交通延误、交通事故资料等综合分析后,确定改建后的形式。

⑧在近期先建平面交叉,远期拟改建为互通式立体交叉的情况下,应对近期平面交叉形式和远期互通式立体交叉作统筹构思,并对互通式立体交叉进行足够深度的设计(简单情况下的方案设计至复杂情况下的初步设计),保证分期建设方案在技术处理、占地和投资安排上的合理性。

2. 互通式立体交叉形式选择的基本原则

影响立体交叉形式选择的因素有很多,归纳起来主要有道路、交通、环境、自然、政策、施工六个方面的条件(图 3-1)。

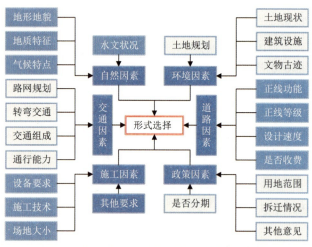

图 3-1 影响互通式立体交叉形式选择的主要因素

①交叉形式应满足功能需求、运行安全、环境保护等要求,并与路网结构、互通式立体交叉的类型相适应。

②形式选择应与定位相结合,与正线线形、构造物、总体布局相配合。交叉形式因

所在位置的地形、地物及环境条件而异,通常先定位后选形,并使选形与定位相结合。

③交叉形式应与周边地形、地质条件、用地范围、文物古迹保护区、周围建筑物及设施分布现状等现场条件相协调,利用有利地形和地质条件,避让不利地形和地质条件,减少占地和拆迁。在满足交通要求的前提下应综合分析研究,力求形式与地形相适应、与环境相协调,造型美观,结构新颖、合理。

④交叉选择应综合考虑相交道路的功能、等级。满足相交道路的功能需求,相交道路等级越高,对转弯方向通行能力、通行效率的要求就越高,因而对形式的要求也越高。

⑤形式选择和匝道布置要全面安排,分清主次。互通式立体交叉形式往往受匝道的平、纵面布置的制约,故应考虑匝道平面线形指标和竖向高程的要求。应处理好主要道路与次要道路的关系,首先满足主要道路的要求,然后考虑次要道路。

⑥交叉形式与交通量大小相适应,确保行车安全畅通和车流连续。原则上优先保证主线和主交通流方向畅通,减少对主交通流方向的干扰。交通量大、设计速度高的行车方向,要求线形指标高、路线短捷、纵坡平缓。

⑦考虑交通组成对形式选择的影响。车辆中既有机动车又有非机动车,既有大型车又有小型车,不同车种的车辆行驶速度、爬坡能力、转角半径等均不相同,选形时在满足一般要求的基础上,还要考虑个别交通特性的需要,非机动车应行驶在地面层上或路堑内;若要使机动车与非机动车交通量都很大的车流分离行驶,则可采用三层式或四层式立体交叉,不同的交通层面应相互套叠组合在一起,减少立体交叉的建筑高度和用地。

⑧应考虑是否设置收费站。收费互通式立体交叉必须考虑设置收费站的要求,对其形式设计有较大影响;应根据转弯交通量大小,确定连接线所在象限,然后按变速车道长度要求确定连接线的具体位置,连接线两端三路交叉的形式应与相交道路的性质相适应。

⑨应注意满足互通式立体交叉设计一致性的要求,符合我国道路交通管理规则。

⑩应考虑施工条件,有利于施工,尽量采用新技术、新工艺、新结构,以提高质量、缩短工期和降低成本。

⑪要考虑是否分期修建,做到近远期结合。既要考虑近期交通要求,减少投资费用,又要考虑远期交通发展而实施后期工程的要求。为合理利用资金,适应交通量增长需要,近期可选用部分互通式、两层式立体交叉等,远期可改建为完全互通式、三层式或四层式立体交叉,并应注意前期工程能为后期工程所利用,以免造成不必要的浪费。

第二节 平面交叉总体设计内容及要求

一、平面交叉的间距和净距控制

(一)平面交叉的间距和净距界定

平面交叉的间距是指某一路段上两相邻平面交叉与被交路交叉点的里程之差

(图3-2)。平面交叉的净距是指两相邻平面交叉中前一平面交叉右转弯附加车道渐变段终点与同一侧相邻平面交叉右转弯附加车道渐变段起点之间的里程差(图3-2)。平面交叉之间的间距等于构造段长度与净距之和。平面交叉的间距应根据交织长度、转弯车道长度、视距及识别视距等因素综合确定。为保证公路的通行能力,减少交通延误和提高行车安全,平面交叉的间距应尽可能地大。各级公路平面交叉(包括出、入口在内)的间距应不小于表3-8的规定。间距较小且交叉密度较大的路段在规划和设计时应采取修建辅道并适当合并交叉,限制出、入口数量或设置互通式立体交叉、分离式立体交叉、地下通道和人行天桥等措施以减少平面交叉的数量。

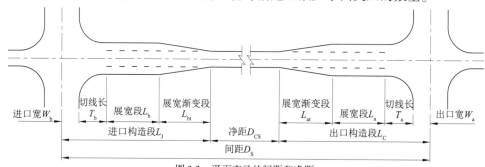

图3-2 平面交叉的间距和净距

(二)平面交叉最小净距

1. 一般平面交叉构造段长度

设右转弯附加车道时,平面交叉构造段为交叉中心与出口(或入口)右转弯车道渐变段终点(或起点)的区域;未设置右转弯附加车道时,平面交叉构造段为交叉中心与出口(或入口)转角终点(或起点)的区域。平面交叉构造段长度与被交线的宽度、转角曲线半径、右转弯车道宽度、右转弯附加车道长度和右转弯附加车道的渐变段长度有关。

(1)出口车道总宽 W_a 和进口车道总宽 W_b

出口车道总宽、进口车道总宽(简称出口宽和进口宽)与被交道路的等级和设计速度、车道数,以及进口道、出口道的车道宽度有关,出口、进口车道总宽不含硬路肩、土路肩、非机动车道、人行道、绿化带等。根据公路和城市道路常见标准横断面组成及其各部分宽度可以计算得到进口、出口车道总宽(表3-3)。

进、出口车道总宽　　表3-3

	等级	一级公路			二级公路			三、四级公路		
公路	设计速度(km/h)	100	80	60	80	60	40	40	30	20
	中间带宽度(m)	3.5	3.0	3.0	0	0	0	0	0	0
	车道宽(m)	3.75	3.75	3.5	3.75	3.5	3.5	3.5	3.25	3.0
	展宽车道宽(m)	3.5	3.5	3.5	3.5	3.5	3.5	3.5	0	0
	进、出口宽(m)	12.75	12.5	12.0	7.25	7.0	7.0	7.0	3.25	3.0

续上表

	等级	主干路			次干路			支路		
	设计速度(km/h)	60	50	40	50	40	30	40	30	20
	分车带宽度(m)	3.0	2.0	2.0	2.0	2.0	0	0	0	0
	路缘带宽度(m)	0.5	0.25	0.25	0.25	0.25	0.25	0.25	0.25	0.25
	出口单车道宽(m)	3.5	3.5	3.5	3.5	3.5	3.5	3.5	3.5	3.5
	进口单车道宽(m)	3.25	3.25	3.25	3.25	3.25	3.25	3.25	3.25	3.25
城市道路	出口车道宽度(m) 一车道	—	—	—	—	—	—	3.5	3.5	3.5
	二车道	—	—	—	8.0	8.0	7.0	7.0	7.0	7.0
	三车道	12	11.5	11.5	11.5	11.5	10.5	10.5	10.5	10.5
	四车道	15.5	15.0	15.0	15.0	15.0	14.0	—	—	—
	五车道	19.0	18.5	18.5	—	—	—	—	—	—
	进口车道宽度(m) 一车道	—	—	—	—	—	—	3.25	3.25	3.25
	二车道	8.0	7.5	7.5	7.5	7.5	6.5	6.5	6.5	6.5
	三车道	11.25	10.75	10.75	10.75	10.75	9.75	9.75	9.75	9.75
	四车道	14.5	14.0	14.0	14.0	14.0	13.0	—	—	—
	五车道	17.75	17.25	17.25	—	—	—	—	—	—
	出口车道总宽取值(m)	19.0	18.5	18.5	15.0	15.0	14.0	10.5	10.5	10.5
	进口车道总宽取值(m)	17.75	17.25	17.25	14.0	14.0	13.0	9.75	9.75	9.75

被交线的半幅行车道宽度受车道数量影响的范围在10m以内,因此,作为分析平面交叉间距的因素,可以忽略车道数量的影响,被交线的半幅行车道宽度(即进、出口宽)按最大值考虑。

(2)右转弯曲线切线长度

一般平面交叉口右转弯曲线的切线长度 T_a 和 T_b 用式(3-1)计算:

$$T_{a(b)} = R_c \tan \frac{\theta}{2} \tag{3-1}$$

式中:θ——平面交叉口相交道路交角(°),一般为70°~90°,按70°取;

R_c——平面交叉口缘石转角半径(m),按表3-4取值。

右转弯曲线切线长度　　　　表3-4

主线设计速度(km/h)	100,80	60	50	40	≤30
最大转弯速度(km/h)	40	30	25	20	≤15
最小半径(m)	45	30	25	20	15
切线长度(m)	32	21	18	14	11

(3)展宽段长度

公路平面交叉出口展宽段长度按照匀减速运动公式计算,减速度值采用2.5m/s²;进口展宽段长度按照匀加速运动公式计算,加速度值采用1.0m/s²。右转角半径在多数情况下在20m左右,其对应的转弯速度为20km/h左右。因此在确定构造段长度时,可取减速段的末速度和加速段的起始速度均为20km/h,计算结果(取为5m的整数倍)见表3-5。

《交叉规程》规定城市道路进口展宽段长度,支路为30～40m,次干路为50～70m,主干路为70～90m,与支路相交取下限,与主干路相交取上限。

城市道路出口展宽段长度不小于30～60m,主干路取上限,其他取下限。

(4)展宽渐变段长度

公路平面交叉出口展宽渐变段长度按表3-5取值。

展宽段和展宽渐变段长度 表3-5

	等级	一级公路			二级公路			三、四级公路		
公路	设计速度(km/h)	100	80	60	80	60	40	40	30	20
	进口展宽段长度(m)	95	50	30	50	30	20	20	0	0
	出口展宽段长度(m)	230	120	80	120	80	20	20	0	0
	展宽渐变段长度(m)	60	50	40	50	40	30	30	0	0
	等级	主干路			次干路			支路		
城市道路	设计速度(km/h)	60	50	40	50	40	30	40	30	20
	进口展宽段长度(m)	90	80	70	70	60	50	40	35	30
	进口展宽渐变段长度(m)	35	35	35	25	25	25	20	20	20
	出口展宽段长度(m)	60	60	60	30	30	30	30	30	30
	出口展宽渐变段长度(m)	20	20	20	20	20	20	20	20	20

城市道路进口展宽渐变段长度按车辆以70%路段设计车速行驶3s横移一条车道计算。支路进口展宽渐变最小长度不应小于20m,次干路不应小于25m,主干路不应小于30～35m。出口展宽渐变段长度不应小于20m。

(5)一般平面交叉进、出口构造段长度

进、出口构造段长度用式(3-2)计算:

$$\begin{cases} L_J = L_{bt} + L_b + T_b + W_b \\ L_C = L_{at} + L_a + T_a + W_a \end{cases} \quad (3-2)$$

式中符号意义见图3-2。

分别计算公路和城市道路进、出口构造段长度,结果见表3-6。

进、出口构造段长度 表3-6

	等级	一级公路			二级公路			三、四级公路		
公路	设计速度(km/h)	100	80	60	80	60	40	40	30	20
	出口构造段长度(m)	335	215	153	209	148	71	71	14	14
	进口构造段长度(m)	200	145	103	139	98	71	71	14	14

续上表

	等级	主干路			次干路			支路		
城市道路	设计速度(km/h)	60	50	40	50	40	30	40	30	20
	出口构造段长度(m)	130	129	118	96	85	77	74	71	71
	进口构造段长度(m)	176	166	145	142	121	103	85	77	72

2. 相邻平面交叉之间的最小净距

相邻平面交叉之间应有足够长度满足车辆运行的要求。既要满足驾驶人判读标志的需求,也应满足车辆换道或稳定行驶的需求。当相邻平面交叉之间的车道较多时,驾驶人有换道需求,应该满足车辆从最内侧车道换道至最外侧车道驶出的要求,并取换道和稳定行驶两者的较大值作为最小净距控制。对于无须换道的单向单车道道路,应考虑车辆稳定行驶的需要,稳定行驶距离可按照6s行程确定。换道距离计算模型采用第一章识别视距中的换道模型。单向二车道应考虑车辆从最外侧车道换道至最内侧车道,然后从最内侧换道至最外侧的行驶过程,即两次换道过程。单向车道数大于2时,只考虑从最内侧换道至最外侧驶出的过程,不考虑从最外侧车道换道至最内侧的过程。主要计算参数及结果(取为10m的整数倍)见表3-7。

平面交叉最小净距　　表3-7

	等级		一级公路			二级公路			三、四级公路		
公路	设计速度(km/h)		100	80	60	80	60	40	40	30	20
	3s判读标志距离(m)		83	67	50	67	50	33	33	25	17
	单次换道距离(m)		231	161	115	—	—	—	—	—	—
	总换道距离(m)		508	357	263	—	—	—	—	—	—
	6s稳定行驶距离(m)		167	133	100	133	100	67	67	50	33
	最小净距(m)		510	360	270	140	100	70	70	50	40

	等级			主干路			次干路			支路		
城市道路	设计速度(km/h)			60	50	40	50	40	30	40	30	20
	3s判读标志距离(m)			50	42	33	42	33	25	33	25	17
	单次换道距离(m)			131	111	90	111	90	69	90	69	52
	总换道距离(m)	单向车道数	二车道	313	263	213	263	213	162	213	162	120
			三车道	313	263	213	263	213	162	213	162	120
			四车道	444	373	302	373	302	231	302	231	172
			五车道	576	484	392	484	392	300	392	300	224
	6s稳定行驶距离(m)			100	83	67	83	67	50	67	50	33
	最小净距(m)	单向车道数	一车道	—	—	—	90	70	50	70	50	40
			二车道	320	270	220	270	220	170	220	170	130
			三车道	320	270	220	270	220	170	220	170	130
			四车道	450	380	310	380	310	240	—	—	—
			五车道	580	490	400	—	—	—	—	—	—

从计算结果看,换道距离是控制条件,6s稳定行驶距离不是控制条件。

067

(三)平面交叉的间距

由图 3-2 所示的平面交叉间距组成可知,相邻平面交叉的最小间距由进口构造段长度、净距和出口构造段长度三部分组成,即

$$D_S = L_C + D_{CS} + L_J \tag{3-3}$$

式中符号意义见图 3-2。

计算结果见表 3-8(计算结果公路取为 100m 的整数倍,城市道路取为 50m 的整数倍)。

平面交叉最小间距　　　　表 3-8

	等级		一级公路			二级公路			三、四级公路		
公路	设计速度(km/h)		100	80	60	80	60	40	40	30	20
	最小间距计算值(m)		1200	800	600	600	400	300	300	200	100
	《路线规范》规定最小间距(m)		干线		集散	干线		集散	—		
			2000	1000	500	500		300			
	等级		主干路			次干路			支路		
	设计速度(km/h)		60	50	40	50	40	30	40	30	20
城市道路	最小间距计算值(m)	单向车道数									
		一车道	—	—	—	350	300	250	250	200	200
		二车道	650	600	500	550	450	350	400	350	300
		三车道	650	600	500	550	450	350	—	—	—
		四车道	800	700	600	650	550	450	—	—	—
		五车道	900	800	700	—	—	—	—	—	—
	《交叉规程》规定最小间距(m)		150								

《交叉规程》4.1.3 条规定,城市道路平面交叉口间距应根据城市规模、路网规划、道路类型及其在城市中的区域位置而定;干路交叉口间距宜大致相等;各类交叉口最小间距应能满足转向车辆变换车道所需最短长度,满足红灯期车辆最大排队长度,以及满足进、出口车道总长度的要求,且不宜小于 150m[1]。从分析结果可以看出,《交叉规程》规定的城市道路平面交叉最小间距 150m 不满足车辆在相邻平面交叉间行驶的基本要求。

二、平面交叉交通管理方式

平面交叉管理是交通管理的重点,交通管理方式决定了交叉的几何构造、交叉类型和几何设计。平面交叉根据相交道路的功能、等级、交通量等可分别采用无优先交叉、主路优先交叉、信号控制交叉三种不同的交通管理方式。对平面交叉实施科学管理,目的是保障平面交叉的交通安全和提升通行能力。

(一)公路平面交叉交通管理方式的选择方法

①功能、等级、交通量有明显差别的两条公路相交,或交通量较大的T形交叉,应采用主路优先交叉交通管理方式。

②主路优先交叉又分为停车让行控制和减速让行控制两种,若平面交叉视距不足,无法满足减速让行视距三角形,则该平面交叉应采用停车让行控制。

③相交公路等级均低且交通量较小时,应采用无优先交叉交通管理方式。

④满足下述情况之一的平面交叉应采用信号控制交叉交通管理方式:

a. 交通量均大,且功能、等级相同的公路相交,难以采用主路优先交叉交通管理方式时;

b. 相交公路虽有主次之别,但交通量均较大(主要公路双向交通量大于或等于750pcu/h,次要公路单向交通量大于或等于300pcu/h),采用主路优先交叉交通管理方式会出现较频繁的交通事故和过分的交通延误时;

c. 主要公路交通量相当大(主要公路双向交通量大于或等于900pcu/h),尽管次要公路的交通量不大,但若采用主路优先交叉交通管理方式,次要公路上的车辆会由于难以遇到可供驶入的主流间隙而引起不可接受的交通延误,或出现冒险驶入长度不足的主流间隙而危及安全时;

d. 相交公路的交通量虽未达到上述程度,但因有相当数量的行人和非机动车穿越交叉而引起交通延误,甚至造成阻塞或交通事故时;

e. 环形平面交叉的入口因交通量大而出现过多的交通延误时;

f. 位于城镇路段的平面交叉。

(二)城市道路平面交叉选择交通管理方式的规定

①主干路与主干路、主干路与次干路、次干路与次干路相交,应采用信号控制平面交叉。

②主干路与支路相交,支路可采用右进右出的交通管理方式。

③次干路与支路、支路与支路相交,可采用停车让行和减速让行标志控制的平面交叉。支路与支路相交,也可采用无优先交叉交通管理方式。

三、平面交叉范围内正线的线形

(一)道路平面线形

从转弯车辆行驶的稳定性和交叉口范围内排水两个角度考虑,平面交叉范围内平面线形宜为直线或大半径圆曲线,宜采用大于或等于不设超高的圆曲线最小半径。平面交叉范围内的圆曲线半径宜大于表3-9所示的最小半径。

平面交叉范围内最小圆曲线半径 表 3-9

设计速度(km/h)			100	80	60	50	40	30	20
公路(m)	路拱(%)	横向力系数							
	1.5	0.035	3937	2520	1417	984	630	354	157
	2.0	0.040	3937	2520	1417	984	630	354	157
	2.5	0.040	5249	3360	1890	1312	840	472	210
	3.0	0.045	5249	3360	1890	1312	840	472	210
	3.5	0.050	5249	3360	1890	1312	840	472	210
《路线规范》	路拱≤2%		4000	2500	1500	1000	600	350	150
	路拱>2%		5250	3350	1900	1300	800	450	200
城市道路(m)	路拱=2%		1600	1000	600	400	300	150	70

(二)道路纵断面线形

平面交叉范围内道路纵断面线形可以为直坡段或者竖曲线,直坡段的纵坡应平缓,竖曲线最小半径应满足夜间识别视距的要求,以便驾驶人预先看见平面交叉范围内的各种情况,降低通过时发生事故的风险。

1. 相交道路的纵坡

平面交叉范围内,相交公路纵断面宜平缓。纵断面线形应满足相交道路设计速度对应的停车视距要求。主路在交叉范围内的纵坡坡度应在 0.15%～3% 范围内。当主要公路与等级较低的公路或村道相交时,次要公路上紧接交叉的引道应以坡度 0.5%～2.0% 的上坡通往交叉,且此坡段至主要公路的路基边缘至少 25m 长,如图 3-3 所示。

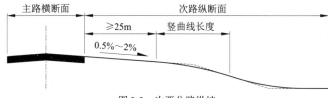

图 3-3 次要公路纵坡

城市道路平面交叉范围内相交道路的纵坡坡度应不大于 2.5%,困难情况下不应大于 3.0%。位于山区的城市道路或者其他特殊情况,可在保证行车安全的条件下适当增加。

2. 竖曲线半径

平面交叉范围内的竖曲线半径大小应满足夜间识别视距的要求,以便驾驶人提前发现平面交叉的位置和平面交叉范围内的车辆、行人、标志和信号、交通岛和其他障碍的位置,采取合适的操作方式。因此竖曲线半径取值不能太小,否则会引起夜间识别视距不足,导致驾驶人误行,或紧急制动引发追尾等安全问题。

(1)凹形竖曲线半径

确定凹形竖曲线最小半径时,应满足夜间识别视距的要求,有特殊困难时应满足停车视距的要求(图3-4)。且以竖曲线长度大于视距作为有效控制,计算公式为

$$h_L + S_S \tan\delta \approx \frac{S_S^2}{2R} \tag{3-4}$$

$$R \approx \frac{S_S^2}{2h_L + 2S_S \tan\delta} \tag{3-5}$$

式中:R——竖曲线半径(m)。

S_S——视距(m),采用识别视距,有特殊困难时采用停车视距。

h_L——车前灯高度(m)。根据《机动车运行安全技术条件》(GB 7258—2017),汽车的远光灯的离地高度不小于0.50m,不大于1.20m[2];大部分小汽车的安装高度为0.6m左右,美国AASHTO采用值为0.6m,因此从安全角度考虑,车前灯高度选用0.6m。

δ——小客车前照灯灯光仰角(°)。

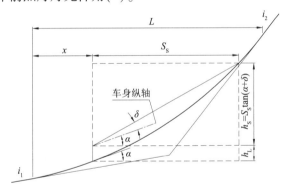

图3-4 夜间小汽车凹形竖曲线最小半径计算图示
注:α 为竖曲线上任一点切线与水平线的夹角(°)。

考虑夜间行车过程中,前照灯光照射区域是驾驶人的有效视野,为了保证夜间行车的安全,根据《机动车运行安全技术条件》(GB 7258—2017)中远光灯光束照射位置的要求,前照灯远光光束照射在距离10m的屏幕上,其发光强度最大点的垂直方向位置,应不高于远光光束透光面中心所在水平面100mm[2],折算角度0.5729°,考虑灯光的发散作用,有效仰角不大于1.0°,AASHTO采用1.0°。因此,仰角值采用1.0°更安全。将已知数据代入式(3-5),计算结果(取为50m的整数倍)见表3-10。

平面交叉范围内凹形竖曲线最小半径　　　表3-10

设计速度(km/h)	100	80	60	50	40	30	20
车前灯高度(m)	0.6	0.6	0.6	0.6	0.6	0.6	0.6
车灯灯光仰角(°)	1	1	1	1	1	1	1

续上表

设计速度(km/h)		100	80	60	50	40	30	20
识别视距(m)	公路	475	350	240	190	145	105	65
	城市道路	360	260	170	135	100	70	45
	主路优先	250	170	105	80	55	35	20
	无优先	—	—	85	65	50	35	20
停车视距(m)		160	110	75	60	45	30	20
满足识别视距最小半径(m)	公路	12700	9150	6050	4650	3400	2300	1250
	城市道路	9450	6600	4100	3100	2150	1350	750
	主路优先	6300	4100	2300	1650	1000	550	250
	无优先	—	—	1750	1250	850	550	250
满足停车视距最小半径(m)		3800	2450	1500	1100	750	400	250

(2) 凸形竖曲线半径

据图 3-5 知

$$S_S = \sqrt{2R}(\sqrt{h_1} + \sqrt{h_2}) \tag{3-6}$$

$$R = \frac{S_S^2}{2(\sqrt{h_1} + \sqrt{h_2})^2} \tag{3-7}$$

式中：R——凸形竖曲线半径(m)；

S_S——视距(m)，采用识别视距，有特殊困难时采用停车视距；

h_1——视线高度(m)，小客车的视线高度取 1.2m；

h_2——障碍物高度(m)，考虑驾驶人识别平面交叉标线的需要，取 0.003m。

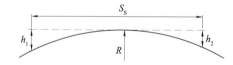

图 3-5 满足识别视距的凸形竖曲线最小半径计算图示

将已知数据代入式(3-7)，计算结果(取为 50m 的整数倍)见表 3-11。

平面交叉范围内凸形竖曲线最小半径　　表 3-11

设计速度(km/h)		100	80	60	50	40	30	20
识别视距(m)	公路	475	350	240	190	145	105	65
	城市道路	360	260	170	135	100	70	45
	主路优先	250	170	105	80	55	35	20
	无优先	—	—	85	65	50	35	20
停车视距(m)		160	110	75	60	45	30	20

续上表

	设计速度(km/h)	100	80	60	50	40	30	20
满足识别视距最小半径(m)	公路	85300	46300	21800	13650	7950	4200	1600
	城市道路	49000	25550	10950	6900	3800	1900	800
	主路优先	23650	10950	4200	2450	1150	500	200
	无优先	—	—	3050	1800	1050	550	200
满足停车视距最小半径(m)		9700	4600	2200	1400	800	400	200

四、相交道路的岔数

平面交叉按相交道路的岔数可分为三岔交叉、四岔交叉、五岔交叉及多岔交叉。根据第二章平面交叉的车辆交错方式和交错点的数量分析可知,冲突点数与相交道路的岔数呈 4 次幂函数关系。岔数大于 4 后,冲突点数迅速增加,冲突点数的增加使平面交叉范围内的交通冲突增加,冲突点的密度增加,发生事故的概率也大幅增加,使整个平面交叉的交通组织管理变得困难,甚至难以管控,必然导致拥堵和事故风险增加。因此,在规划和设计平面交叉时,应尽量减少相交道路的岔数,避免五岔或五岔以上道路相交(图 3-6),以大幅减少冲突点数,提升平面交叉的通行能力,降低交通事故风险和交通组织难度。

图 3-6 避免五岔交叉的方法

一般情况下,平面交叉相交道路的岔数不得多于四岔。新建公路不得直接与已建的四岔或四岔以上平面交叉相连接。如确有必要接入既有平面交叉,则应对交叉进行改建设计。既有交叉为四岔交叉时,应将交通量最小的一条公路在距交叉一定距离处(应满足平面交叉最小净距要求)并入另一条交通量较小的道路,使原位置的交叉仍维持四岔交叉(图 3-6)。特殊情况下,可采用环形交叉,但环形交叉相交道路的岔数不应多于五岔。

五、相交道路和转弯车道的设计速度

平面交叉的交通岛、附加车道、转角曲线等各部分的几何尺寸均取决于设计速

度。交叉口的设计速度与路段设计速度密切相关,两者速差大时会因减速过大而影响行车安全,速差小而路段车速高时存在较高的行车危险。对环形交叉,若转弯速度较高,则会造成环岛半径过大,导致用地增加和左转弯车辆绕行路径过长等问题。因此,应根据路段相交道路的功能、等级、设计速度和平面交叉的类型、转弯交通量等综合确定转弯速度。

1. 相交道路的设计速度

公路平面交叉范围内主要道路的设计速度,宜与路段设计速度相同。相交道路的功能、等级相同或交通量相近时,平面交叉范围内直行车道设计速度可适当降低,但不应低于路段的70%。当主要道路与次要道路相交,次要道路因交角等改线,或因条件受限采用较低的线形指标时,可适当降低设计速度。平面交叉范围内车辆变速时的加、减速度见表3-12。

平面交叉范围内车辆加、减速度值　　　　表3-12

道路类别		加速度(m/s²)	减速度(m/s²)
城市道路		1.5	3.0
公路	主要公路	1.0	2.5
	次要公路	1.5	3.0

城市道路平面交叉内的相交道路的设计速度在保证安全的前提下,直行方向的设计速度应按组成交叉的各条道路的设计速度的70%计算。验算交叉口通视三角区视距时,为了确保行车安全,进口车道直行设计速度应与相应道路基本路段的设计速度保持一致。

2. 转弯车道的设计速度

转弯车道的设计速度应根据路段设计速度、交通量、交叉类型、交通管理方式、用地情况等因素综合确定,或按变速行驶需要而定。

公路平面交叉左转弯曲线应采用载重汽车的行迹控制设计,转弯车道的设计速度宜采用5~15km/h。大型车比例很小或条件受限的公路,可采用速度5km/h时载重汽车的行迹控制设计,但左转弯内缘曲线的最小半径不应小于12.5m。设置分隔的右转弯车道时,其转弯车道的设计速度不宜大于40km/h;当主要公路设计速度小于或等于60km/h时,其右转弯车道的设计速度不宜低于其50%。公路技术等级低、交通量不大时,可不设右转弯专用行车道。

城市道路平面交叉内的转弯车道的设计速度按各条道路的设计速度的50%确定。

六、相交道路的最小交角

平面交叉中相交道路之间的交叉角度(简称交角),不仅会影响平面交叉的几何设计,还会直接影响交通安全。平面交叉的交角越小,在转角半径一定的情况下,锐角转弯象限的面积越大,这会导致车辆穿越冲突区域的距离增长;较小交角还会影响冲突车辆驾驶人之间的通视。平面交叉最小交角不仅与驾驶人的动态视觉特性有关,还与道路的停车视距等因素有关。

(一)平面交叉交角的影响因素

1.驾驶人动态视野

动态视野是指行驶状态下驾驶人头部固定的前提下,驾驶人通过眼球自由转动能够看到的视野范围。试验结果表明,动态视野取值与车辆行驶速度密切相关,随着车辆行驶速度提高,动态视野可见区域缩小[3]。动态视野与速度呈显著线性关系(图3-7),回归关系见式(3-8)。

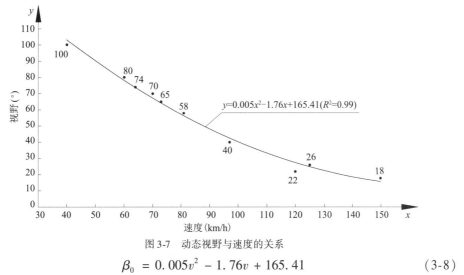

图3-7 动态视野与速度的关系

$$\beta_0 = 0.005v^2 - 1.76v + 165.41 \tag{3-8}$$

式中:β_0——人眼动态视野范围(°);

v——车辆行驶速度(km/h)。

2.驾驶人头部扭转特性

行驶过程中驾驶人通过眼球与头部转动共同作用获取视觉信息。动态视野获取信息范围受限时,驾驶人会自然转动头部,以获取更大范围的信息。相关研究指出,头部自然转动角度界限左右各取45°为宜[4]。驾驶人单侧动态视野加上头部转动角度,得到驾驶人单侧视野极大值β(表3-13)。单侧视野极大值是驾驶人在平面交叉处的单侧视野最大范围,超过此范围,将影响驾驶人对平面交叉范围内交通状况信息的获取,不利于驾驶人做出正确的判断。

驾驶人单侧视野极大值β　　　　　　表3-13

设计速度(km/h)	100	80	70	60	50	40	35	30	25	20
单侧视野极大值(°)	65	73	78	84	90	97	100	104	107	111

(二)平面交叉最小交角计算方法

1. 被交路车辆直行时

主路和被交路驾驶人均处于斜交锐角象限时,主路与被交路直行车辆存在冲突点 D(图 3-8)。为确保行车安全,驾驶人在看到冲突车辆后,应都能在 D 点前安全停车。被交路驾驶人在决策点 A 处单侧视野达到极大值 β,AD 之间的距离为被交路的停车视距 S_s,主路上 MD 之间的距离等于停车视距 S_m,此时平面交叉交角 θ 取极小值。在 $\triangle AMD$ 中,根据正弦定理求出 θ 的表达式(3-9)。由于不利于驾驶人观察的情况是锐角象限,故 θ 的取值范围为(0°,90°)。

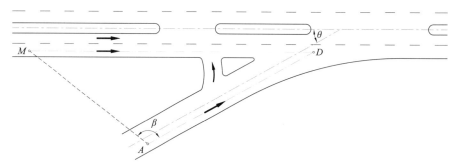

图 3-8 被交路车辆直行平面交叉最小交角计算图示

$$\theta = 180° - \beta - \arcsin\left(\frac{S_s \sin\beta}{S_m}\right) \tag{3-9}$$

计算结果(取为 5°的整数倍)见表 3-14。

被交路直行视距计算的平面交叉最小交角(°)　　表 3-14

类型	主路设计速度（km/h）	100	80	70	60	50	40	35	30	25	20
被交路设计速度(km/h)	停车视距(m)	160	110	95	75	60	45	35	30	25	20
100	160	50	—	—	—	—	—	—	—	—	—
80	110	70	35	—	—	—	—	—	—	—	—
70	95	70	45	25	—	—	—	—	—	—	—
60	75	70	55	45	15	—	—	—	—	—	—
50	60	70	60	55	40	—	—	—	—	—	—
40	45	70	60	55	50	35	—	—	—	—	—
35	35	70	65	60	55	45	35	—	—	—	—
30	30	70	65	60	55	50	40	20	—	—	—
25	25	70	65	60	55	50	45	30	25	—	—
20	20	65	60	60	55	55	45	40	35	25	—

从表 3-14 可知,《路线规范》规定一般情况下平面交叉的交叉角度值应不小于 70°,可以满足不同设计速度道路相交时斜交角度最小值要求;当主路设计速度较高时,平面交叉的交叉角度最小值比《路线规范》规定的条件困难时的最小值大。主路、被交路设计速度相同时,设计速度为 60km/h 及以下路段平面交叉的斜交角度 θ 不受驾驶人视野范围限制,因为此时视距三角区形状为等腰三角形,则 $\beta = \dfrac{180° - \theta}{2} < 90°$;当设计速度在 20~60km/h 时,$\beta$ 的极大值均大于或接近 90°(表 3-13),大于需要的单侧视野,故驾驶人视野能覆盖视距三角区范围。

2. 被交路车辆左转弯时

被交路车辆左转弯时,与主路直行车辆存在冲突,其中主路最外侧直行车道与被交路左转弯最内侧车道为最不利冲突。图 3-9 中转弯缘石半径为 R,圆心为 O,MP 是主路外侧车道车辆行驶轨迹,长度等于主路停车视距 S_m,AP 为被交路左转弯车辆行驶轨迹。若弧长 BP 大于或等于被交路的停车视距,则平面交叉的交角不受左转弯车辆的限制,因此只分析弧长 BP 小于被交路的停车视距时平面交叉的最小交角,AP 长度等于被交路停车视距 S_s。

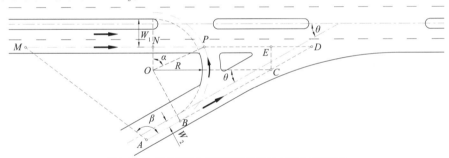

图 3-9 被交路车辆左转弯平面交叉最小交角计算图示

由图 3-9 中几何关系可知

$$\begin{cases} AD = S_s - (R + W_2)(180° - \alpha - \theta) + \dfrac{R + W_2}{\tan\theta} + \dfrac{R - W_1}{\sin\theta} \\ MD = S_m + \dfrac{R - W_1}{\tan\theta} + \dfrac{R + W_2}{\sin\theta} - (R + W_2)\sin\alpha \end{cases} \quad (3\text{-}10)$$

式中:R——被交路左转弯缘石半径(m);

W_1——主路外侧车道中心线至中央分隔带左边缘的宽度(包括中央分隔带)(m);

W_2——被交路左转弯车道中心线至被交路中心线的距离(m);

α——采用式(3-11)计算:

$$\alpha = \arccos\dfrac{R - W_1}{R + W_2} \quad (3\text{-}11)$$

根据正弦定理,在 △MDA 中有

$$AD \times \sin\beta = MD \times \sin(180° - \beta - \theta) \quad (3\text{-}12)$$

将道路行车道宽度、中间带宽度(表 3-15)、停车视距等参数的值代入式(3-10)~

式（3-12），联立求解，R 取 15m、20m、25m 时对应平面交叉最小交角 θ 的计算结果见表 3-16（取整）。

行车道宽度和中间带宽度　　　　　　　　　　表 3-15

设计速度（km/h）	100	80	70	60	50	40	35	30	25	20
行车道宽度（m）	3.75	3.75	3.75	3.5	3.5	3.5	3.5	3.25	3.5	3.0
中间带宽度（m）	3.5	3	3	3	0	0	0	0	0	0

直行与被交路左转弯所需平面交叉最小交角（°）　　　　表 3-16

次路设计速度和被交路左转弯缘石半径		主路直行设计速度（km/h）								
		100	80	70	60	50	40	35	30	25	20
W_1（m）		(8.375)	1.875 (8.125)	1.875 (8.125)	1.75 (7.75)	1.75	1.75	1.75	1.75	1.75	1.75
15km/h	$R=25$m	(67)	68(65)	67(64)	66(62)	64	62	60	58	57	55
	$R=20$m	(67)	66(65)	65(64)	64(62)	62	60	57	55	53	51
	$R=15$m	(67)	65(65)	65(63)	63(61)	61	58	54	52	49	46

注：括号内数值针对设置中央分隔带的道路；计算时 W_2 取 1.75m。

由计算结果可知，主路、被交路设计速度一定时，道路横断面宽度对平面交叉最小交角的影响很小，被交路左转弯缘石半径对平面交叉最小交角的影响也较小。平面交叉最小交角的主要影响因素是直行和转弯的速度。

3. 平面交叉最小交角计算结果

根据表 3-14、表 3-16 所示的计算结果，考虑应用方便，主线设计速度大于或等于 50km/h，角度取最大值；小于 50km/h 时，由于工程规模和低速时事故损伤程度较低，取最小值控制即可。设计时也可以根据上述计算公式计算。平面交叉最小交角应不小于表 3-17 中的值。

平面交叉最小交角　　　　　　　　　　表 3-17

主路设计速度（km/h）	100	80	70	60	50	40	35	30	25	20
最小交角（°）	70	70	65	65	60	60	55	55	50	45

七、平面交叉机动车交通组织

产生冲突点最多的是左转弯车辆。因此，在交叉口设计中如何正确地处理和组织左转弯车辆，是保证交叉口交通顺畅和安全的关键。

（一）交通组织的原则

1. 冲突交通流分离原则

冲突交通流分离原则是指运用有效的交通管制措施，使不同特性的交通流利用不同时间差或者空间差进行分离行驶，合理分配路权，分离冲突交通流。冲突交通流分离是确保区域交通稳定运行的有效手段,是交通组织的重要原则。可分为时间上的分离和空间上的分离。

时间上的分离,指通过交通控制,对各种交通参与者,或者不同交通流,赋予不同的时间通行权限,实现交通流在时间上的均匀分布,避免出现交通集中和交通混乱现象。通常采用信号控制交叉交通管理方式来对交通参与者进行时间上的分离,避免交通冲突。

空间上的分离,指对各种不同的交通形态,在同一平面内的不同位置或者同一空间内的不同平面进行分离,利用交通管理措施或者道路工程设施将不同形态交通参与者分隔开来,以减少不同性质和不同方向的交通流相互干扰,从而消除交通流之间的冲突。例如:设置禁限标志,交通渠化,修建立体交叉等。

2. 主交通流连续原则

交通组织应保证主交通流在时间和空间上的连续性,避免产生不必要的交通中断。单个平面交叉应做好交通渠化,保证主线直行交通的连续性;连续平面交叉应优化信号配时,并建立信号灯联动控制,实现绿波交通,保证主交通流在时间上的连续性。主交通流连续原则是提高交通效率、维持交通秩序的重要原则。

3. 路网内交通流均分原则

合理分配交通压力是维持路网通畅的关键。通过交通管制和交通引导,初始交通流尽可能在整个路网实现均衡分布,避免局部路段和平面交叉因为交通流过大而出现交通拥堵现象。路网内交通流均分原则体现了交通压力转移思想,是交通组织优化的宏观思想,其核心在于实现路网交通预测和动态监控。

4. 交通流总量控制原则

交通流总量控制原则是对路网内交通流均分原则的补充。当路网内交通流总量趋近饱和时,交通流转移措施反而会导致区域交通拥堵。此时,只能通过控制路网交通流总量的方式来缓解交通压力,如采用限号措施,禁止大货车进入路网,禁止过境车辆进入路网等。

5. 特定交通流优先通行原则

交通参与者种类众多,为保证道路通行效率,避免交通混乱,应对特定交通流赋予优先通过的权利。例如,设置左转弯专用车道和直行专用车道、主路车辆优先通过、环形平面交叉的出环车流优先放行等。

(二)常用交通组织方法

1. 采用设计手段进行交通组织的方法

通过平面交叉局部设计和交通控制设施对车辆进行疏导,提高平面交叉运行安全性和通行效率。常见交通组织方法有以下三种。

(1)平面交叉渠化设计

平面交叉渠化设计(图3-10)是指通过设置交通标志、标线和交通岛等方法,强制或引导不同转弯需求的车辆沿固定路径行驶,对交通流进行物理隔离,同时对交通路径加以约束。渠化设计的平面交叉相对于未渠化的平面交叉具有更加明确的路权划分,有利于约束车辆的行驶路径,缩小发生交通冲突的范围,从而提高平面交叉的运行效率和安全性。

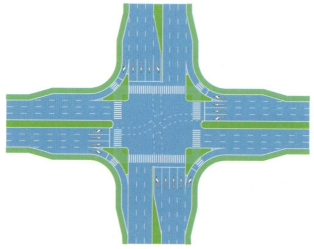

图 3-10　平面交叉渠化设计

(2)转弯附加车道

转弯附加车道分为左转弯附加车道和右转弯附加车道,一般采用压缩中央分隔带和拓宽外侧车道的方式进行设置,如图 3-10 所示。平面交叉转弯附加车道应根据不同方向转弯交通量数据对应设置,当左转弯交通量大于该进口道总交通量的 15% 时,应考虑设置左转弯附加车道。在平面交叉条件允许、宽度足够的情况下,应设置右转弯附加车道,并根据设计车速和车辆运行轨迹,设置右转弯导流标线,引导右转弯车辆通过平面交叉。实践表明,转弯附加车道有利于提高平面交叉的通行能力,缩短排队长度,减少车辆延误。

(3)信号控制平面交叉设置待行区

信号控制平面交叉设置待行区是一种有效提升通行效率的交通组织方法。在条件允许的信号控制的面积较大的平面交叉内设置待行区,可提高平面交叉 8%～10% 的通行能力。待行区包括左转弯待行区和直行待行区两种。

①左转弯待行区。

左转弯交通组织对平面交叉通行效率影响最大,通过设置左转弯待行区,利用左转弯绿灯时长,放行更多左转弯车辆,可以提高平面交叉通行效率。设置时应将左转弯相位设置在直行相位之后,并且注意左转弯待行区前段不得侵入对向直行车道的范围内,避免阻碍对向直行交通。

②直行待行区。

设置直行待行区是将直行待行区置于直行车道前端,超出停止线,利用直行绿灯时长,放行更多直行车辆,以提高平面交叉通行效率(图 3-11)。要设置直行待行区,平面交叉相交道路应该设置左转弯车辆专用相位,且面积应特别大,使直行待行区至少有容纳 3 辆直行车排队的空间。设置时其长度不宜过大,应避免待行区内的直行车辆与相交道路的左转弯车辆产生冲突。

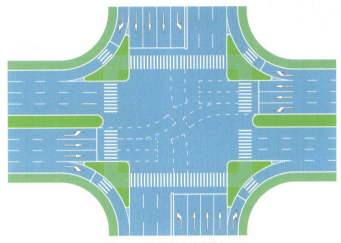

图 3-11　直行和左转弯待行区

2. 采用交通管理手段进行交通组织的方法

通过交通管制措施和制定交通政策法规来对平面交叉车辆进行控制或限制。其组织方式主要有以下四种：

(1) 禁止左转弯交通

左转弯交通流是造成平面交叉交通冲突的主要因素,禁止左转弯交通可以消除平面交叉范围内绝大部分冲突点,提高平面交叉安全性,同时可以为直行交通预留更多的绿灯时长,提高直行车辆的通行效率。平面交叉范围内禁止左转弯交通必然会导致交通转移现象,为防对相邻平面交叉造成过大交通压力,可引导车辆在平面交叉下游的基本路段上实现左转弯。如在下游基本路段的中央分隔带开口并设置掉头车道,引导车辆先直行通过平面交叉,在基本路段完成掉头后再回到当前平面交叉右转弯,间接实现左转弯。

(2) 禁止右转弯交通

在机动车交通量较大的城市道路平面交叉内可以采取禁止右转弯交通的措施。当机非混合交通流比例较大,交通冲突相对明显时,平面交叉通行效率降低明显,为提高平面交叉的通行效率和安全性,可限制右转弯交通流,引导驾驶人在相邻上、下游的平面交叉提前实现右转弯,通过街区其他道路到达目的地。

(3) 设置可变车道

设置可变车道是通过改变不同时间段不同行驶方向交通量的大小,实现路权的动态分配,属于动态交通组织方法。设置可变车道则可充分利用道路资源,适应不同时段不同方向交通量大小的变化。可变车道分为同向可变车道和逆向可变车道,如图 3-12 所示。

a)同向可变车道　　　　　　　　　　　b)逆向可变车道

图 3-12　平面交叉可变车道

① 同向可变车道。

同向可变车道用于实现平面交叉范围内进口道车辆路权的动态分配。每条可变车道允许的行驶方向可根据不同方向交通量的大小,动态调整,以提升平面交叉通行能力。可变车道可根据需要在不同时段设置为直行、左转弯和右转弯中的一种。

② 逆向可变车道。

逆向可变车道是临时利用对向车道组织交通,合理分配平面交叉时空资源的交通组织方式。通过临时利用相邻出口道的内侧车道,设置逆向可变车道,车辆路权随信号相位改变而改变,兼具出口道的直行车道功能和进口道的左转弯专用车道功能。

(4) 车辆限行措施

采用车辆限行措施对通过平面交叉的交通总量进行控制,提高区域平面交叉的通行效率,保障整个路网的运行通畅。限制方式主要是对车辆种类的限制。

(三) 其他交通组织方法

1. 设置左转移位车道

设置左转移位车道是指在平面交叉口之前利用对向红灯间隙,通过设置左转移位车道,将左转弯车辆提前横移到对向车道最外侧的交通组织方式。这种组织方式消除了平面交叉左转弯车辆专用相位,并减少了交通冲突点。设置左转移位车道可以极大地优化左转弯车流的交通组织,提升平面交叉的通行能力[5](图3-13)。

2. 交换对向车道

交换对向车道的设计理念源于分离式菱形立体交叉中被交路上的双纽形平面交叉(图3-14),车辆通过平面交叉时,提前交换对向车道,将直行交通和左转弯交通结合到一起,重新进行交通组织。双纽形平面交叉适用于主次路相交的情形,当对向车道经过交叉节点的转换之后,直行交通和左转弯交通被转移到道路另一侧,避免次路上左转弯交通与主路上的直行和左转弯交通产生冲突,大大减少了平面交叉交错点数量,提高了平面交叉的安全性[6]。

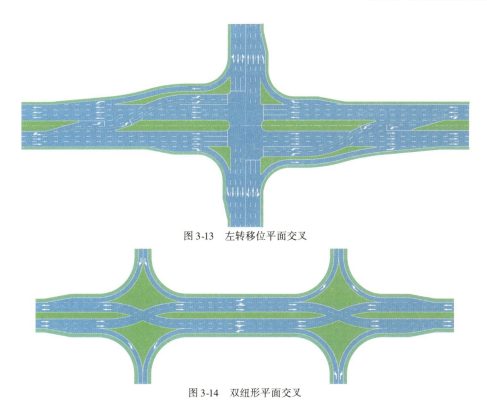

图 3-13　左转移位平面交叉

图 3-14　双纽形平面交叉

3. 增加连接道路

增加连接道路的设计理念源于扇形平面交叉（图 3-15），通过在主平面交叉的某一个象限内增加一条连接道路，以转移和承载所有或者部分左转弯车流，减少冲突点，提高直行交通的通过效率[7]。

图 3-15　扇形平面交叉

4. 远引左转弯交通

远引左转弯交通的组织方式常见于 U 形平面交叉(图 3-16),通过远引、转移左转弯车流来减轻主要平面交叉的交通压力,保障车辆顺畅通行。通过设置 U 形转弯车道重新组织左转弯车辆,严格按 U 形线路转弯的平面交叉可以间接消除左转弯交通对直行交通的不利影响[8]。

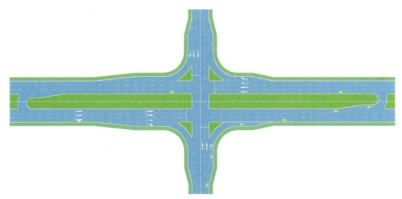

图 3-16 U 形平面交叉

次路的左转弯车辆与右转弯车辆一起右转进入主路,与主路上的直行车辆一起驶离平面交叉,然后左转弯车辆依次向左侧换道,直至掉头车道位置,掉头后直行。通过这样的方式间接组织左转交通,可提升平面交叉的通行能力,减少车辆延误,同时消除了直行交通和左转弯交通之间的冲突点,平面交叉的行车安全性和通行能力得以提升。

5. 采用涡轮环形平面交叉

常规环形平面交叉的通行能力较低,交通安全性能也较差。20 世纪 90 年代,欧洲学者兰伯特·福图因(Lambertus Fortuijn)首次提出了涡轮环形平面交叉(turbo roundabout)的概念(图 3-17)。涡轮环形平面交叉出入口区域和环岛内通过设置凸起的车道分隔设施,禁止车辆在这些区域内变道;同时车辆以垂直角度进入涡轮形环岛以降低车辆入环速度。

涡轮环形平面交叉具有以下特征:

①中心岛设置成涡轮形,环道设置成连续的螺旋路径。车辆沿着环道行驶,可根据需要逐渐驶离环形交叉路口的中心。这种形式可将不同方向车流在不换道的情况下直接分配至不同车道上行驶,因此既稳定了环道内的交通流秩序,又提高了内侧车道的利用率。

②不同行驶方向的车辆需提前选择不同进口道。一般左转弯车辆选择最左侧进口道驶入环道;右转弯车辆选择最右侧进口道驶入环道;而直行车辆在所有的进口道都可以行驶。进口道的形状可以采用直角形或曲线形。

③出入口区域禁止车辆变换车道。在进口道设置凸起车道分隔设施以防止车辆

在入口区域变换车道(图3-18),驾驶人在进入交叉口前就要预先选择正确的车道,同时在出口道也同样设置凸起车道分隔设施,通过防止变换车道来消除出口区域的穿插冲突。

a)改建前　　　　　　　　　　　　　b)改建后

图3-17　涡轮环形平面交叉应用实例

图3-18　涡轮环形平面交叉环道交通组织示意图

④环道设置凸起分隔设施(图3-18)。环道不同车道之间设置约0.3m高的凸起分隔设施,以防止车辆在环道上变换车道,从而消除了环道车流间的交织冲突。

与常规环形平面交叉相比,涡轮环形平面交叉在减少交织冲突、降低车流间的侧向碰撞和车辆并行风险、提高安全性方面有较大的优势。

八、行人和非机动车交通组织

远离城镇的公路设计中一般较少考虑行人和非机动车交通。但两侧土地开发程度高的公路、城市附近的公路和城市道路常有大量行人和非机动车,故合理组织行人和非机动车交通是消除平面交叉交通阻塞、保障交通安全的必要条件。

(一)行人交通组织

平面交叉中行人交通组织的主要任务是组织行人在人行横道线内安全过路、过街,使人车分离,使得人车之间的干扰最小化。

1. 交叉范围内人行道和人行横道应相互连接

人行道通常对称布置在行车道两侧。平面交叉内相邻道路的人行道应互相连通,并将转角处人行道加宽,以适应人流集中转向需要。为使行人安全、有序地横穿行车道,应在交叉口设置人行横道。交叉范围内的人行道和人行横道应相互连接,共同组成可达任意方向的步行道网。不应将有大量人流的公共建筑出入口设在交叉口上。

2. 设置行人安全过街的设施

若行人和机动车流量较大,且行车道较多,行人难以在一个信号周期内一次全部穿越,应在人行横道中间设安全岛;必要时在转角处用栏杆将行人和机动车隔离,并在人行横道两端设置信号灯。

当交叉口宽阔、行人和机动车流量均大,且机动车行驶速度较高时,可考虑设置人行天桥或人行地道,这是行人交通组织最彻底、最有效的办法。交叉口处人行道除供行人通过外,还应为过街行人提供等候场地,等候场地宽度原则上不小于路段人行道的宽度。若因设置附加车道不得已压缩人行道,应根据行人流量决定最小宽度。拟设人行天桥或地道时,人行道还应考虑梯道或坡道出入口宽度。在人行道上除必要的道路标志、交通信号、照明栏杆等外,不允许布置其他设施,以保证人行道的有效宽度。

(二)非机动车交通组织

非机动车与机动车混合行驶,对机动车交通和非机动车交通都会产生诸多不利影响,只要机动车与非机动车在同一个平面上行驶,就存在相互干扰的问题。非机动车与机动车对通行时空资源的争夺,大大增加了机动车在绿灯期间遇到的冲突点数,既增加了交通事故隐患,又降低了交叉口通行效率。

1. 非机动车在交叉口的交通管理原则

①应控制非机动车的速度,使其低速有序地进入交叉口。
②非机动车交通与机动车交通应在空间或时间上分离。
③如无条件分离,也必须给出适当空间使非机动车与机动车分道行驶。
④应尽量使非机动车处于危险状态的时间缩减到最短。
⑤当非机动车进入交叉口等待信号时,应尽可能提供一个安全的停车等候位置,并对非机动车暂停的地方采取物理隔离措施。
⑥为简化驾驶人在交叉口观察、思考、判断以及采取措施的复杂过程,非机动车交通与机动车交通的冲突点应尽可能远离机动车之间的冲突点。

⑦当非机动车与机动车在交叉口等候信号或通过平面交叉时,应保证相互通视,特别是当非机动车通过交叉口时,应保证机动车驾驶人能看见平面交叉内非机动车行驶的路线和方向。

2. 非机动车在交叉口的通行方法

(1)设置右转弯非机动车专用车道

非机动车流量较大的平面交叉可设置专门用于右转弯的非机动车道,既可缓解交叉口交通拥挤,又有利于交通安全。

(2)设置左转弯非机动车候车区

在平面交叉非机动车进口道的前面,设置左转弯非机动车候车区,绿灯亮时,左转弯非机动车随直行非机动车运行至对面左转弯非机动车候车区内,待另一方向绿灯亮时再前进,即变左转为两次直行。左转弯非机动车候车区的优点如下:

①消除了左转弯非机动车对机动车的干扰,可提高机动车通过交叉口的运行速度及通行能力。范围较大的平面交叉一般都具备设置左转弯非机动车候车区的条件。

②减少了左转弯非机动车与直行机动车车流的冲突点,有利于交通安全。

(3)停车线提前法

将非机动车停车线画在前面,机动车停车线画在后面,当绿灯亮时,非机动车先进入交叉口,可避免同机动车相互拥挤。两条停车线之间的距离依非机动车和机动车交通量大小及路口的几何尺寸而定。此法对提高交叉口的通行能力与保障交通安全都是有利的,也适合左转弯非机动车流量较大的情况。但应对非机动车驾驶人加强管理与教育,使其做到合理停车,才能发挥作用。

(4)两次绿灯法

在进口道,机动车与非机动车停车线在同一位置。因非机动车启动较快且总是成群地通过交叉口,所以可使非机动车交通信号绿灯先亮,让非机动车先进入交叉口,再亮机动车交通信号的绿灯。可根据交叉口交通量大小与交叉口几何属性综合确定两次绿灯时间间隔。两次绿灯法适合非机动车流量特别大,而机动车交通量较小的交叉口或在非机动车早晚高峰期间采用。

(5)立体非机动车交通组织

当车流量很大,机动车、非机动车之间干扰严重时,可考虑采用立体非机动车交通组织的方案,并与人行天桥或地道合并设置。上、下人行天桥或地道可用梯道、坡道或混合式。一般行人宜用梯道型升降方式;非机动车应采用坡道型;非机动车较多,又因地形或其他条件限制不能设坡道时,可用梯道带坡道的混合型升降方式。

九、平面交叉形式选择

平面交叉形式选择应先确定管理方式、车辆和行人交通组织方法,并考虑相交道路的岔数、功能、等级、线形、用地条件、工程造价等因素,最后分析交通量和交通流特点,选择合理的形式。对大型的复杂平面交叉或改建平面交叉,可根据收集的资料和待解决的主要交通问题,拟订平面交叉的位置、形式及交通管理方式,并用不同道路条件与交通管理方式组合成多种设计方案。对每种方案应进行概略分析与设计,绘制草图,并进行方案比较后,确定采用方案。

平面交叉的常见形式有加铺转角式、分道转弯式、展宽路口式及环形平面交叉四类,设计中可根据每种形式的特点综合选择。

(1) 加铺转角式

加铺转角式平面交叉形式简单,占地少,工程造价低,设计方便。但存在行驶速度低、通行能力小的不足。适用于车速低、直行交通量小、转弯车辆少的次要道路或地方道路之间的交叉。若斜交不大,也可用于转弯交通量较小的主要道路与次要道路交叉。设计时应注意确定合适的转角曲线半径,并注意保证通视三角区内具有良好的通视条件。

(2) 分道转弯式

分道转弯式平面交叉适用于车速较高、转弯车辆较多的主要道路上的平面交叉。设计时主要解决分道转角半径问题,保证足够的视距、满足设置导流岛端部半径的要求。

(3) 展宽路口式

展宽路口式平面交叉可减少转弯交通对直行交通的干扰,车速较高,事故率低,通行能力大,但占地多,投资较大。适用于交通量较大、转弯车辆较多的干线公路和城市主干路。设计时主要解决展宽的车道数和位置问题,也应满足视距和转角曲线半径的要求。

(4) 环形平面交叉

环形平面交叉适用于多条道路相交或转弯交通量适中,且地形较平坦的平面交叉。在快速道路和交通量大的干线道路、有大量非机动车和行人交通的道路、斜坡较大的道路以及桥头引道上均不宜采用。按规划需修建立体交叉处,近期可采用环形平面交叉作为过渡形式,并预留远期改建为互通式立体交叉的条件。

环形平面交叉根据中心岛的大小和交通组织原则等因素的不同,可分成三种形式:

①普通环形平面交叉:具有单向环形车道,其中包括交织路段,中心岛直径大于25m。

②入口让路环形平面交叉:具有单向环形车道,中心岛直径为5～25m。入口让路环形平面交叉的入口处,驶入车辆要等候绕环车流出现间隙时才能插入行驶。一般适用于一条四车道道路和一条双车道道路相交或两条高峰小时不明显的四车道道路相交,且行人和非机动车较少的平面交叉。入口让路环形平面交叉适用于交通量适中的相交道路,出、入口间距应验算是否满足交织长度要求,按"入口让路"规则设计,其能满足三至五岔道路的交通量需求。

③涡轮环形平面交叉:在平面交叉中心设置涡轮形环岛,车辆以垂直角度进入环道,以降低车辆进入环道的速度,同时在出入口区域和环道内设置凸起车道分隔设施

禁止车辆变道,避免环道内的交织。涡轮环形平面交叉消除了普通环形平面交叉的交织冲突,交通事故风险明显降低。相关研究发现涡轮环形平面交叉的交通事故总数比普通环形平面交叉减少 40%～50%,涡轮环形平面交叉事故风险明显低于普通环形平面交叉[9]。

十、平面交叉改建

①对原有平面交叉进行改建时,应收集原有平面交叉的交通管理方式、交通流现状并预测交通量、几何构造、设施现状,以及交通事故的频度、性质、严重程度及其原因等,并据此分析原有平面交叉存在的主要问题及原因,综合确定相应改建方案。

②通行能力不足或不能保证交通安全时,可考虑采取下列改善措施:

a. 增加进口道的车道数,如增辟转弯车道、变速车道、非机动车道等。

b. 完善渠化设计,干扰严重的分、合流区考虑设置实体的交通岛,规范和限定不同方向交通流的行驶路径,明确交通冲突的位置。

c. 斜交角较大时,对部分岔路的平面线形作局部的改移。

d. 改善视距,使平面交叉的识别视距、通视三角区满足要求。

e. 改善被交路引道纵面线形,避免陡坡接入主路,并做好立面处理。

f. 改善转弯曲线,满足车辆安全顺利转弯的最小半径要求。

g. 改变交通管理方式,完善或重新设置标志、标线,根据直行和转弯交通流的时空变化特点,优化信号灯配时。

h. 指定行人和非机动车的横穿位置或改善行人横穿设施,增辟行人过街的安全岛,人流量较大的平面交叉口应考虑建设天桥或地下通道等。

平面交叉密度较高的路段,除采取相应措施改善部分平面交叉外,必要时应通过调整路网中的局部节点,取消部分平面交叉,即截断次要公路或建分离式立体交叉。采取多种措施仍不能满足通行能力或保证交通安全要求时,应考虑改建为互通式立体交叉的方案。

十一、平面交叉的分期修建

当平面交叉采用分期修建时,应根据路网规划做出总体设计方案,再根据近、远期交通量和资金筹措情况进行分期修建设计。分期修建设计应使前期工程在后期仍能充分利用,并应为后期工程的修建留有控制余地和创造有利条件,设计阶段一般应进行完整修建方案的详细设计,确保后期方案实施的可行性。

第三节　立体交叉总体设计内容及要求

一、基本原则

立体交叉总体设计应贯穿于设计的各个阶段。互通式立体交叉、服务及其他设施的布置应纳入全线总体考虑,所有出入口的间距应满足主线接入控制要求。根据节点功能、定位和建设条件,立体交叉总体设计应明确建设目标和设计原则。立体交叉总体设计应符合如下基本原则:

①安全性原则。这是互通式立体交叉总体设计的基本原则。互通式立体交叉的位置和形式、出入口的运行条件等都对交通安全影响重大。

②多因素原则。应综合考虑道路功能、安全、环境、资源、全寿命周期成本,驾驶人的舒适、便利和安全等因素。

③系统性原则。组成节点系统的各单元之间、节点与整体路网系统之间、节点与环境之间应相互协调。

④一致性原则。立体交叉形式、几何构造、信息分布等应与驾驶人的期望相一致。

⑤连续性原则。交通流运行方向、车道布置和运行速度等应具有连续性。

二、立体交叉设置条件

立体交叉设置应综合考虑路网结构,节点功能及地位,交叉道路的功能及等级,交通发生源、地形、地质、社会等因素。

(一)互通式立体交叉设置条件

①根据公路功能和等级,符合下列条件之一应设置互通式立体交叉:

a. 高速公路之间及其与一级公路相交处。

b. 高速公路、一级公路与通往县级以上城市、重要的政治或经济中心的主要公路相交处。

c. 高速公路、一级公路与通往重要工矿区、港口、机场、车站、游览胜地等重要交通源的主要公路相交处。

d. 具有干线功能的一级公路之间相交处。

②根据相交道路的性质,符合下列条件之一应设置互通式立体交叉:

a. 国家及省属主要干线公路之间相交处。

b. 主要干线公路与交通繁忙的二、三级公路相交时。

③根据相交道路的使用任务,符合下列条件之一应设置互通式立体交叉:

a. 高速公路、一级公路与通往大城市、重要政治或经济中心、重点工矿区、重要港口、机场、车站和游览胜地等重要交通源的公路相交处。

b. 高速公路同通往重要交通源的公路相交,而使该公路成为其支线。

④根据相交道路的交通量,符合下列条件之一应设置互通式立体交叉:

a. 一级公路为干线公路且被交公路为四车道,且各种车辆折合成小客车后年平均交通量达到 10000pcu/d 以上。

b. 城市道路进入交叉口的交通量达 4000~6000pcu/h,相交道路为四车道以上,且对平面交叉采取交通管理及交通组织措施均难以改善交通状况时。

⑤根据影响范围内的人口数量,符合下列条件之一可设置互通式立体交叉:

a. 在人口超过 3 万人的城市附近的交叉处。

b. 互通式立体交叉影响范围内的人口超过 4.5 万人时。

⑥根据地形条件:当有地形或场地条件可利用,且设置互通式立体交叉的综合效益大于设置平面交叉时。

⑦从交通安全角度考虑:当平面交叉的通行能力不足或交通事故频繁出现时,应设置互通式立体交叉。

⑧从经济条件考虑:经投资成本、运营费用和安全性分析,设置互通式立体交叉的效益投资比和社会效益等大于设置平面交叉时,可修建互通式立体交叉。

(二)分离式立体交叉设置条件

①高速公路除设置互通式立体交叉外的其他节点。

②具干线功能的一级公路除设置互通式立体交叉外的其他节点,当需采取减少平面交叉接入道路控制措施且被交路在此不能被中断时。

③二、三、四级公路之间交叉,当直行交通量大、可不考虑交通转换且地形适宜时。

④远期规划为互通式立体交叉的节点。

因分离式立体交叉不存在交通流转换,行驶条件与基本路段相似,所以本书不论述分离式立体交叉的设置方法和要求。

(三)互通式立体交叉位置的选择

互通式立体交叉位置的选择,应以道路网现状和规划为依据,综合考虑交通条件,地形和地质条件,以及用地、文物、景观、环保等社会和环境因素,并考虑下列因素:

①互通式立体交叉的位置应能够为主交通源提供近便的服务。

②被交路应有与互通式立体交叉出入交通量相适应的通行能力。

③出入互通式立体交叉的交通量应能适当地分配到该地区路网中,不应因过分集中而增加局部路网的负担。

④互通式立体交叉应避开不良地质、陡峭地形、基本农田、经济林、水产和矿产资源、自然保护区等。

⑤互通式立体交叉范围内主线和出入口附近的平纵面线形指标、视距和横坡等,能提供安全的分、合流条件,并能与匝道顺适连接。

三、互通式立体交叉间、与相邻隧道和服务设施间的距离

(一)相邻互通式立体交叉之间的距离

从宏观控制角度来看,相邻互通式立体交叉之间的距离用间距控制;从微观角度

来看,相邻互通式立体交叉之间的距离用净距控制更合适。相邻互通式立体交叉之间的间距是指相邻互通式立体交叉各自被交线与主线相交点的里程之差;净距则是指相邻互通式立体交叉同一侧,前一座互通式立体交叉最近加速车道渐变段终点与相邻后一座互通式立体交叉最近减速车道渐变段起点对应的主线里程之差(图3-19)。当变速车道为双车道,且设置了辅助车道时,净距为同侧相邻前一座互通式立体交叉合流点和后一座互通式立体交叉分流点之间的里程差(分流点和合流点的位置见第九章图9-1和图9-2)。

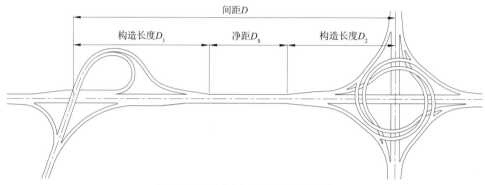

图3-19 互通式立体交叉的间距和净距

1. 主要影响因素

确定互通式立体交叉间距时,主要考虑以下影响因素:

①满足交通密度的要求:相邻立体交叉之间保持合适的间距,能均匀分散交通,使整条道路和区域交通流被各个互通式立体交叉均衡、合理地负担。间距过大,不仅难以满足交通需要,而且会影响高速道路功能的发挥;间距过小,则会使正线行驶速度和通行能力降低,导致交通运行困难,交通事故风险增加,建设投资增加。

②满足设置交通标志的要求:相邻立体交叉之间应保证足够的距离,以满足设置连续出口预告标志的需求。

③驾驶人操作顺适和稳定的要求:互通式立体交叉间距应满足驾驶操作顺适、交通流运行稳定的要求。

2. 相邻互通式立体交叉最小净距

随着相邻互通式立体交叉净距的减小,主线上出、入交通流对直行交通流的干扰变大,当净距小于车辆驶离主线全过程所需要的距离时,会造成交通流紊乱或形成安全隐患。因此,当相邻互通式立体交叉按照独立互通式立体交叉设置时,两者之间的距离应大于最小净距。

因路网结构或受地形条件及其他特殊情况限制,相邻互通式立体交叉的净距应满足车辆安全驶出的基本要求。分析车辆在相邻互通式立体交叉之间的行驶过程可知,在前一互通式立体交叉末端(即加速车道渐变段终点),主线上行驶的车辆不再需要关注加速车道上的车辆,可关注下一出口标志上的信息,读取标志信息,并判断是否驶出。当需要驶出车辆在最内侧车道行驶时,需要换道才能驶出,在此过程中应等待目标车道出现可插入间隙,然后变换车道,直至最外侧车道,最后确认出口才驶出。因此相邻互通式立体交叉最小净距由标志判读过程行驶的距离(简称反应距离 S_1)、等待可插入间隙行驶的距离(简称等待距离 S_2)、换车道行驶的距离(简称换道距离 S_3)和确认出口行驶距离(简称确认距离 S_4)4 个行驶过程组成(图 3-20)。

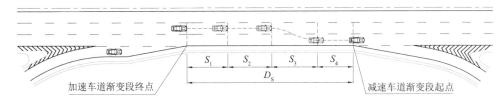

图 3-20　互通式立体交叉最小净距组成

(1)反应距离 S_1、等待距离 S_2 和换道距离 S_3

反应距离是指驾驶人辨认、读取出口标志并决策等反应时间内所行驶的距离,采用表 1-13 的结果;等待距离和换道距离,分别采用表 1-14、表 1-15 中的结果。

(2)确认距离 S_4

确认距离是指当车辆驶入外侧车道后,驾驶人确认前方出口是否为目标出口的时间内车辆行驶的距离,其取值见表 3-18。在国外相关研究成果中,以决策复杂程度(即决策的信息容量)来确定驾驶人的决策时间。驾驶人确认出口,属于有预期的反应,因此出口确认时间等于有预期反应时间。有预期反应时间与决策的信息容量之间的关系见式(3-13)。

$$t_c = 1.237554 e^{0.258913x} \tag{3-13}$$

式中:x——信息容量(bit)。1bit 的信息容量相当于从两个反应中选择一个所需的信息处理量,而从三个选项中做出一个选择的信息容量等于 1.5bit,以此类推。确认出口是从驶出和不驶出两个选项里做一个选择,信息容量为 1bit。

　　　t_c——确认时间(s),见表 3-18。

确认时间和确认距离　　　　　　　　　　　　　　表 3-18

设计速度(km/h)	120	100	80	60	50
确认时间(s)	1.60	1.60	1.60	1.60	1.60
确认距离(m)	53	45	36	27	22

(3)互通式立体交叉净距

单向二车道的道路,除考虑车辆从最内侧车道换道至最外侧车道外,还需要考虑在最不利情况下,位于最内侧车道车辆可能来自前一互通的加速车道,在由加速车道进入最外侧车道后,驾驶人尚未注意到出口预告标志就变道进入了最内侧车道,然后发现出口预告标志(图 3-21),又需要变道驶出。此时,净距应加上 1 次换道距离。

图 3-21 单向二车道的道路净距计算模型

因为单向车道数为 $n(n>2)$ 的道路,从内侧车道转到最外侧车道换道次数大于 2,完全能满足从最外侧车道换道至次外侧车道,再由次外侧车道换道至最外侧车道的要求,所以只考虑车辆从最内侧车道换道至最外侧车道时行驶的距离,其间需要考虑 $(n-1)$ 次等待距离和 $(n-1)$ 次换道距离。

因此,相邻互通式立体交叉的净距采用式(3-14)计算:

$$D_S = \begin{cases} S_1 + S_2 + 2S_3 + S_4 & (n=2) \\ S_1 + (n-1)(S_2 + S_3) + S_4 & (n>2) \end{cases} \tag{3-14}$$

式中:n——主线单向车道数。

由上述公式计算得到相邻互通式立体交叉最小净距值(取为50m的整数倍),见表3-19。

相邻互通式立体交叉的最小净距 表3-19

道路类型和等级		高速公路			一级公路			城市道路			
设计速度(km/h)		120	100	80	100	80	60	100	80	60	50
判读距离(m)		100	83	67	83	67	50	83	67	50	42
等待距离(m)		130	96	62	69	39	29	176	92	29	25
换道距离(m)		222	185	139	185	139	102	174	139	102	85
确认距离(m)		53	45	36	45	36	27	45	36	27	22
净距(m)	单向二车道	750	600	450	600	450	350	700	500	350	300
	单向三车道	900	700	550	650	500	350	850	600	350	300
	单向四车道	1250	1000	750	900	650	500	1200	800	500	400
《立交细则》和《城道线规》规定(m)	单向二车道	800	700	650	800	700	600	500	500	500	500
	单向三车道	1000	900	800	1000	900	700	500	500	500	500
	单向四车道	1200	1100	1000	1200	1100	900	500	500	500	500

注:本书《立交细则》是指《公路立体交叉设计细则》(JTG/T D21—2014);《城道线规》是指《城市道路路线设计规范》(CJJ 193—2012)。下同。

当相邻互通式立体交叉间的净距小于表3-19中最小净距,且经多方案比选论证两者必须设置时,应将相邻互通式立体交叉合并设置为复合式互通式立体交叉。相邻互通式立体交叉之间可以采用辅助车道、集散车道或匝道三种方式连接成复合式互通式立体交叉。

3.相邻互通式立体交叉最小间距

互通式立体交叉最小间距主要取决于相邻互通式立体交叉之间的最小净距和相邻互通式立体交叉单侧构造长度(图3-19)。

互通式立体交叉单侧构造长度是指互通式立体交叉范围内主线设计长度,原则上按最外侧变速车道(包括渐变段长度)间的距离计算。构造长度采用统计分析的方法确定,依据收集到的全国各地21座枢纽互通式立体交叉、76座喇叭形立体交叉、37座其他形式互通式立体交叉的构造长度,确定单侧构造长度。我国道路互通式立体交叉常见类型见表3-20。

互通式立体交叉常见类型统计表　　　　表3-20

类型	一般互通式立体交叉	枢纽互通式立体交叉
三路交叉	单喇叭形	梨形
三路交叉	子叶形	Y形
四路交叉	单喇叭形+平面交叉形	苜蓿叶形
四路交叉	单喇叭形+Y形	涡轮形
四路交叉	双喇叭形	组合型
四路交叉	其他	其他

通过对互通式立体交叉类型的统计发现,全国一般互通式立体交叉以单喇叭形为主,约占86%,其次是双喇叭形和部分苜蓿叶形,分别占7%和6%,菱形互通式立体交叉仅占1%。枢纽互通式立体交叉完全苜蓿叶形占6%,其余的是组合型,占94%。统计得到互通式立体交叉的构造长度见表3-21。

互通式立体交叉构造长度　　　　表3-21

互通式立体交叉类型		枢纽互通式立体交叉			一般互通式立体交叉					
					喇叭形			其他		
构造长度统计值(km)		高值	低值	均值	高值	低值	均值	高值	低值	均值
		2.92	1.86	2.40	1.45	0.83	1.16	1.48	0.75	1.09
构造长度建议值(km)	公路	2.9			1.4					
	城市道路	2.4			1.0					

根据我国车辆靠右行驶的习惯,变速车道一般按对称形式布设,互通式立体交叉左右两侧各有一条加速车道和减速车道,由于主线设计速度相同,互通式立体交叉区主线设计指标差别不大,一般同类变速车道采用相同的技术指标。城市道路考虑路网规划一般较密,纵坡坡度比公路大,构造长度比公路短一些,因此,公路构造长度取高值,城市道路取均值。

相邻互通式立体交叉间距由相邻侧的构造长度和净距组成(图3-19),因此,可计算得到相邻互通式立体交叉最小间距,计算结果见表3-22。

相邻互通式立体交叉的最小间距计算结果 表 3-22

道路类型和等级		高速公路			一级公路			城市道路			
设计速度(km/h)		120	100	80	100	80	60	100	80	60	50
枢纽互通之间(km)	单向四车道	4.2	3.9	3.7	3.8	3.6	3.4	3.6	3.2	2.9	2.8
	单向三车道	3.8	3.6	3.5	3.6	3.4	3.3	3.3	3.0	2.8	2.7
	单向二车道	3.7	3.5	3.4	3.5	3.4	3.3	3.1	2.9	2.8	2.7
枢纽与一般互通之间(km)	单向四车道	3.4	3.2	2.9	3.1	2.8	2.7	2.9	2.5	2.2	2.1
	单向三车道	3.1	2.9	2.7	2.8	2.7	2.5	2.6	2.3	2.1	2.0
	单向二车道	2.9	2.8	2.6	2.8	2.6	2.5	2.4	2.2	2.1	2.0
一般互通之间(km)	单向四车道	2.7	2.4	2.2	2.3	2.1	1.9	2.2	1.8	1.5	1.4
	单向三车道	2.3	2.1	2.0	2.1	1.9	1.8	1.9	1.6	1.4	1.3
	单向二车道	2.2	2.0	1.9	2.0	1.9	1.8	1.7	1.5	1.4	1.3

上述计算结果能够满足公路设置出口标志的距离要求。

最小间距属于宏观控制性指标,且不同形式互通式立体交叉的构造长度存在一定差异,因此从功能角度考虑,相邻互通式立体交叉采用净距控制即可。对上述计算结果综合取值,高速公路按四车道的最大值计算,结果取为500m 的整数倍,作为相邻互通式立体交叉的最小间距(表 3-23)。受特殊条件限制时,也可以采用表 3-22 的计算结果。

相邻互通式立体交叉的最小间距 表 3-23

道路类型和等级	高速公路			一级公路			城市道路				《立交细则》规定	《城道线规》规定	
设计速度(km/h)	120	100	80	100	80	60	100	80	60	50		市区	郊区
枢纽互通之间(km)	4.5	4.0	4.0	4.0	4.0	3.5	4.0	3.5	3.0	3.0	4.5	4.5	3.0
枢纽与一般互通之间(km)	3.5	3.5	3.0	3.5	3.0	3.0	3.0	2.5	2.5	2.5	4.5	3.9	2.4
一般互通之间(km)	3.0	2.5	2.5	2.5	2.5	2.0	2.5	2.0	1.5	1.5	4.0	3.3	1.8(1.5)

4. 相邻互通式立体交叉的平均间距

通过调查全国 40 条高速公路总计 4658 座相邻互通式立体交叉,统计其间距分布情况,绘制出了相邻互通式立体交叉间距分布和累积曲线图(图 3-22)。

平均间距反映了一个地区相邻互通式立体交叉间距的集中趋势,同时反映了该地区互通式立体交叉密度大小,也能反映该地区路网密集程度和社会经济发展水平,是衡量相邻互通式立体交叉合理间距的主要指标。根据相关分析的结果,取各影响因素中相关程度最高的变量为自变量,应用多元线性回归模型,得到相邻互通式立体交叉平均间距计算模型[10],见式(3-15)。

$$D = 16.33 - 0.00000147G - 0.00122P - 0.000458R - 0.0132V - 0.0195T \quad (3-15)$$

式中：D——相邻互通式立体交叉平均间距(km)；
  G——总 GDP 密度(亿元/万 km^2)；
  P——常住人口密度(万人/万 km^2)；
  R——二级及以上公路网密度(万 km/万 km^2)；
  V——私人汽车拥有量密度(万辆/万 km^2)；
  T——旅客周转量密度(亿人公里/万 km^2)。

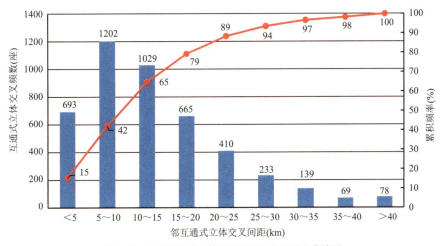

图 3-22 相邻互通式立体交叉间距分布和累积曲线图

从分析结果来看，高速公路相邻互通式立体交叉的平均间距，在大城市、大型工业园区附近宜为 5～10km，其他地区宜为 15～25km。

5. 相邻互通式立体交叉的最大间距

高速公路和全封闭的一级公路相邻互通式立体交叉最大间距(表 3-24)，在一般地区不宜超过 30km；在大城市或大型工业园区周围，不宜超过 20km；在荒漠、戈壁和人烟稀少的草原地区不应超过 40km。当最大间距超过上述规定时，应在相邻互通式立体交叉之间增设 U 形转弯设施，且 U 形转弯设施与相邻互通式立体交叉之间的距离不应超过最大间距的规定。城市道路对最大间距没有要求。

高速公路和全封闭的一级公路相邻互通式立体交叉的最大间距　　表 3-24

地区类别		最大间距(km)
一般地区		30
特殊地区	大城市、大型工业园区	20
	荒漠、戈壁、人烟稀少的草原地区	40

(二)互通式立体交叉与相邻隧道洞口净距

在山区道路上，隧道与主线出口、入口之间净距偏小的情况越来越多。隧道是道路系统中运营环境较特殊的路段，车辆在进出隧道的过程中，白天和夜晚的视觉环境不同,视觉环境会发生剧烈变化。白天晴天时,驾驶人的视觉会经历由亮到暗和由暗到亮急剧变化的过程,从而容易产生强烈不适感。由明亮环境向黑暗环境变化过程中视觉对环境的适应过程,称为暗适应;由黑暗环境向明亮环境变化过程中视觉的适应过程,称为明适应。白天进入隧道时,环境照度由明变暗,要经历暗适应过程;而由隧道驶出时,环境照度由暗变明,要经历明适应过程。夜间隧道内有灯光照明,但洞内外照度差没有白天大,所以明暗适应现象不明显。

从隧道洞口驶出时,驾驶人会受明适应、判读出口标志、变换车道等因素影响。当隧道出口与互通式立体交叉出口之间净距较小,不满足驾驶人驶出过程操作需要的行驶距离时,极易发生错过出口的情况,进而引发部分驾驶人强行变道、急停甚至倒车等违法操作,诱发交通事故。当互通式立体交叉入口与隧道入口之间净距较小时,驾驶人在进入隧道前没有充裕的时间完成车速控制、车道位置选择,导致驶入隧道的速度和车道选择不合适,再加上暗适应的不利影响,在隧道入口极易发生速度过快而追尾的交通安全事故。

隧道出口与互通式立体交叉出口之间的最小净距应考虑车辆出隧道后,在驶离主线的运行过程中完成相关安全驾驶操作所需要的最小距离,该过程主要包括驾驶人的明适应、判读出口标志、等待可换道间隙、变换车道和出口确认等过程,完成这些过程时车辆行驶的距离就是隧道出口与互通式立体交叉出口之间的最小净距。

互通式立体交叉入口与隧道入口之间的最小净距是指汇入主线车辆在进入隧道前完成一些必需的安全行驶准备过程时行驶的距离,包括车辆驶入主线后调整车速和位置等所需要的最小距离。

1. 隧道出口与互通式立体交叉出口之间的最小净距

隧道出口与互通式立体交叉出口之间的最小净距是指隧道出口洞门与同侧相邻互通式立体交叉减速车道渐变段起点之间的里程差(图3-23)。此最小净距应满足驾驶人在其间完成驶出操作过程所需的最小距离。此过程包括从隧道洞口驶出时明适应期间行驶的距离,称为明适应距离 S_0;判读出口标志并作出判断时行驶的距离,称为反应距离 S_1;等待右侧车道出现可以换道的间隙时行驶的距离,称为等待距离 S_2;向右侧车道换道行驶的距离,称为换道距离 S_3;确认出口时行驶的距离,称为确认距离 S_4。因此,两者间的净距可采用式(3-16)计算:

$$D_{ex} = S_0 + S_1 + (n-1)(S_2 + S_3) + S_4 \tag{3-16}$$

式中:D_{ex}——隧道出口与互通式立体交叉出口之间的最小净距(m);

S_0——明适应距离(m),根据相关研究,驾驶人眼睛明适应的时间在1.8s以内,取1.8s[11];

S_1——反应距离(m),见表1-13;

S_2——等待距离(m),见表1-14;

S_3——换道距离(m),见表1-15;

S_4——确认距离(m),确认出口时间为1.6s,见表3-18;

n——单向车道数。

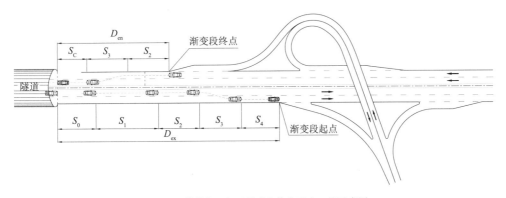

图 3-23　隧道出口与互通式立体交叉出口的示意图

将考虑明适应距离、反应距离、等待距离、换道距离、确认距离的隧道出口与互通式立体交叉出口之间的净距作为一般值。因出口标志一般均连续重复设置,一般情况下驾驶人知道出口的大概位置,所以在受条件严格限制时,可不考虑指路标志反应距离;因明适应时间短,且距出洞口前 15m 的照度与洞外差别不大,若隧道洞口照度进一步加强,则可以不考虑明适应时间,将不考虑指路标志反应距离和明适应距离情况下的净距作为极限值。

将相关参数值代入式(3-16),计算得到隧道出口与互通式立体交叉出口之间的最小净距(结果取为 10m 的整数倍),见表 3-25。

隧道出口与互通式立体交叉出口的最小净距　　　表 3-25

道路类型和等级		高速公路			一级公路			城市道路			
设计速度(km/h)		120	100	80	100	80	60	100	80	60	50
明适应距离(m)		60	50	40	50	40	30	50	40	30	25
反应距离(m)		100	83	67	83	67	50	83	67	50	42
等待距离(m)		130	96	62	69	39	29	176	92	29	25
换道距离(m)		222	185	139	185	139	102	174	139	102	85
确认距离(m)		53	45	36	45	36	27	45	36	27	22
净距一般值(m)	单向二车道	570	460	340	430	320	240	530	370	240	200
	单向三车道	920	740	540	690	500	370	880	600	370	310
	单向四车道	1270	1020	750	940	680	500	1230	840	500	420
净距极限值(m)	单向二车道	410	330	240	300	210	160	400	270	160	130
	单向三车道	760	610	440	550	390	290	750	500	290	240
	单向四车道	1110	890	640	810	570	420	1100	730	420	350
《立交细则》规定净距(m)	单向二车道	500	400	300	400	300	250	—	—	—	—
	单向三车道	700	600	450	600	450	350	—	—	—	—
	单向四车道	1000	800	600	800	600	500	—	—	—	—

注:《立交细则》中没有区分公路等级。

一般情况下,隧道出口与互通式立体交叉出口之间的净距应大于一般值。受特殊条件限制时,在隧道入口前和隧道内加强出口位置的预告,并增强隧道洞口照度,提前告知驾驶人隧道出口后就是互通式立体交叉出口的情况下,才可以采用极限值。

2. 互通式立体交叉入口与隧道入口之间的最小净距

从主线入口汇入主线后,若前方隧道是中、短隧道,可不考虑换道需求;若隧道是长、特长隧道,则需要考虑换道要求,主线直行单向四车道考虑两次换道,单向二至三车道考虑一次换道(图3-23)。换道距离见表3-25。隧道洞门十分明显,从互通式立体交叉入口汇入主线后,驾驶人能明显看到洞门,且加速车道考虑了车辆汇入合流所需长度,因此两者间的最小净距需考虑驾驶人根据隧道入口前限速标志调整车速时行驶的距离(称为调整距离S_C)。在换道过程中,驾驶人可以适当调整车速,所以不考虑调整距离。因此互通式立体交叉入口与隧道入口之间的最小净距采用式(3-17)计算:

$$D_{en} = \begin{cases} S_2 + S_3 + S_C & (n = 2,3) \\ 2(S_2 + S_3) + S_C & (n = 4) \end{cases} \quad (3\text{-}17)$$

式中:D_{en}——互通式立体交叉入口与隧道入口之间的最小净距(m);

n——单向车道数;

S_C——调整距离(m),采用式(3-18)计算:

$$S_C = v_T t_C \quad (3\text{-}18)$$

式中:v_T——隧道入口前的平均行驶速度(km/h);

t_C——调整时间(s),驾驶人判读标志、调整车速的时间一般不超过4s,因此调整时间取4s。

车辆在隧道前的平均行驶速度采用式(3-19)计算[12]:

$$v_T = 35.4 + 0.615v - 0.001L_\Delta - 3.552W_\Delta \quad (3\text{-}19)$$

式中:v_T——隧道入口前的平均行驶速度(km/h),不超过设计速度;

v——路段行驶速度(km/h),一般取为设计速度;

L_Δ——隧道洞内外光线亮度差值(cd/m²),晴天时,长隧道洞外与洞内20m以内的照度差值一般在3000cd/m²以内,取3000cd/m²;

W_Δ——隧道洞内外路面宽度差值(m),为隧道外右侧硬路肩与隧道内右侧路缘带和检修道宽度之和的差值。

将有关参数代入式(3-17),计算得到互通式立体交叉口与隧道入口之间的最小净距(结果取为10m的整数倍),见表3-26。

互通式立体交叉入口与隧道入口之间的最小净距　　表3-26

道路类型和等级		高速公路			一级公路			城市道路			
设计速度(km/h)		120	100	80	100	80	60	100	80	60	50
行驶速度(km/h)		103	89	76	89	76	60	89	76	60	50
调整距离(m)		114	99	85	99	85	67	99	85	67	56
长、特长隧道净距(m)	单向二至三车道	350	280	200	260	180	130	350	230	130	110
	单向四车道	710	560	400	510	360	260	700	460	260	220

续上表

道路类型和等级		高速公路			一级公路			城市道路			
中、短隧道净距(m)		—	120	100	90	100	90	70	100	90	70	60
《立交细则》规定净距(m)	单向二车道	125	100	80	100	80	60	—	—	—	—

注：《立交细则》中没有区分公路等级。

3. 隧道出口与互通式立体交叉入口之间的最小净距

隧道出口与互通式立体交叉入口之间的最小净距应满足主线合流区视距三角区的要求，见表1-18。

(三)互通式立体交叉与相邻服务设施的净距

服务设施主要指服务区、停车区等具有出口和入口、为驾驶人和车辆提供服务的设施。服务区、停车区也应设置变速车道，因此互通式立体交叉与相邻的服务设施之间的最小净距与相邻互通式立体交叉之间的净距要求相同，采用表3-19的推荐结果。

四、相交道路线形控制

在互通式立体交叉出入口附近，车流状况较复杂，驾驶人的操作、判断负荷较大，设有变速车道的正线线形应保证车辆驶出、驶入时横向稳定性要求，满足驾驶人操作舒适性要求，同时也要保证曲线路段出入口的识别视距，利于驾驶人安全、从容地驶出和汇入主线。

(一)平面线形

互通式立体交叉范围内相交道路的平面线形宜为直线。若为曲线，则曲线的最小半径应满足两个条件：一是连接部正线和匝道的横坡之差不宜过大；二是满足出口识别视距的要求。

1. 满足主线横坡要求圆曲线最小半径

连接部正线和匝道的横坡之差不宜过大，以避免给穿越连接部分流和合流三角区的车辆带来侧翻危险。匝道在连接部超高一般为2%左右，为避免正线和匝道横坡之差过大，需要控制正线的横坡不宜大。一般情况下，公路互通式立体交叉范围内正线设计速度大于或等于80km/h时，正线的超高横坡不宜大于3%，有特殊困难时，不宜大于4%；正线设计速度等于60km/h时，正线的超高横坡不宜大于4%，有特殊困难时，不宜大于5%；正线设计速度等于50km/h时，正线的超高横坡不宜大于4%，有特殊困难时，不宜大于6%。根据正线的最大超高，考虑《路线规范》中圆曲线半径和对应超高的关系，可算出对应的最小圆曲线半径(表3-27)。

满足横坡要求的正线圆曲线最小半径 表3-27

道路类型		公路				城市道路			
设计速度(km/h)		120	100	80	60	100	80	60	50
横向力系数	超高3%	0.0270	0.0232	0.0225	—	0.067（采用《城道线规》计算道路不设超高、设超高时最小半径一般值时的横向力系数）			
	超高4%	0.0356	0.0316	0.0310	0.0259				
	超高5%	—	—	—	0.0386				
	超高6%								
最小半径计算值(m)	超高3%	1990	1480	960	—	812	520	—	—
	超高4%	1500	1100	710	430	736	471	265	184
	超高5%	—	—	—	320	—	—	242	168
	超高6%								155
建议值(m)	一般值	2000	1500	1000	500	820	520	270	190
	极限值	1500	1100	700	350	750	470	250	160

2. 满足出口识别视距要求的圆曲线最小半径

当车辆在曲线车道上行驶时,驾驶人视线会受到主线中央分隔带、右侧护栏或者跨线构造物的遮挡。若识别视距不足,影响驾驶人确认出口的位置,进而错过驶出主线的最佳时机,导致部分驾驶人在错过最佳时机后,强行变道驶出,容易引发交通事故。因此互通式立体交叉范围内相交道路的平面线形应满足出口识别视距的要求,即路侧设施不影响车道上驾驶人对出口位置的识别。

（1）主线左偏

驾驶人在车道上行驶时,应该看到减速车道渐变段的起点位置,根据识别视距的定义和分析,驾驶人看到减速车道渐变段的起点位置时,其行驶车道位置应为紧邻最外侧车道的次外侧车道。由图3-24可知,存在如下几何关系：

$$\begin{cases} W_s = R_s \left(1 - \cos \dfrac{S_1}{2R_s}\right) \\ W_s + W_d = (R_s + W_d)\left(1 - \cos \dfrac{2S_s - S_1}{2R_s}\right) \end{cases} \quad (3-20)$$

式中：W_s——视点轨迹线的横净距(m)；

W_d——注视点 C 与视点轨迹线之间横向距离(m)；

R_s——视点轨迹线的半径(m)；

S_1——视点轨迹上 A、B 两点的弧长(m)；

S_s——识别视距(m)，$S_s = S_1 + S_2$。

根据识别视距计算模型,车辆位于次外侧车道,因此视点轨迹线的横净距W_s采用式(3-21)计算：

$$W_s = W_e + (n-2)W_0 + W_1 \quad (3-21)$$

式中：W_e——视点 A 与次外侧车道左边缘线的横向距离(m)，小汽车位于行车道中

心,驾驶人眼睛距离左侧车身 0.6m,因此 W_e 约取 1.6m;

W_0——行车道宽度(m);

n——道路单向车道数;

W_1——左侧安全宽度(m),为左侧路缘带宽度与侧向安全净距 C 值之和。

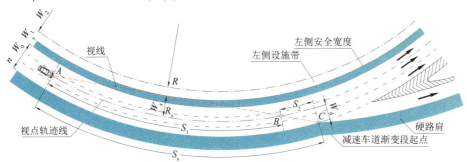

图 3-24　识别视距与左偏圆曲线

W_d 采用式(3-22)计算:

$$W_d = 2W_0 - W_e \tag{3-22}$$

因此,主线平面设计线的圆曲线半径 R 采用式(3-23)计算:

$$R = R_s - W_s - W_2 \tag{3-23}$$

式中:W_2——中央分隔带的左侧设施带宽度(m),指平面设计线与中央分隔带护栏(或防眩设施)最右侧边缘之间的宽度(m)。

将相关参数代入上述公式中,得到满足识别视距的主线左偏时圆曲线最小半径(结果取为 10m 的整数倍),见表 3-28。

满足识别视距的主线左偏时圆曲线最小半径　　　　表 3-28

道路类型和等级		高速公路			一级公路			城市道路		
设计速度(km/h)		120	100	80	100	80	60	100	80	60	50
中央分隔带宽度(m)		3	3	2	3	2	2	1.5	1.5	1.5	1.5
C 值(m)		0.5	0.25	0.25	0.25	0.25	0.25	0.25	0.25	0.25	0.25
左侧路缘带宽度(m)		0.75	0.75	0.5	0.5	0.5	0.5	0.5	0.5	0.5	0.25
左侧设施带宽度(m)		1.0	1.25	0.75	1.25	0.75	0.75	0.5	0.5	0.5	0.5
左侧安全宽度(m)		1.25	1.0	0.75	0.75	0.75	0.75	0.75	0.75	0.75	0.5
行车道宽度(m)		3.75	3.75	3.75	3.75	3.75	3.5	3.75	3.75	3.5	3.5
识别视距(m)	一般值	455	365	270	340	245	185	435	300	185	155
	极限值	355	285	205	255	180	135	350	235	135	115
一般最小半径(m)	单向二车道	4790	3250	1880	2980	1550	920	4880	2320	920	680
	单向三车道	2770	1830	1030	1640	850	510	2680	1270	510	370
	单向四车道	1960	1280	710	1130	580	350	1860	880	350	250
极限最小半径(m)	单向二车道	2920	1980	1080	1670	830	490	3160	1420	490	380
	单向三车道	1690	1110	590	920	460	270	1730	780	270	200
	单向四车道	1190	780	410	630	310	180	1200	540	180	130

(2) 主线右偏

主线右偏时,驾驶人应看到减速车道渐变段的起点位置,根据识别视距的定义和分析,驾驶人看到减速车道渐变段的起点位置时,其行驶的车道应为紧邻最外侧车道的左侧车道。根据图 3-25 可知,存在如下几何关系:

$$\begin{cases} W_s = R_s \left(1 - \cos \dfrac{S_s + S_2}{2R_s}\right) \\ W_3 = (R_s - W_d) \left(1 - \cos \dfrac{S_s - S_2}{2R_s}\right) \end{cases} \quad (3\text{-}24)$$

式中：W_s——视点轨迹线的横净距(m)；

　　　W_d——注视点 C 与视点轨迹线之间的横向距离(m)；

　　　R_s——视点轨迹线的半径(m)；

　　　S_2——视点轨迹线上点 C' 与点 B' 的弧长(m)；

　　　S_s——识别视距(m)。

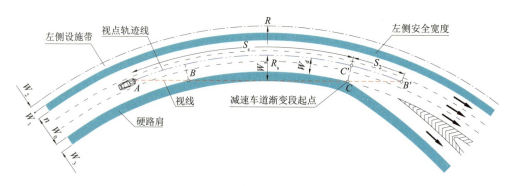

图 3-25　识别视距与右偏圆曲线

根据识别视距的计算模型,车辆位于紧邻最外侧车道的左侧车道,因此视点轨迹线的横净距 W_s 采用式(3-25)计算：

$$W_s = 2W_0 - W_e + W_3 \quad (3\text{-}25)$$

式中：W_3——右侧硬路肩宽度(m)。

W_d 采用式(3-26)计算：

$$W_d = 2W_0 - W_e \quad (3\text{-}26)$$

因此,主线平面设计线的圆曲线半径 R 采用式(3-27)计算：

$$R = R_s + W_e + (n-2)W_0 + W_1 + W_2 \quad (3\text{-}27)$$

式中符号意义同前。

将相关参数代入上述计算式中,得到满足识别视距的主线右偏时圆曲线最小半径(结果取为 10m 的整数倍),见表 3-29。

满足识别视距的主线右偏时圆曲线最小半径 表3-29

道路类型和等级		高速公路			一级公路			城市道路			
设计速度(km/h)		120	100	80	100	80	60	100	80	60	50
右侧硬路肩宽度(m)		3	3	3	3	3	3	0.75	0.5	0.5	0.5
一般值(m)	单向二车道	4660	3000	1640	2600	1350	800	4250	2020	800	560
	单向三车道	4660	3000	1640	2600	1350	800	4260	2030	800	560
	单向四车道	4660	3000	1650	2610	1360	810	4260	2030	800	570
极限值(m)	单向二车道	2830	1830	940	1460	730	430	2750	1240	420	310
	单向三车道	2840	1830	950	1470	730	430	2760	1250	430	310
	单向四车道	2840	1830	950	1470	740	430	2760	1250	430	310

3. 主线圆曲线最小半径

从前述主线横坡要求、左偏和右偏识别视距要求的圆曲线最小半径计算结果可见，主线圆曲线最小半径应同时满足横坡要求和识别视距的要求，因此应取两者的较大值作为设计控制条件，主线圆曲线最小半径建议值(结果取为10m的整数倍)见表3-30。

主线圆曲线最小半径建议值 表3-30

道路类型和等级			高速公路			一级公路			城市道路			
设计速度(km/h)			120	100	80	100	80	60	100	80	60	50
左偏(m)	一般值	单向二车道	4790	3250	1880	2980	1550	920	4880	2320	920	680
		单向三车道	2770	1830	1030	1640	850	510	2680	1270	510	370
		单向四车道	2000	1500	1000	1500	1000	500	1860	880	350	250
	极限值	单向二车道	2920	1980	1080	1670	830	500	3160	1420	490	380
		单向三车道	1690	1110	700	1100	700	500	1730	780	270	200
		单向四车道	1500	1100	700	1100	700	500	1200	540	250	160
右偏(m)	一般值		4660	3000	1650	2610	1360	810	4260	2030	800	570
	极限值		2840	1830	950	1470	740	430	2760	1250	430	310
《立交细则》规定(m)	一般值		2000	1500	1100	1500	1100	500	和路段要求相同			
	极限值		1500	1000	700	1000	700	350				

(二)纵断面线形

1. 互通式立体交叉范围内主线最大纵坡

因为位于主线下坡路段的出口不利于减速车道上车辆的减速，位于主线上坡路段的入口不利于加速车道上车辆的加速汇入，所以控制互通式立体交叉范围内主线最大纵坡的目的是将变速车道长度控制在合流的范围内，以利于车辆安全驶出和汇入。因此控制互通式立体交叉范围内主线最大纵坡的核心是控制变速车道范围内的主线最大纵坡，即控制出口下坡减速车道和入口上坡加速车道范围内主线的最大纵坡。

在互通式立体交叉范围内，主线最大纵坡应有利于减速车道路段的安全下坡和加速车道路段的加速。利用加(减)速车道长度计算模型，结合纵坡对主导车型加速度和减速度的影响，分别计算主线不同纵坡时主导车型到达出口分流鼻和入口汇流点的运行速度，并与安全运行速度相比较(具体方法见第九章第一节中关于变速车道长度的计算方法和模型)。如果变速车道长度修正系数取第九章中建议的变速车道长度修正系数，则互通式立体交叉范围内主线最大纵坡可以采用与基本路段相同的最大纵坡，但为了合理控制变速车道的长度，且使出入口更加安全，《路线规范》和《立交细则》均规定了互通式立体交叉主线范围内减速车道下坡路段和加速车道上坡路段的主线纵坡不应大于表3-31中的规定值。受限制严格路段，若主线纵坡难以满足要求，则应根据速度验算分析，增加变速车道长度，并加强交通安全设施的设计。

变速车道范围内主线最大纵坡　　　　　　　　　表3-31

设计速度(km/h)		120	100	80	60
最大纵坡(%)	一般值	2	2	3	4.5(4)
	极限值	2	3	4(3.5)	5.5(4.5)

注：当主要公路以较大的向下坡度进入互通式立体交叉且所接的减速车道为下坡，同时所接匝道线形指标较低时，主要公路的纵坡不得大于括号内的值。

2. 分流端主线竖曲线最小半径

采用计算竖曲线最小半径的相关公式[13]，可得到分流端主线竖曲线最小半径，各种计算条件和相应参数见表3-32。

分流端主线竖曲线最小半径　　　　　　　　　表3-32

道路类型和等级			高速公路			一级公路			城市道路			
设计速度(km/h)			120	100	80	100	80	60	100	80	60	50
识别视距(m)		一般值	455	365	270	340	245	185	435	300	185	155
		极限值	355	285	205	255	180	135	350	235	135	115
凸形(m)	满足识别视距	一般值	86500	56000	30500	48500	25500	14500	79000	37500	14500	10500
		极限值	53000	34000	18000	27500	13500	8000	51500	23500	8000	6000
	满足停车视距	2倍	44500	26000	12500	26000	12500	5000	26000	12500	5000	4000
		1.5倍	25000	14500	7000	14500	7000	3000	14500	7000	3000	2500
	建议值	一般值	86500	56000	30500	48500	25500	14500	79000	37500	14500	10500
		极限值	53000	34000	18000	27500	13500	8000	51500	23500	8000	6000
凹形(m)	满足桥下识别视距	一般值	7000	4500	2500	4000	2000	1500	6500	3000	1500	1000
		极限值	4500	3000	1500	2500	1500	1000	4000	2000	1000	500
	满足夜间识别视距	一般值	8500	6500	5000	6000	4500	3500	8000	5500	3500	2500
		极限值	6500	5000	3500	4500	3000	2500	6500	4000	2500	2000
	基本路段竖曲线半径	4倍	16000	12000	8000	12000	8000	4000	12000	8000	4000	4000
		2.5倍	12000	8000	4000	8000	4000	2000	8000	4000	2000	2000
	满足舒适性		4000	3000	2000	3000	2000	1000	3000	2000	1000	1000

续上表

道路类型和等级			高速公路			一级公路			城市道路			
凹形(m)	建议值	一般值	8500	6500	5000	6000	4500	3500	8000	5500	3500	2500
		极限值	6500	5000	3500	4500	3000	2500	6500	4000	2500	2000
《立交细则》规定(m)	凸形	一般值	45000	25000	12000	25000	12000	6000	和路段要求相同			
		极限值	23000(29000)	15000(17000)	6000(8000)	15000(17000)	6000(8000)	3000(4000)				
	凹形	一般值	16000	12000	8000	12000	8000	4000				
		极限值	12000	8000	4000	8000	4000	2000				

注:1. 计算满足识别视距凸形竖曲线最小半径时小汽车视点高度取 1.2m,物高为 0m。
2. 计算满足停车视距凸形竖曲线最小半径时小汽车视点高度取 1.2m,物高为 0.1m。
3. 计算凹形竖曲线最小半径时大货车视点高度取 2.0m,物高为 0m,净空高度取 5m,前灯高度取 0.75m,前灯光束扩散角取 1.5°,视线加速度取 $0.278m/s^2$。
4. 《立交细则》规定中,括号内的值是指分流鼻端有识别视距控制的路段,计算时识别视距取 1.25 倍停车视距,物高为 0m。

对上述表格中的计算结果的分析如下:

①《路线规范》和《立交细则》计算凸形竖曲线最小半径时,取 2 倍停车视距作为一般值,1.5 倍停车视距作为极限值,计算依据来源于《日本高速公路设计要领》,而《日本高速公路设计要领》中并没有分析这样取值的依据和理由。因此,《日本高速公路设计要领》的计算依据不足,不宜作为设计控制。《立交细则》另外规定分流鼻范围内的主线竖曲线最小半径应满足识别视距,但识别视距取停车视距的 1.25 倍,也没有充分的理由。凸形竖曲线半径过小,存在出口不易识别的问题,因此出口应满足识别视距要求,宜按识别视距计算凸形竖曲线最小半径。

②《路线规范》和《立交细则》计算凹形竖曲线最小半径时,直接取基本路段的凹形竖曲线最小半径的 4 倍作为一般值,2～3 倍作为极限值,也是源自《日本高速公路设计要领》,同样缺乏取值的依据。

③通过上述满足识别视距的主线竖曲线最小半径计算结果可知:首先,凹形竖曲线最小半径远小于凸形竖曲线,因此主线设置凹形竖曲线更容易满足出口识别视距的要求。其次,主线下穿、匝道和被交路上跨时,主线采用凹形竖曲线,有利于驾驶人识别互通位置,做好驶出的准备。最后,主线下穿,有利于出口减速和入口加速。因此采用主线下穿的跨越方式无疑是最合适的选择。

五、出、入口的一致性

互通式立体交叉出口和入口的一致性是指出口和入口的分合流方向、几何形式、标志和标线等提供给驾驶人的运行条件采用相对一致的形式。当运行条件与驾驶人期望不一致时,驾驶人需要更长的反应时间甚至出现反应失常,导致操作错误。一致性设计强调运行条件与驾驶人期望相一致,一致性良好的出、入口与驾驶人的期望相符,可有效减少出、入口判识和决策时间,提高出、入口的交通安全性。出、入口的一致性主要体现在以下几个方面。

(1) 分流方向的一致性

一条道路上所有从主交通流分流驶离的次交通流,宜采用右侧驶出分流方式[图3-26a)],不宜采用左、右侧交替分流的方式[图3-26b)]。应严格限制连续多个右侧驶出后,突然出现一个左侧驶出。若受特殊条件限制,必须采取左侧分流时,应对左侧分流采取特殊几何设计,并加强出口方式和位置预告,提前告知左侧驶出的驾驶人选择合适的车道,为左侧分流做好准备。

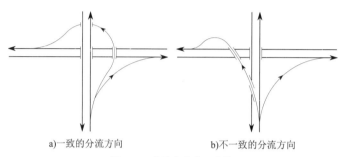

图 3-26 分流方向的一致性

(2) 合流方向的一致性

一条道路上所有次交通流应从主交通流的右侧汇入[图3-27a)],这种汇入方式最安全。应严格限制连续多个右侧汇入后,突然出现一个左侧汇入[图3-27b)]。受特殊条件限制,必须采取左侧汇入时,应对左侧合流采取特殊的几何设计,并加强汇入位置预告,提前告知主线直行车辆前左侧有车辆汇入,并保证合流视距三角区的通视。

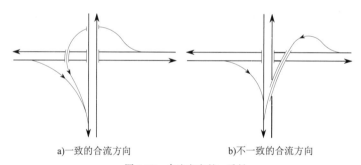

图 3-27 合流方向的一致性

(3) 同侧设置单一出口

当一座互通式立体交叉同一侧有多个连续相邻出口时[图3-28a)],宜通过匝道二次分流或设置集散车道的方法,将这些出口合并为单一的出口[图3-28b)],以免主线上同侧存在多个相邻出口导致驾驶人选择出口困难,发生错路驶出的问题,从而提高主线行车的安全性和通行能力。

(4) 同侧设置单一入口

当一座互通式立体交叉同一侧有多个连续相邻入口时[图3-28a)],宜采取匝道合流或设置集散车道的方式,将多个入口先在匝道或者集散车道上合流,然后通过主线上单一的入口汇入[图3-28b)],避免主线多个相邻入口之间车辆的汇入变道、交织行驶对直行交通的影响,从而减小合流对直行交通运行的影响范围,提高互通式立体交叉的通行能力和交通安全性。

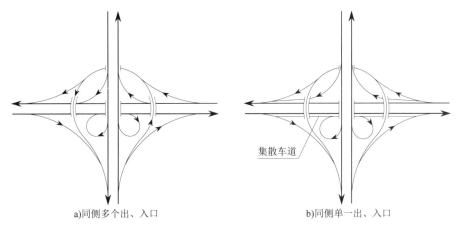

a)同侧多个出、入口　　　　　　　b)同侧单一出、入口

图3-28　同侧出、入口

(5)分流点位于交叉点之前

有条件时分流点宜统一设置于交叉点之前,避免跨线构造物或者凸形竖曲线影响驾驶人对出口位置的识别和判断,这有利于提高出口的视认性和驾驶人提前做好分流的准备,避免因错过出口而采取强行变道、停车变道、倒车等违法驾驶行为。如图3-29所示。

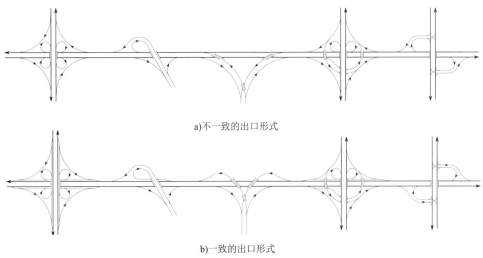

a)不一致的出口形式

b)一致的出口形式

图3-29　全线出口形式的一致性

(6)出、入口的交通安全设施形式宜一致

所有出口预告标志的前置距离、预告数量、标志版面颜色和布置形式、标线样式等应一致。入口合流标志、标线等交通安全设施也应采用相同形式,以利于驾驶人判

读和反应,缩短驾驶人反应和判断时间,保证操作时间和空间充裕,驾驶人能从容操作车辆驶出或者驶入。

六、保持主交通流车道的连续性

互通式立体交叉主交通流的连续性是指互通式立体交叉范围内,应保证主交通流方向车道数和几何设计指标的连续性,以保持主交通流方向行驶速度的连续性和安全性,因此,交叉形式及车道布置应符合主交通流方向车辆连续、快速运行的基本要求。

1. 保持主交通流方向的连续性

①当原直行交通为主交通流时,应保持原有的交叉形态,如图3-30a)所示。

②当主交通流在交叉象限内转弯,且其交通流线为同一主骨架公路或干线公路的延续时,该转弯交通流宜按主线设计,原直行交通流应按匝道设计,如图3-30b)、c)所示。

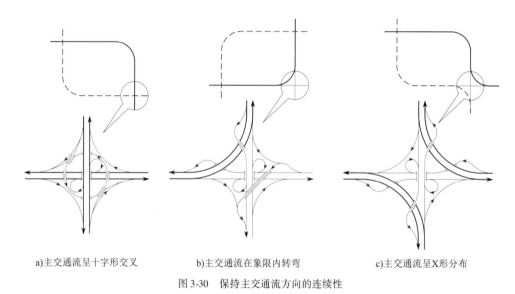

a)主交通流呈十字形交叉　　b)主交通流在象限内转弯　　c)主交通流呈X形分布

图3-30　保持主交通流方向的连续性

2. 保持直行方向车道数的连续性

直行方向基本车道数是根据远景年度的交通量、一定服务水平下的设计通行能力确定的,在互通式立体交叉范围内,直行方向的车道数不应发生变化,应保证直行方向车道数的连续性[图3-31a)]。不应将其中断或任意做横向变道处理[图3-31b)]。直行方向车道数宜在基本路段上逐渐增减,且每次增减宜为一条车道[图3-31c)]。基本车道数若在互通式立体交叉范围内变化,不符合主交通流运行的特点,会增加驾驶人在互通式立体交叉范围内的信息处理量,也会增加出、入口行驶的交通安全风险。

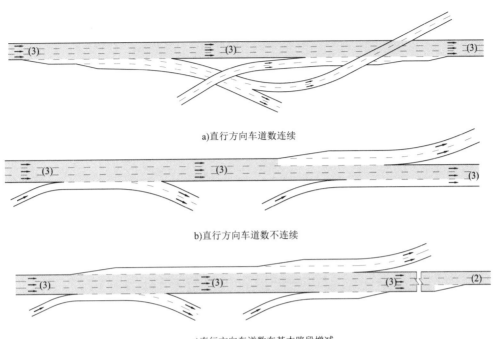

a) 直行方向车道数连续

b) 直行方向车道数不连续

c) 直行方向车道数在基本路段增减

图 3-31　直行方向车道数的连续性

注：(3)、(2) 表示直行方向车道数。

3. 当两条高速公路因错位交叉形成共用路段时，其车道布置应符合的规定[14]

①当共用路段长度大于或等于 2km，且共用路段增加的车道数不超过一条时，可利用直行交通量相对较大的一条高速公路作为主线，形成共用路段。共用路段的车道数应根据合流后的设计交通量确定（图 3-32）。

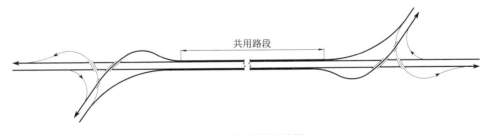

图 3-32　共用路段示意图

②当共用路段长度小于 2km 或共用路段增加的车道数超过一条时，两条高速公路的直行车道宜分开设置，并应保持各自直行车道的连续性（图 3-33）。这种情况下可采用如图 3-33 所示的两种布置方案。一般情况下，宜优先采用能保证主线或者交通量较大的直行方向线形指标更高的方案，若其中一方为已通车的高速公路，则新建项目只能采用在共用路段两侧分别布置的方案。

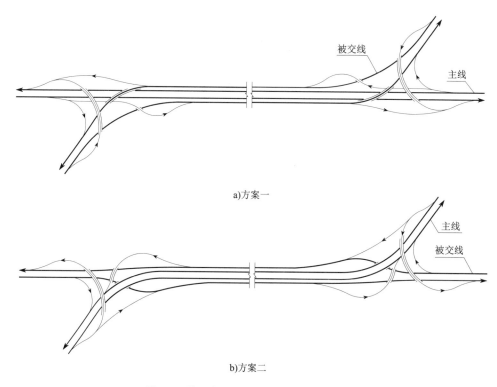

a) 方案一

b) 方案二

图 3-33 共用路段长度小于 2km 时的处理方案

七、满足车道数平衡要求

在高速公路、一级公路和城市快速路全长或较长路段内,必须保证一定的基本车道数;同时,在正线与匝道分、合流处必须保持车道数的平衡。若车道数不平衡,应通过在正线外侧设置辅助车道的方法解决。

1. 基本车道数

基本车道数是指道路在某一区段内,根据交通量和设计通行能力要求所必需的一定数量车道数。基本车道数在相当长的路段内不应变动,基本车道数不因通过互通式立体交叉而改变。这样做的目的是防止因修建立体交通而可能形成交通瓶颈或导致不必要的浪费。

2. 车道数平衡原则

正线交通量必然会因分、合流的存在而发生变化,分流后交通量会减小,合流后交通量会增大。为适应这种车流量的变化,保证交通流畅通和工程经济,在分、合流处前后的车道数应保持平衡。车道数平衡的基本原则如下:

①正线上车道数应每次只增加或减少一条。当需要增加两条及两条以上时,应在保持交通流稳定运行的前提下,梯次增加或减少车道数(图 3-34)。

图 3-34 基本车道数的增加

②分流点之前正线上车道数应等于分流后分叉道路所有车道数总和减一,即满足关系式(3-28):

$$N_C = N_F + N_E - 1 \tag{3-28}$$

式中:N_C——分流前正线单向车道数(条),见图 3-35;

N_F——分流后正线单向车道数(条);

N_E——出口匝道的车道数(条)。

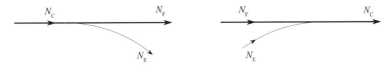

图 3-35 分、合流处车道数平衡

当分流匝道的变速车道为单车道时,不需要增加辅助车道即可满足车道数平衡的要求[图 3-36a)]。当分流匝道的变速车道为双车道时,需要增加辅助车道,将分流前的正线车道数增加 1 条,以满足车道数平衡的要求[图 3-36b)]。

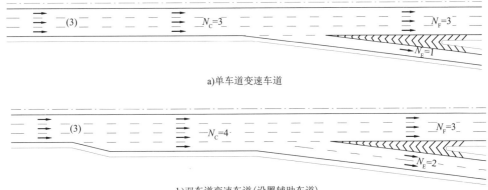

a)单车道变速车道

b)双车道变速车道(设置辅助车道)

图 3-36 分流处车道数平衡

注:(3)表示车道数。

③两条交通流合流以后正线上的车道数应不少于合流前两条交通流所有车道数总和减一。在合流连接部,合流后的车道数与合流前的车道数之间应满足关系式(3-29):

$$N_C = N_F + N_E - 1 \text{ 或 } N_C = N_F + N_E \tag{3-29}$$

式中:N_C——合流后正线的单向车道数(条);

N_F——合流前正线的单向车道数(条);

N_E——入口匝道的车道数(条)。

当合流匝道变速车道为单车道时,不增加辅助车道就可满足车道数平衡的要求

[图 3-37a)]；若正线交通量相对较大，也可以在正线上增设辅助车道，给汇入车辆提供更长的行驶距离，以便有更多汇入主线的机会[图 3-37b)]。当合流匝道的变速车道为双车道时，则需要增加辅助车道，将合流后的正线车道数增加 1 条，以满足车道数平衡的要求[图 3-37c)]；当正线交通量较大时，双车道变速车道宜采用平行式，且应设置双车道的辅助车道[图 3-37d)]。

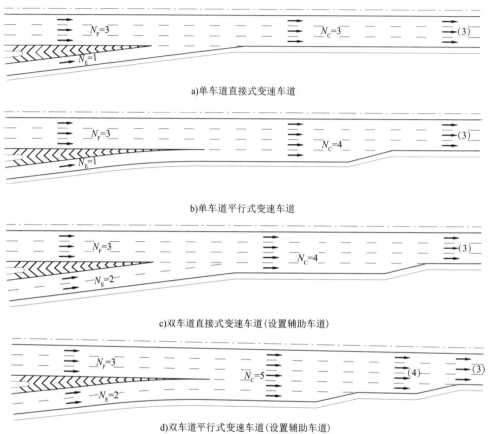

a) 单车道直接式变速车道

b) 单车道平行式变速车道

c) 双车道直接式变速车道(设置辅助车道)

d) 双车道平行式变速车道(设置辅助车道)

图 3-37　合流处车道数平衡

注：(3)、(4)表示车道数。

3. 车道数不平衡的解决方法

在分、合流处，既要保持车道数平衡，又要保证直行基本车道的连续[图 3-38a)]，不应出现车道数平衡但直行车道不连续的情况[图 3-38b)]，也不应出现直行车道连续但车道数不平衡的情况[图 3-38c)]。如果车道数平衡和车道数不平衡的解决办法发生矛盾，则应根据车道数平衡的基本原则，通过在分流点前、合流点后的正线上增设辅助车道的办法解决[图 3-38d)]。

八、互通式立体交叉的形式选择

互通式立体交叉的形式选择是在位置选定(简称定位)的基础上进行的。互通式立体交叉应选择在地势平坦、开阔,地质良好,拆迁较少且相交道路具有较高的平、纵线形指标之处,以满足出入口的识别视距和合流视距的要求,有利于驶出车辆的减速和汇入车辆的加速。若互通式立体交叉所在地的地势平坦、开阔,建筑物少,则对互通式形式的选择限制不严,定位时可按用地范围、是否收费和其他影响因素,初拟几个常见形式,再结合转弯交通量调整部分转弯匝道的布置形式,然后进行方案综合比选。城市道路立体交叉一般受用地和地物限制较严,应结合具体制约条件,在定位时就考虑可能布设的形式,以便在进一步比较研究后选用。在定位时确定好的可选形式的基础上,按下列步骤确定该位置可采用的形式。

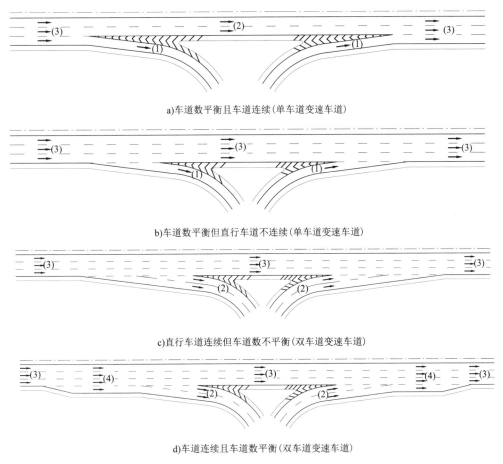

图 3-38 直行基本车道数

注:(1)、(2)、(3)、(4)表示车道数。

1. 确定互通式立体交叉的基本形式

首先应选择互通式立体交叉的总体结构,包括正线的跨越方式、联通程度、跨越层数,机动车与非机动车之间的关系,是否考虑行人交通,是否收费等。在此基础上

115

首先选择互通式立体交叉的常用形式,然后考虑影响形式选择的主要因素——交通量和设计速度。转弯交通量大的方向,一般宜选择相对较高的设计速度。表 3-33 为常用互通式立体交叉形式的选择条件,可供参考。

互通式立体交叉形式的选择 表 3-33

立体交叉形式	设计速度(km/h)			交叉口总通行能力(pcu/h)	占地面积(hm²)	相交道路等级及交叉口情况
	直行	左转弯	右转弯			
定向形	80~100	70~80	70~80	13000~15000	8.5~12.5	1. 高速公路相互交叉; 2. 高速公路与市郊快速路相交
苜蓿叶形	60~80	30~40	30~40	9000~13000	7.0~9.0	1. 高速公路相互交叉; 2. 高速公路与快速路、主干路相交; 3. 用地允许的市区主要交叉口
部分苜蓿叶形	30~80	25~35	30~40	6000~8000	3.5~5.0	1. 高速公路与快速路、主干路相交; 2. 苜蓿叶形立体交叉的前期工程
菱形	30~80	25~35	25~35	5000~7000	2.5~3.5	1. 高速公路与次要公路相交; 2. 快速路与主干路相交
三、四层式环形	60~80	25~35	25~35	7000~10000	4.0~4.5	1. 快速路相互交叉; 2. 市区交叉口; 3. 高等级公路与次要道路相交
喇叭形	60~80	30~40	30~40	6000~8000	3.5~4.5	1. 高速公路与快速路相交; 2. 高等级公路相互交叉; 3. 用地允许的市区交叉口
三路环形	60~80	25~35	25~35	5000~7000	2.5~3.0	1. 高等级公路相互交叉; 2. 市区 T 形、Y 形交叉口
三路子叶形	60~80	25~35	25~35	5000~7000	3.0~4.0	1. 高等级公路相互交叉; 2. 苜蓿叶形立体交叉的前期工程
三路定向形	80~100	70~80	70~80	8000~11000	6.0~7.0	1. 高速公路相互交叉; 2. 地形适宜的双向分离式道路相交

注:城市道路选择时,也可参考表 3-33,快速路对应高速公路。

在确定基本形式时,应注意以下几点:

①直行和转弯交通量均较大,相交道路设计速度较高,并要求用较高的速度集散时,宜采用直连式或半直连式立体交叉。

②相交道路的等级相差较大,且转弯交通量不大时,可采用菱形、部分苜蓿叶形或 T 形交叉时的喇叭形立体交叉。

③不设收费站的高速道路、一级公路相互交叉时,若左转弯交通量不大,则可采用全苜蓿叶形立体交叉,但因其规模和用地较大,应慎重选用,在无专用集散车道的情况下,容易出现交通阻塞和事故。苜蓿叶形立体交叉的环圈式匝道以单车道为宜,若交通量接近或大于单车道通行能力,则不宜采用;若左转弯交通量较大,则可以考

虑采用涡轮式或者半直连式的立体交叉;若部分左转弯交通量较小,其余左转弯交通量较大,则可以采用环形匝道与半直连式匝道构成的组合型立体交叉。

④部分苜蓿叶形立体交叉有两处相距较近的平面交叉,对次要道路直行交通不利。当各方向转弯交通量相差较大时,应在适当象限内布置匝道,将影响降至最低程度。

⑤干线公路与一般公路相交,不设收费站时,应优先采用菱形立交;若设收费站,而干线转弯交通量较小时,则允许匝道上存在平面交叉。

⑥收费立体交叉的收费站应布设在交通量最大的象限,当受地形或地物限制时应论证确定,同时应考虑收费站设置的场地需求。

2. 互通式立体交叉几何形状及结构的选择

互通式立体交叉的几何形状及结构对行驶速度、运行时间、行车视距、视野范围、服务水平、通行能力等影响较大。在选择互通式立体交叉常用形式的基础上,再结合转弯交通量、地形和地物等限制条件对立体交叉的总体结构进行安排和匝道布置,然后进行匝道平、纵、横几何形状和尺寸等设计,确定跨线构造物布置、出入口位置。最后检查形式与交通量和限制条件之间的协调性,以确保形式的合理性。

3. 方案比较

对于条件复杂、制约因素较多的互通式立体交叉,必须经过多方案的技术、经济比较,选择合理形式和适当规模,以满足交通功能需求,适合现场条件,符合工程量小、投资经济的要求。

九、互通式立体交叉的改建

当原有互通式立体交叉功能难以满足交通需求、交通事故频发或相交公路需要改扩建路时,需对原有互通式立体交叉进行改建。在项目总体设计阶段,应按下面的要求和原则对原有互通式立体交叉进行改建。

1. 充分利用现有工程

互通式立体交叉的改扩建设计应在收集现有工程详细资料的基础上,充分考虑工程现状、新增交通条件、功能、安全、环境、投资效益等因素,经多方案论证、比选后提出推荐方案,为工程方案决策提供依据。对未予利用的工程应予拆除。

2. 工程应符合现行规范和规程的规定

互通式立体交叉的改扩建设计应采用互通式立体交叉新建工程的技术标准,并符合现行工程相关规范和规程的规定。原有工程中不满足现行工程相关规范和规程要求的部分,应按新建工程重新设计。

3. 改善原有工程中事故高发区域的设计

因交通事故频发等需要改建时,须收集互通式立体交叉区域内交通事故数据、事故形态,并进行事故成因分析等,对事故多发点应进行现场观测并取得相关实测资料,提出合理的工程改善设计措施。

4. 施工期间的交通组织设计

互通式立体交叉的改扩建施工期间的交通组织设计应满足如下要求。

①应保障运营车辆和施工车辆的运行安全及人员的安全。

②应保障运营车辆的通行需求,不因施工随意中断现有交通。若附近互通式立体交叉和路网可分流,则可以采用封闭施工的方法;若难以分流或绕行距离过远,可考虑设置临时道路通行。

③交通组织方案应紧密结合施工组织方案,同时满足施工进度和施工质量要求。

④改扩建工程施工期间,维持临时通车路段的服务水平应符合下列规定:

高速公路和具干线功能的一级公路不应低于四级服务水平。匝道及其连接部以及具集散功能的一级公路不应低于五级服务水平。二级及以下等级公路不应低于五级服务水平。

⑤维持临时通车路段的车道数应根据现有交通量和设计服务水平确定,车道宽度不应小于3.50m,设计速度应根据原有道路的设计速度、施工区的最大安全速度以及服务水平的要求等确定。

⑥交通组织方案应根据改建工程方案、工程规模、路网状况等确定,并应符合下列规定:

a. 当改建路段较长,且路网具备分流条件时,宜采用路网完全或局部分流方案。

b. 当改建路段较短,且无路网分流或仅有部分路网分流时,宜采用路段分流方案,通过增加临时通车便道、利用邻近平行道路等实施路段分流。

c. 对改建工程的局部工点,宜采用工点控制方案,通过施工工序的安排和交通引导,利用施工封闭区外的现有路面或分阶段利用新建道路,保障临时通车需求。

5. 改扩建方案设计

互通式立体交叉改扩建方案应根据交叉工程现状、改扩建重点、交叉公路改扩建方案和新增交叉公路方案等确定,改扩建方案设计应符合下列规定:

①应满足设计年限的功能与安全要求,并应适当预留远期发展空间。

②应充分考虑改扩建方案的可行性,有利于保障施工期间现有交通的通行及施工安全。

③应充分考虑改扩建方案的合理性,实现全寿命周期的成本最优。

十、互通式立体交叉的分期修建

当互通式立体交叉采用分期修建时,应依据路网规划进行总体设计,采取一次设计、分期实施的方法,确保后期方案实施的可行性。

本章参考文献

[1] 中华人民共和国住房和城乡建设部.城市道路交叉口设计规程:CJJ 152—2010[S].北京:中国建筑工业出版社,2011.

[2] 中华人民共和国公安部.机动车运行安全技术条件:GB 7258—2017[S].北京:中国标准出版社,2017.

[3] 潘兵宏,赵一飞,梁孝忠.动视觉原理在公路线形设计中的应用[J].长安大学学报(自然科学版),2004,24(6):20-24.

[4] 彭金栓,张磊,邵毅明,等.山区公路驾驶人动态视觉试验研究[J].中国科技论文,2018,13(7):741-746.

[5] PAN B H,LIU S R,XIE Z J,et al. Evaluating operational features of three unconventional intersections under heavy traffic based on CRITIC method[J]. Sustainability,2021,13(8):4098-1~4098-30.

[6] 潘兵宏,董怡伽,赵亚茹,等.菱形立交双钮型平面交叉口交叉结点最小间距[J].北京工业大学学报,2019,45(3):283-291.

[7] 潘兵宏,梅杰.单象限化平面交叉的交叉结点间距研究[J].公路,2020,65(1):157-164.

[8] 潘兵宏,单慧敏,任卉,等.新型非常规U型转弯交叉口的运行效率研究[J].深圳大学学报(理工版),2020,37(3):305-313.

[9] 任卉.环形平面交叉交通组织方式及涡轮形环形平面交叉技术指标研究[D].西安:长安大学,2020.

[10] 潘兵宏,苗慕楠,张锟.基于广义主成分分析法的我国高速公路服务设施平均间距研究[J].公路交通科技,2017,34(4):108-114,129.

[11] 倪娜.山区高速公路隧道密集段交通特性及安全保障技术研究[D].西安:长安大学,2017.

[12] 张晋伟.高速公路隧道及互通区运行车速模型研究[D].重庆:重庆交通大学,2009.

[13] 许金良,等.道路勘测设计[M].5版.北京:人民交通出版社股份有限公司,2018.

[14] 中华人民共和国交通运输部.公路立体交叉设计细则:JTG/T D21—2014[S].北京:人民交通出版社股份有限公司,2014.

第四章
CHAPTER 4
平面交叉形式设计

第一节 平面交叉的形式

平面交叉的形式应根据相交道路的功能、等级、交通量、交通管理方式、用地条件、工程造价等因素确定。一般情况下,平面交叉根据相交道路的岔数可分为三岔、四岔和多岔。根据交叉角度的大小,三岔平面交叉可分为 T 形和 Y 形;四岔平面交叉可分为十字形、X 形。三岔和四岔形式一般是由规划道路网的形状、相交道路的条数和交叉角度决定的,一般不易改变,不属于平面交叉的形式设计内容。

平面交叉的形式设计是指在平面交叉的平面设计中,根据相交道路的功能、交通量、交通管理和组织方式,将平面交叉设计成符合道路交通功能,满足直行和转弯交通需求,适应交通管理方式的交叉形式。形式设计的主要内容包括交通组织设计、转弯曲线设计、进口和出口车道设计、交通岛设计、非机动车和行人过街设计等。

按照平面交叉是否渠化,可以分为渠化、非渠化平面交叉两种设计形式;根据交叉口是否通过展宽设置转弯附加车道,分为展宽平面交叉和非展宽平面交叉。将非渠化且无展宽的平面交叉统一划归为简单平面交叉,称为加铺转角式平面交叉;将渠化、无论是否设置展宽的平面交叉统称为分道转弯式平面交叉;将进出口设置展宽的渠化和非渠化平面交叉统称为展宽路口式平面交叉;将在道路交汇处设置中心岛的平面交叉称为环形平面交叉;在信号控制平面交叉前一定距离,利用左转移位车道将左转弯车辆提前横移到对向车道直行车道最右侧的平面交叉称为左转移位平面交叉;在平面交叉之前,将对向直行车道交换方向,通过平面交叉一定距离后再交换回原来的方向,以消除直行交通和左转交通之间的冲突点的平面交叉为双纽形平面交叉;在十字形平面交叉的某一个象限内增加一条连接道路,使左转弯车辆通过连接道路绕行,减少原交叉点处冲突点的平面交叉称为扇形平面交叉;通过组织次路左转弯车辆先右转驶出平面交叉,再向最左侧换道后进入主路上的 U 形转弯掉头车道实现左转的十字形平面交叉称为 U 形平面交叉。

一、加铺转角式平面交叉

加铺转角式平面交叉是指用适当半径的单圆曲线或复曲线平顺连接各个转角构成的平面交叉,不设置交通岛,也不对进出口进行展宽设计(图 4-1)。此类平面交叉形式简单、占地少、造价低,设计方便,但正线和转弯的行驶速度均低,通行能力小,因而能承担的直行和转弯交通量均小。设计速度较高(大于 60km/h)的直行公路上的平面交叉若采用加铺转角,则存在较大的事故风险,所以一般不宜采用。设计时主要解决转角半径设计和平面交叉范围内视距三角区的问题。

二、分道转弯式平面交叉

分道转弯式平面交叉是指通过设置导流岛、分隔岛或者指定专用车道等渠化手段,分隔不同方向交通流行驶的车道,使不同方向交通流在交叉内分道行驶的平面交叉(图4-2)。此类平面交叉应采用导流岛、分隔岛将不同行驶方向的车辆分开,同一个行驶方向的车辆在专用车道内依次行驶,避免了不同方向交通流之间的交织和冲突,提高了平面交叉的通行能力,特别是右转弯车辆行驶速度较高和通行能力较大。设计时主要解决分道转角半径问题,保证足够的视距和满足导流岛端部半径的要求。

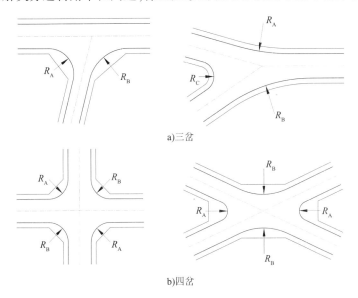

图4-1 加铺转角式平面交叉(图中 R_A、R_B、R_C 为行车道边缘的转角半径)

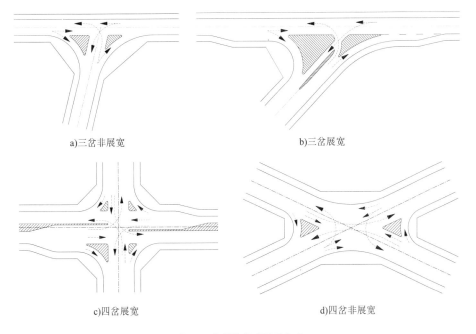

图4-2 分道转弯式平面交叉

三、展宽路口式平面交叉

展宽路口式平面交叉是指平面交叉范围内,根据转弯交通量的大小、组成和排队车辆长度,在相交道路一侧或两侧展宽路面增辟附加车道的平面交叉。可单增右转弯或左转弯车道,也可同时增设左转和右转车道(图4-3)。展宽路口式平面交叉增加了车道数,且减少了转弯交通对直行交通的干扰,因而直行和转弯通行能力均较高,事故率较低;但占地多,造价较高。适用于交通量较大、转弯车辆较多的干线公路和城市主干路。设计时主要解决展宽车道数、展宽方式、展宽长度等问题,也要注意满足视距和转角半径的要求。

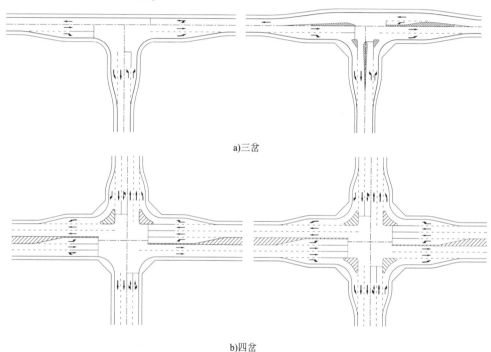

a)三岔

b)四岔

图4-3 展宽路口式平面交叉

四、环形平面交叉

环形平面交叉是指多条道路交汇处设有中心岛的平面交叉。在平面交叉中央设置中心岛,通过环道组织渠化交通,所有进入环道车辆一律按逆时针方向绕岛单向行驶,直至目标路口离岛驶出,如图4-4所示。

环形平面交叉的优点是驶入环道的各种车辆可连续不断地单向运行,没有停滞,减少了车辆在平面交叉内的延误时间;单车道环道上的交通流之间只有分流与合流,消灭了大方向的冲突点(可能存在环道内冲突点),提高了行车的安全性;交通组织简便;对多路交叉和畸形交叉,用环道组织渠化交通更为有效;中心岛绿化可美化环境。缺点是占地面积大,用地紧张的地区设置困难;增加了车辆绕行距离,特别是左转弯车辆;多车道环道上车辆之间存在交织运行的情况,若交织段长度不足,则容易导致交通冲突而停车,进而影响环道交通流的顺畅通行。当交通量较大时,环形平面交叉的延误时间会大大增加;一般情况下造价高于其他平面交叉。

1. 环形平面交叉的设计形式

(1) 普通环形

普通环形平面交叉是入口不采取入口让路规则的环形平面交叉,相交道路车辆均可以随时进入环道行驶,不需要在环道入口停车等候,为满足环道车辆交织行驶的需要,普通环形平面交叉中心岛的直径一般大于25m[图4-4a)]。

(2) 入口让路环形

入口让路环形是指进口道采取让行规则的环形平面交叉[图4-4b)]。相交道路上的车辆需要在环道入口停车等候时伺机入环,其中心岛直径一般不大于10m,最小可以采用5m。其环道交织段长度难以满足交织运行的条件,环道上车辆行驶速度较低,环道通行能力也较低,因此需要控制入环车辆的数量。入口让路环形平面交叉具有如下特征:①遵循入环让路规则,当环道上的车辆较多,没有可插入间隙时,进口道上的车辆需要在进口停止线前停车等候;②因中心岛半径小,运行车辆行驶速度低,进口道需要采取能使入环车辆减速的设计;③入环路口设置车辆排队伺机入环的拓宽车道,一般比进口道前路段的车道数多1~2条,以容纳更多排队等候入环的车辆。符合以上3项特征的为入口让路环形平面交叉,若不符合则为普通环形平面交叉。

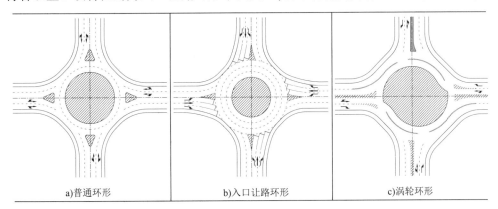

a) 普通环形　　　　　　b) 入口让路环形　　　　　　c) 涡轮环形

图4-4　环形平面交叉

(3) 涡轮环形

涡轮环形平面交叉是指采用涡轮形中心岛,且其环道相邻车道之间设置凸起隔离设施的环形平面交叉[图4-4c)]。中心岛采用涡轮形的目的是控制入环车辆的速度和位置;相邻车道之间设置凸起隔离设施的目的是减少环道车辆之间不必要的交织,控制车辆行驶轨迹,减少因交织引起的交通冲突,提高环道上车辆行驶顺畅性,进而提高通行能力,减少交通冲突导致的交通事故。涡轮环形平面交叉进口道一般需要根据车辆的行驶方向划分不同转向功能的车道,并设置隔离设施,引导车辆各行其道。其中心岛的半径与普通环形平面交叉相近。

2. 环形平面交叉环道的数量

根据交通量和进出口车道数的不同,环道车道数可以采用单车道、双车道和三车道。

(1)单车道环形

单车道环形平面交叉适用于无信号控制平面交叉,在不考虑行人流与非机动车流的情况下,对三岔环形平面交叉、四岔环形平面交叉和五岔环形平面交叉(图4-5)进行交通冲突分析可知,单车道环形平面交叉与无信号控制的其他平面交叉相比,最大的特点是没有环道内冲突点,四岔和五岔环形平面交叉的合流点和分流点数量也比常规其他形式大幅减少。

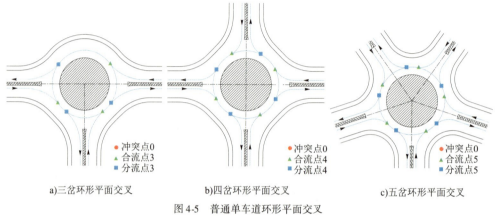

图4-5 普通单车道环形平面交叉

(2)双车道环形

对普通的双车道环形平面交叉,在不考虑行人流与非机动车流的情况下,车辆若能各行其道,则会产生24个交错点[图4-6a)]。若外侧车道车辆进入内侧环道行驶,则会产生40个交错点[图4-6b)]。尽管与单车道环形平面交叉相比,双车道环形平面交叉的冲突点数量有所增加,但碰撞事故大多为斜角碰撞,因为环道车辆行驶速度低,事故严重性较低,所以总体上来说还是比其他形式的平面交叉安全。

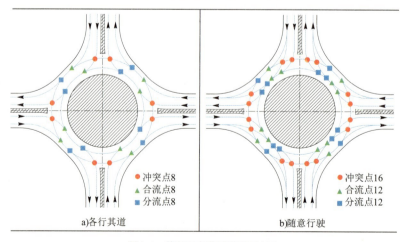

图4-6 普通双车道环形平面交叉

(3)三车道环形

不考虑行人流与非机动车流的四岔三车道环形平面交叉,其交错点的数量与环道数有关,三车道环形平面交叉环道内冲突点数量增长速度比分流点、合流点增长速度快,其环道内冲突点的数量远远大于双车道环形平面交叉(图 4-7)。

由上述分析可知,交错点数量增加与环道车道数和进出口车道数均有关,环道车道数越多,环道内冲突点数量增加越快,导致交叉口行车安全性和通行效率降低,因此环道车道数不应超过 3 条。此外可以看出,当环

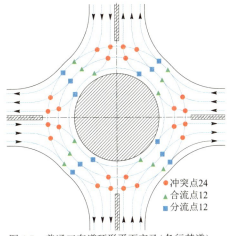

图 4-7 普通三车道环形平面交叉(各行其道)

道车道数大于或等于 2 时,若不采取各行其道的方式,则环形平面交叉的冲突点比普通平面交叉更多,因此,对入环车辆应该采取合适的交通分隔管理措施,使不同行驶方向的车辆各行其道。这也是采用涡轮环形平面交叉的最大优势。

3. 环形平面交叉中心岛的形状

中心岛的形状应根据交通流特性、相交道路的等级和地形、地物等条件确定。原则上应保证车辆以一定速度安全、顺适地完成交织运行;有利于主要道路方向车辆行驶;减少主要交通流方向车辆行驶的时间;并满足交叉所在处的地形、地物和用地条件。

(1)圆形中心岛

圆形中心岛是指中心岛的形状采用圆形的环形平面交叉(图 4-5)。

(2)涡轮形中心岛

涡轮形中心岛是指环形平面交叉中心岛的形状采用涡轮形(图 4-8、图 4-9)。根据相交道路的岔数和车道组织形式可分为单叶涡轮形、双叶涡轮形、三叶涡轮形、四叶涡轮形四种。

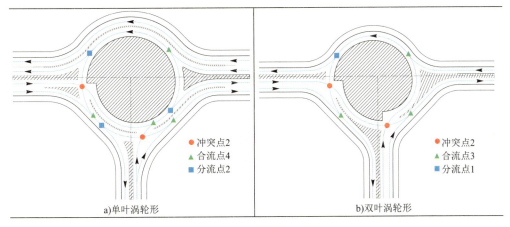

图 4-8 三岔涡轮形中心岛

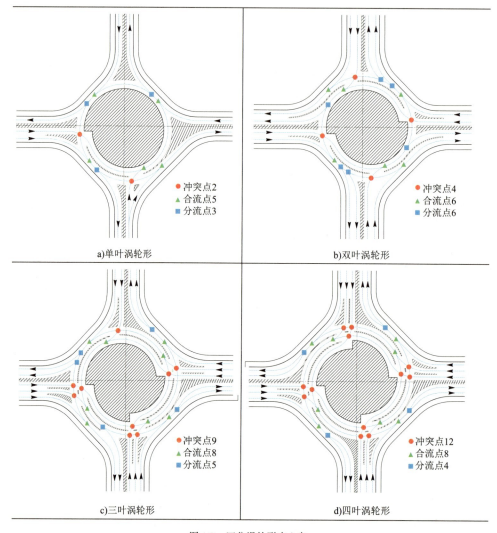

图 4-9 四岔涡轮形中心岛

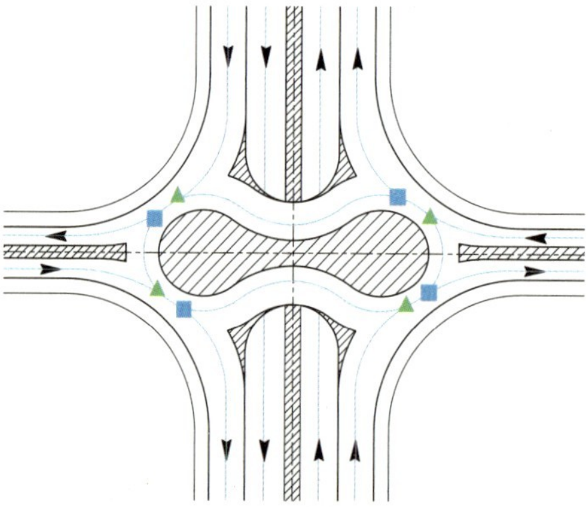

（3）对称泪滴式中心岛

对称泪滴式中心岛是指环形平面交叉的中心岛采用对称泪滴形（图 4-10）。这种情况可用于连接道路横坡较大的路口。对称泪滴式中心岛的优点为既可消除道路上车辆直接掉头产生的交通问题，又可减少匝道进入主要道路时产生的交通冲突，减少了车辆的延误和排队时间，提高了交叉口范围内的通行能力。缺点是由于泪滴中部半径较大，会增加环道内车辆速度，一定程度上降低了安全性。对称泪滴式中心岛主要用

图 4-10 对称泪滴式中心岛

于菱形互通式立体交叉的次要道路上的平面交叉。

(4) 其他形状的中心岛

环形平面交叉中心岛有时也用圆角方形、菱形和椭圆形(图4-11)。主次道路相交时宜采用椭圆形;交角不等的畸形交叉可采用复合曲线形。此外,结合地形、地物和交角等,也可采用其他规则或不规则几何形状的中心岛。布设时长轴方向宜与主交通流方向一致。

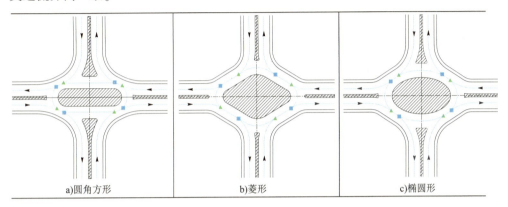

图4-11　其他形状的中心岛

4. 环形平面交叉设计要解决的技术问题

环形平面交叉设计时主要解决中心岛形状和环岛半径,环道布置形式、环道车道数和车道宽度,环道相邻车道之间的分隔方式,交织段长度,交织角,进出口曲线半径和视距要求等问题。

五、左转移位平面交叉

左转移位平面交叉是指在信号控制平面交叉前一定距离,在对向车道红灯时,利用左转移位车道将左转弯车辆提前横移到对向车道行驶方向最右侧的平面交叉。这种平面交叉可消除平面交叉左转弯专用相位,并减少交通冲突点,是一种有效优化左转交通的交通组织方式。根据左转移位车道在相交道路上的布置情况可以分为部分左转移位平面交叉和完全左转移位平面交叉两种。

1. 部分左转移位平面交叉

部分左转移位平面交叉,即只在两条相交道中的某一条道路的两个进口道布设左转移位车道的平面交叉,适用于主次道路相交,且一条道路的左转交通量较大的平面交叉。图4-12为部分左转移位平面交叉设计,对比普通的十字形平面交叉,冲突点减少了2个。

2. 完全左转移位平面交叉

完全左转移位平面交叉,即在两条相交道路的4个进口道都布设左转移位车道的平面交叉,适用于两条主干道相交,且两条道路的左转交通量都较大的平面交叉

(图4-13)。对比普通的十字形平面交叉,冲突点减少了4个,四个左转方向之间没有冲突点。

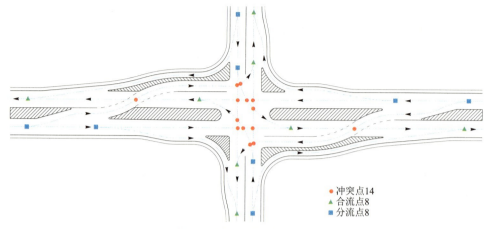

图4-12 部分左转移位平面交叉

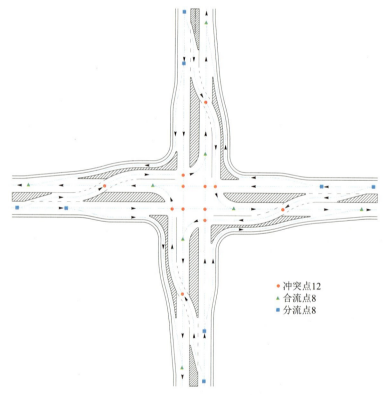

图4-13 完全左转移位平面交叉

3. 左转移位平面交叉的交通组织

左转移位平面交叉内,车辆在驶入主平面交叉前,沿主线直行车道有一个横向移位至对向直行车道最外侧的过程。左转弯车辆通过平面交叉分为三个步骤(图4-14):

①左转弯车辆进入左转移位车道引道；

②利用对向直行车道的红灯时间，横向移位驶过中央分隔带和对向直行车道进入左转移位等候车道；

③等待直行车道的绿灯时间，按照信号灯的指示，与直行车辆一同驶离平面交叉，完成左转。

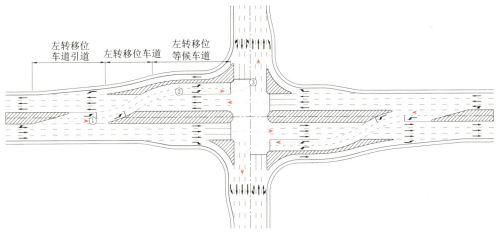

图 4-14　左转移位平面交叉组织流程

————①————　进入左转移位车道引道
————②————　利用对向直行车道红灯时间，横向移位进入左转移位等候车道
————③————　利用对向直行车道绿灯时间，左转进入目标车道，驶离平面交叉

由于左转车辆通过横向移位进入左转移位等候车道，利用直行车辆的绿灯时间驶离平面交叉，省去了左转专用相位，因此增加了各个方向交通流的绿灯放行的有效时间，提高了平面交叉的通行能力。

4. 左转移位平面交叉的特点

相关研究表明，左转移位平面交叉的通行效率，高于传统平面交叉。当车流量增大时，左转移位平面交叉的运营优势也随之增大。左转移位平面交叉减少了信号相位数，极大地提高了平面交叉的通行效率。

由于左转移位平面交叉的设计和运行特点，与传统十字形平面交叉对比，完全左转移位平面交叉将传统十字形平面交叉的 32 个交错点减少到了 28 个，其中冲突点减少了 4 个；美国联邦公路局关于左转移位平面交叉运行的评估报告表明，完全左转移位平面交叉可以减少交通参与者的延误时长 19% ~ 90%，总体放行时间可以增加 11%，通行效率可以提高 31%，车辆延误时间可以减少 50%[1]。

六、双纽形平面交叉

双纽形平面交叉是指在进入平面交叉之前，通过交换对向直行车道，把主路直行交通和左转交通结合到一起，重新进行交通组织，通过平面交叉一定距离后再交换回原来方向的平面交叉（图 4-15）。双纽形平面交叉适用于左转交通量比较大的情况。

当对向车道经过交叉节点的转换之后,主路直行交通和左转交通被转移到道路另一侧,避免左转交通流与左转交通流之间、左转交通流与直行交通流之间的冲突,可减少平面交叉交错点数量,提高平面交叉的安全性。T形双纽形平面交叉只有9个交错点,其中冲突点3个[图4-15a)],而常规T形平面交叉有15个交错点,其中冲突点也是3个。虽然冲突点的数量没变,但是分流点和合流点减少了,且冲突点分散,有利于交通安全。十字形双纽形平面交叉只有24个交错点,其中冲突点8个[图4-15a)],而常规十字形平面交叉有40个交错点,16个冲突点,冲突点减少了50%。

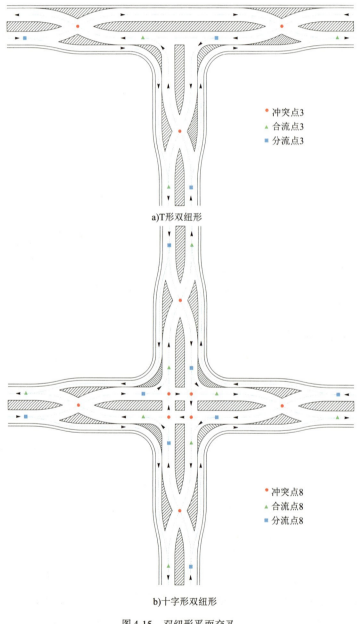

a) T形双纽形

b) 十字形双纽形

图4-15 双纽形平面交叉

双纽形平面交叉特别适用于菱形互通式立体交叉中被交路上相邻的两个十字形平面交叉,通过提前交换对向直行车道,把主路直行交通和左转交通结合到一起,重新进行交通组织(图 4-16)。

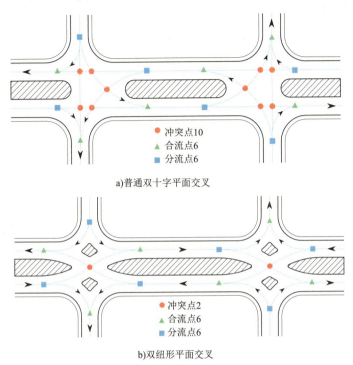

图 4-16 菱形互通式立体交叉被交路设置双纽形平面交叉与普通平面交叉交错点对比

双纽形平面交叉,只需要两个信号相位便可以控制交通,通过第一个交叉节点的车辆行驶到第二个交叉节点处时,信号灯刚好也是绿灯状态。这样,直行车辆和左转弯车辆仅在第一个交叉节点处需要停车等待,之后便不再需要停车等待。这种设计消除了主路上左转弯车辆所需的左转专用相位。

双纽形平面交叉将直行交通和左转交通结合起来,不给左转交通单独预留左转相位,减少了直行交通和左转交通的延误时间,提高了左转交通汇入主线的效率,缩短了车辆延误时长,当交通量较大的时候,延误时间相对于传统平面交叉甚至可以减少 50%。双纽形平面交叉特别适用于主路对向交通量相差较大的情形,可以极大地提高平面交叉的通行能力。2009 年美国在密苏里州春田市(Springfield)44 号州际高速公路菱形互通式立体交叉的被交路上建成了双纽形平面交叉,在其投入运行的第一年度,即减少伤损型车祸 80%,总车祸 53%,安全性提升效果显著[2]。

在保护环境方面,由于设计紧凑,双纽形平面交叉占地较少,同时也可增加绿化面积,美化平面交叉环境。在建设成本方面,双纽形平面交叉的特殊设计提高了平面交叉通行效率,比改建成立体交叉更经济。设计时应根据设计速度、交叉节点的交叉角度等因素确定双纽形平面交叉相邻反向交叉节点之间的最小距离[3]。

也可以将左转移位平面交叉与双纽形平面交叉结合,在进入交叉口之前,提前将主路或者主路与次路的直行交通交换方向,减少冲突点,提升十字形平面交叉的通行能力[4]。

七、扇形平面交叉

扇形平面交叉是在十字形平面交叉的某一个象限内增加一条连接道路,使左转车流通过连接道路绕行,不影响各节点处直行和右转弯车辆通行的平面交叉。扇形平面交叉交通组织的关键是对左转交通流的组织。十字形平面交叉采用扇形平面交叉(图4-17)布设形式之后,交错点总数由32个减少到28个,其中主交叉节点的冲突点数由16个减少到4个,整个扇形平面交叉的冲突点总数由普通十字形平面交叉的16个减少到10个,大幅度提高了主交叉节点的安全性和畅通性,通行能力比传统十字形平面交叉高出约30%[5]。扇形平面交叉使所有信号周期和信号相位最小化,交通管理者可以实施更有效的信号配时方案。传统大型平面交叉的管制信号有4~8个相位,而扇形平面交叉主交叉口只需用到2个信号相位就能进行有效交通控制。主交叉点和次交叉点的间距应满足交叉点之间标志设置、排队等候等需要的长度[6]。

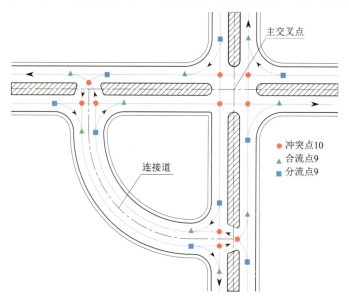

图4-17 扇形平面交叉左转交通组织方法之一

八、U形平面交叉

U形平面交叉是指次路的左转弯车辆先右转驶出平面交叉,然后与右转弯车辆共同在主路行驶一段距离,向最左侧变道后进入主路上的U形转弯掉头车道实现左转的十字形平面交叉(图4-18)。通过这样的方式间接组织左转交通,可提高平面交叉的通行能力,减少车辆延误。同时消除了直行交通和左转交通之间的冲突点,提高了平面交叉的行车安全性和通行能力。

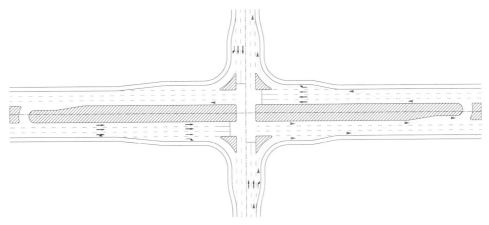

图 4-18　U 形平面交叉交通组织

通过仿真实验可以发现 U 形平面交叉的平均延误时长和平均排队长度明显短于常规的十字形平面交叉。当次要道路交通量进一步增加时,这种优势更加突出。U 形平面交叉平均延误时长约为常规十字形平面交叉的四分之一,平均排队长度为常规十字形平面交叉的十分之一[7]。

第二节　平面交叉的形式选择

一、加铺转角式平面交叉

1. T 形加铺转角式平面交叉

T 形加铺转角式平面交叉是最简单的三岔平面交叉形式。通常直行公路为主路,具有优先通行权,被交路为次要道路,应让主路车辆优先通行;且在被交路上应设置停车让行或减速让行标志,以明确主路车辆具有优先通行权。T 形加铺转角式平面交叉形式简单,仅在两个右转弯处设置转弯曲线,不展宽路口。因其占地面积较小,工程造价低,适用于公路主路直行设计速度小于 60km/h,转弯设计速度较低、转弯交通量较小的三、四级公路或地方公路之间,且最小交角应大于或等于 75°的三岔平面交叉;也适用于城市支路之间的三岔平面交叉[图 4-19a)]。右转弯速度一般为 10～20km/h,左转弯速度小于或等于 15km/h。

2. 十字形加铺转角式平面交叉

十字形加铺转角式平面交叉是最简单的四岔平面交叉。通常可用于主路优先或者无优先交通管理方式的三、四级公路或者城市支路之间,且最小交角应大于或等于 75°的四岔平面交叉。十字形加铺转角式平面交叉形式简单,四个右转弯方向设置转弯曲线,不展宽路口,占地面积较小,工程造价低。适用于公路直行设计速度小于 60km/h,且转弯设计速度较低、转弯交通量较小的三、四级公路或地方公路之间,或者城市道路的支路之间的四岔平面交叉[图4-19b)]。右转弯速度一般为 10~20km/h，左转弯速度小于或等于 15km/h。

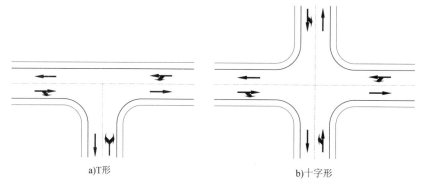

a)T形　　　　　　　　　　　　b)十字形

图4-19　T形和十字形加铺转角式平面交叉

3. X形、Y形加铺转角式平面交叉

三岔、四岔平面交叉的最小交角小于75°，且相交公路为转弯交通量不大的三级、四级公路或者城市支路，可采用X形、Y形加铺转角式平面交叉（图4-20）。此类平面交叉交角较小，对转弯交通不利，锐角路口处的通视条件不良。设计时应注意锐角转弯方向的曲线最小半径应满足设计车辆最小转角半径的需求，且应检查锐角象限视距三角区内的障碍物分布情况，清除视距三角区内影响视线的障碍物，确保行车安全。

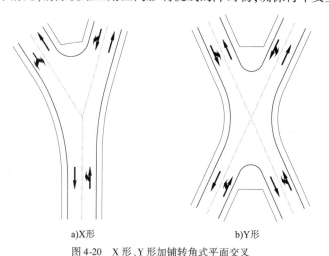

a)X形　　　　　　　　　　　　b)Y形

图4-20　X形、Y形加铺转角式平面交叉

二、分道转弯式平面交叉

二级及二级以上公路平面交叉必须进行渠化设计，且必须采用分道转弯式平面交叉；三级公路的平面交叉应进行渠化设计，应采用分道转弯式平面交叉；四级公路宜进行渠化设计，宜采用分道转弯式平面交叉。

城市主干路和次干路之间的平面交叉应进行渠化设计，应采用分道转弯式平面交叉；支路与主干路和次干路之间的平面交叉宜进行渠化设计，宜采用分道转弯式平面交叉;支路之间的平面交叉可采用分道转弯式平面交叉,也可采用加铺转角式平面交叉。

1. T形分道转弯式平面交叉

相交公路等级较高或交通量较大时应采用由分隔岛、导流岛指定各个方向交通流路径的分道转弯式平面交叉,避免车辆相互侵占车道和干扰行车路线。

(1) 设分隔岛

主要公路为二级公路的T形平面交叉,当直行交通量不大,而与次要公路间转弯交通量占较大比例时,可采用图4-21a)所示的仅次要公路上设分隔岛的渠化形式;当主要公路直行交通量较大时,可采用图4-21b)所示的在主要道路和次要道路上均设分隔岛的渠化T形平面交叉。

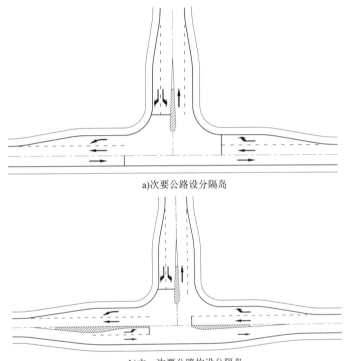

a) 次要公路设分隔岛

b) 主、次要公路均设分隔岛

图4-21 设分隔岛的T形分道转弯式平面交叉

(2) 设导流岛

主要公路为四车道公路;或设计速度大于或等于60km/h,且有相当比例转弯交通量的二级公路;或与互通式立体交叉直接连通的双车道公路T形平面交叉,应采用图4-22所示的设置导流岛的渠化T形平面交叉。当主要公路为双车道公路时,应根据左、右转弯交通量选用图4-22a)、b)、c)所示的渠化布置方式。主要公路上的分隔岛宜为隐形岛。当主要公路为四车道时,应采用图4-22d)所示的渠化布置方式。次要公路上的导流岛可根据左、右转弯交通量情况分别按图4-22a)、b)、c)处理。主要公路上的分隔岛应为实体岛,分隔岛可根据主路两侧用地情况选择布置在主路中线两侧或者一侧。

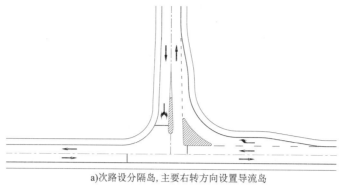
a) 次路设分隔岛,主要右转方向设置导流岛

b) 主路和次路均设分隔岛,主要右转方向设置导流岛

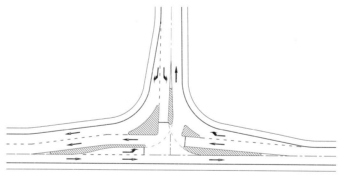
c) 主路和次路均设分隔岛,右转方向设置导流岛

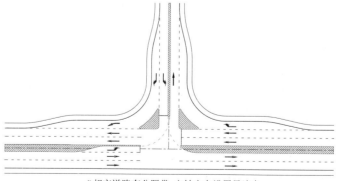
d) 相交道路有分隔带,右转方向设置导流岛

图 4-22 设导流岛和分隔岛的 T 形分道转弯式平面交叉

2. Y形分道转弯式平面交叉

Y形分道转弯式平面交叉为三岔相交,是锐角交角小于75°的平面交叉。此类平面交叉交角较小,为节省占地,锐角象限的转角半径一般较小,对转弯交通不利;且锐角路口若要满足通视条件,需要的区域更大。当相交公路交通量不大,但转弯车辆较多时,可在平面交叉内采取设置导流岛、在行车道上画线等措施组织交通,形成Y形分道转弯式平面交叉,如图4-23所示。一般适用于二、三、四级公路,或城市次干路、支路之间的平面交叉;也可用于斜交角不大于30°的次要道路和比较重要的道路连接。图4-23a)所示的双向左、右转弯平面交叉,容易使驾驶人对行车路径选择茫然,造成错路运行,因此一般不宜采用。建议采用环形平面交叉代替,或者采用图4-23b)所示的形式,保证主路方向的直行。当地形和地物限制较严,不得已采用时,应设置完善的交通标志和标线,引导车辆安全行驶。

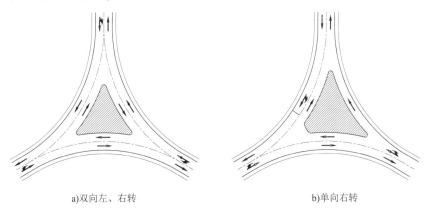

a)双向左、右转　　　　　　　　b)单向右转

图4-23　Y形分道转弯式平面交叉

3. 十字形分道转弯式平面交叉

渠化十字形分道转弯式平面交叉适用于相交公路等级较高或交通量较大的四岔平面交叉,应采用由分隔岛、导流岛规范各个转弯方向交通流路径的渠化平面交叉。此类平面交叉,其右转弯车辆行驶速度和通行能力都较高。适用于车速较高、转弯车辆较多的干线公路,主要公路为四车道公路以及设计速度为80km/h的双车道公路,或虽然设计速度为60km/h,但属区域干线的双车道公路之间的交叉;也适用于城市主干路和次干路之间的交叉。设计时应采用图4-24所示的渠化平面交叉,根据转弯交通量大小和对直行车辆的干扰程度展宽路口,增加进、出口车道数。

三、展宽路口式平面交叉

展宽路口式平面交叉可在进口道或者出口道增设变速车道和转弯车道,可单增右转弯或左转弯车道,也可同时增设左、右转弯车道,适应转弯交通需求。其适用于交通量较大、转弯车辆较多的二、三、四级公路,或者城市道路的主干路和次干路之间,或者主干路和次干路与支路之间。

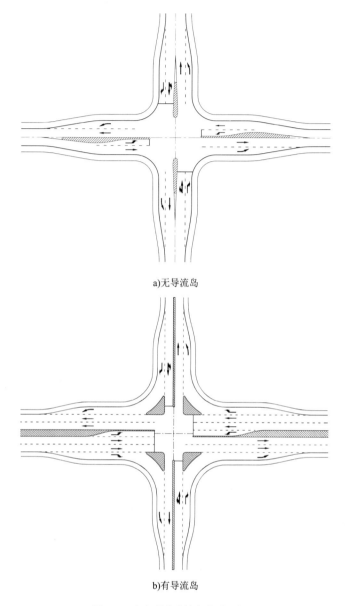

a) 无导流岛

b) 有导流岛

图 4-24 十字形分道转弯式平面交叉

展宽路口式平面交叉一般应进行渠化设计,与分道转弯式平面交叉结合,以充分发挥附加车道的功能(图 4-25)。

(一)公路展宽路口式平面交叉设置条件

1. 右侧展宽,设置右转弯附加车道的条件

①主要公路设计速度大于或等于 60km/h 时,应在主要公路上展宽路口,增设减速附加车道和加速附加车道。

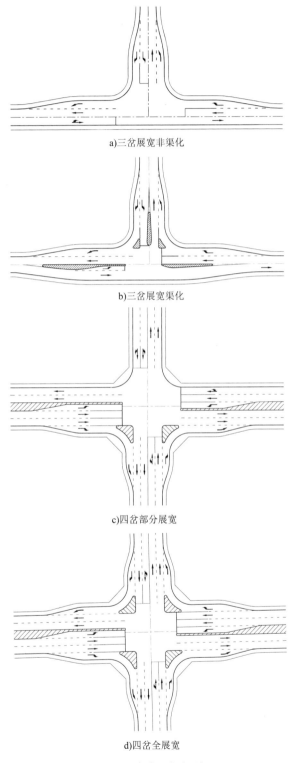

a) 三岔展宽非渠化

b) 三岔展宽渠化

c) 四岔部分展宽

d) 四岔全展宽

图 4-25　展宽路口式平面交叉

②两条一级公路相交或一级公路与交通量大的二级公路相交时,其右转弯运行应设置经渠化分隔的右转弯附加车道。

③一级公路、二级公路的平面交叉中,符合下列情况之一者应设置右转弯附加车道:

a. 斜交角接近70°的锐角象限;

b. 交通量较大,右转弯交通会引起不合理的交通延误时;

c. 右转弯车流中大型车比例较大时;

d. 右转弯车辆行驶速度大于30km/h时;

e. 互通式立体交叉连接线中的平面交叉右转弯交通量较大时。

2. 左侧展宽,设置左转弯附加车道的条件

①四车道公路除左转弯交通量很小且对直行交通不造成阻碍或延误者外,均应在平面交叉范围内设置左转弯附加车道。

②二级公路符合下列情况之一者,应设置左转弯附加车道:

a. 与高速公路或一级公路互通式立体交叉连接线相交的平面交叉;

b. 非机动车较多且未设置慢车道的平面交叉;

c. 左转弯交通会引起交通拥阻或交通事故。

(二)城市道路展宽路口式平面交叉设置条件

城市道路平面交叉机动车设计交通量应区分直行及左、右转弯交通量。确定进口道车道数等,应采用高峰小时内信号周期平均到达车辆数。当确定渠化及信号相位方案时,应当用信号配时时段的高峰小时内高峰15min的到达车辆数。

1. 信号控制平面交叉

①信号控制平面交叉应根据交通量、流向确定进口道车道数。进口道应展宽,使进口道车道数大于上游路段的车道数,有条件时宜分设各流向的专用附加车道,并应满足其交通量所需的车道数要求。

②当高峰15min内每个信号周期左转弯车辆平均流量达2辆时,进口道宜展宽,设置左转弯附加车道;当每个信号周期左转弯车辆平均流量达10辆,或需要的左转弯附加车道长度达90m时,宜设2条左转弯附加车道;左转弯交通量特别大且进口道上游路段车道数为4条或4条以上时,可设3条左转弯附加车道。

③出口道车道数应与上游各进口道同一信号相位流入的最大进口车道数相匹配。条件受限的改建交叉口,流入交通量最大方向进口车道数可减少一条。相邻进口道设有右转弯附加车道时,出口道也应设置展宽一条右转弯附加减速车道。

2. 主路优先平面交叉

(1)次要道路展宽

主路优先平面交叉的次要道路的进口道宜展宽,设置2条车道。四岔平面交叉可设置1条右转弯车道和1条直左混行车道;三岔平面交叉可设置1条右转弯车道和 1 条左转弯车道。

(2)主要道路不展宽

主要道路进口道不设停止线,进口道的车道数可与基本路段相同。当进口道设置 2 条车道时,四岔平面交叉可分别设置成直右、直左混行车道;三岔平面交叉可分别设置成直行、直右(或直左)混行车道;当进口道设置 3 条车道时,四岔平面交叉可分别设置成直右、直行、直左混行车道;三岔平面交叉可设置成两条直行车道、一条直右(或直左)混行车道。

3. 无优先平面交叉

无优先平面交叉适用于直行和转弯交通量均较小的平面交叉,一般不采用展宽路口平面式交叉,大多采用加铺转角式平面交叉。

四、环形平面交叉

环形平面交叉可以通过改变车辆的运行轨迹,改变冲突类型或减少冲突点数量。同时,环形平面交叉若在入口前路段采取合适的较小半径曲线设计,还可以迫使驾驶人在入环时降速,减小入环车辆与环道设计速度的差值,降低发生碰撞事故时的严重程度。因此,环形平面交叉在一定程度上提高了交叉口的安全性能。

1. 环形平面交叉的选择条件

环形平面交叉适用于多条道路相交或转弯交通量较大,且地形较平坦的三岔、四岔和多岔平面交叉。环形平面交叉的适用条件如下:

①各相交道路的交通量比较均匀,流向比较稳定,转弯车辆较多;
②平面交叉高峰小时交通量低于 2000pcu/h;
③非机动车和行人较少、车种单一的道路上;
④多路畸形平面交叉;
⑤用来控制扩建用地的近期过渡阶段的重要平面交叉;
⑥按规划需修建立体交叉处,近期可采用环形平面交叉作为过渡形式,并预留远期改建为立体交叉的条件。

下列情况不宜采用环形平面交叉:
①城市干道和交通量大的干线公路;
②平面交叉范围内有大量非机动车和行人;
③交叉口道路纵坡度大于或等于 3%;
④桥头引道上。

2. 无信号控制环形平面交叉

(1)普通环形平面交叉

普通环形平面交叉适用于交通量在 500~2000pcu/h,且左转弯和右转弯车辆较多的三岔或者四岔平面交叉。普通无信号控制环形平面交叉没有明确的减速让行线,车辆在到达入口时会根据环道内的交通状况进行判断,做出减速让行或者直接通过的决策。环道内车辆一般能自由交织运行。

(2) 入口让路环形平面交叉

入口让路环形平面交叉,驶入车辆要等到环行车流出现间隙时才能插入行驶。一般适用于一条四车道道路和一条双车道道路相交,或两条高峰小时不明显的四车道道路相交且行人和非机动车较少的平面交叉。环岛的直径一般为 5~25m。

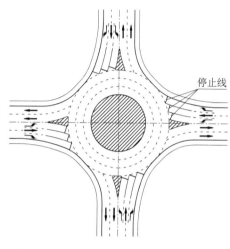

图 4-26　设置停止线的入口让路环形平面交叉

进入无信号控制的入口让路环形平面交叉的车辆要遵循"入环车辆减速,让行绕环车辆;绕环车辆减速,让行出环车辆"的行驶规则,一般有明确的让行线,即采用减速让行控制,使入口区域的车辆发现环道上有车辆行驶,并且无可插入间隙时,需要在入口等候,待有合适的可插入间隙后再进入环道运行(图 4-26)。同时,环形平面交叉可以进行合理的渠化,将环道内的车辆自由交织变为有组织的交织,提高环道的车道利用率。入口让行的运行规则,虽然影响了车辆运行的连续性,但减少了环岛内车辆间不必要的交织行为,降低了环道上交通拥堵的概率。

3. 信号控制环形平面交叉

当环形平面交叉的交通流量接近或者超过其通行能力,环形交通流的间隙较少或者安全性需要提升时,应采用信号控制,以实现车流在时间上的分离,从而保障车辆依照次序尽快驶离交叉口,提高通行效率。信号控制环形平面交叉根据左转弯车辆的控制方法分为以下三种:

(1) 左转弯车流等待两次停车控制

信号控制下左转弯车流需要受两次信号灯控制。这种信号控制适用于左转弯车流较大(但不能超过车道容量),且环岛直径较大,环道宽度与空间也足够供左转弯车流排队等候第二次信号放行的情况。

以四岔环形平面交叉为例,一般采用四相位控制(图 4-27)。相位一,南北向绿灯,左转弯车流和同象限的直行车流越过第一停止线同时放行进入环道,直行车流直接驶离交叉口,左转弯车流行至对向第二停止线排队等待;相位二,各进口道信号灯为红灯,南北向第二停止线环道灯为绿灯,放行左转弯车流;相位三,东西向绿灯,左转弯车流和同象限的直行车流越过第一停止线同时放行进入环道,直行车流直接驶离交叉口,左转弯车流行至对向第二停止线排队等待;相位四,各进口道信号灯为红灯,东西向第二停止线环道灯为绿灯,放行左转弯车流。

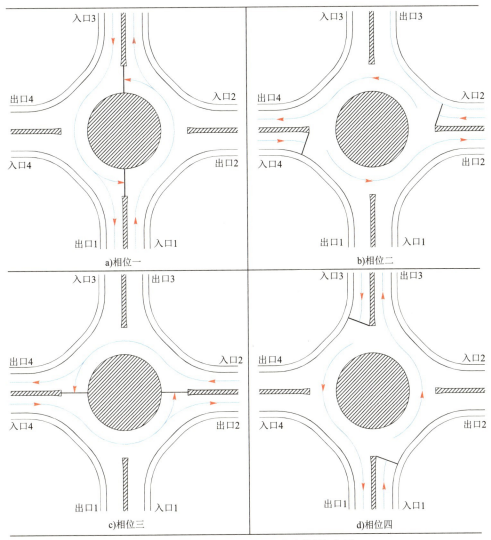

图 4-27 左转弯车流等待两次停车控制相位图

(2) 左转弯车流等待一次停车控制

信号控制下的交叉口左转弯车流不需要绕岛行驶,而是直接沿中心岛路缘石左转。该方法通常采用四相位控制,将入环左转弯车流和直行车流分离,单独进行相位控制;并且需要通过设置标志、标线等导流设施对左转弯车流行驶路径进行指引。这种控制方法设置了专用的左转相位,在时间和空间上分离了左转弯车流和直行车流,避免了各流向之间的交织。这种信号控制适用于左转弯车流和直行车流都较大,但环道直径较小或环道上的空间不足以容纳左转弯车流停车排队的情况。

以四岔环形平面交叉为例(图 4-28):相位一,南北向直行车流绿灯;相位二,南北向左转弯车流绿灯;相位三,东西向直行车流绿灯;相位四,东西向左转弯车流绿灯。左转弯车流等待一次停车控制设置了专用的左转相位,从时间和空间上分离了左转弯车流和直行车流,避免了各流向之间的交织。

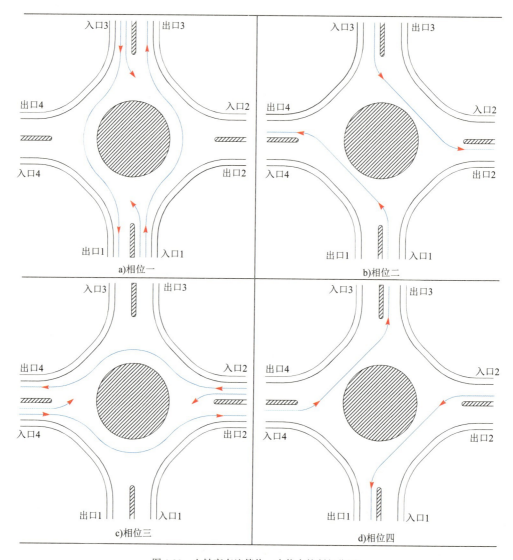

图 4-28 左转弯车流等待一次停车控制相位图

(3) 单重信号控制

该信号控制下的环形平面交叉需在每一个进口道设置一组信号灯,且入环左转弯车流与同象限的入环直行车流在同一相位放行。对于单重信号控制的交叉口可以采用各入口轮流放行,也可以采用各入口协调控制放行。这种信号控制适用于左转弯车流与入口车流都不太大,且环岛直径较大的情况。左转弯车流在环道内行驶的距离较长,与其他车流发生交织的概率也较大,因此该信号控制下的左转弯车流不能过大,以避免频繁穿插换道造成环道内阻滞。

4. 涡轮环形平面交叉

国外研究表明,双车道环形平面交叉改建成双车道的涡轮环形平面交叉后,车辆发生碰撞的风险减低了70%[8]。因此,在安全性能方面,涡轮环形平面交叉优于之前的普通环形平面交叉和入口让路环形平面交叉,条件允许时,应尽量选择涡轮环形平面交叉。根据左转弯交通量和直行交通量的大小,可分别设置不同叶数的涡轮环形平面交叉。

①当交叉口只有一条支路的交通量较大,交通流的主要流向为左右流向时,可选用单叶涡轮环形平面交叉。

②当对向两条支路交通量较大,即次要道路的交通量与主要道路相比较低时,可以选用双叶涡轮环形平面交叉。

③当交叉口三条支路的交通量都较大时,可选用三叶涡轮环形平面交叉。该布局形式的环形平面交叉可将左转弯、直行、右转弯车辆分开,互不干扰。

④当各相交道路的等级相同,且各道路的交通量相差不大时,可以选用四叶涡轮环形平面交叉。

五、左转移位平面交叉

左转移位平面交叉是传统十字形平面交叉的一种优化设计,是一种左转弯交通优化组织方式。但其自身也存在一些缺点,并非任何时候都是最优方案。满足一定条件的相交道路才宜设置左转移位平面交叉,优化交通组织。设置左转移位平面交叉,需满足以下三个必要条件:

(1)必须是信号控制平面交叉

左转移位平面交叉是一种非常规平面交叉形式,通过在平面交叉之前用左转移位车道将左转弯交通流横移到对向车道行驶方向的最右侧,车辆通过左转移位车道横向穿越对向车道,最终实现左转。因此,整个平面交叉的交通组织需要在信号控制下有序完成,并做好引导措施,否则驾驶人可能受传统驾驶习惯的影响,错过转向行驶机会,造成交通混乱,左转移位平面交叉的优势则难以体现。

(2)大交通量道路相交情形

研究表明,当相交道路交通量较小时,左转移位平面交叉的运行效率与传统信号控制十字形平面交叉相当,优势不明显。当交通量增大时,左转移位平面交叉的运行效率及运营优势明显。因为左转移位平面交叉的交通组织方式较为复杂,当交通量较小时,没有必要设置左转移位车道。因此,在实际运用中,应结合道路左转弯交通量灵活选择完全左转移位平面交叉或者部分左转移位平面交叉。

(3)道路用地充足

左转移位平面交叉需要增加左转移位车道,一般通过挤压中央分隔带在直行车道的左侧设置左转移位车道引道,并在对向车道的外侧设置左转移位车道的方式重新组织左转交通,因此,需要的用地宽度更大,对于用地紧张的城市区域,也难以完成左转移位车道的设置。因此,左转移位平面交叉只能用于用地条件充足的平面交叉(图4-29)。

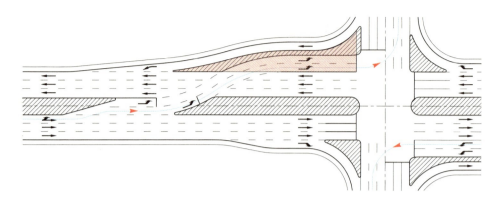

图 4-29　左转移位平面交叉增加的占地(图中红色阴影部分)

六、双纽形平面交叉

双纽形平面交叉在通行效率、管理运营、工程造价等多方面都具有优势,其在交通组织方面有以下特点:

①与双十字形平面交叉相比,双纽形平面交叉口冲突点减少了80%,且于交叉口范围内交错点分布分散,提升了道路通行能力和行车安全性;

②交叉节点采用反向曲线的线形设计组合,使得进入交叉口的直行车辆减速,有利于保障平面交叉范围内的交通安全;

③无须设置左转专用相位,通过两个信号相位即可进行交通组织;

④将直行与左转交通组织到一起,取消左转专用车道;

⑤左转弯车道与右转弯车道采用一致的线形指标,增大转角半径,为驾驶人提供了更好的视距条件。

双纽形平面交叉适用于直行交通量不大,在一个信号周期内,直行车辆排队的长度小于两个反向节点间距的情况;更适合相邻距离较近的十字形平面交叉,且被交路均没有直行交通的情况;或者是菱形互通式立体交叉被交路上相邻的两个平面交叉,如图4-30和图4-31所示。

图 4-30　菱形互通式立体交叉被交路上相邻十字形平面交叉

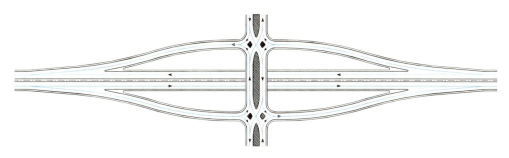

图 4-31　菱形互通式立体交叉被交路上双纽形平面交叉

七、扇形平面交叉

当主干道交通量较大,次干路某方向左转弯交通量较大,而其他方向左转弯交通量较为平均时,可在左转弯交通量较大的方向加设专用连接道路,形成扇形平面交叉。原平面交叉的左转弯车辆可通过专用连接道路右转汇入主线,进而完成左转。扇形平面交叉可显著提高道路通行能力,减少行车延误和车辆冲突,更加安全、高效。

当左转弯交通量较大且方向不止一个时,若在各象限内均设置左转弯专用匝道,会使投资费用显著增加,占地面积急剧增大,后期维护运营成本增大,并且不具有实际应用的价值。扇形平面交叉通过在道路某一象限设置专用连接道路,并在三个节点处增设信号灯统一调控,使得左转弯车流均通过连接道路绕行,以减少主平面交叉处的行车延误和车辆排队长度,减少冲突点,缩短信号周期长度,减少行人延误,提高主平面交叉通行能力。

2012 年在美国俄亥俄州费尔菲尔德县(Fairfield County, Ohio)建成了扇形平面交叉(图 4-32)。研究发现当主路交通量较小或中等时,扇形平面交叉车辆通行效率类似于常规平面交叉;但当主路直行交通量较大,左转弯车流量适中且次干路直行、左转弯车流量均较大时,采用扇形平面交叉优势更为明显,采用扇形平面交叉之后通行效率提高 5% ~ 20% ,行车时间节省 50% ~ 200%[5]。

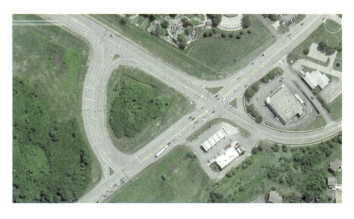

图 4-32　扇形平面交叉

八、U 形平面交叉

U 形平面交叉口内右转、直行与普通交叉口相同,但禁止所有车辆左转,主要道路有左转需求的车辆到达平面交叉口处继续直行,之后在下游某处中央分隔带开口处掉头,再次经过平面交叉口时右转进入次要道路。次要道路有左转需求的车辆在平面交叉口处右转进入主要道路,再到掉头处掉头,实现间接左转。U 形平面交叉是适用于左转弯交通量不大、直行交通量较大的信号平面交叉。U 形平面交叉不应与其他间接左转方式混合使用,以免造成驾驶人对行驶方向的认知混乱。

(1) U 形平面交叉的优点

U 形平面交叉的优点主要包括以下几个方面:①减少主要道路上直行车辆延误,方便其通行;②提高平面交叉口内通行能力;③减少直行车辆停车次数,特别是在有左转专用信号相位的平面交叉口;④降低行人通过平面交叉口的危险;⑤减少交通流冲突点数量;⑥两信号相位允许更短的信号周期,因而交通信号灯的配时更加灵活。

(2) U 形平面交叉的缺点

U 形平面交叉的缺点主要包括以下几个方面:①U 形平面交叉与驾驶人习惯直接左转的期望不符,可能造成驾驶人行车路线选择混乱,或者出现忽略禁止左转而误行的情况;②可能造成左转交通的延误、行驶距离的增加;③主要道路需要承载更多右转交通,可能需要增设车道;④延长行人与自行车所需的通过时间。

常规 U 形平面交叉口可显著减少交叉口冲突点数量以及车辆的平均延误,同时提高交叉口的通行能力[9]。N. Distefano[10] 等提出了 U 形转弯车道设计指南,用来保证 U 形转弯实施路段的高水平功能,以及安全原则。常规 U 形平面交叉口要求中央分隔带具有足够宽度,满足左转弯车辆掉头要求。常规 U 形平面交叉口存在这样的限制,使其在世界各国的应用受到限制,美国密歇根州中央分隔带宽度达到了 18.3 ~ 30.5m,该州一些交叉口改建成常规 U 形平面交叉口后,事故率减少了 20% ~ 50%。

对于中央分隔带非常狭窄的道路,则很难设计成常规 U 形平面交叉口来实现车辆左转。此外,有大量左转弯交通并且中央分隔带较窄道路,设计成常规 U 形平面交叉口时,需要考虑小型车辆和大型车辆具有不同转角半径的实际情况。可将常规 U 形平面交叉口设计成非常规 U 形平面交叉口[9],放宽对中央分隔带宽度的要求(图 4-33)。

从安全行车和保障效率方面考虑,路段中用于掉头的中央分隔带开口前,必须设置专用左转弯车道。在常规 U 形平面交叉口的基础上,通过在主线上游路段局部拓展出两条专用的掉头车道(内侧为小客车,外侧为大型车),避免大小车型转弯车辆之间的冲突,这有利于大型车的转弯。同时采用逐级渐变的方式,达到减少车道浪费、避免排队长度过长的目的。大型车在靠近中央分隔带的第 2 条车道转至对向车道,能够更好地满足 U 形转弯车辆所需要的转角半径,减少大型车掉头对直行车辆造成的延误。

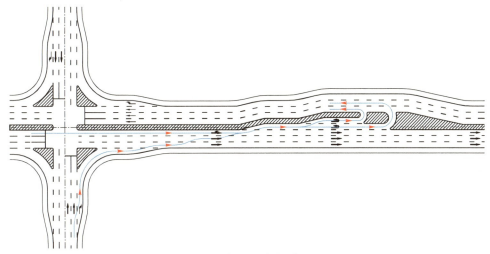

图 4-33　新型 U 形平面交叉

本章参考文献

[1] 欧垒.新型平面交叉交通组织方式及左转漂移平面交叉相关技术指标研究[D].西安:长安大学,2017.

[2] 董怡伽.菱形立交次要道路交通组织方式及双纽型平面交叉技术指标研究[D].西安:长安大学,2019.

[3] 潘兵宏,董怡伽,赵亚茹,等.菱形立交双钮型平面交叉口交叉结点最小间距[J].北京工业大学学报,2019,45(3):283-291.

[4] PAN B H,LIU S R,XIE Z J,et al. Evaluating operational features of three unconventional intersections under heavy traffic based on CRITIC method[J]. Sustainability,2021,13(8):4098-1~4098-30.

[5] 武生权.扇形平面交叉交通组织及相关技术指标研究[D].西安:长安大学,2018.

[6] 潘兵宏,梅杰.单象限化平面交叉的交叉结点间距研究[J].公路,2020,65(1):157-164.

[7] 赵亚茹.U 型回转平面交叉口相关技术指标研究[D].西安:长安大学,2019.

[8] 任卉.环形平面交叉交通组织方式及涡轮形环形平面交叉技术指标研究[D].西安:长安大学,2020.

[9] 潘兵宏,单慧敏,任卉,等.新型非常规 U 型转弯交叉口的运行效率研究[J].深圳大学学报(理工版),2020,37(3):305-313.

[10] DISTENFANO N,LEONARDI S. U-turn lanes in narrow-widtn median openings:design criteria for a safe and efficient project[J]. Archives of Civil Engineering,2016,62(3):33-46.

第 五 章
CHAPTER 5
平面交叉平面设计

第一节 平面交叉正线平面线形设计

一、平面线形的要求

平面交叉范围内相交道路的平面线形宜采用直线,当采用曲线时,其半径宜大于不设超高的圆曲线最小半径(表 5-1)。因为平面交叉范围内主线设置超高时,部分转弯方向会出现反超高,反超高转弯时需要更大的转角半径,会导致平面交叉占地面积过大;采用较小的转角半径,又容易出现侧翻的交通事故。当受地形、地物等条件严格限制时,也可以采用设超高的圆曲线,但超高值不宜大于3%,且转弯速度应小于或等于40km/h,此时对应的主线最小圆曲线半径应大于表 5-1 的规定。

平面交叉范围内相交道路的圆曲线半径　　　　　　表 5-1

		设计速度(km/h)	100	80	60	50	40	30	20
不设超高的圆曲线最小半径(m)	公路	路拱≤2%	4000	2500	1500	1000	600	350	150
		路拱>2%	5250	3350	1900	1600	800	450	200
	城市道路		1600	1000	600	400	300	150	70
设超高的圆曲线最小半径	公路	超高(%)	3	3	3	3	3	3	3
		横向力系数	0.023	0.022	0.018	0.019	0.020	0.021	0.022
		计算值(m)	1480	960	590	402	250	140	60
		建议值(m)	1500	1000	600	400	250	150	60
	城市道路	超高(%)	3	3	3	3	2	2	2
		横向力系数	0.070	0.070	0.113	0.113	0.160	0.160	0.160
		计算值(m)	787	504	199	138	70	39	17
		建议值(m)	800	500	200	140	70	40	20

注:公路横向力系数为《路线规范》条文解释中建议超高值对应横向力系数;城市道路横向力系数根据最大超高值和最大横向力系数,用线性分配的方式计算得到。

二、次路改线设计

新建公路与等级较低的既有次要公路斜交时,若斜交角度不满足最小交角要求,则应对次路在交叉前后一定范围内作局部改线,使交叉最小交角满足要求。局部改线的形式和基本要求如下:

1. T 形平面交叉的次路改线

如图 5-1 所示,根据改线路段前后的地形、地物和其他限制情况,可以采取图 5-1a)和图 5-1b)所示的两种改线方案。次路作扭正改线后,引道曲线与转弯曲线间应保留长度不小于 25m 的直线段,引道圆曲线半径应不小于次路设计速度对应的最小半径,且应设置缓和曲线,其余改线路段圆曲线最小半径宜大于或等于一般最小半径。

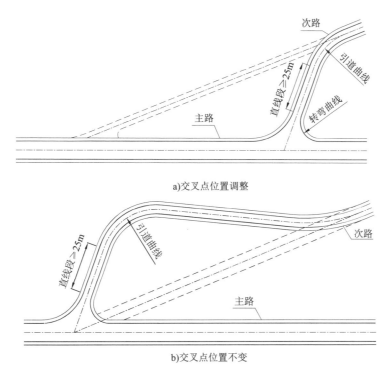

a) 交叉点位置调整

b) 交叉点位置不变

图 5-1 T 形平面交叉的次路改线

当斜交 T 形平面交叉交角小于最小交角,且与最小交角差别不大时,也可不作扭正改线,而是通过在主要道路上增设右转弯车道、设置分隔岛和导流岛,采用分道转弯式平面交叉,解决交角较小带来的安全问题(图 5-2)。当因为道路功能和交通量需做渠化处理时,一般可保持钝角右转弯车道的基本线形,并通过合理布置交通岛来保证其他转弯车道所需的线形,如图 5-2 所示。当斜交角角度过大时,钝角右转弯车道应改为 S 形曲线,以避免出现过大的导流岛。

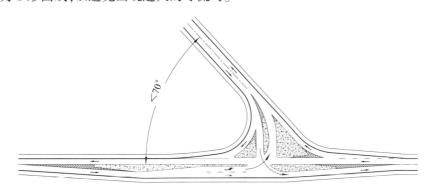

图 5-2 T 形平面交叉斜交渠化设计

2. 十字形平面交叉的次路改线

斜交十字形平面交叉的交角小于规定时,也应对次要道路进行扭正改线设计。

当交点不变时[图5-3a)],次路每一岔需增设两个平曲线,其中离交叉较远的平曲线,其圆曲线半径不应小于次路的一般最小半径,并按要求设置缓和曲线;靠近交叉的引道曲线,其圆曲线半径不应小于设计速度对应的极限最小半径,并在远离交叉一端设置缓和曲线。改移交点时[图5-3b)、c)],只需要次要公路的一岔上出现S形曲线即可,圆曲线半径的要求同上。

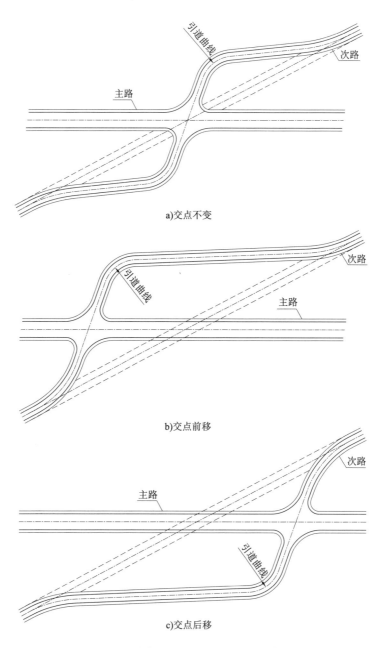

a)交点不变

b)交点前移

c)交点后移

图5-3 十字形平面交叉的扭正改线设计

受条件限制不能扭正十字形平面交叉时,可将次要公路两岔单独改线,形成逆错位和顺错位两种错位交叉(图5-4)。其中逆错位交叉[图5-4a)]的次路右转进入主路,次路直行车辆需要穿越主路,在离开主路时,必须左转重新进入次路,对主路直行交通的干扰较大,因此,逆错位交叉只用于次路直行交通量比例很小的情况。顺错位交叉[图5-4b)]中,次路直行车辆需要等待主路直行车辆出现间隙,才能安全左转进入主路,一旦进入主路只需右转就可重新进入次路,对主路直行交通干扰较小。

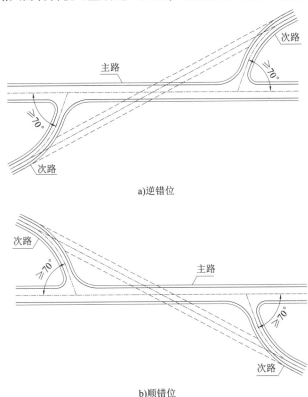

图5-4 十字形平面交叉改为错位交叉

若次路直行交通量较大,需要的交织段较长,则应尽量避免改线为错位交叉。错位交叉中,交角宜为90°,不宜小于70°,次路引道曲线的线形要求与斜交T形平面交叉的扭正改线相同。

既有道路提高等级、改扩建或路面大修时,若进行交叉扭正改线设计,应作较长路段的改移,以提高改线段的线形指标。

第二节 平面交叉转弯设计

一、转弯曲线设计

为保证转弯车辆能以一定速度顺利、安全转弯,平面交叉转角处的路缘石或路面内侧边缘应做成圆曲线或复曲线，这个曲线称为转弯曲线，其圆曲线半径称为转角半径(图 5-5)。

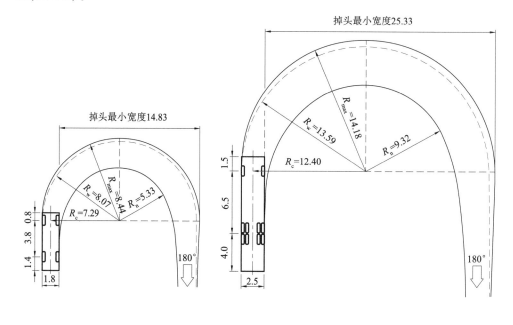

a) 小客车　　　　　　　　　　b) 载重汽车

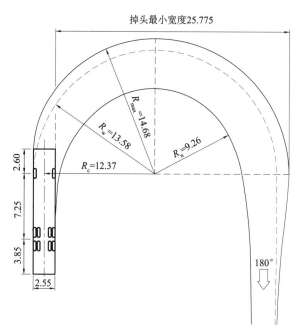

c) 大型汽车

图 5-5

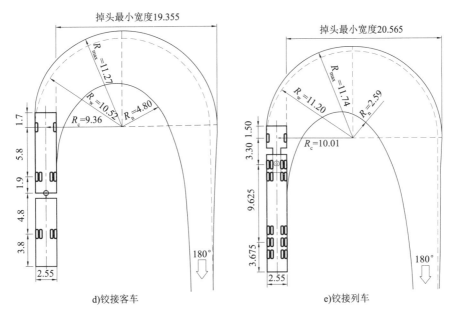

图 5-5 设计车辆最小转角半径(尺寸单位:m)

R_c-车轴中心转角半径;R_w-车外轮转角半径;R_n-车内轮转角半径;R_{max}-车身最外侧转角半径

1. 公路平面交叉转弯设计

平面交叉转弯曲线的线形及路幅宽度应根据设计车辆的转弯行迹确定。转弯曲线设计所采用的设计车辆及设计速度应符合下列规定:

①各级公路应根据设计车辆的行迹进行平面交叉的转弯设计,必要时应对转弯道路面加宽、转向净空等进行检验。

②左转弯曲线应采用载重汽车的行迹控制设计,左转弯设计速度宜采用 5～15km/h。大型车比例很少或条件受限的公路,可采用 5km/h 速度时载重汽车的行迹控制设计,但左转弯内缘曲线的最小半径不应小于 12.5m。

③设置分隔的右转弯车道,其转弯速度不宜大于 40km/h;当主路设计速度小于或等于 60km/h 时,其右转弯速度不宜低于主路设计速度的 50%。

2. 城市道路平面交叉转弯曲线设计的基本要求

从提高平面交叉转弯通行能力角度出发,要保证机动车快速通过交叉口或快速右转弯,避免交叉口堵死,需要较大的转角半径。但较大的转角半径存在以下几个方面的问题:首先,右转弯机动车速度过快,给行人和非机动车带来较大安全隐患。其次,行人和非机动车过街距离太长。最后,为满足相交道路机动车通过能力,行人过街的绿灯时间可能较短。城市道路交叉口设计应优先满足行人和非机动车过街安全和便捷性,因而需要降低车辆转弯速度,采用更小的转角半径。我国绝大多数城市,右转弯机动车是不受信号相位限制的,这样管理的优点是右转弯通过能力非常大,缺点是不利于行人和非机动车过街。规定城市道路交叉口使用较小转角半径,只是限制了右转弯机动车的速度,降低了右转弯机动车和过街行人、非机动车之间因冲突产生事故的风险,而右转弯车辆"随时右转"的特点并没有改变,不会额外增加交通拥堵。因此,城市道路平面交叉转弯曲线设计的基本要求如下:

①转角半径应满足机动车和非机动车的行驶要求;
②转角半径应考虑行人和非机动车的过街安全和便捷性;
③转弯速度不宜过高;
④结合行车道加宽来确定转角半径。

二、转角半径设计

1. 设计车辆最小转角半径

转角半径除了满足转弯车辆稳定行驶的需要外,还应该满足设计车辆最小转角半径的要求。各种设计车辆以最低速度转弯时的最小转角半径见表 5-2。转角半径应大于内轮转角半径,才能保证设计车辆在转弯时车轮不会碾压路缘石,或者不会侵入非机动车道。从各种设计车辆最小转角半径可知,载重汽车的内轮转角半径最大,车身最外侧转角半径也较大[图 5-5b)],因此对于有载重汽车或者大型客车转弯的平面交叉,转角半径一般不宜小于 15m,有特殊困难时不应小于 10m。

设计车辆最小转角半径 表 5-2

车辆类型	小客车	大型客车	铰接客车	载重汽车	铰接列车
内轮转角半径(m)	5.33	9.26	4.80	9.32	2.59
外轮转角半径(m)	8.07	13.58	10.52	13.59	11.20
车身最外侧转角半径(m)	8.44	14.68	11.27	14.18	11.74

2. 满足转弯横向稳定的最小半径

在不考虑机动车道加宽的情况下,根据转弯车辆在圆曲线上稳定行驶的半径计算公式,再减去机动车道宽度的一半和非机动车道的宽度(图 5-6),可得到转角半径 R_1 为

$$R_1 = \frac{v_T^2}{127(\mu \pm i_h)} - \left(\frac{W_d}{2} + W_b\right) \quad (5-1)$$

式中:R_1——转角半径(m),计算结果小于载重汽车的内轮转角半径时,取 10m,最小转角半径见表 5-3;

v_T——转弯设计速度(km/h);

μ——横向力系数,在 0.15~0.20 之间取值;

i_h——转弯路面横向坡度;

W_d——机动车道宽度(m),一般采用 3.5m;

W_b——转弯处的非机动车道宽度(m)。

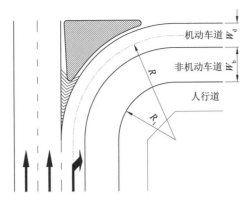

图 5-6　转角半径计算图式

图中 R 为机动车道中线上车辆的转弯半径,采用式(5-1)中第一项计算(m)。

平面交叉最小转角半径　　　　表 5-3

道路类型		公路					城市道路			
转弯速度(km/h)		≤15	20	25	30	40	15	20	25	30
转弯车道宽度(m)		3.5	3.5	3.5	3.5	3.5	3.5	3.5	3.5	3.5
横向力系数		0.2	0.2	0.2	0.2	0.2	0.2	0.2	0.2	0.2
转角半径 (m)	2%超高	10	13	21	30	56	10	13	21	30
	3%超高	10	12	20	29	53	—	—	—	—
	4%超高	10	11	19	28	51	—	—	—	—
	5%超高	10	11	18	27	49	—	—	—	—
	6%超高	10	10	17	26	47	—	—	—	—
《路线规范》规定值		15	20(15)	25(20)	30	45	—	—	—	—

注:①城市道路有非机动车道时,路面内缘最小半径应减去非机动车道路和机非分隔带宽度。
　　②当平面交叉为非机动车专用交叉口时,路缘石转角半径可取 5~10m。
　　③条件受限时可采用括号内数值。

三、转弯曲线线形设计

公路平面交叉转弯路面边缘线形应符合车辆转弯时的行迹。由图 5-5b)载重汽车的转弯轨迹形状可知,在大角度转弯时,其行驶轨迹并非单圆曲线。渠化平面交叉的右转弯车道,其内侧路面边缘应采用三心圆复曲线拟合设计。左转弯内侧路面边缘可采用单圆曲线来控制分隔岛端的边缘曲线。当按铰接列车设计时,路面边缘可采用符合转弯行迹的复曲线。非渠化平面交叉的转弯路面边缘可采用半径 15m 的圆曲线来简化设计。

第三节　平面交叉展宽设计

当相交道路交通量较大、转弯车辆较多,且设计速度较高时,若平面交叉进口道仍采用路段上的车道数,则会导致转弯车辆和直行车辆受阻,分流与合流困难,且易发生交通事故。此时应采用向道路的一侧或两侧展宽的办法增加车道数，设置转弯附加车道，以改善平面交叉的通行条件，提高通行能力。展宽车道数取决于进口道各向交通量、交通组织方式、车道通行能力等。一般应比路段单向车道数增加 1~2 条车道。

转弯附加车道是指平面交叉范围内供车辆转弯行驶的专用车道。转弯附加车道包括右转弯附加车道和左转弯附加车道两种。

一、转弯附加车道设置方法

（一）右转弯附加车道设置方法

右转弯附加车道有平行式和直接式两种形式。平行式附加车道变速段采用等宽车道，在进口道右侧，或同时在出口道右侧也展宽右转弯车道设置，如图 5-7a) 所示。直接式附加车道的变速段采用变宽车道，同样在进口道右侧或同时在出口道右侧展宽右转弯车道设置，如图 5-7b) 所示。当公路设计速度大于或等于 80km/h，且直行交通量较大时，右转弯变速车道应采用平行式附加车道；其他情况宜采用直接式附加车道。当直行车道通行能力有富余，或条件受限制而难以设置应有长度的加速车道时，可采用较短的直接式附加车道。城市道路一般宜采用平行式附加车道。

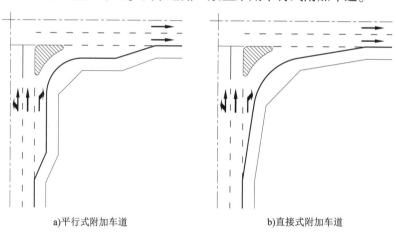

a) 平行式附加车道　　　　　　　　　　b) 直接式附加车道

图 5-7　右转弯附加车道

（二）左转弯附加车道设置方法

左转弯附加车道是在进口道左侧展宽设置专供左转弯车辆行驶的车道，根据相交道路是否设置中央分隔带及设置中央分隔带的宽窄可采用以下方法设置左转弯附加车道。

1. 宽型中央分隔带

当路口相交道路中央分隔带宽度大于拟设左转弯车道宽度时，可压缩进口道范围内中央分隔带宽度，增辟出左转弯附加车道，如图 5-8 所示。

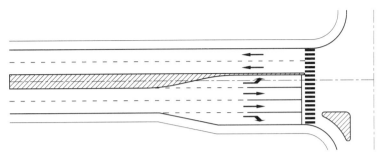

图 5-8　压缩中央分隔带设置左转弯附加车道

2. 窄型中央分隔带

当路口所设中央分隔带较窄,且其宽度小于左转弯车道宽度时,可采取同时压缩中央分隔带和减小车道宽度的方法设置左转弯附加车道(图 5-9)。为使左转弯交通与直行交通明确分离,应设置鱼肚形导流岛。

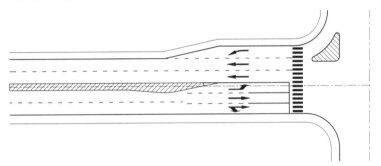

图 5-9　压缩中央分隔带和减小车道宽度设置左转弯附加车道

3. 无中央分隔带

当相交道路在交叉口范围内不设中央分隔带时,可采取将车道中心单黄线(或双黄线)向左偏移半个车道和减小车道宽度的方法设置左转弯附加车道,如图 5-10 所示。此时一般也采用鱼肚形导流岛。

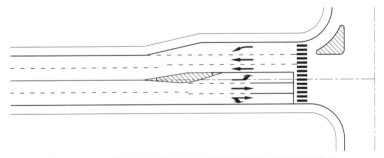

图 5-10　向左偏移半个车道和减小车道宽度设置左转弯附加车道

4. 将原直行车道划为左转弯附加车道

在直行车道较多的情况下,可将左侧的一条或多条车道划为左转弯附加车道(图 5-11)。这种情况不需要展宽路口。

为避免直行车辆误入左转弯附加车道,宜采用左转弯车辆从直、左车流中分出的方式,设置左转弯附加车道(图 5-8 ~ 图 5-10),并配以完善的指示标志、标线预告。左转弯车辆必须变换车道后驶入左转弯附加车道,不宜将直行车道直接设置为左转弯附加车道(图 5-11)。且左转弯附加车道在对向路口应对称布置(图 5-12)。

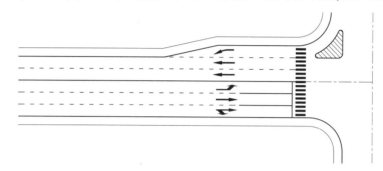

图 5-11 原直行车道划为左转弯附加车道

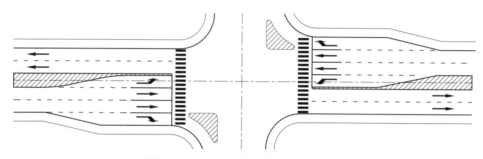

图 5-12 对向路口左转弯附加车道对称布置

二、展宽附加车道长度

(一)右转弯附加车道长度

1. 平行式右转弯附加车道

平行式右转弯附加车道又称等宽右转弯附加车道(图 5-13),由右转弯车道和两段变速车道组成。进口道设置右转弯附加车道后,其长度应满足右转弯车辆减速所需长度,并保证右转弯车辆不受等候车队长度的影响;为不影响横向相交道路上的直行车流,在出口道也应设置用于加速的附加车道,并保证加速所需长度。当向右展宽的进口道上设置公交停靠站时,应利用展宽段的延伸段设置港湾式公交停靠

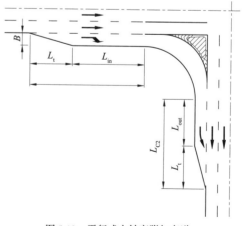

图 5-13 平行式右转弯附加车道

站,并应增加站台长度。

(1)进口道变速车道长度L_{C1}

进口道变速车道长度L_{C1}由渐变段长度L_t和进口道展宽段长度L_{in}两部分组成。其中,展宽段长度取减速段长度和进口道直行车辆排队长度中的较大值,满足安全减速的需要,且进口道直行车辆排队长度不影响右转弯车辆的驶出。

①渐变段长度L_t。

渐变段长度L_t可按转弯车辆以路段平均行驶速度侧移行驶计算,即

$$L_t = \frac{v_A}{3.6} \cdot \frac{B}{J} \tag{5-2}$$

式中:v_A——路段平均行驶速度(km/h),城市道路为路段设计速度的70%;

B——右转弯车道宽度(m);

J——车辆行驶中变换车道时的横移速度(m/s),一般情况下减速取1.0m/s,加速取0.6m/s。

渐变段长度可按表5-4选用。

平面交叉平行式变速车道长度 表5-4

变速车道类别		减速段长度L_s(m)				加速段长度L_a(m)				渐变段长度(m)
		末速度(km/h)				初速度(km/h)				
设计速度(km/h)	低一级速度(km/h)	0	20	30	40	0	20	30	40	
公路主路 100	80	100	95	85	75	250	235	215	190	60
公路主路 80	60	60	50	45	35	140	125	105	80	50
公路主路 60	50	40	35	25	15	100	85	65	35	40
公路主路 40	30	15	10	—	—	35	20	—	—	30
公路次路 80	60	60	50	45	35	140	125	105	80	50
公路次路 60	50	40	35	25	15	100	85	65	35	40
公路次路 40	30	15	10	—	—	35	20	—	—	30
公路次路 30	20	10	—	—	—	20	—	—	—	20
城市道路主路 60	50	35	30	25	15	65	55	45	25	支路20;次干路25;主干路30~35
城市道路主路 50	40	25	20	10	—	45	35	20	—	支路20;次干路25;主干路30~35
城市道路主路 40	30	15	10	—	—	25	15	—	—	支路20;次干路25;主干路30~35
城市道路次路 50	40	25	20	10	—	45	35	20	—	支路20;次干路25;主干路30~35
城市道路次路 40	30	15	10	—	—	25	15	—	—	支路20;次干路25;主干路30~35
城市道路次路 30	20	10	—	—	—	15	—	—	—	支路20;次干路25;主干路30~35

②进口道展宽段长度L_{in}。

进口道右转弯附加车道的展宽段最小长度应满足右转弯车辆减速需要的车道长度,且应大于直行车辆排队长度,即取两者的较大值:

$$L_{in} = \max(L_s, L_q) \tag{5-3}$$

式中：L_{in}——进口道展宽段长度(m)；

L_s——进口道减速段长度(m)，采用式(5-4)计算，结果(取为 5m 的整数倍)见表 5-4；

L_q——进口道直行车辆排队长度(m)，采用式(5-5)计算。

$$L_s(\text{或}L_a) = \frac{v_A^2 - v_R^2}{25.92a} \tag{5-4}$$

式中：L_a——出口道加速段长度(m)；

v_A——减速时进口道或加速时出口道处路段平均行驶速度(km/h)，可取低一级的速度，见表 5-4；

v_R——减速后末速度或加速前初速度(km/h)；

a——减速度或加速度(m/s^2)，减速度公路取 $2.5m/s^2$、城市道路取 $3.0m/s^2$，加速度公路取 $1.0m/s^2$、城市道路取 $1.5m/s^2$。

$$L_q = nL_w \tag{5-5}$$

式中：L_w——直行等候车辆的长度(m)，一般取 6～12m，小型车取低值，大型车取高值，车型比例不明确时，一般可取 9m；

n——高峰 15min 内每个信号周期的排队的直行车辆数量，可用式(5-6)计算：

$$n = \frac{C_D(1-\rho)}{m}\delta \tag{5-6}$$

式中：C_D——每条直行车道的通行能力(veh/h)；

ρ——右转弯车辆的比例；

m——每小时的信号周期数(T/h)；

δ——该方向红灯时间占信号周期长的比例。

右转弯附加车道长度应能使右转弯车辆从直行车道最长等候车队的尾车后，驶入展宽的右转弯附加车道。

城市道路当需设两条转弯专用车道时，进口道展宽段长度可取一条附加车道长度的 60%。无交通量资料时，进口道展宽段最小长度：支路不应小于 30～40m，次干路不应小于 50～70m，主干路不应小于 70～90m，与支路相交取下限，与主干路相交取上限。

(2) 出口道变速车道长度 L_{C2}

出口道变速车道长度 L_{C2} 由渐变段长度 L_t 和出口道展宽段长度 L_{out} 两部分组成。其中渐变段长度计算方法与进口道渐变段长度计算方法相同。出口道展宽段最小长度应满足车辆加速所需要长度，出口道展宽段长度 L_{out} 不小于加速段长度 L_a，L_a 用式(5-4)计算，结果(取为 5m 的整数倍)见表 5-4。当设置公交停靠站时，应再加上站台长度。城市道路出口道展宽段长度 L_{out} 最小值不应小于 30～60m，交通量大的主干路取上限，其他可取下限。

2. 直接式右转弯附加车道

直接式右转弯附加车道又被称为变宽右转弯附加车道。直接式右转弯附加车道由减速车道 L_1、右转弯车道和加速车道 L_2 组成，如图 5-14 所示。直接式右转弯附加车道变速车道长度可按车辆行驶时变换车道的侧移率根据式(5-7)计算：

$$L_{1(2)} = \frac{v_A}{3.6} \cdot \frac{B_{1(2)}}{J} \tag{5-7}$$

式中：v_A——路段平均行驶速度(km/h)，城市道路为路段设计速度的70%；

B_1——减速车道末端的车道宽度(m)，一般取 3.5~3.75m；

B_2——加速车道起点的车道宽度(m)，一般取 3.5~3.75m。

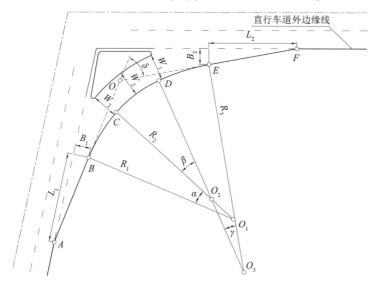

图 5-14 三心圆复曲线设计图式

注：β 为第二段圆弧 $\overset{\frown}{CD}$ 所对应的圆心角(rad)。

直接式右转弯附加车道的路缘石曲线一般应采用三心圆复曲线设计(图 5-14)。相关研究结果表明，平面交叉右转弯路缘石曲线采用三心圆复曲线布设，不仅可以节约土地资源，也有利于提高车辆在转弯处行驶的舒适性。在土地资源紧张路段设计右转弯路缘石曲线时，采用三心圆复曲线的布设形式更加合理。根据图 5-14 中的几何关系有

$$\begin{cases} T_q = (R_1 - R_2)\sin\alpha + \dfrac{R_3 - (R_3 - R_2)\cos\gamma}{\sin\delta} - \dfrac{R_1 - (R_1 - R_2)\cos\alpha}{\tan\delta} \\ T_h = (R_3 - R_2)\sin\gamma + \dfrac{R_1 - (R_1 - R_2)\cos\alpha}{\sin\delta} - \dfrac{R_3 - (R_3 - R_2)\cos\gamma}{\tan\delta} \end{cases} \tag{5-8}$$

式中：T_q——切线 BO 的长度(m)；

T_h——切线 OE 的长度(m)；

R_1、R_2、R_3——三段圆弧的半径(m)，根据设计经验，三段圆弧半径的大小可以参考表 5-5 取值；

α——第一段圆弧 $\overset{\frown}{BC}$ 所对应的圆心角(rad)；

γ——第三段圆弧 $\overset{\frown}{DE}$ 所对应的圆心角(rad)；

δ——三段圆弧对应的总圆心角(rad),$\delta = \alpha + \beta + \gamma$。

$$\begin{cases} T_1 = T_q + \sqrt{L_1^2 + B_1^2} \\ T_2 = T_h + \sqrt{L_2^2 + B_2^2} \end{cases} \tag{5-9}$$

式中:T_1——切线 AO 的长度(m);

T_2——切线 OF 的长度(m)。

平面交叉直接式右转弯附加车道参数(m)　　表5-5

R_2	12	14	16	18~22	24~28	30	45	90~135	150
W_1	6.4	6.1	6.1	5.5	5.2	5.2	4.9	4.6	4.6
W_2	7.7	7.7	7.4	7.1	6.8	6.4	6.1	5.8	5.8
R_1	1.5 R_2						2 R_2		
R_3	3 R_2						2 R_2		

注:W_1 为单车道宽度;W_2 为能绕越停放车辆的单车道宽度。

设计时需要指定三段圆弧的半径、三段圆弧中两段的长度(或三段圆弧长度相等),然后根据上述关系计算有关设计参数。因为直行车道外侧边缘线的位置和方位角已知,为确定右转曲线上各特征点的位置,应首先计算 O 点(切线 AO 和 OF 的交点)与相交道路直行车道外侧边缘线 A 点和 F 点的距离,即得到 T_1 和 T_2 的长度,然后根据式(5-8)和式(5-9)可计算出第三段圆弧长度。最后根据 O 点的坐标和 AO、OF 两边的方位角,计算右转曲线上各特征点的坐标,确定各特征点的位置。

(二)左转弯附加车道长度

左转弯附加车道应采用平行式,也由渐变段和展宽段组成。其中展宽段长度应满足减速所需长度或左转弯车辆排队长度,并取两者的较大值。渐变段长度采用式(5-2)计算,展宽段长度采用式(5-3)计算,其中在计算左转弯车辆等候长度时,式(5-6)中的 n 应为高峰15min内每个信号周期的左转弯车辆的排队车辆数。对信号控制平面交叉,可用式(5-10)计算:

$$n = \frac{C_D N \gamma}{m} \tag{5-10}$$

式中:C_D——单条车道的通行能力(veh/h);

N——进口道的总车道数;

γ——左转弯车辆的比例;

m——每小时的信号周期数(T/h)。

对无信号控制平面交叉,考虑到车辆到达的随机性,n 可按平均每分钟左转弯车辆数的两倍取用,即等候车队长度按式(5-11)计算,且不应小于30m。当左转弯交通量很小时,可不考虑车辆排队长度。

$$L_q = 2nL_w \tag{5-11}$$

式中符号意义同前。

当左转弯附加车道位于右偏曲线路段时,应缩短渐变段长度。当平面交叉间隔较小或因其他特殊原因不能容纳所需长度的左转弯附加车道时,减速车道长度可适当缩减。

三、展宽附加车道宽度

1. 右转弯附加车道宽度

平行式右转弯附加车道,其展宽的宽度应尽量与路段车道宽度相同。如因占地等限制,需要减小车道宽度,最小不得小于3m,一般在 3~3.5m 之间;转角导流交通岛右侧右转弯附加车道应按设计速度和转角半径大小设置车道加宽。当右转弯附加车道为直接式时,应按图5-14和表5-5所示的宽度设置。

2. 左转弯附加车道宽度

左转弯附加车道应根据剩余分隔带的类型选用不同的宽度,要求见表5-6。

左转弯附加车道宽度　　表5-6

剩余分隔带类型	车道分划线	宽度大于0.5m的标线带	实体岛	
左转弯附加车道宽度(m)	3.5	3.25	3.0	3.25
左侧路缘带宽度(m)	0	0	0.5	0.3

第四节　渠化交通岛设计

在平面交叉内合理地布置交通岛、交通标志、标线等,把不同行驶方向和行驶速度的车辆分别规定在有明确轨迹线的车道内行驶,能像渠道内的水流那样,顺着规定的方向互不干扰地行驶,从而减少车辆之间、车辆与行人之间的碰撞风险,提高交通安全性和通行能力,这样的平面交叉交通组织称为渠化交通。

一、交通岛的类型

交通岛是交通渠化重要设施之一。在平面交叉范围内,为控制车辆行驶方向、行驶路径和保障行人安全,在车道之间设置的岛状设施称为交通岛,按其功能分为导流岛、分隔岛、中心岛、安全岛等,按其构造分为实体岛、隐形岛和浅碟岛三种(图5-15)。

(一)按功能分类

1. 导流岛

导流岛又称方向岛,用以指引行车方向,在渠化交通中起着重要作用。一些复杂的平面交叉,只需几个简单的导流岛,就能组织好交通,减少或消灭冲突点。导流岛还可用于约束车辆的行驶速度,使车辆减速行驶,降低平面交叉内发生交通事故的风险。

2. 分隔岛

分隔岛又称分隔带,是用来分隔机动车和非机动车、快速车和慢速车,以及对向行驶车流,保证行车速度和交通安全的长条状交通岛。

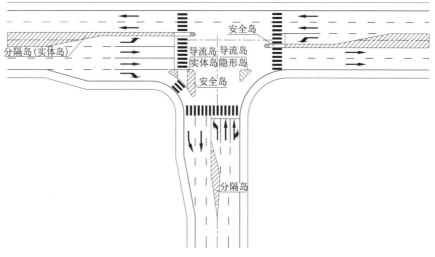

图 5-15 交通岛的类型(部分)

3. 中心岛

中心岛是设在平面交叉中央,用来组织左转弯车辆和分隔对向车流的交通岛。环形平面交叉应设置中心岛,中心岛不能用作安全岛。

4. 安全岛

安全岛供行人过路时避让车辆之用。在宽阔、交通繁忙的道路上,宜在人行横道线中央设置安全岛,以保证行人过路安全。导流岛、分隔岛都可以兼作安全岛。

(二)按构造分类

1. 实体岛

交通岛的边缘用路缘石围成,且高出周围路面时,为实体岛。当被交通岛分隔的行车道数不少于两条,或虽为一条车道但是设置绕避故障车辆的加宽时,均应采用实体岛。实体岛边缘与车道边线之间应有 0.3~0.5m 宽的路缘带。路缘石可以采用立式路缘石、半可越式路缘石和可越式路缘石。立式路缘石为具有一定形状和高度,能够阻碍车辆驶离路面的界石;半可越式路缘石为在紧急情况下车辆可以驶过或在特殊情况下对车辆无损害的一种路缘石;可越式路缘石为车辆可以驶过且对车辆无损害的一种路缘石。实体岛可以采取植物绿化或者采用人行道地砖硬化。

2. 隐形岛

当交通岛面积较小,不需要或不宜采用强制分隔时,可采用隐形岛。隐形岛通过在路面上用标线画出交通岛的边缘,并用斜线标线填充交通岛范围(图 5-15)。

3. 浅碟岛

交通岛面积很大而不依赖路缘石导向,且其上不设标志支撑杆和信号柱的情况下(如速度较高的右转弯车道的导流岛),可采用浅碟岛。浅碟岛内通常比周围路面低,岛内可植草或低矮灌木。浅碟岛边缘与行车道边缘应设置不小于0.5m宽的路缘带。

二、交通岛的设置原则及条件

1. 交通岛设置的一般原则

①需分隔右转弯车道与直行车道时,应设置导流岛;

②信号控制平面交叉中,左转弯为两条车道时,在左转弯车道与直行车道间应设置导流岛;

③左转弯车道与对向直行车道间应设置分隔岛;

④T形平面交叉中,次要公路岔口的两条左转弯车道之间应设置分隔岛;

⑤对向行车道间需提供行人越路的避险场所,或需设置标志杆、信号柱时,应设置安全岛,可以利用分隔岛作为安全岛;

⑥环形平面交叉应设置中心岛。

2. 公路平面交叉交通岛设置条件

二级及二级以上的公路平面交叉必须进行渠化设计,三级公路平面交叉应进行渠化设计,四级公路平面交叉宜进行渠化设计。

①主要公路为二级公路的T形平面交叉,当直行交通量不大,且与次要公路间的转弯交通量占相当比例时,可以只在次要公路上设分隔岛[图5-16a)]。当主要公路的直行交通量较大时,应在主要公路和次要公路上均设分隔岛[图5-16b)]。

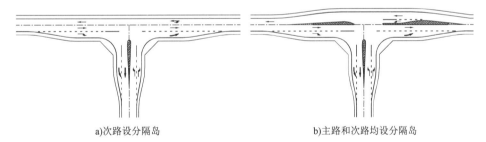

a)次路设分隔岛　　　　　　　　b)主路和次路均设分隔岛

图5-16　仅设分隔岛的渠化T形平面交叉

②主要公路为四车道公路,或设计速度大于或等于60km/h且有相当比例转弯交通量的二级公路,或直接与互通式立体交叉连接的双车道公路T形平面交叉,除了设置分隔岛外,还应设置导流岛(图5-17)。

a. 当主要公路为四车道时,主要公路上应设置分隔岛[图5-17d)];次要公路上的导流岛可根据左、右转弯交通量分别按图5-17a)、b)、c)的方式设置。主要公路上的分隔岛应为实体岛。

b. 当主要公路为双车道公路时,应根据左、右转弯交通量的大小选用图5-17a)、b)、c)所示的渠化设置方式。主要公路上的分隔岛宜为隐形岛。

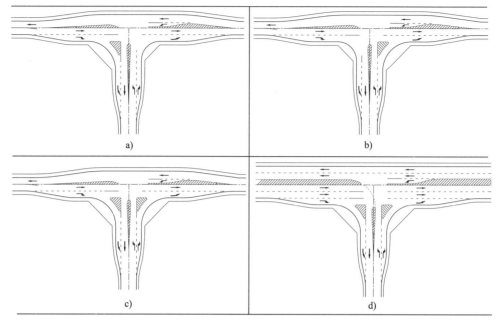

图 5-17 导流岛和分隔岛的渠化 T 形平面交叉

③相交公路等级较高或交通量较大的十字形平面交叉应设置分隔岛、导流岛,用以规范各个行车方向交通流的行驶轨迹。此类十字形平面交叉的转弯车辆,尤其是右转弯车辆行驶速度和通行能力都较高。

a. 主要公路为四车道公路和设计速度为 80km/h 的双车道公路,或设计速度为 60km/h,但属区域干线的双车道公路的十字形平面交叉应设置图 5-18 所示的交通岛。

b. 主要公路为四车道公路,次要公路为双车道公路且转弯交通量不平衡的十字形平面交叉可采用图 5-18c) 的形式;若转弯交通量较大且各方向转弯交通量较平衡,则应按图 5-18b) 设置完善的交通岛。

c. 两条四车道公路或四车道以上公路相交,或其中之一为四车道以上的公路时,应按图 5-18d) 设置完善的交通岛。

3. 城市道路平面交叉交通岛设置条件

城市道路主干路和次干路之间的平面交叉应设置导流岛和分隔岛。分隔岛一般采用中央分隔带,设置左转弯附加车道时,中央分隔带宽度可以适当压缩。城市道路横断面采用单幅路时,设置左转弯附加车道的平面交叉,应增设鱼肚形分隔岛。

当机动车道较宽,使人行横道长度大于 16m 时,应在人行横道中央设置行人二次过街安全岛。行人一次过街困难时,应在人行横道中间位置增设安全岛。对于设置了中央分隔带的道路,可将安全岛设置在中央分隔带上;对于用护栏或标线分隔对向车流的道路,应在道路中间适当位置设置安全岛。当平面交叉口附近高架路下设置人行横道时,桥墩不应遮挡行人视线,宜设置供行人二次过街的安全岛。

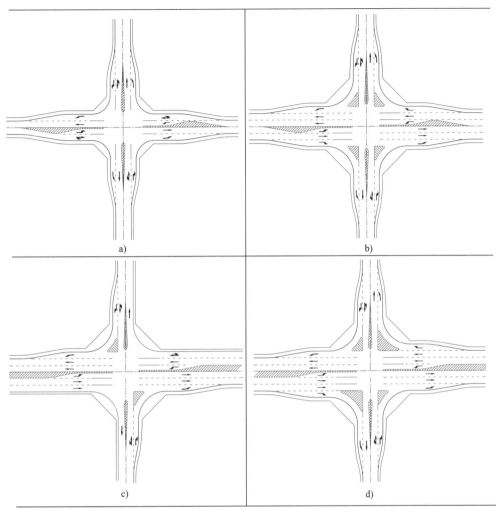

图 5-18 渠化十字形平面交叉

三、交通岛的设计要求

1. 交通岛设计的一般要求

①交通岛不应设在竖曲线顶部。

②交通岛边缘的形状为直线与圆曲线的组合线形,取决于相邻行车道边缘的线形和偏置距离。交通岛的边缘线与行车道边缘线之间应有一定的安全距离,该距离称为内移距。交通岛的分流端部应偏置且圆滑化。

③交通岛面积不宜小于 $7m^2$。转角交通岛兼作行人过街安全岛时,面积(包括岛端尖角标线部分)不宜小于 $20m^2$。面积窄小时或不需要或不宜采用强行分隔时,宜采用隐形岛。

④当被交通岛分隔的行车道有不少于两条车道或虽为一条车道但设有绕避故障车辆的加宽时,应采用实体岛。交通岛缘宜采用斜式路缘石或半可越式路缘石。交

通岛缘与车道边线间应有0.3~0.5m宽的路缘带。

⑤交通岛的面积很大或可不依赖路缘石导向(如设计速度较高的右转弯车道的导流岛)时,可采用路缘带宽度不小于0.5m的行车道围成的浅碟岛。

⑥夜间交通量较大且交通岛复杂的渠化平面交叉应设置照明。

⑦不具备设置照明条件时,应采用反光路标勾出岛界轮廓。路缘石线、隐形岛的所有标线、导流岛端部缘石的立面上,均应采用反光涂料。

2. 导流岛设计要求

导流岛的形状和岛端的偏置设置如图5-19所示。岛端的圆弧半径、缘石内移距、导流岛端的偏置值和偏置加宽值如表5-7所示。当设计速度大于或等于50km/h时,偏置过渡段的渐变率不宜大于1/10;当设计速度小于50km/h时,偏置过渡段的渐变率不宜大于1/8。

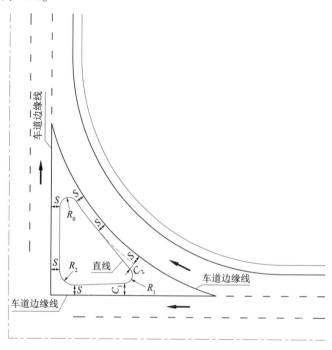

图5-19 导流岛形状和岛端偏置

导流岛设计要素　　　　　　　　　　　　　　　　　表5-7

道路类型	内移距S（m）	偏置值C_1（m）	偏置加宽值C_2（m）	R_0(m)	R_1(m)	R_2(m)
公路	0.5	1.2~1.8	0.5	≥0.3	≥0.6	≥1.0
城市道路（设计速度大于或等于50km/h）	0.5	0.75	0.25	0.5	0.5~1.0	0.5~1.5
城市道路（设计速度小于50km/h）	0.25	0.5	0.25	0.5	0.5~1.0	0.5~1.5

3.分隔岛设计要求

若相交道路设置了中央分隔带,则分隔岛可采用路段中央分隔带的宽度,也可以根据需要压缩平面交叉范围内的中央分隔带的宽度。平面交叉范围内分隔岛宽度与其用途有关,一般最小宽度规定见表5-8。

分隔岛的宽度　　　　　　　　　　　　　表5-8

用途	宽度(m)	用途	宽度(m)
设置标志	1.2	左转弯车道及剩余分隔带	4.3~5.5
个别行人避险以及设置信号灯柱	1.8	标线式左转弯分隔带	至少为车道宽度
多车道公路信号控制平面交叉中较多行人越路避险	2.4	二次等候左转或穿越	7m或设计车辆长度

(1)主要道路分隔岛

主要道路上没有设置中央分隔带,或者原有中央分隔带宽度较小时,可以采用如图5-20所示方式设置分隔岛,分隔岛的设计参数见表5-9。

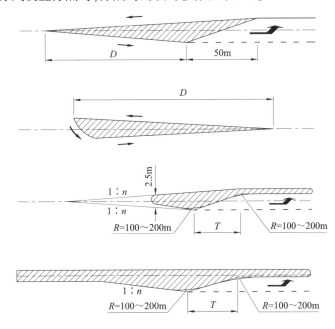

图5-20　主要道路上的分隔岛设置

主要道路上分隔岛设计参数　　　　　　　　　　　　表5-9

设计速度(km/h)	80	60	50	40
渐变参数 n	30	25	20	15
D(m)	80	60	50	40
T(m)	70	55	45	40

(2)次要道路分隔岛

次要道路分隔岛如图 5-21 所示,图中 R_2 一般等于 R_1,均应满足设计车辆以 5~15km/h 速度左转弯的要求,且应保证分隔岛的端部至主要公路行车道边缘的距离为 2~4m,且岛的宽度为 2~5m。内移距为 0.3m,分流端一侧设置偏置,偏置值为 1.0m。

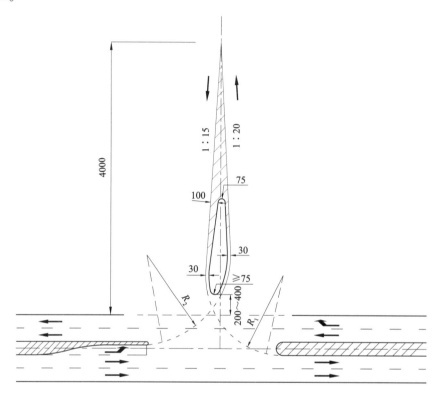

图 5-21 次要道路上的分隔岛(尺寸单位:cm)

4. 安全岛

一般利用分隔岛和导流岛作为安全岛,安全岛位置应选择在视线较好、易于车辆识别的地方。安全岛设置形式和颜色应醒目,岛端应设反光装置,必要时增设护栏或者标志牌提醒驾驶人注意避让过街行人,确保安全岛内过街行人安全。

安全岛宽度不应小于 2m,宽度受限严格时也不得小于 1.5m。因条件限制宽度不够时,安全岛两侧人行横道可错开设置。

二次过街安全岛设置按形式分为平面式和凸起式两种。平面式是安全岛与道路在同一水平面上,凸起式是安全岛设置面高出道路 10~30cm。按人行横道设置方式,可分为对齐式、错开式两种,其设置方法和适用条件如下。

(1)人行横道对齐设置

人行横道对齐设置是指二次过街人行横道呈直线布置,安全岛设置在直线上

(图 5-22 中西侧和北侧人行横道),行人径直过街,减少了在安全岛徘徊的时间。没有中央分隔带的交叉口,一般用护栏或者其他方法在道路中间设置弹头形安全岛(图 5-22 中南北向道路的人行横道),采用这种设置方法安全岛面积较小;设置有中央分隔带的交叉口,安全岛可设置在中央分隔带上(图 5-22 中东西向道路的人行横道)。

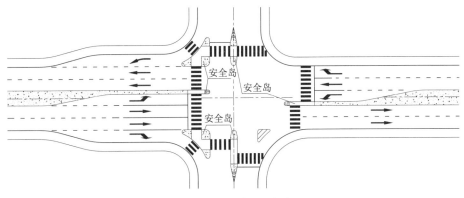

图 5-22　安全岛设置方式

(2)人行横道错开设置

对齐式二次过街人行横道一般设置在条件受限制的交叉口,安全岛面积较小。为了弥补对齐式人行横道的缺陷,可将人行横道错开设置(图 5-22 中东侧和南侧道路的人行横道),这样设置可增加安全岛长度,容纳更多的人流量,同时也增加了行人二次过街的距离和时间。更重要的是,这种设置方式使行人在穿越对向车道前更容易观察对向车道车辆的情况,更有利于保障过街行人安全。采用这种设置方式道路需要提供充足的布置空间。

安全岛尺寸应依据实际情况和行人过街所需的空间需求来取值。有中央分隔带的道路,其安全岛宽度宜大于或等于人行横道宽度,长度与中央分隔带宽度相同;没有中央分隔带的道路,安全岛宽度值也可根据行人所占面积值计算得出。一般情况下,单排行人过街时肩宽为 0.6m,当两人并排行走时,两人间的心理安全距离取 0.5m,行人与安全岛边缘的最小安全距离为 0.5m,因此单排行人所需安全岛宽度为 1.6m,双排行人所需安全岛宽度为 2.7m。

5. 中心岛

环形平面交叉中心岛的形状和尺寸、设置要求等详见本章第五节环形平面交叉设计。

第五节　环形平面交叉设计

一、环形平面交叉的形式

环形平面交叉根据中心岛的大小、形状、交通组织原则等分成下面三种形式。

(1)普通环形平面交叉

普通环形平面交叉(图5-23)具有单向环形车道,包括交织路段。中心岛半径一般应大于15m;环道内2~3个车道。一般不采用信号控制,入环车辆一般不在入口排队等候,车辆进入交叉口中心时需绕岛逆时针单向行驶直至驶离交叉口。

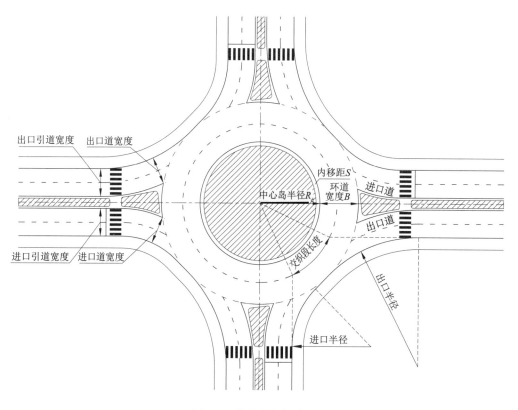

图5-23 普通环形平面交叉

(2)入口让路环形平面交叉

入口让路环形平面交叉(图5-24)具有单向环形车道,中心岛半径为2.5~15m。入口让路环形平面交叉的行驶规则是将入口视为"支路",到达入口的车辆发现左侧环道上有车辆,且无插入间隙时,应在入口等候,伺机入环。当环道上交通流出现间隙时,为使等候车辆有效利用这一间隙,入口应为不同去向的车辆提供等候车道,左转弯车辆等候在较左的车道上,右转弯车辆等候在较右的车道上。入口让路的规定改变了环形平面交叉连续运行的特性,但可减少不必要的交织运行,防止环道上交通拥塞。因此,长的交织段不再是唯一提高通行能力的影响因素。因入口展宽,车流的活动空间增大,使环行车流间的间隙被充分利用,具有较强的通行能力。当入口和环道上交通量较大时,环行车流间的间隙较少,甚至没有,导致入口等待车辆过多和等待时间过长,此时环形平面交叉已不适应交通量需求,应改造为其他交叉形式。

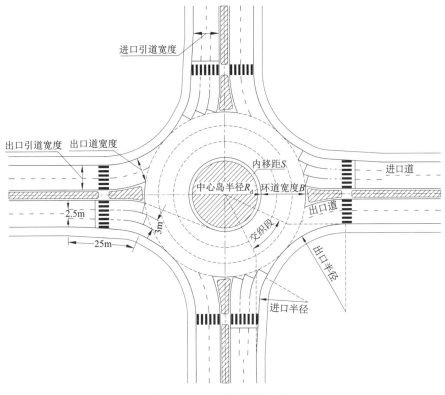

图 5-24　入口让路环形平面交叉

（3）涡轮环形平面交叉

如图 5-25 所示，中心岛采用涡轮形状，出入口区域以及环岛内通过设置凸起的车道分隔设施来禁止车辆在这些区域内变道；同时车辆以垂直角度进入涡轮形环岛以降低车辆入环速度。涡轮环形平面交叉消除了常规环形平面交叉的交织冲突，安全性能显著提升。国外学者基于潜在事故率模型对涡轮环形平面交叉的安全性进行了研究，发现涡轮环形平面交叉将潜在事故总数减少了 40%～50%，将受伤的潜在事故数量减少了 20%～30%，提升了环形平面交叉的安全性能[1]。

二、普通环形平面交叉设计

（一）中心岛的半径

中心岛的形状有圆形、圆角方形、圆角菱形、椭圆形、泪滴形、涡轮形、复合曲线形等。这些形状中半径最小的曲线位置是影响车辆绕岛行驶速度的关键控制部位，因此，中心岛最小半径是指各种形状中心岛曲线中半径最小部位的曲线半径。中心岛的半径应满足设计速度的要求，并按相交道路的条数和宽度验算相邻道口之间的距离是否符合车辆交织行驶的要求。下面以圆形中心岛为例，介绍中心岛最小半径的计算方法。

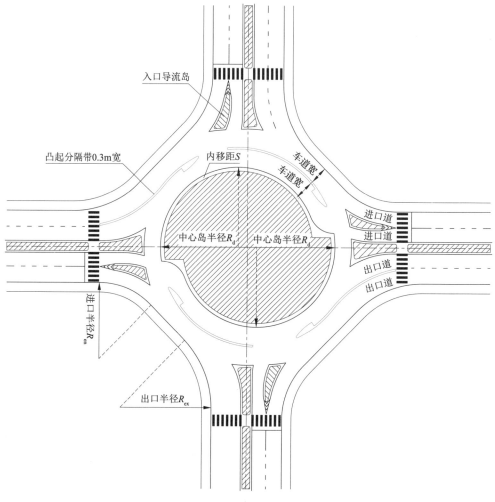

图 5-25 涡轮环形平面交叉(两叶)

(1)满足设计速度的要求

满足设计速度要求的中心岛最小半径仍按路线设计中圆曲线最小半径公式计算。因绕岛车辆紧靠中心岛宽度为 b 的车道中间行驶,距中心岛边缘 $b/2$,故中心岛半径应按式(5-12)计算:

$$R_{d1} = \frac{v^2}{127(\mu + i_h)} - \frac{b}{2} \tag{5-12}$$

式中:R_{d1}——满足设计速度要求的中心岛半径(m),最小半径见表 5-10;

v——环道设计速度(km/h),见表 5-10,实测资料:公共汽车为路段行驶速度的 50%,载重汽车为 60%,小客车为 65%,供参考;

μ——横向力系数,建议大客车 μ 取 0.10~0.15,小客车 μ 取 0.15~0.20;

i_h——环道横向坡度(%),一般采用 1.5% 或 2.0%,紧靠中心岛行车道的横坡向中心岛倾斜时,i_h 值为正,反之为负;

b——紧靠中心岛的车道宽度(包含车道加宽)(m),可取6.5m(大型车)。

环道设计速度与中心岛最小半径　　　　　表5-10

环道设计速度(km/h)		20	25	30	35	40
横向力系数		0.14	0.16	0.17	0.17	0.17
内侧车道宽(m)		6.5	6.5	6.5	6.5	6.5
计算半径(m)	横坡1.5%	17	25	35	49	65
	横坡-1.5%	22	31	42	59	78
《交叉规程》规定(m)		20	25	35	50	65

(2)满足交织段长度的要求

所谓交织,是指两股车流汇合交换位置后又分离的过程。进环和出环的车辆,在环道行驶时相互交织,交换一次车道位置所行驶的距离,称为交织长度。交织长度的大小主要取决于车辆在环道上的行驶速度和交通量。当相邻路口之间有足够的距离,进环和出环车辆在环道上均有合适机会相互交织连续行驶时,该段距离称为交织段长度。其位置大致可取相邻道路机动车道外侧边缘延长线与环道中心线交叉点之间的弧长,如图5-26所示。

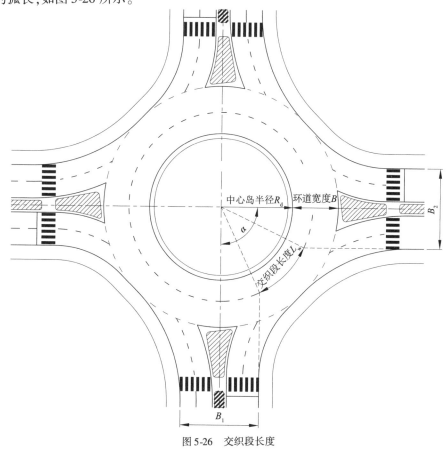

图5-26　交织段长度

中心岛半径必须满足两个路口之间最小交织段长度的要求,否则在环道上行驶因交织需要互相交换位置的车辆就要停车等候,这不符合环形平面交叉连续行驶的交通特征。环道上不同行驶速度所需要的最小交织段长度见表5-11。

最小交织段长度　　　　　　　　　　　表5-11

环道设计速度(km/h)	20	25	30	35	40
最小交织段长度(m)	25	30	35	40	45

满足交织段长度要求的中心岛半径R_{d2},近似地按交织段长度所围成的圆周大小推导,计算公式为

$$R_{d2} = \frac{180(L_w + 0.5B_1 + 0.5B_2)}{\pi \alpha} - \frac{B}{2} \tag{5-13}$$

式中:R_{d2}——满足交织段最小长度的中心岛半径(m);

L_w——相邻路口之间的最小交织段长度(m),按表5-11取值;

α——相交道路中心线的夹角(°),当夹角不等时,取最小夹角。

B_1、B_2——相邻路口的道路宽度(含中央分隔带、路缘带、机动车道宽)(m);

B——环道宽度(m)。

由式(5-13)可知,平面交叉相交道路的条数越多,夹角就越小,为保证最小交织段长度的要求,需要的中心岛半径就越大,也就会导致平面交叉的用地面积和车辆在环道上的绕行距离增加,这样既不经济也不合理。因此,环形平面交叉的相交道路以不多于5条为宜。

(3)中心岛的最小半径

中心岛最小半径应同时满足设计速度和最小交织段长度的要求,设计时取两者的较大值,即

$$R_d = \max\{R_{d1}, R_{d2}\} \tag{5-14}$$

(二)环道宽度

环道即环绕中心岛的单向行车道,其宽度取决于相交道路的交通量和交通组织方式。

1. 机动车道宽度

一般情况下,靠近中心岛的一条车道作绕行之用,最靠外侧的一条车道供右转弯之用,中间的一条车道为交织之用,环道上一般设计2～3条车道。实践证明,车道过多,横向过多的交织运行易使行车混乱,导致不安全。当环道车道数从2条增加到3条时,通行能力提高最为显著;而当车道数增加到4条以上时,通行能力提高得不显著。因为车辆在绕岛行驶时需要交织,在交织段长度小于两倍的最小交织段长度(考虑占地和经济性,一般不可能超过两倍)范围内,车辆只能顺序行驶,不可能同时出现大于两辆车交织。不论车道数设计多少条,在交织断面上只能起到1条车道的作用。因此,环道车道数一般采用2～3条为宜;如果交织段长度较大,环道车道数可布置4

条;若相交道路的行车道较窄,也可设 2 条车道。

如采用 3 条机动车道,则每条车道宽为 3.50m,且每条车道的加宽值按表 5-12 取值;当中心岛半径为 20~40m 时,环道机动车道的宽度一般为 15~16m。

环道上单车道的加宽值　　　　表 5-12

中心岛半径 R_d(m)		$10 < R_d \leqslant 15$	$15 < R_d \leqslant 20$	$20 < R_d \leqslant 30$	$30 < R_d \leqslant 40$	$40 < R_d \leqslant 50$	$50 < R_d \leqslant 60$
车型	小型车	0.8	0.7	0.6	0.5	0.4	0.4
	大型车	3.0	2.4	1.8	1.3	1.0	0.9

2.非机动车道宽度

环道内非机动车交通可与机动车交通混行或分行布置。为保证交通安全,减少相互干扰,一般以分行布置为宜,并用分隔带(或墩)或标线等分隔。非机动车道宽度应视具体情况而定,一般不小于相交道路中的最大非机动车行车道宽度,也不宜大于 6m。

(三)交织角

交织角是进环车辆轨迹与出环车辆轨迹的平均相交角度。交织角以距右转弯机动车道外缘 1.5m 和中心岛边缘 1.5m 的两条切线的交角来表示,如图 5-27 所示。

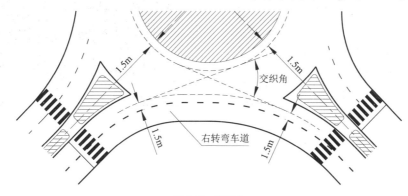

图 5-27　交织角

交织角大小取决于环道宽度和交织段长度。环道宽度越小,交织段长度越大,则交织角越小,行车越安全。但交织段越长,中心岛半径越大,占地越多。根据经验,交织角以控制在 20°~30°之间为宜。通常在交织段长度已有保证的条件下,交织角大多能满足要求。

(四)环道外缘平面线形及进出口曲线半径

从满足交通需要和工程节约的角度考虑,环道外缘平面线形不宜设计成反向曲线形状(图 5-28 中的虚线)。据观测,这种形状在环道的外侧约有 20% 的路面无车行驶(图 5-29)。因此,环道外缘平面线形设计成反向曲线的形状不合理,也不经济。环道外缘平面线形宜采用直线圆角形或两心复曲线或三心复曲线形状,如图 5-28 中实线所示。

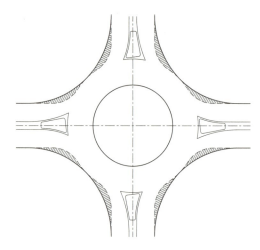

图 5-28　环道外缘平面线形

图 5-29　S 形环道外缘无车行驶的路面

环道进、出口的曲线半径取决于环道设计速度。为使进环车辆的车速与环道设计速度相适应,应对进环车辆的车速加以限制。一般进口曲线半径接近或小于中心岛的半径,且各相交道路的进口曲线半径不要相差太大。环道出口曲线半径可比进口曲线半径大一些,以使车辆加速驶出环道。因此,环道出、入口路段可以采取如图 5-30b)所示的设计方式,改变进口路段的直线线形设计为 S 形曲线设计,以降低车辆入环的速度,提高环道入口处的交通安全性;同时增大出口的曲线半径,提高车辆出环的速度,以提升出口处的通行能力。

(五)环道路脊线位置

环道路脊线是指环道各个横断面上最高点的位置连线。环道的横断面形状对平稳行车和路面排水有很大影响。横断面的形状取决于路脊线的选择。通常环道横断面的路脊线可以设在中心岛边缘、环道内侧车道的外边缘、外侧车道的内边缘和外侧车道的外边缘(图 5-31 中的①、②、③、④),有时也可以设置在交织车道的中间,若机动车与非机动车之间设有分隔带,其路脊线也可设在分隔带上。当路脊线设置在①

之外的位置时,均应在中心岛的周围设置雨水口,以保证环道内不产生积水。若路脊线设置在中心岛边缘位置,车辆绕道行驶时,路面横向坡度是反超高,所以在相同的行驶速度下,所需要的中心岛半径比路脊线设置在其他位置时大一些。另外,进、出环道处的横向坡度宜缓一些,以保证进、出环道车辆行驶的平稳性和舒适性。

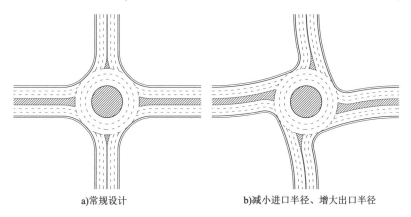

a) 常规设计　　　　　　　　b) 减小进口半径、增大出口半径

图 5-30　环道进、出口平面线形设计

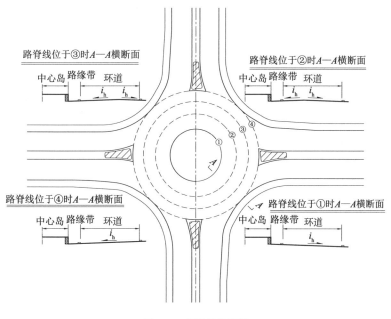

图 5-31　环道的路脊线

三、入口让路环形平面交叉

1. 中心岛的半径

入口让路环形平面交叉应根据设计车辆的转弯行迹、环道车道数及各岔路的路

幅宽度(包括中央分隔带宽度)确定中心岛的半径。因为入口让路环形平面交叉为不同流向的交通流提供了尽可能宽的通道,为了不过多增加占地,通过压缩中心岛半径的方法,以增加环道的车道数,但半径一般不应小于5m,最小可采用2.5m。

2. 进、出口设计

为提高入口让路环形平面交叉的通行能力,进口道需要为不同去向的车辆分别提供等候车道,因此应将增辟车道做成喇叭状。进口道增辟的车道数至少为一个,最多为两个,且进口车道总数不宜大于四个。停车线处车道宽度为3.0m,增辟车道起点车道宽度为2.5m,展宽有效长度为25m,如图5-32所示。

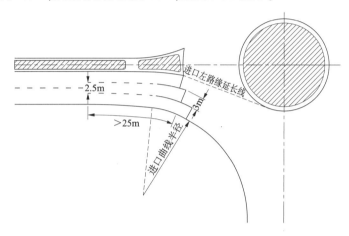

图5-32 进口几何设计

进口应采用右偏曲线设计,并保证进口左侧行车道的左侧边缘的延长线与中心岛相切(图5-32),以避免车辆夜间从进口道左侧车道入环直行后撞击中心岛。进口曲线半径为10～100m,一般在中心岛半径的2倍以内,并以20m为宜,以控制入环车辆的行驶速度。

出口道一般不需要增辟车道,但应加宽车道,以方便车辆快速驶离环道。加宽车道采用1∶20～1∶15的渐变率收敛到正常车道的宽度。

入口与邻接的出口之间也应尽量避免采用短的反向曲线,而应采用直线圆角形或者多心复曲线线形。必要时可增大出口曲线半径。

3. 环道宽度

环道宽度应为各相交道路中最大入口宽度的1～1.2倍。一般环道宜为三车道的宽度。当某个入口的右转弯交通量占50%或达到300pcu/h时,应增辟与环道间有"V"形标线导流岛分隔的右转弯车道,如图5-33所示。

4. 进口视距

①左方视距:到达"让路"停车线的车辆,驾驶人应能清楚地看到左方直至前一个进口或左方50m(取其中小者)范围内环道的整个宽度。

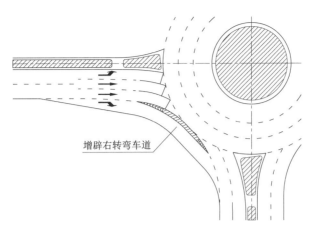

图 5-33　增辟右转弯车道

②前方视距:到达"让路"停车线的车辆,驾驶人应能清楚地看到前方直至下一个出口或前方 50m(取其中小者)范围内环道的整个宽度。

③环行视距:环道上行驶的车辆,驾驶人应能清楚地看到前方直至下一个出口或前方 50m(取其中小者)范围内环道的整个宽度。

入口让路环形平面交叉的其他设计与普通环形平面交叉类似。

四、涡轮环形平面交叉设计

(一)涡轮环形平面交叉布置形式

1. 环岛布置形式

涡轮环形平面交叉根据中心岛的形状划分,主要有单叶、双叶、三叶和四叶涡轮环形四种布局类型。

(1)单叶涡轮环形平面交叉

单叶涡轮环形平面交叉的中心岛形状如一瓣叶片的涡轮(图 5-34),也称为膝盖形涡轮环形平面交叉。当相交道路中一个方向的左转弯和直行交通流较大,其余方向相差不大时,进口道可采用双车道,可通过增设专用右转弯车道的方法设置双车道。

(2)双叶涡轮环形平面交叉

双叶涡轮环形平面交叉的中心岛形状类似两瓣叶片的涡轮(图 5-35),中心岛两个半圆错位设置,也称为螺旋涡轮环形平面交叉。一般环道设置三车道,主要道路进、出口均设置双车道,次要道路的进口设置双车道,出口车道数为 1~2。若交通量较大,环道可采用三车道的形式,主要道路进口为三车道,次要道路进口为双车道。

(3)三叶涡轮环形平面交叉

三叶涡轮环形平面交叉的中心岛的形状如三瓣叶片的涡轮(图 5-36),也称为星形涡轮环形平面交叉。相交道路中有三个方向交通量都较大,一般环道设置三车道。

进口为三车道,内侧车道专门供左转弯车辆行驶,最外侧车道单独供右转弯车辆行驶,中间车道供直行车辆行驶。并通过设置出口道车道凸起分隔设施,引导和限制车辆的行驶轨迹。

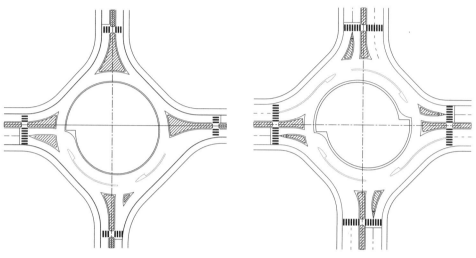

图 5-34　单叶涡轮环形平面交叉　　　　图 5-35　双叶涡轮环形平面交叉

(4)四叶涡轮环形平面交叉

四叶涡轮环形平面交叉的中心岛采用四瓣叶片的涡轮形状(图 5-37),也称为转盘形涡轮环形平面交叉。相交道路进口为三车道,出口为二车道。环道采用三车道,左转弯车辆在内侧车道行驶,直行车辆在中间车道行驶,右转弯车辆在外侧车道行驶。也是通过布置车道凸起分隔设施,引导和限制车辆的行驶轨迹。

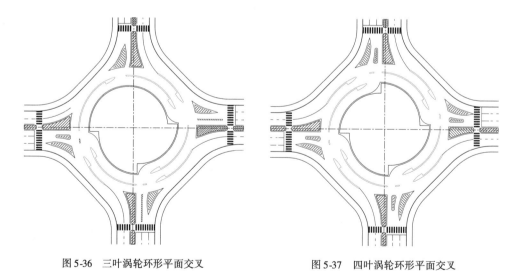

图 5-36　三叶涡轮环形平面交叉　　　　图 5-37　四叶涡轮环形平面交叉

2. 环岛最小半径

涡轮环形平面交叉的环岛主要由不同数量和半径的圆弧组成,可组成不同叶数的中心岛。不同叶数的涡轮形中心岛的圆弧构成如图 5-38 所示。中心岛半径的计算与普通环形平面交叉计算方法相同,最小半径可参考表 5-10。

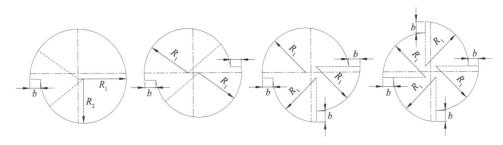

图 5-38　不同叶数的涡轮形中心岛的圆弧构成

(二)环道横断面

涡轮环形平面交叉的环道由机动车道、凸起分隔设施组成。有非机动车通行的,还应包括非机动车道和机非分隔设施。

1. 环道车道数

根据环形平面交叉交通冲突分析可发现,交通冲突与环道车道数和进、出口车道数有关,环道车道数和进、出口车道数增多,交错点数量也会相应增多,也就会直接导致冲突点数量增多,降低交叉口的行车安全性,因此要合理选择环形平面交叉的环道车道数。研究表明,将环形平面交叉环道从双车道扩展为三车道所提高的通行能力比从单车道扩展为双车道所提高的通行能力要小很多[1]。因此,涡轮环形平面交叉的环道最常用形式为双车道环道,一般为 2~3 条。涡轮环形平面交叉常用环道车道数见表 5-13。若交通量较大,则可根据交通量适当增加环道车道数,并根据相应环道交通量选取合适的进、出口车道数,同时,配合使用车道凸起分隔设施,进行合理的交通组织,保证交叉口范围内的通行效率和安全。

常用布局类型的环道车道数　　　　表 5-13

布局类型	环道车道数	布局类型	环道车道数
单叶涡轮	2	三叶涡轮	3
双叶涡轮	2	四叶涡轮	3

2. 机动车道宽度

环道单条机动车道宽度一般取 3.5m,还应考虑加宽值,加宽值按表 5-12 取值。

3. 凸起分隔带

凸起分隔带是指设置在涡轮环形平面交叉环道车道之间的高于路面、用来禁止车辆变道的带状设施。

(1)凸起分隔带的作用

涡轮环形平面交叉最重要的特征是在环道的车道之间设置了凸起分隔带。凸起分隔带具有以下几点作用：

①防止非法换道行为，从而降低出入口以及环道并排行驶车辆的碰撞概率；

②环道宽度变小，降低了车辆行驶速度，提高了环道车辆行驶的安全性；

③提高了内侧入口车道以及内侧环道的车道利用率；

④提高了环道车道边缘的清晰度，诱导车辆沿分隔的车道方向行驶。

(2) 凸起分隔带高度

设置凸起分隔带，可能会导致有些车辆在驾驶人驾驶失控、操作失误或夜晚看不清楚路缘石位置碰撞到凸起分隔带后跳起，若凸起分隔带高出路面过多，极易导致车辆侧向倾覆或者刮蹭到汽车底盘，因此，凸起分隔带高度不宜过大。据统计，汽车最低底盘高度为95mm，因此为保证既可阻止车辆变道行为的发生，又不损坏车辆，凸起分隔带一般以高出路面7cm左右为宜（图5-39），并且埋设发光二极管或反射器。

(3) 凸起分隔带宽度

凸起分隔带宽度会影响整个环岛的横断面宽度。因其高度较小，所以也不需要太宽。参考国外的设置经验，凸起分隔带的最小宽度应为30cm。凸起分隔带采用预制件埋设于路面上，预制件长度45cm，总厚度15cm（图5-39、图5-40）。凸起分隔预制件之间应断开，以便排水。

图5-39 环道凸起分隔带

凸起分隔带可参考路缘石设置成立式或斜式（图5-40），为降低车辆碰撞时的伤害程度和利于后期的养护，建议采用斜式凸起分隔带。

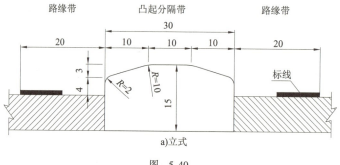

图 5-40

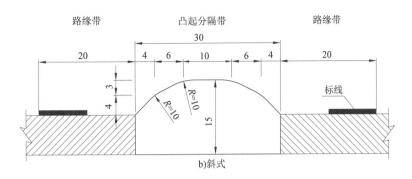

图 5-40　环道凸起分隔带剖面(尺寸单位:cm)

凸起分隔带在起点处还可增设三角形的尖端[图 5-41a)],既可防止车辆倒车,也可提醒驾驶人注意前方的凸起分隔带,其设计参数见图 5-41b)。

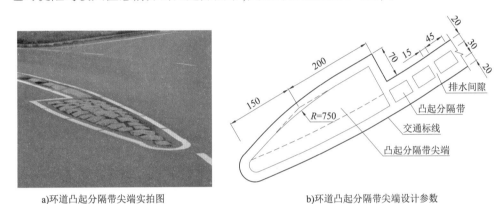

a)环道凸起分隔带尖端实拍图　　　　　　b)环道凸起分隔带尖端设计参数

图 5-41　环道凸起分隔带尖端设置(尺寸单位:cm)

当采用向中心岛倾斜的单向横坡时,中心岛与车道凸起分隔带周围都应设置雨水口;当采用向外倾斜的单向横坡时,车道凸起分隔带和环岛外缘周围都应设置雨水口;当采用双向横坡时,中心岛四周和环道外侧路缘石周围应设置雨水口。

(三)进、出口道设计

1.进口道与出口道的车道数

(1)进口车道数

涡轮环形平面交叉的进口车道数主要与交叉口范围内各入口的交通量和可利用空间资源有关,车道数的选择应既能满足交叉口通行能力的要求,又能满足涡轮环形平面交叉的几何特点,一般至少有一条进口道能进入内侧环道。根据国外对涡轮环形平面交叉的研究,进口车道数一般为 1~3 条,见表 5-14。应根据布局类型,并结合实际的交通量和用地情况选取涡轮环形平面交叉进口车道数。

常用布局类型的进口车道数　　　　　　　表 5-14

布局类型	道路类型		布局类型	道路类型	
	主要道路	次要道路		主要道路	次要道路
单叶涡轮	2	1	三叶涡轮	3	2
双叶涡轮	2	2	四叶涡轮	3	3

(2) 出口车道数

涡轮环形平面交叉出口车道数要根据道路等级和布局形式进行选择。由于环岛上设置了螺旋形的环道,因此为保证每条螺旋环道与出口道连接顺畅,一般采用一条螺旋环道对应一条出口道的形式。根据国外已有的涡轮环形平面交叉,结合不同布局类型的环道车道数,出口车道数一般取 1~2 条,常用布局类型的出口车道数见表 5-15。当交叉口相交道路等级较高,交通量较大时,为方便车辆快速驶出交叉口,防止交通拥堵,可以相应增加环道车道数,同时采用 2 条及以上出口道。几种常见的进、出口车道数组合情况见表 5-16。

常用布局类型的出口车道数　　　　　　　表 5-15

布局类型	道路类型		布局类型	道路类型	
	主要道路	次要道路		主要道路	次要道路
单叶涡轮	1	1	三叶涡轮	2	1
双叶涡轮	2	1	四叶涡轮	2	2

几种常见的进、出口车道数组合　　　　　　表 5-16

类型	进口道	类型	出口道
进口 1		出口 1	
进口 2		出口 2	
进口 3		出口 3	
进口 4		出口 4	

2. 进、出口道宽度

(1) 进口道宽度

一条进口道宽度宜为 3.25m,困难情况下最小宽度可取 3.0m;当改建交叉口用地受到限制时,一条进口道最小宽度可取 2.8m。转角导流交通岛右侧右转弯专用车道应按设计速度及转角半径大小设置车道加宽。

(2) 出口道宽度

出口道每条车道宽度不应小于路段车道宽度,宜为 3.5m,条件受限的改建交叉口出口道每条车道宽度不宜小于3.25m。

(3)凸起分隔设施宽度

进、出口道车道之间的凸起分隔设施的宽度与环道上凸起分隔设施的宽度相同,均取为0.3m。

3.进口与出口转角半径

进、出口转角半径(图5-42)影响着环形平面交叉的通行效率和行车安全,减小进口转角半径、增大出口转角半径能有效地提高交叉口的安全性,提高出口的通行能力。但进口转角半径不宜取得过小,一般宜按环道设计速度确定;出口转角半径不宜取得过大,一般按照出口道路的基本路段设计速度确定,进、出口最小转角半径见表5-17。

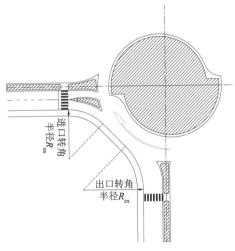

图5-42 进、出口转角半径

进、出口最小转角半径 表5-17

进口道	进口速度(km/h)	20	25	30	35	40
	横向力系数	0.14	0.16	0.17	0.17	0.17
	横坡(%)	2	2	2	2	2
	进口转角半径 R_{en}(m)	20	30	40	50	65
出口道	出口速度(km/h)	20	30	40	50	60
	横向力系数	0.14	0.16	0.17	0.17	0.17
	横坡(%)	2	2	2	2	2
	出口转角半径 R_{ex}(m)	20	40	65	105	150

第六节 掉头车道设计

平面交叉范围内掉头车辆会对平面交叉车辆的连续行驶产生较大的影响,不合理的掉头车道设置会造成交叉口左转弯和直行车辆的延误。平面交叉设计应考虑掉头车道设置,减少掉头车辆与过街行人和非机动车的冲突。

一、掉头车道设置位置

根据掉头交通运行特性以及目前信号控制交叉口设置方式,掉头分为直接掉头和间接掉头两种。直接掉头是指在原行驶方向道路上直接利用中央分隔带开口或者在交叉口范围内掉头,间接掉头是指在被交道路上利用中央分隔带开口或者临近交叉口掉头。

(一)直接掉头方式

1. 驶入交叉口前掉头

在距离停止线一定距离的地方,利用路段合适位置设置掉头地点,掉头车辆利用对向直行车辆的空隙掉头行驶。掉头车道位置与停止线之间的距离应以不影响左转弯车流且大于左转弯车辆的排队长度为宜。根据有无中央分隔带和中间带的宽度,掉头车道一般有如下几种布置方式:

(1)压缩宽中央分隔带设置掉头专用车道

若平面交叉展宽设置左转弯附加车道,可与左转弯车道合并设置[图5-43a)];若平面交叉不展宽设置左转弯车道,可单独在距交叉口一定距离(宜大于交叉口排队车辆长度)的位置压缩中央分隔带,设置掉头专用车道[图5-43b)]。掉头车道宽度一般为3.5m,若要压缩中央分隔带宽度设置掉头专用车道,则中央分隔带宽度应不小于4.0m。

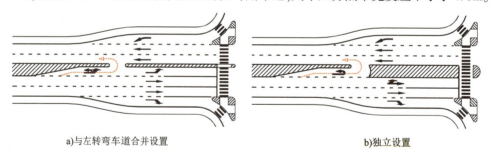

a)与左转弯车道合并设置　　　　　　b)独立设置

图5-43　宽中央分隔带的掉头车道设置方式

(2)在窄中央分隔带适当位置设置掉头开口

道路中央分隔带较窄,且没有展宽设置左转弯附加车道时,可在停止线前一定距离(宜大于交叉口排队车辆长度)设置中央分隔带开口,供掉头车辆使用[图5-44a)]。若展宽设置鱼肚形左转弯附加车道,则可在鱼肚形分隔岛后方设置掉头开口[图5-44b)]。

(3)无中央分隔带时掉头车道的设置方式

道路没有中央分隔带时,可在停止线前一定距离(宜大于交叉口排队车辆长度)将道路中心实线画为掉头一侧为虚线,对向为实线的虚实标线,允许车辆掉头[图5-45a)]。若展宽设置鱼肚形左转弯附加车道,则可在鱼肚形分隔岛后方设置掉头开口[图 5-45b)]。这种方式比较简单,但应满足掉头转角半径的要求,对向车道数不少于 3 条(10.5m);如少于 2 条车道,则车辆难以一次顺利掉头,可以在对向车道路缘带或路肩设置港湾式掉头区(图 5-46)。

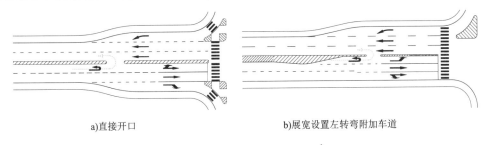

a)直接开口　　　　　　　　　　b)展宽设置左转弯附加车道

图 5-44　窄中央分隔带的掉头车道设置方式

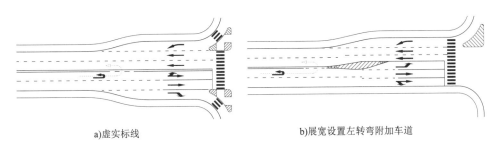

a)虚实标线　　　　　　　　　　b)展宽设置左转弯附加车道

图 5-45　无中央分隔带的掉头车道设置方式

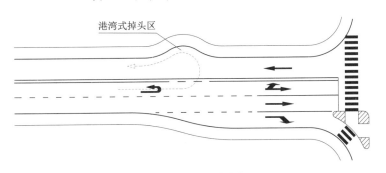

图 5-46　设置港湾式掉头区

2. 在交叉口内掉头

(1)进口道最左侧,驶过停止线后掉头

在进口道内,左转弯和掉头车道共同设置。对向车道分隔线采用实线,禁止在停止线前掉头,但越过停止线后允许掉头(图 5-47)。采用此种设置方式,掉头车辆需要越过停止线,影响人行横道上行人通行,交通组织相对复杂,信号控制时仅允许在左转相位(多相位)或直行相位(两相位)时掉头。因可越过停止线掉头,转弯空间相对较大,对掉头位置车道数没有特殊要求。

(2)进口道最左侧,停止线前掉头

将进口道左转弯和掉头车道共同设置,对向车道分隔线采用虚实标线,内侧使用虚线允许在停止线前掉头(图5-48)。采用此种设置方式,掉头车辆可不通过停止线实现掉头转弯,不影响垂直方向人行横道上行人通行,交通组织方式相对简单。但对向车道数需不少于3条(10.5m),以满足车辆一次掉头的需要;如少于2条车道,则车辆难以一次顺利掉头,可以在对向车道路缘带或路肩设置港湾式掉头区。

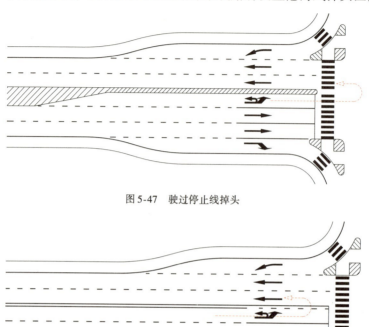

图5-47　驶过停止线掉头

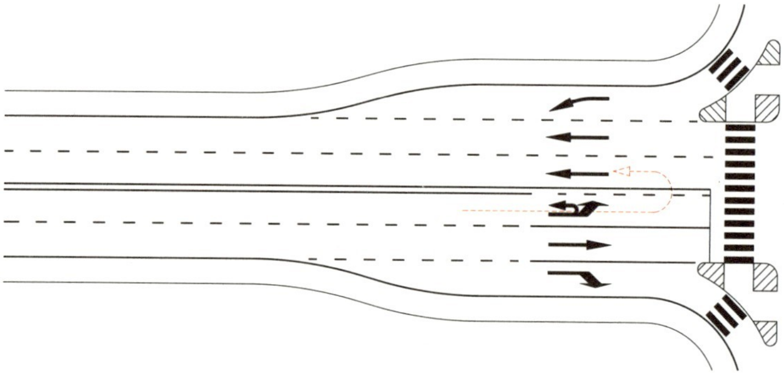

图5-48　停止线前掉头

(3)进口道最右侧,驶过停止线后掉头

当对向车道数较少,中央分隔带和对向车道宽度之和无法满足车辆掉头最小转角半径时,可将左转弯和掉头车道合并设置在直行车道的最右侧,并设置专用掉头信号灯,将掉头车辆在时间上与左转弯车辆分离开来,避免发生冲突。这种掉头方式能让掉头车辆一次顺利完成掉头(图5-49)。

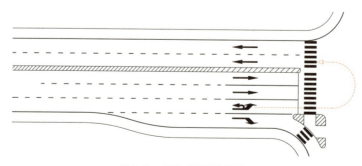

图5-49　掉头车道调节设置

3. 驶过交叉口后掉头

为减少掉头车辆对交叉口内交通流的影响,不允许掉头车辆在交叉口内掉头,需要掉头车辆直行通过交叉口后,在前方路段合适的地点利用中央分隔带开口掉头。这种设置方式是将掉头冲突点后移,缓解交叉口压力。根据中央分隔带宽度,可采用如图 5-50 所示的三种方式。

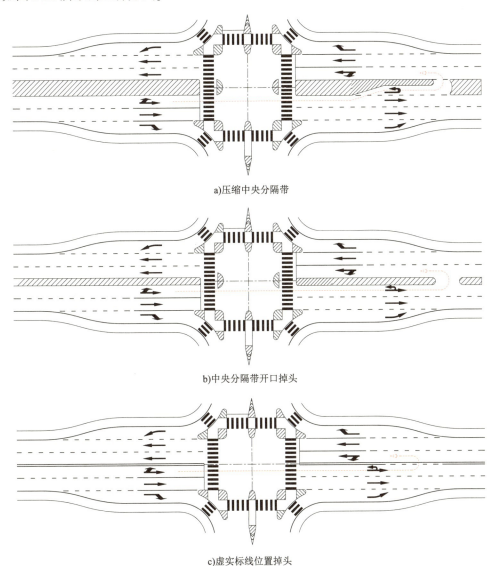

a)压缩中央分隔带

b)中央分隔带开口掉头

c)虚实标线位置掉头

图 5-50 驶离交叉口后掉头

(二)间接掉头方式

当主路交通量较大或者禁止左转弯时,路口不允许掉头,可采取次路掉头的间接掉头方式。间接掉头方式一般适用于主干路和次干路(或支路)相交的情况。次路间接掉头有两种实现方法：一是主路上车辆右转后，在次路合适位置掉头，回到当前交叉口，再左转来实现掉头(图5-51)；二是主路上车辆在交叉口左转，在次路合适位置掉头后，回到当前交叉口，再右转来实现掉头(图5-52)。次路间接掉头这种方式，需掉头的车辆绕行距离较长，但能在一定程度上缓解交叉口掉头带来的交通拥堵压力。

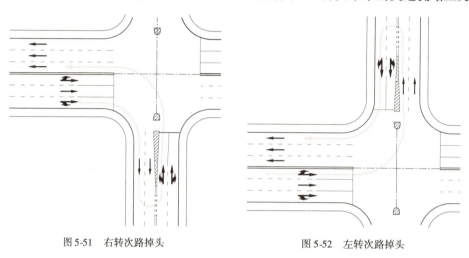

图5-51　右转次路掉头　　　　　　　图5-52　左转次路掉头

二、掉头最小宽度和掉头车道宽度

1. 掉头最小宽度

掉头最小宽度是指掉头车辆以最低速度行驶，掉头时车身左侧边缘与完成掉头后车身右侧边缘之间的横向距离(图5-53)。为保证掉头车辆不需要倒车就能一次顺利完成掉头，掉头转弯位置应该具有足够宽度，其最小宽度应满足不同类型车辆掉头需要的宽度。根据设计车辆转弯设计参数可知，不同设计车辆掉头时的轨迹如图5-53所示，车辆不同部位的最小转角半径[2]见表5-2。车辆掉头所需最小宽度采用式(5-15)计算：

$$W_R = R_{max} + R_c - \frac{d}{2} \tag{5-15}$$

式中：W_R——车辆掉头所需的最小宽度(m)；

R_{max}——车身最外侧转角半径(m)，见图5-53；

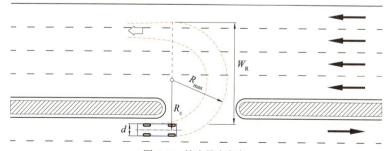

图5-53　掉头最小宽度

d——车身宽度(m),见图 5-53;

R_c——车轴中心转角半径(m),见图 5-53。

根据设计车辆几何参数,计算得到不同车型掉头时所需最小宽度,见表 5-18。掉头转弯位置和掉头车道应在车辆最小转角半径的基础上,结合路段中央分隔带宽度、对向车道数及宽度的情况综合确定。

不同车型掉头所需最小宽度 表 5-18

车型		小客车	载重汽车	大型客车	铰接客车	铰接列车
R_{max}(m)		8.44	14.18	14.68	11.27	11.74
R_c(m)		7.29	12.40	12.37	9.36	10.01
d(m)		1.8	2.5	2.55	2.55	2.55
W_R(m)	计算值	14.83	25.33	25.775	19.355	20.475
	建议值	15	26	26	20	21

2. 掉头车道最小宽度

根据加宽计算公式[3][式(5-16)]可以计算掉头车辆以最小转角半径行驶时的加宽值。掉头车道最小宽度为基本车道宽度与加宽值之和,计算结果见表 5-19。

$$b_w = \frac{A_1^2 + A_2^2}{2R_{max}} + \frac{0.05v}{\sqrt{R_{max}}} \tag{5-16}$$

式中:b_w——加宽值(m);

A_1——后轴至前保险杠距离(m),见表 5-19;

A_2——第二轴至拖车最后轴距离(m),见表 5-19;

R_{max}——车身最外侧转角半径(m),见表 5-19;

v——车辆行驶速度(km/h),取 10km/h。

掉头车道最小宽度 表 5-19

车型		小客车	载重汽车	大型客车	铰接客车	铰接列车
车身最外侧转角半径 R_{max}(m)		8.44	14.18	14.68	11.27	11.74
后轴至前保险杠距离 A_1(m)		4.6	8	9.85	7.5	4.8
第二轴至拖车最后轴距离 A_2(m)		0	0	0	6.7	11
加宽值 b_w(m)		1.43	2.39	3.44	4.64	6.28
基本车道宽度(m)		3.5	3.5	3.5	3.5	3.5
掉头车道最小宽度(m)	计算值	4.93	5.89	6.94	8.14	9.78
	建议值	5	6	7	8	10

由掉头车道的最小宽度计算结果可以看出,满足铰接车需要的宽度最大。一般情况下,大型铰接车不允许在路段掉头,因此在路段设置掉头开口时,只需考虑小客车和载重汽车即可。确实需要满足铰接车掉头需求时,开口的宽度应大于 10m。

本章参考文献

[1] 任卉.环形平面交叉交通组织方式及涡轮形环形平面交叉技术指标研究[D].西安:长安大学,2020.

[2] 中华人民共和国交通运输部.公路路线设计规范:JTG D20—2017[S].北京:人民交通出版社股份有限公司,2017.

[3] 许金良,等.道路勘测设计[M].5版.北京:人民交通出版社股份有限公司,2018.

第 六 章
CHAPTER 6
平面交叉立面设计

平面交叉立面设计(也称竖向设计)是通过调整平面交叉范围内的行车道、人行道及附近地面等有关各点的设计高程,合理确定各相交道路之间及平面交叉和周围建筑物之间共同面的形状,以符合交通安全、行车舒适、排水迅速、建筑艺术等方面要求的设计工作。

第一节 立面设计的基本原则

立面设计主要取决于相交道路的等级、交通量、横断面形状、纵坡大小和方向以及周围地形等。平面交叉立面设计的一般原则如下:

①平面交叉相交公路共有部分的立面形状及其引道横坡应根据相交公路的功能、等级、平纵线形、交通管理方式等因素确定。

②相同等级道路相交时,一般维持各自的纵坡不变,而改变其横向坡度。通常改变纵坡较小道路的横断面形状,将路脊线(路拱顶点的连线)逐渐向纵坡较大道路的行车道边线移动,使其横断面的横向坡度与纵坡较大道路的纵向坡度一致。

③主要道路与次要道路相交时,主要道路的纵、横断面均维持不变,应将次要道路双坡横断面逐渐过渡到与主要道路纵坡相一致的单坡横断面,以保证主要道路车辆行驶平稳。

④设计时至少应有一条道路纵坡方向背离平面交叉,以利于排水。如遇特殊地形,所有道路纵坡方向都向着平面交叉时,必须在平面交叉内设置雨水口和排水管道,以保证平面交叉内不积水,保障车辆行驶安全。

⑤平面交叉范围布置雨水口时,一条道路的雨水不应流过平面交叉的人行横道,或流入另一条道路,也不应使平面交叉内产生积水。雨水口应设在人行横道之前或低洼处。

⑥平面交叉立面设计高程应与周围建筑物地坪设计高程协调一致。

第二节 正线纵断面线形设计

一、正线纵断面线形设计基本要求

平面交叉立面设计开始前,应首先进行平面交叉范围内正线纵断面设计,确保平面交叉范围内的正线纵坡满足要求,且与前后路段纵坡合理衔接。平面交叉范围内正线纵断面设计应满足以下基本要求:

①正线纵坡应满足要求,相交公路的纵坡应尽量平缓。

②主要公路在交叉范围内的纵坡应在0.15%~3%的范围内;次要公路上紧接交叉的引道应以0.5%~2.0%的上坡通往交叉,且此坡段至主要公路的路缘至少25m,如图6-1所示。

③城市道路平面交叉范围内相交道路纵坡应不大于2.5%,困难情况下不应大于

3.0%。山区城市道路等特殊情况,在保证行车安全的条件下可适当增加。

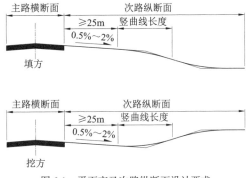

图 6-1 平面交叉次路纵断面设计要求

二、正线纵断面线形调整设计

为保证平面交叉范围内立面设计合理,行车安全和平顺,且满足排水要求,可能需要对平面交叉范围内的正线纵断面进行调整设计,道路等级、正线纵坡和横坡等不同,调整设计的方法也可能不同。

①采用主路优先管理方式时,应使主要道路横断面贯穿整个交叉,而调整次要道路的纵断面以适应主要道路横断面,如图 6-2 所示。当调整次要道路纵断面确实困难时,可不调整次要道路的纵断面,而是同时调整两相交道路的横坡,将次要道路双坡横断面逐渐过渡到与主要道路纵坡相一致的单坡横断面,保证主要道路的车辆行驶平顺(图 6-3)。

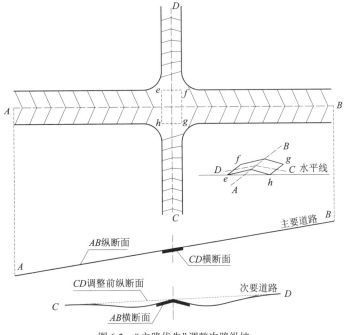

图 6-2 "主路优先"调整次路纵坡

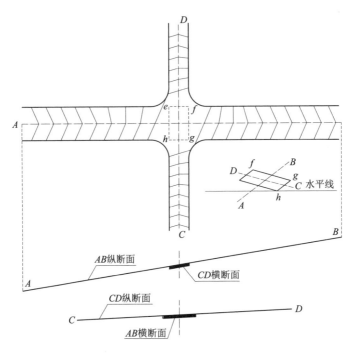

图 6-3 同时调整主路和次路横坡

②当主要道路在交叉范围内有超高时,次要道路纵坡应服从主要道路横坡。若次要道路在交叉前后相当长范围内纵坡的趋势与主要道路横坡相反,则次要道路应在主要道路两侧分别进行 S 形竖曲线纵断面设计,以保证平面交叉范围内次要道路的纵坡与主要道路超高横坡一致,如图 6-4 所示。

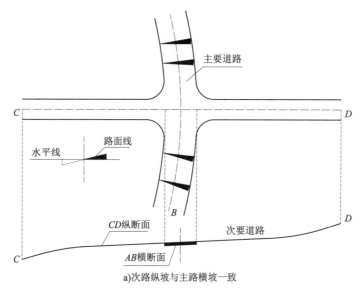

a) 次路纵坡与主路横坡一致

图 6-4

204

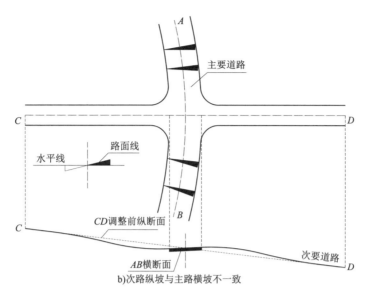

b) 次路纵坡与主路横坡不一致

图 6-4　主路为曲线时次路纵坡设计

③相交道路功能和等级相同或相近,或是信号控制平面交叉时,两相交道路纵坡在平面交叉范围内均不调整,而只改变各自的横坡,如图 6-5 所示。

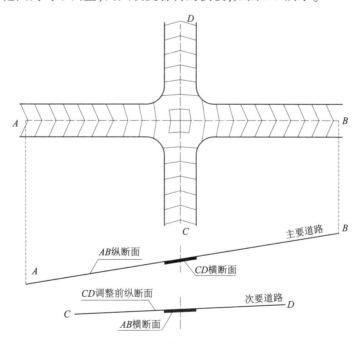

图 6-5　相交道路功能相同或相近时立面设计

④当非信号控制平面交叉中相交道路功能相似时,应根据交通量差异采用标志来指定其中一条路为主要公路。此时可按图 6-2 或图 6-3 所示方式处理。

⑤相交道路无法确定相对主次地位时,应对未来设置信号的可能性进行研究以

确定立面处理的方式。

⑥主要道路超高路段与次要道路坡顶相交时,次要道路纵断面应服从主要道路横坡而将竖曲线置于主要道路路基以外,次要道路的纵坡i_1和i_2的代数差不宜大于4%,条件受限时也不应大于6%,且竖曲线半径应满足平面交叉的识别视距要求(图6-6)。

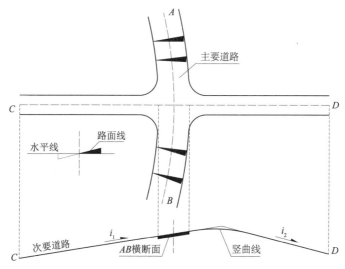

图6-6 次要道路纵断面服从主要道路超高横坡

三、立面设计的基本类型

平面交叉立面设计的形式主要取决于交叉范围内相交道路的纵坡、横坡及地形。以十字形平面交叉为例,按其所处地形及相交道路纵坡方向,立面设计可划分为六种基本类型,如图6-7所示。

①处于凸形地形上,相交道路的纵坡方向均背离平面交叉[图6-7a)]。

设计时平面交叉内相交道路纵断面保持不变,适当调整接近平面交叉的路段横坡,让雨水流向平面交叉四个转角的街沟或路基外排出。

②处于凹形地形上,相交道路的纵坡方向均指向平面交叉[图6-7b)]。

这种形式的立面设计会导致路面雨水都向平面交叉集中,排水困难,容易导致平面交叉积水,应尽量避免。若因地形限制必须这样设计立面,则应设置地下管道排水,防止雨水汇集到平面交叉中央,并适当改变相交道路的纵面,以抬高平面交叉中央设计高程。最好在进行相交道路纵坡设计时,将一条主要道路的变坡点设在远离平面交叉的地方,保证有一条道路的纵坡方向能背离平面交叉。

③处于分水线地形上,有三条道路纵坡方向背离平面交叉,而一条指向平面交叉[图6-7c)]。

设计时将纵坡指向平面交叉的路脊线在入口处分为三个方向,相交道路的横断面不变。

④处于谷线地形上,有三条道路纵坡方向指向平面交叉而一条背离[图6-7d)]。

设计时与谷线相交的道路进入平面交叉前,在纵断面上会产生转折因而不利于行车,应尽量使纵坡转折点远离平面交叉,并在该处插入竖曲线。城市道路应在三条指向交叉口的道路上设置雨水口,拦截流向交叉口的雨水。

⑤处于斜坡地形上,两条相邻道路纵坡指向平面交叉而另两条背离[图6-7e)]。

设计时相交道路的纵坡均不变,而使两条道路的横坡在进入平面交叉前逐渐向相交道路的纵坡方向变化,在平面交叉上形成一个单向倾斜面。

⑥处于马鞍形地形上,两条相对道路纵坡指向平面交叉而另两条背离[图6-7f)]。

设计时相交道路纵、横坡都可按自然地形在平面交叉内适当调整。

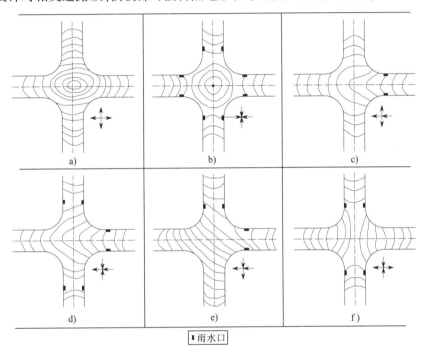

图6-7 平面交叉立面设计的基本类型

以上为典型十字形平面交叉立面设计形式,对其他形式的平面交叉,立面设计原则相同。立面设计的使用效果与相交道路纵坡方向的组合有很大关系,如要获得平面交叉理想的立面设计,应在进行道路纵断面设计时,考虑平面交叉立面设计的要求,创造良好的立面设计条件。

第三节 立面设计的方法

一、立面设计的高程控制点

平面交叉立面设计,一般采用高程图法。即在平面交叉平面设计图的基础上,采用合适的方法,计算立面高程控制点的设计高程,并标注在平面设计图对应的位置上,绘制出高程设计图。立面高程控制点包括基本特征点和加密点,以及基本特征点与加密点对应的映射点(图6-8)。

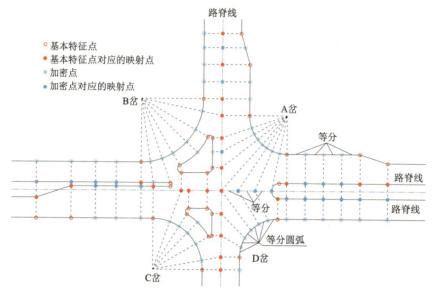

图6-8　立面设计基本特征点及计算步骤

1. 基本特征点

基本特征点是指进行平面交叉平面设计时几何现状发生变化的特征点。基本特征点一般包含以下几类:

①交点:相交道路交叉点,作为高程已知点。

②转角曲线点:路面转角曲线的起、终点,作为高程已知点。

③宽度变化点:平面交叉范围内路面宽度发生变化的点,包括附加车道渐变段的起、终点和中央分隔带宽度变化点等。

④交通岛边缘点:主要指交通岛边缘线的端点或者折线点和岛端圆弧的起、终点。

基本特征点设计高程一般根据其对应的映射点高程、与映射点的距离和横坡计算。

2. 加密点

当基本特征点间距过大(一般大于10m)时,为了满足施工和控制的要求,应在基本特征点之间进行加密,这些用来加密的点,是平面交叉立面设计高程加密点。

3. 映射点

映射点是指与基本特征点和加密点对应的正线路脊线上的点。基本特征点和加密点与其映射点的连线垂直于正线。一般情况下,映射点设计高程应根据正线纵断面设计线进行计算。

4. 加密点的设置方法

正线和转角曲线上的加密点可采用等分法、圆心法或特征线法进行设置。加密点数目，可根据路面宽度、施工需要确定。当道路宽度大、施工精度要求高时，加密点数目可多些；反之，可少一些。

(1) 等分法

如图6-9所示，将路脊线上距离较大的映射点间距等分为若干份，相应将转角曲线也等分为相同份数，可得到正线和转角曲线上的加密点。一般情况下，正线上映射点之间的距离为5～10m较为合适。

(2) 圆心法

如图6-10所示，将路脊线上的映射点或基本特征点与转角曲线的圆心连接，连线与转角曲线的交点即为转角曲线上的加密点。

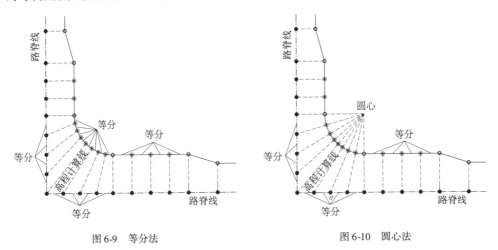

图6-9　等分法　　　　　　　　　图6-10　圆心法

设计时可以采取等分法与圆心法相结合的方法确定加密点。加密点的设计高程一般根据映射点或者特征点的设计高程、加密点与映射点或者特征点间的距离和横坡计算。

二、路脊线的选择

平面交叉立面设计与选定的路脊线密切相关。路脊线应根据相交道路的等级和交叉角等因素确定，既要考虑行车平顺，又要考虑整个平面交叉的均衡、美观。

1. 交叉角较大时

当平面交叉角大于75°时，相交道路通常选择行车道的中线作为路脊线。

2. 交叉角较小时

当交叉角较小时，道路中线不宜直接作为路脊线，因为路拱所分路面区域不均衡，应予以调整。调整时要求两转角曲线的切点在被交线上的里程相等。调整后新的路脊线如图 6-11 中的 EA、ED 和 EC 所示,其中心控制点 E 的位置选定,应考虑行车平顺和平面交叉布局的匀称、美观。研究表明,可取多边形 $OC_1D_1D_2A_2A_1$ 的重心 E 作为调整后路脊线的新交汇点[1]。

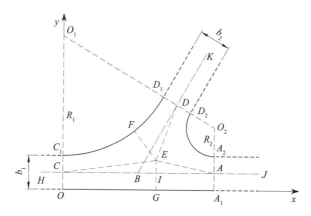

图 6-11 Y 形平面交叉路脊线的调整

路脊线调整时先建立以 O 为原点,以 OA_1 为 x 轴,以 OO_1 为 y 轴的局部直角坐标系 xOy,则在 xOy 坐标系中多边形 $OC_1D_1D_2A_2A_1$ 的重心坐标为

$$\begin{cases} x_E = \dfrac{\sum F_i x_i}{\sum F_i} = \dfrac{F_0 \cdot x_{OE} - F_1 \cdot x_{1E} - F_2 \cdot x_{2E}}{F_0 - F_1 - F_2} \\ y_E = \dfrac{\sum F_i y_i}{\sum F_i} = \dfrac{F_0 \cdot y_{OE} - F_1 \cdot y_{1E} - F_2 \cdot y_{2E}}{F_0 - F_1 - F_2} \end{cases} \quad (6\text{-}1)$$

式中:F_0——梯形 $A_1O_2O_1O$ 的面积;

F_1——扇形 $C_1D_1O_1$ 的面积;

F_2——扇形 $A_2D_2O_2$ 的面积;

(x_{OE}, y_{OE})——梯形 $A_1O_2O_1O$ 的重心坐标;

(x_{1E}, y_{1E})——扇形 $C_1D_1O_1$ 的重心坐标;

(x_{2E}, y_{2E})——扇形 $A_2D_2O_2$ 的重心坐标。

采用重心法确定的重心 E 的位置,还要基本符合与主要行车方向路面边缘线的距离相等的要求,如图 6-11 中的 GE、EF,若 GE、EF 值相差较大,可将线段 GE 适当移位以满足要求。当 $GE = EF$ 时,E 点就是中心控制点。将折线 $HCEAJ$ 和折线 EDK 分别作为两条道路的新路脊线,并据此进行相关特征点的高程计算。

三、右转弯附加车道的特征点高程与超高过渡

对右转弯附加车道或右转弯附加路面,因右转弯曲线一般需设超高,其高程控制点的设计高程取决于右转弯曲线超高过渡段起、终点位置以及与相交道路的连接。渠化右转弯车道上各处设计高程和横坡应满足右转弯车道与相交道路的平顺连接、

右转弯曲线设置超高以及整个交叉范围内路面排水和视距的需要。右转弯车道上设计高程的计算以右转弯车道左路缘石线作为设计控制。当以左路缘石线设计高程控制设计导致右转弯车道曲线内缘出现影响视觉的"下陷"(当超高较大时)或造成边沟设计困难时,在不妨碍路面排水的前提下,应适当调整左路缘石线的设计高程。

右转弯车道或右转弯附加路面应按路缘石线最小转角半径的大小设置超高。导流岛岛边长度较小(小于30m)的转弯车道无法设置超高过渡,或右转弯附加路面存在排水困难、路容不美观及与直行车道路面衔接困难等问题而无法设置应有的或最大超高时,可适当减小超高值,但应不小于安全右转需要的最小超高值(表6-1)。道路为直线时,渠化右转弯车道转弯曲线的超高过渡方式如图6-12所示;道路为曲线时,右转弯附加车道应采用直接式,此时右转弯附加车道转弯曲线的超高过渡方式如图6-13所示。

右转弯最小超高值　　　　表6-1

道路类型	公路					城市道路			
转弯速度(km/h)	≤15	20	25	30	40	15	20	25	30
最小超高值(%)	2	2	2	2	3	2	2	2	2
最大超高值(%)	4					4			

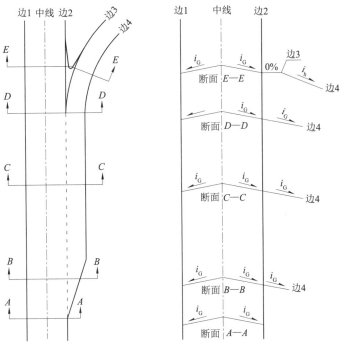

a) 平行式变速车道

图 6-12

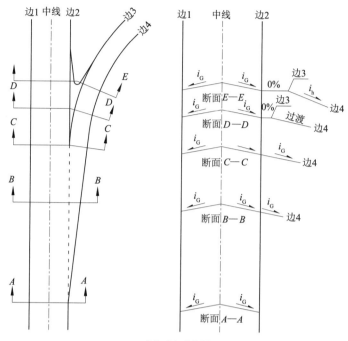

b)直接式变速车道

图 6-12　直线段的转弯曲线超高过渡
i_G-路拱横坡；i_h-右转曲线的超高横坡

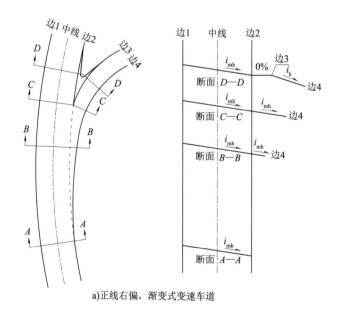

a)正线右偏，渐变式变速车道

图　6-13

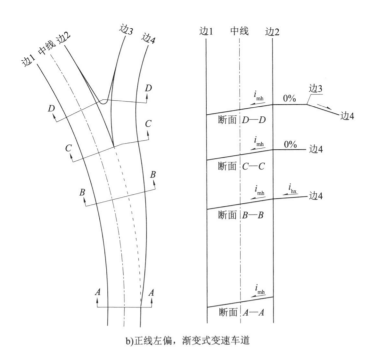

b) 正线左偏,渐变式变速车道

图 6-13 曲线段的转弯曲线超高过渡

i_h-右转曲线的超高横坡;i_{mh}-正线超高横坡;i_{hx}-断面 $B—B$ 的变速车道横坡,采用断面 $A—A$ 的横坡 i_{mh} 与断面 $C—C$ 的横坡 0% 内插计算

四、立面设计高程图

1. 平面交叉路面设计高程数字模型

根据立面设计高程控制点(基本特征点、加密点和映射点)的平面坐标和高程,可以构建平面交叉口路面设计高程数字模型,然后根据此模型内插平面交叉路面范围内任意点的设计高程,进而生成平面交叉立面设计高程图。

2. 立面设计高程图成果的类型

平面交叉立面设设计高程图可以采用特征断面高程设计图、方格网高程设计图、等高线高程设计图、方格网等高线高程设计图、特征点高程设计图等方法来呈现平面交叉立面设计的成果。

(1) 特征断面高程设计图

一般把立面高程控制点中的基本特征点及其映射点的连线方向作为特征断面方向,然后绘制特征断面高程设计图,标注每个特征断面上特征点的设计高程和横向宽度。因为这种方法标注的特征断面数量一般较少,不能完全反映整个平面交叉立面高程的设计情况,施工中较难应用,所以目前应用较少。

(2)方格网高程设计图

以相交道路的交叉点为基点,按照相同的间距用方格网划分立面设计范围,计算并标注每个方格网节点的设计高程,得到方格网节点的高程,进而得到平面交叉方格网高程设计图(图6-14)。方格网可以平行于相交道路,做成斜方格网,也可以不与相交道路平行,保持方格网正交。方格网高程设计图的每个节点之间的距离相同,这样施工放样相对较容易。

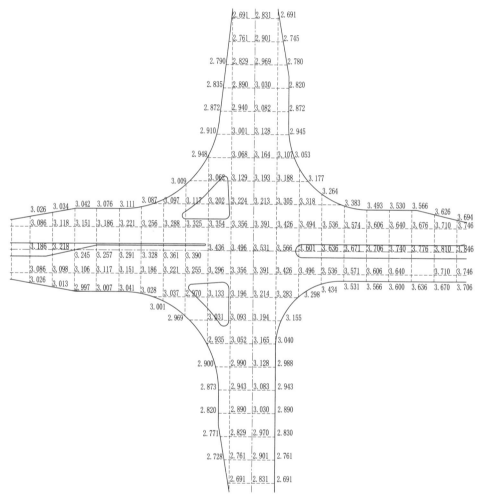

图6-14 方格网高程设计图
注:方格网间距为7m×7m。

(3)等高线高程设计图

根据平面交叉口路面设计高程数字模型,生成等高距为0.01~0.10m的等高线高程设计图(图6-15)。在立面等高线设计图上,比较容易检查整个平面交叉范围内的雨水流向情况。但等高线高程设计图不便用于指导施工,因而提交施工图文件时不建议采用等高线高程设计图。

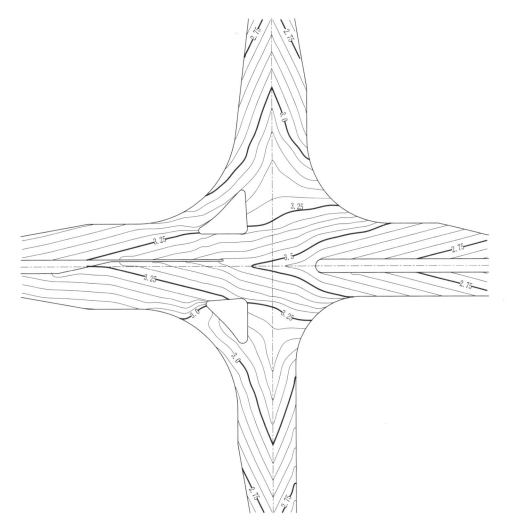

图 6-15　等高线高程设计图

(4)方格网等高线高程设计图

在方格网高程设计图的基础上,增绘路面等高线,即可得到方格网等高线高程设计图(图 6-16)。这种设计图结合了方格网高程设计图和等高线高程设计图的优点。

(5)特征点高程设计图

在平面设计图的基础上,根据前述确定的设置立面高程控制点的方法和要求,确定并计算所有高程控制点后,直接标注每个高程控制点的设计高程,得到特征点高程设计图(图 6-17)。这种立面成果表达最简单,省去了绘制等高线和计算方格网节点高程的麻烦,设计相对简单,且方便施工,目前使用较多。

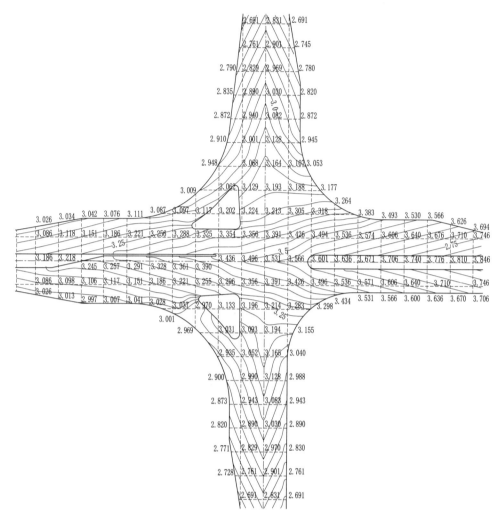

图 6-16 方格网等高线高程设计图
注:格网间距为 7m×7m。

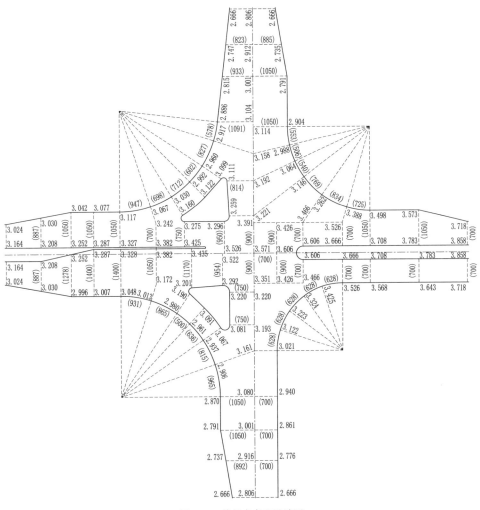

图 6-17 特征点高程设计图

本章参考文献

[1] 许金良,等.道路勘测设计[M].5版.北京:人民交通出版社股份有限公司,2018.

第七章 CHAPTER 7
互通式立体交叉形式设计

第一节　匝道的类型和布设形式、特点

匝道是指相交道路间的连接道路,是互通式立体交叉的重要组成部分,主要供转弯车辆行驶。匝道是互通式立体交叉不可或缺的组成部分,匝道的类型决定了互通式立体交叉的形式。匝道类型、匝道与正线和匝道之间的连接方式不仅会直接影响互通式立体交叉的交通功能、交通安全,还会影响工程建设的合理性和运营的经济性等。因此,匝道类型和布设形式是互通式立体交叉形式设计的基础。

一、匝道的类型

匝道一般可按以下两种方法分类。

1. 按匝道横断面车道布置分类

匝道按横断面车道的布置类型可划分为如下四种:

①单向单车道匝道(Ⅰ型横断面)。匝道供车辆单向行驶,只设置一条行车道,不允许超车,如图 7-1a)所示。适用于转弯交通量小于或者接近单车道匝道设计通行能力的情况。

②单向双车道匝道(Ⅱ型横断面)。当匝道上交通量不大,但匝道长度较大时,为满足超车需求,将匝道出、入口之间的路段设置为双车道,出、入口采用单车道布置形式[图 7-1b)]。设计时一般以右侧车道中心线为设计线,在分流鼻之后,渐变加宽至两个车道,在合流鼻之前再渐变为一条车道,右侧不设置紧急停车带。

③单向双车道匝道(Ⅲ型横断面)。匝道(包括出、入口)设置两个车道,且右侧设置紧急停车带[图 7-1c)]。主要适用于转弯交通量大于单车道匝道设计通行能力,且要满足超车和紧急停车需要的情况。

④对向双车道匝道(Ⅳ型横断面)。匝道供车辆双向行驶,对向行车道之间一般设置中央分隔带隔离[图 7-1d)],也可采用画线方式分隔对向车流。适用于两个单向交通紧邻且有较长共线路段的情况。采用对向双车道匝道可以节省占地。当某个单向转弯交通量大于单车道匝道设计通行能力时,该方向可以采用双车道,从而构成双向三车道或双向四车道匝道。

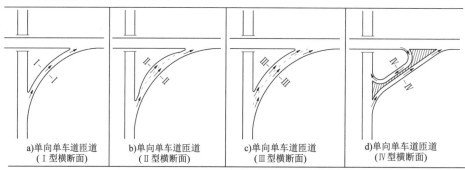

图 7-1　按匝道横断面车道布置分类
a)单向单车道匝道(Ⅰ型横断面)　b)单向单车道匝道(Ⅱ型横断面)　c)单向单车道匝道(Ⅲ型横断面)　d)单向单车道匝道(Ⅳ型横断面)

2.按匝道功能分类

匝道的功能是为转弯车辆提供通道,根据交通流分类可知,交通流有右转弯和左转弯之分,因此,匝道根据功能可划分为右转弯匝道和左转弯匝道两大类。右转弯匝道是从正线右侧驶出后直接右转,到相交道路的右侧驶入,一般不设跨线构造物。左转弯匝道是指沿着左转弯交通流线布置的匝道,左转弯匝道上的车辆须越过另一条正线上的对向车道。按匝道与相交道路的连接方式,左转弯匝道又可分为直连式、半直连式和环形匝道三种类型。

二、匝道的布设形式

1.右转弯匝道布设形式

根据第二章右转弯交通流线基本形式分析可知,右转弯交通流线有 5 种基本形式可以采用,但从行车安全和驾驶习惯的要求出发,一般情况下右转弯匝道应采用右侧驶出、右侧汇入的布设方法[图 7-2a)]。特殊情况下右转弯匝道可以在交叉点之后,通过迂回方法实现右转[图 7-2b)],也可以通过连续左转约 360°来实现[图 7-2c)]。右转弯匝道属于右出右进的直连式匝道,其特点是形式简单、直捷顺畅。根据立体交叉的形式和用地限制条件,直连式右转弯匝道可以布设成单(复)曲线、反向曲线、平行线、斜线四种(图 7-3)。

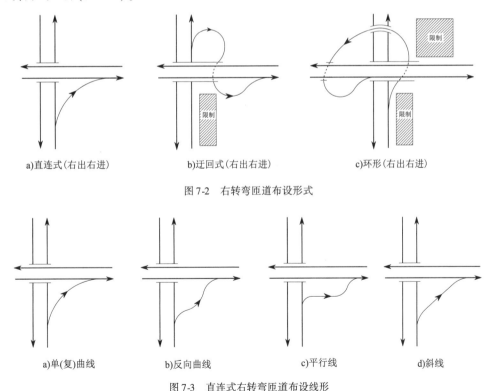

图 7-2　右转弯匝道布设形式

图 7-3　直连式右转弯匝道布设线形

2. 左转弯匝道布设形式

(1) 直连式左转弯匝道布设形式

直连式左转弯匝道又称定向式、直接式、左出左进式左转弯匝道[图7-4a)]。直连式左转弯匝道上,左转弯车辆直接从当前正线行车道左侧驶出,左转约90°,从相交另一正线行车道的左侧驶入。直连式左转弯匝道的优点是匝道长度最小,可降低运营费用;没有迂回行驶,匝道中间路段线形指标较高,能适应较高的运行速度,通行能力较大。其缺点是跨线构造物较多,需要单向两层式跨线桥两座;为满足上跨(或下穿)正线对向行车道的要求,两条正线的双向行车道之间须有足够大的间距;匝道的进、出口均存在左出和左进安全问题,与我国右侧行驶、左侧超车的行车规则不相适应,一般不宜采用。如需采用,应对左侧进、出口进行特殊几何设计和交通安全设施设计,保障左侧进、出口交通安全。

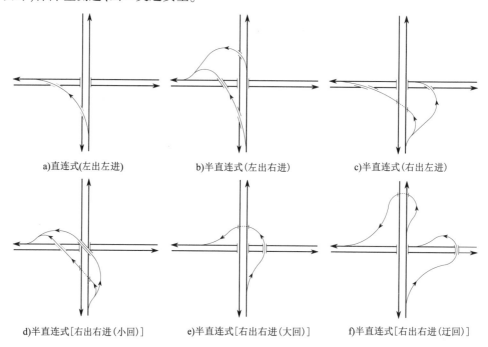

图7-4 左转弯匝道布设形式

(2) 半直连式左转弯匝道布设形式

半直连式左转弯匝道又称半定向式、半直接式左转弯匝道,按车辆由相交道路进出方式可分为左出右进式、右出左进式、右出右进式三种基本形式。

①左出右进式:左转弯车辆从驶出道路左侧直接驶出后左转弯,从相交道路的右侧驶入[图7-4b)]。与直连式左转弯匝道相比,右进弥补了左进的缺点,车辆驶入安全,但存在左侧驶出的安全问题;左转弯车辆略有绕行;驶出道路与对向行车道之间须有足够横向间距,满足匝道跨越对向车道的要求。

②右出左进式:左转弯车辆从驶出道路右侧右转驶出后,在匝道上左转弯,到相

交道路后直接从驶出道路左侧驶入[图7-4c)]。与左出右进式相比,右出弥补了左出缺点,车辆驶出安全,但仍存在左进的安全问题;驶出道路与对向行车道之间也须有足够间距,满足匝道跨越对向车道的要求。

③右出右进式:左转弯车辆由驶出道路右侧驶出后,在匝道上左转改变方向,由相交道路的右侧汇入[图7-4d)、e)、f)]。右出右进式是最常用的左转弯匝道布置形式,完全消除了左出和左进的缺点,行车安全;缺点是左转绕行距离较长,跨线构造物较多。

(3)环形左转弯匝道布设形式

环形匝道又称间接式、环圈式匝道。左转弯车辆驶过正线跨线构造物后向右回转约270°后,在相交道路的右侧驶入。环形左转弯匝道特点是右出右进,行车安全,匝道上不需设跨线构造物,工程规模较小;为节省占地,一般环形匝道半径较小,匝道线形指标差,车辆运行速度较低,导致通行能力较小,因而一般采用单车道。环形匝道包围的区域均属于占地范围,因而占地面积比其他形式大,且左转绕行距离长。

苜蓿叶形、喇叭形和子叶形互通式立体交叉中分别包含4条、1条和2条环形匝道。图7-5a)为常用基本形式,若当前道路设置凸形竖曲线上跨相交道路,则位于凸形竖曲线后部的出口位置不利于驾驶人识别;图7-5b)是将出口移至交叉点之前,无论交叉点是否设置凸形竖曲线,均有利于驾驶人识别出口,便于驾驶人提前变道,做好安全驶出的准备操作;图7-5c)的出口和图7-5b)一样,入口位于跨线桥后,不利于驾驶人观察相交道路上直行车道,设计时要检查合流区的视距;图7-5d)的出口和图7-5a)一样,入口和图7-5c)一样。当互通式立体交叉为了改善交织而设置集散车道时,可采用图7-5b)、c)、d)这三种形式。

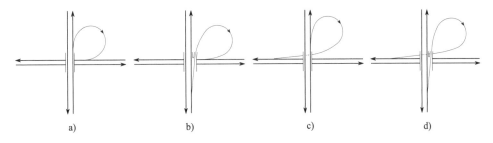

图7-5 环形左转弯匝道布设形式

三、匝道布设特点

1.右转弯匝道布设特点

在各种匝道的基本形式中,不设跨线构造物时,右转弯匝道一般均采用右出右进的直连式。因此,右转弯匝道布置形式具有单一性特点,一般情况下不影响互通式立体交叉的形式。使用中可根据地形和地物等场地限制条件,改变右转弯匝道线形,如采用单曲线、反向曲线或斜线等线形,或者采用变异的右转弯匝道。

2. 左转弯匝道布设特点

从前述左转弯匝道布置形式可以看出，其基本布置形式归纳起来有 10 种（表 7-1）。各种左转弯匝道可单独或组合使用，形成许多对称或不对称的互通式立体交叉。左转弯匝道布置形式的特点如下。

左转弯匝道布置形式汇总表　　表 7-1

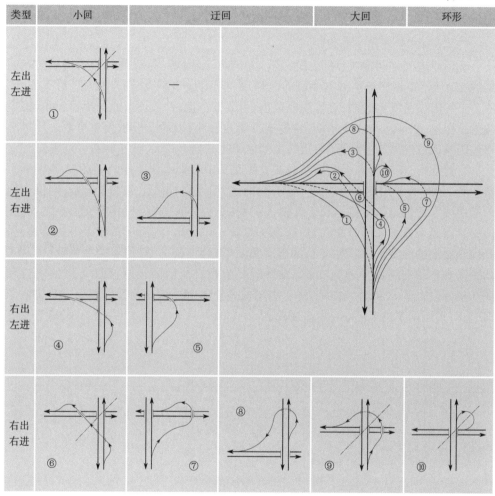

（1）独立性

每一种左转弯匝道都具有单独使用的特性，即一座互通式立体交叉的所有左转弯方向可只采用左转弯匝道的某一种形式，组成对称型的互通式立体交叉（图 7-6）。

（2）对称性

可将左转弯匝道 10 种基本形式归纳为两类对称方式：一类为自身斜轴对称，如编号为①、⑥、⑨、⑩四种；另一类自身无对称轴，但与其他基本形式构成相互轴对称，如②和④、③和⑤、⑦和⑧。这两类具有对称性的左转弯匝道可组合成对称的、造型美观的互通式立体交叉（图 7-6）。

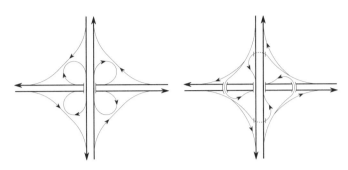

图 7-6 左转弯匝道的独立性和对称性

(3) 组合性

左转弯匝道 10 种基本形式,可组合成许多斜轴或半轴对称的立体交叉,或组合成不对称的互通式立体交叉(图 7-7)。

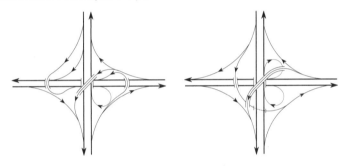

图 7-7 左转弯匝道的组合性

(4) 可达性

任何一个左转方向,均可在所有象限内布设,完成左转弯运行。如图 7-8 所示,当 A 方向的车辆需要左转到 B 方向时,有 10 种匝道布设方式,可在四个象限中的任意一个或者多个象限内布置匝道。

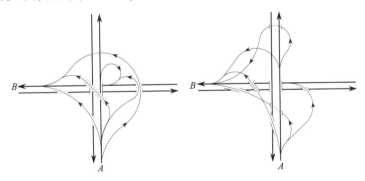

图 7-8 左转弯匝道的可达性

(5) 局域性

所有行驶方向左转弯的车辆,均可在部分象限内完成左转弯运行。如图 7-9 所示,图 7-9a)为在一个象限内集中布置,图 7-9b)、c)为分别在两个和三个象限内布置。

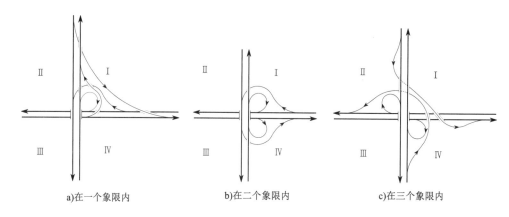

a) 在一个象限内　　　　b) 在二个象限内　　　　c) 在三个象限内

图 7-9　部分象限布置所有左转弯匝道

第二节　匝道组合与互通式立体交叉形式

互通式立体交叉形式设计是根据自然条件、交通条件、环境条件以及道路条件等因素，选择合适的左转弯匝道形式进行组合设计。各种左转弯匝道和右转弯匝道形式的不同组合就可构成不同形式的互通式立体交叉。因为右转弯匝道安全、经济、合理的形式只有右出右进的直连式一种，所以互通式立体交叉的形式实际上就是各种左转弯匝道的组合。由左转弯匝道布设形式可知，每个左转方向有 10 种布设形式，根据第二章交通流线数量分析，不同岔数的互通式立体交叉可能的布设形式见表 7-2。

左转弯匝道布设形式汇总表　　　　表 7-2

互通式立体交叉岔数(条)	交通流线数量(条)			互通式立体交叉的布设形式(种)
	直行	左转	右转	
3	2	2	2	6^2
4	4	4	4	10^4
5	4	8	8	10^8
6	6	12	12	10^{12}

一、三岔互通式立体交叉匝道的组合

1. 各行驶方向可采用匝道形式

三岔互通式立体交叉交通流行驶方向如图 7-10 所示；AB 和 BA 为两个直行方向；AC 和 CB 为两个右转弯行驶方向；CA 和 BC 为两个左转弯行驶方向。对右转弯行驶方向的匝道，常用一种右出右进直连式匝道形式。对三岔交叉而言，左转弯匝道 10 种形式中的②和③为一种、④和⑤为一种、⑥和⑨为一种，没有⑧，因此三岔左转的形式有 6 种，如图 7-11、图 7-12 所示。

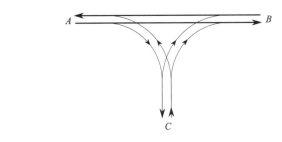

图 7-10　三岔互通式立体交叉交通流行驶方向

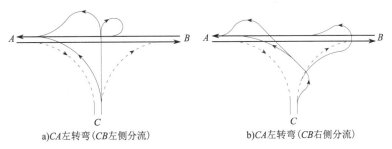

a)CA左转弯（CB左侧分流）　　　　　　b)CA左转弯（CB右侧分流）

图 7-11　三岔互通式立体交叉 CA 左转弯匝道形式

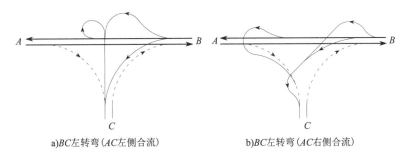

a)BC左转弯（AC左侧合流）　　　　　　b)BC左转弯（AC右侧合流）

图 7-12　三岔互通式立体交叉 BC 左转弯匝道形式

2. 基本组合形式

两个左转弯方向各有 6 种左转弯匝道形式，三岔互通式立体交叉共有 36 种基本组合形式，如表 7-3 所示。

三岔互通式立体交叉基本组合形式　　　　　　表 7-3

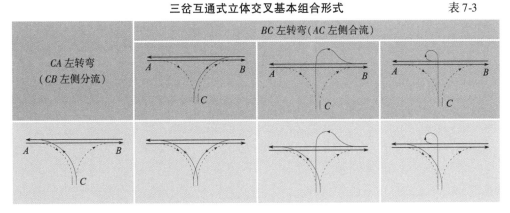

续上表

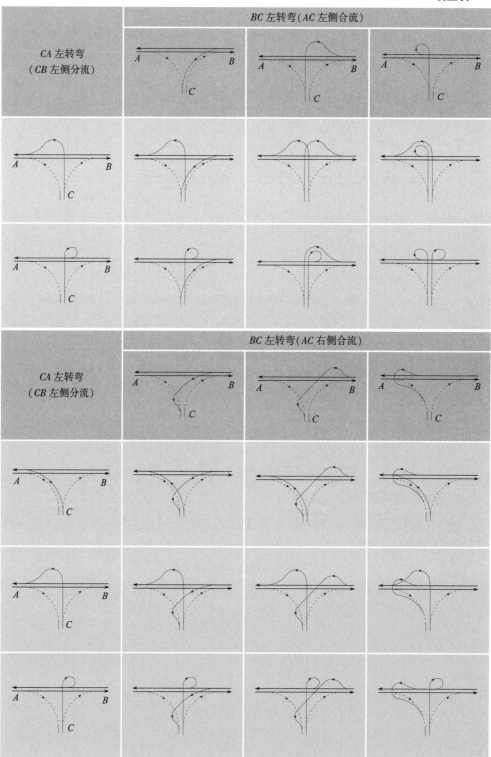

续上表

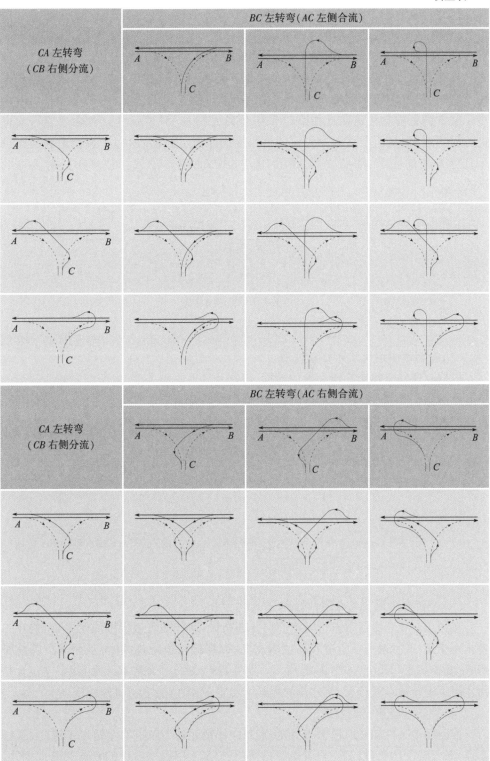

229

3. 工程适应性处理方法

(1) 正线局部路段采用分离式路基

直连式左转弯匝道在直行车道上存在左出或左进运行的情况,双向直行车道之间须有足够间距以满足跨线纵坡的要求。若直行车道横断面在交叉范围内仍采用正常布置,双向行车道之间只设一条中间带,则布设直连式左转弯匝道比较困难。通常的处理方法是在这些路段采用分离式路基,对某一个或者两个直行方向进行局部改线,将两个直行方向拉开适当横向距离,满足左出和左进匝道跨越某一个直行方向的要求,如图 7-13 所示,图 7-13a) 为基本形式,图 7-13b)、c) 为变化形式。

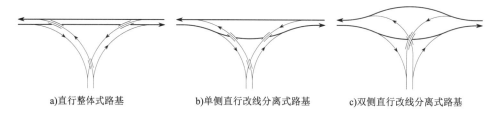

a) 直行整体式路基　　b) 单侧直行改线分离式路基　　c) 双侧直行改线分离式路基

图 7-13　左出左进路段分离式路基

(2) 左转弯匝道交叉点移动处理

根据互通式立体交叉所在地的地形、地物及其他限制条件,将两条左转弯匝道的交叉点沿垂直于直行车道方向适当移动,调整左转弯匝道和直行车道的交叉点位置,可控制跨线桥高度和占地面积,适应各种条件变化,如图 7-14 所示。

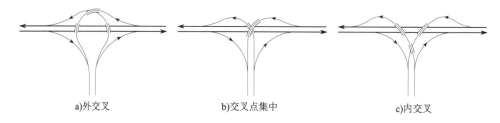

a) 外交叉　　b) 交叉点集中　　c) 内交叉

图 7-14　左转弯匝道交叉点移动处理

(3) 左转弯匝道交叉点避开处理

将两条左转弯匝道沿直行车道方向拉开布设,使外侧匝道包围内侧匝道,避免二者相互交叉,或者避免在匝道较高位置交叉,以降低匝道跨越高度,从而减少跨线桥跨数、减小高度和长度,如图 7-15 所示。图 7-15a)、d)、g) 为基本形式,其中左包含是指左侧匝道转角半径较大,将右侧的左转弯匝道包围在内;右包含则相反。

(4) 左转弯匝道交织处理

根据场地条件和交通量大小,将交通量较小的左转弯匝道与左转弯匝道(或直行车道)布设成交织路段,避免设置跨线构造物,以减少跨线构造物的数量和高度,可以降低造价。但交织路段的通行能力较弱,需要验算通行能力,如图 7-16 所示。一般采用图 7-16b)的形式较多,避免直行交通与转弯交通交织。

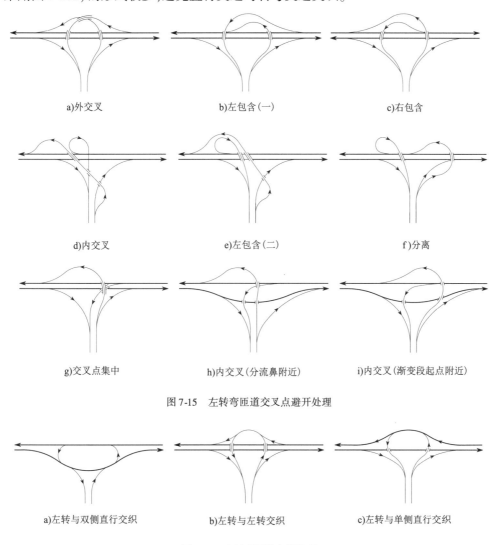

图 7-15　左转弯匝道交叉点避开处理

图 7-16　左转弯匝道交织处理

(5) 左转弯匝道平面交叉处理

当左转弯交通量很小或因场地条件限制很严,经技术经济比较,匝道和被交线之间不采用完全立体交叉时,允许左转弯匝道之间或左转弯匝道与次要道路之间存在平面交叉,一般不允许左转弯匝道与主要道路的直行车道平面交叉(图 7-17)。布置时不建议将左转弯匝道之间的交点设置于两直行方向之间,以免形成交叉点集中,交叉点集中时无论交叉点位于桥上还是桥下,均不利于驾驶人对交叉点位置的识别,存在较大安全隐患,宜采用图 7-17c)所示的内交叉形式。采用图 7-17a)所示的外交叉形式时,交叉点与直行道路之间应保持一定的横向距离,以满足平面交叉的停车视距要求。

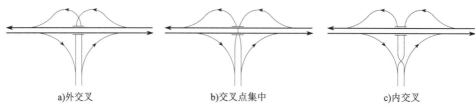

图 7-17 左转弯匝道平面交叉处理

二、四岔互通式立体交叉匝道的组合

四岔交叉时,除两条直行道路以外,共有四个左转弯行驶方向和四个右转弯行驶方向。对右转弯匝道只考虑一种常用的右出右进直连式匝道。而每一个左转方向都有 10 种左转弯匝道形式,理论上四岔互通式立体交叉共有 $10 \times 10 \times 10 \times 10$ 种组合形式。但并非所有组合形式都具有实用价值,根据互通式立体交叉选形的基本原则,从安全性的角度考虑,应选择出入口形式更安全的、符合我国行车规则的右侧驶出和驶入的形式;从经济的角度考虑,互通式立体交叉跨线桥的数量和层数应尽可能少,缩短匝道的长度,减小占地面积,减小跨线构造物的工程规模;从造型美观的角度考虑,左转弯匝道和右转弯匝道形式宜尽量各自相同,互通式立体交叉的造型应尽量采用对称形式;从设计和施工方便的角度考虑,互通式立体交叉应结构形式简单,跨线桥结构和构造简单,施工容易。因此,安全上有保障,技术上可行,经济上合理,外形上美观,施工上简单,具有工程实用价值的互通式立体交叉形式在数量上就大大减少了。

1. 基本组合形式

(1) 四个左转弯匝道都相同的组合形式

四个左转弯匝道形式都相同的互通式立体交叉组合共有 $10 \times 1 \times 1 \times 1 = 10$ 种,如 X 形、苜蓿叶形、涡轮形立体交叉等(图 7-18)。这些组合形式具有轴对称、斜轴对称或反对称的结构,造型美观,设计施工方便,但占地面积较大,造价较高。多用于左转弯交通量相差不大、地形和地物允许,且不设收费站的四岔互通式立体交叉。

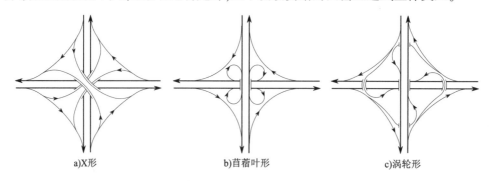

图 7-18 四个左转弯匝道形式都相同的互通式立体交叉组合示例

(2) 三个左转弯匝道相同的组合形式

三个左转弯匝道形式相同,而另一个不相同的互通式立体交叉组合共有 $10 \times 1 \times$

1×9=90种,如图 7-19 所示。这些组合形式具有斜轴对称或不对称的结构,适用于一个左转方向受条件限制或与其他左转弯匝道的交通量相差较大时。

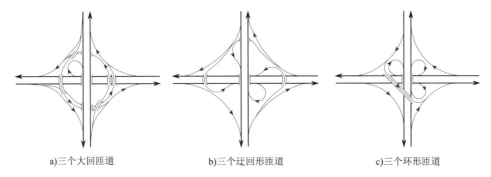

a)三个大回匝道　　　　b)三个迂回形匝道　　　　c)三个环形匝道

图 7-19　三个左转弯匝道形式相同的互通式立体交叉组合示例

(3)两个左转弯匝道相同的组合形式

两个左转弯匝道形式相同的互通式立体交叉有四类组合形式:第一类是相邻两个相同,另两个也相同(但两两间不相同),这类互通式立体交叉组合形式共有 10×1×9×1=90 种,如图 7-20a)所示;第二类是相邻两个相同,另两个不相同,这类互通式立体交叉组合形式共有 10×1×9×8=720 种,如图 7-20b)所示;第三类是对角两个相同,另两个也相同(但两两间不相同),这类互通式立体交叉组合形式共有 10×1×9×1=90 种,如图 7-20c)所示;第四类是对角两个相同,另两个不相同,这类互通式立体交叉组合形式共有 10×1×9×8=720 种,如图 7-20d)所示。图 7-20 仅为示例,具体选用时应根据受限制象限或交通量大小而采用其他左转弯匝道形式的组合互通式立体交叉。

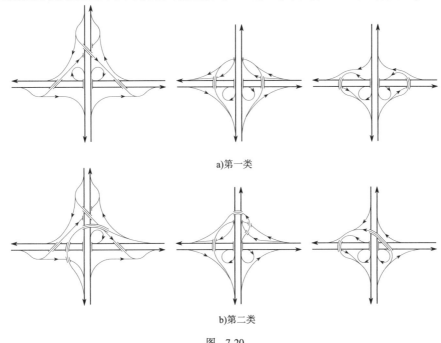

a)第一类

b)第二类

图　7-20

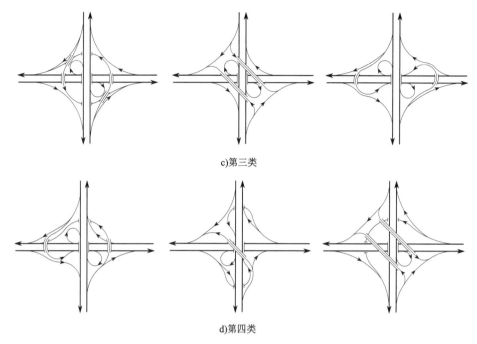

图 7-20 两个左转弯匝道形式相同的互通式立体交叉组合示例

(4) 四个左转弯匝道都不相同的组合形式

四个左转弯匝道形式都不相同的互通式立体交叉组合共有 $10 \times 9 \times 8 \times 7 = 5040$ 种,如图 7-21 所示。这些互通式立体交叉有对称或不对称的组合形式,一般占地面积较大,跨线构造物多,造价较高,如组合不当,易形成松散的外观构形。因此,组合设计时应结合场地限制条件和交通量大小,尽量采用轴对称或斜轴对称的结构。在平面布置上使各匝道合理组合,充分利用场地从而形成紧凑的结构,以减小占地面积;在纵面安排上合理利用竖向空间,以降低跨线构造物的高度。

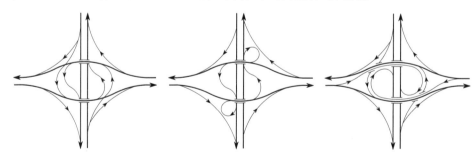

图 7-21 四个左转弯匝道形式都不相同的互通式立体交叉组合示例

2. 工程适应性处理方法

(1) 正线局部路段采用分离式路基

正线局部路段采用分离式路基时通过对正线的直行车道局部进行改线处理,设置分离式路基,目的是满足直连式和半直连式左转弯匝道左出或左进时跨越对向车道的需要,使结构更为紧凑,以减小占地面积,减少跨线构造物的数量或高度等,如图7-22所示。

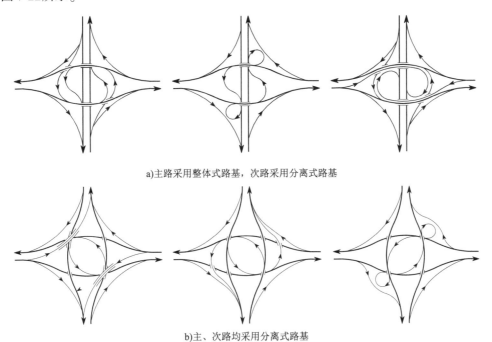

a)主路采用整体式路基,次路采用分离式路基

b)主、次路均采用分离式路基

图7-22 正线局部路段采用分离式路基

(2)左转弯匝道交叉点位置移动处理

通过调整匝道线形,移动左转弯匝道交叉点的位置,改变跨线构造物的数量和建筑高度。随着左转弯匝道交叉点位置的变动,左转弯匝道间交叉点的位置和数量发生变化,相应的跨越高度和层数也发生变化,如图7-23所示。但这种改变可能导致匝道长度和车辆绕行距离增加,互通式立体交叉占地面积也会增加。

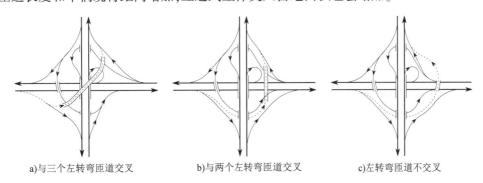

a)与三个左转弯匝道交叉　　b)与两个左转弯匝道交叉　　c)左转弯匝道不交叉

图7-23 左转弯匝道交叉点位置移动处理

(3)左转弯匝道交叉点避开处理

左转弯匝道交叉点避开处理是使左转弯匝道之间不直接交叉,避免设置匝道跨线桥,减少跨线桥数量和建筑高度,如图7-24所示。

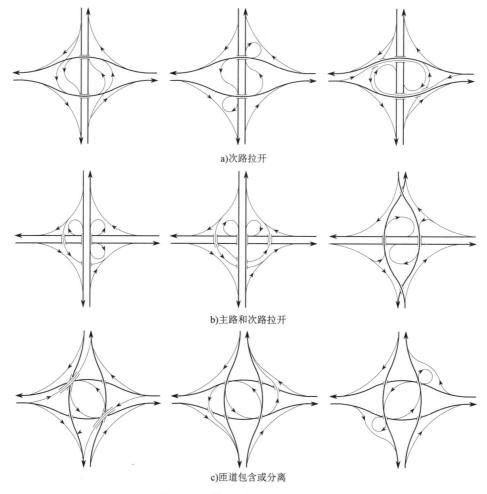

a)次路拉开

b)主路和次路拉开

c)匝道包含或分离

图 7-24　左转弯匝道交叉点避开处理

(4) 左转弯匝道交织处理

将交通量较小的左转弯匝道与左转弯匝道(或直行车道)布设成交织路段,避免设置跨线构造物,可有效减小占地面积和降低建筑高度,但互通式立体交叉的通行能力受交织路段通行能力的限制,如图 7-25 所示。

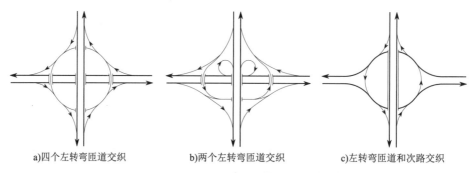

a)四个左转弯匝道交织　　b)两个左转弯匝道交织　　c)左转弯匝道和次路交织

图 7-25　左转弯匝道交织处理

(5)左转弯匝道平面交叉处理

当主要道路与次要道路相交或互通式立体交叉采用分期修建时,可在交通量较小的匝道与匝道之间、匝道与次要道路直行车道之间设置平面交叉,以适应交通量和投资的要求。但应注意近期设计与远期改建相结合,留足改建用地。菱形互通式立体交叉、部分苜蓿叶形互通式立体交叉都是平面交叉处理后的互通式立体交叉形式(图 7-26)。

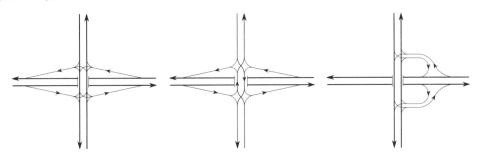

图 7-26 左转弯匝道平面交叉处理

三、多岔互通式立体交叉匝道的组合

多岔互通式立体交叉一般为五岔(图 7-27)和六岔(图 7-28)及以上的多条道路交汇于一处的互通式立体交叉,在进行路网规划和路线方案设计时应采取措施尽量避免多条道路相交于一处,以降低交通流线之间关系的复杂程度,减少跨线构造物的数量,减小互通式立体交叉规模,避免复杂的出、入口导致驾驶人错路运行。多岔互通式立体交叉可以在三岔和四岔互通式立体交叉的基础上进行组合设计[1]。

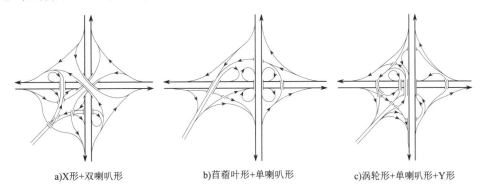

a)X形+双喇叭形　　b)苜蓿叶形+单喇叭形　　c)涡轮形+单喇叭形+Y形

图 7-27 五岔互通式立体交叉

五岔互通式立体交叉要实现全互通全立交,理论上要设置独立的 16 个匝道,并且可能在五个不同的高度分布,这种互通式立体交叉结构复杂,规模宏大,因此可能会有多种结构类型。多岔互通式立体交叉的主要类型有以下几种。

1. 集中交汇于一点附近

集中交汇于一点是指多条道路集中交汇于一处的互通式立体交叉形式。此种互通式立体交叉匝道数与转弯方向数相等,匝道空间层次多,结构复杂,纵向起伏大,跨线构造物多,工程造价高。可以采取在四岔互通式立体交叉的基础上叠加三岔互通式立体交叉的形式,形成复杂的全互通式立体交叉形式。为减少跨线构造物,实现车辆的转向,可采用环形交织形的互通式立体交叉,将所有转弯车辆全部集中于环道,但存在交织运行,使得通行能力受限,车速较低,大中城市城区难以采用。

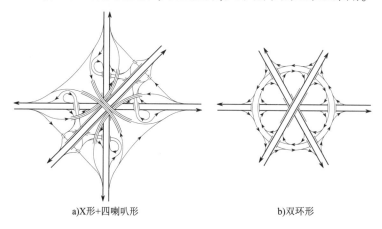

a)X形+四喇叭形　　　　　　　b)双环形

图 7-28　六岔互通式立体交叉

2. 复合式多岔互通式立体交叉

多岔道路交汇于一点,导致互通式立体交叉形式复杂、规模宏大。为了避免出现复杂的多岔互通式立体交叉,规划设计时,可以将交汇点错开,如果错开的净距较大,则按独立的三岔或四岔互通式立体交叉处理;如果净距较小,不能设置为两个独立的互通式立体交叉,则可将两个互通式立体交叉通过辅助车道或者集散车道连接设置成复合式互通式立体交叉。

将五岔互通式立体交叉分为一个三岔和一个四岔交叉,按两个互通式立体交叉分别设计(图 7-29)。采用这种方式处理后,互通式立体交叉匝道数量由 16 条减为 12 条,出入口数量也较少,跨线构造物的数量减少且高度降低,投资节省较多。但分开后整个交叉的范围有所增加,占地面积有一定程度的增加。

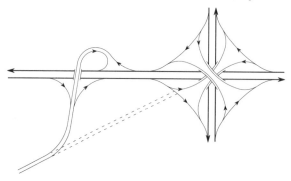

图 7-29　五岔交叉错开交汇点

同理,也可将六岔互通式立体交叉分为两个三岔和一个四岔互通式立体交叉(图 7-30),按三个互通式立体交叉分别设计,这种互通式立体交叉全互通,匝道数量由 24 条减为 16 条,出入口的数量也较少,跨线构造物数量少,但占地面积较大。此外,原直行方向的交通流[图 7-30b)中的虚线]与另外一个直行方向[图 7-30b)中左右方向的粗实线]共线,应分析共线路段的通行能力,确定共线路段的车道数,并合理布置共线路段的横断面。

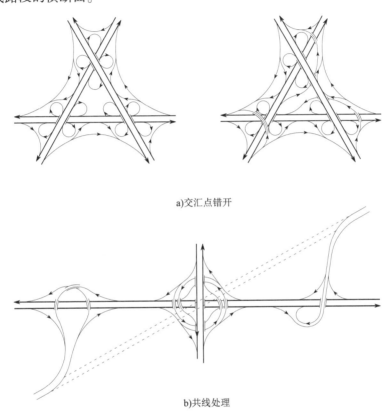

a)交汇点错开

b)共线处理

图 7-30 六岔交叉错开交汇点

第三节 常用互通式立体交叉的形式

一、完全互通式立体交叉形式

相交道路的车流轨迹线在空间上全部分离的交叉称为完全互通式立体交叉。完全互通式立体交叉的匝道数量与转弯方向数量相等,各转弯方向均有专用匝道,无冲突点,行车安全、迅速,通行能力大,但占地面积大、造价高。适用于高速道路之间或高速道路与其他交通量大的道路相交。其中三岔互通式立体交叉的代表形式有喇叭形、子叶形、Y 形、梨形、三岔环形和三岔菱形;四岔互通式立体交叉的代表形式有苜苜叶形、X 形、涡轮形、组合型、四岔环形和四岔菱形、部分苜蓿叶形。

1. 三岔互通式立体交叉常用形式及其特点

(1) 喇叭形互通式立体交叉

喇叭形互通式立体交叉是用一个环形(转向约为270°)左转弯匝道和一个半直连式左转弯匝道组成的完全互通式立体交叉,如图7-31所示,是三岔立体交叉的代表形式。喇叭形互通式立体交叉可分为 A 型和 B 型,经环形左转弯匝道驶入正线(或主线)时为 A 型,驶出时为 B 型。从行车安全角度考虑,一般宜选用 A 型。若选用 B 型,为解决跨线桥之后驶出出口视认性差的问题,一般宜在跨线桥之前设置平行式出口。

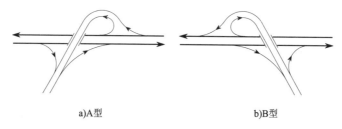

图 7-31　喇叭形互通式立体交叉

喇叭形互通式立体交叉除环形匝道半径指标较小,适应车速较低外,其他匝道的指标都较高,能为转弯车辆提供较高速度;只需一座跨线构造物,投资较省;无冲突点和交织,通行能力大,行车安全;造型美观,行车方向容易辨别。一般适用于高速道路与一般道路相交的三岔交叉。

布设时应将环形匝道设在交通量较小的方向上,主线左转弯交通量大时宜采用 A 型,反之可采用 B 型,采用 B 型时一般应采用平行式出口,且出口宜位于跨线构造物之前,方便驾驶人对出口位置的识别,以提前做好变道减速驶出的准备。一般道路上跨、主线下穿时,跨线桥的位置有利于驾驶人识别互通式立体交叉的位置,有利于提前做好驶出准备。驶出车辆上坡,有利于减速;而驶入车辆下坡,有利于加速汇入。当主线上跨、匝道下穿时,匝道与主线宜斜交或弯穿。

(2) 子叶形互通式立体交叉

子叶形互通式立体交叉是用两个环形匝道实现两个左转方向车辆左转的三岔互通式立体交叉(图7-32)。

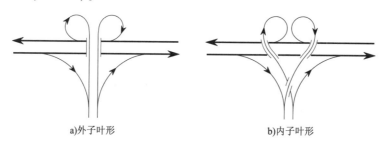

图 7-32　子叶形互通式立体交叉

这种立体交叉只需一座跨线构造物,造价较低,匝道对称,造型美观。但交通运行条件不如喇叭形好,两个左转弯匝道的平面指标都较小。外子叶形的主线上存在交织段[图 7-32a)],为避免在主线上交织,可设置集散车道,或者采用内子叶形[图 7-32b)],但左转弯匝道之间存在交叉,需要多设置一座匝道跨线桥。子叶形互通式立体交叉多用于首蓿叶形互通式立体交叉的前期工程。布设时以主线下穿为宜。

(3)Y 形互通式立体交叉

Y 形互通式立体交叉是用直连匝道或半直连匝道实现车辆左转的三岔全互通式立体交叉,如图 7-33 和图 7-34 所示。这种立体交叉能使转弯车辆高速定向或半定向运行,通行能力大;无交织,无冲突点,行车较安全;匝道布设形式使行车方向明确,路径短捷,运行流畅;正线外侧占地宽度较小。但跨线构造物多,造价较高。适用于各方向交通量都较大的三岔互通式立体交叉。

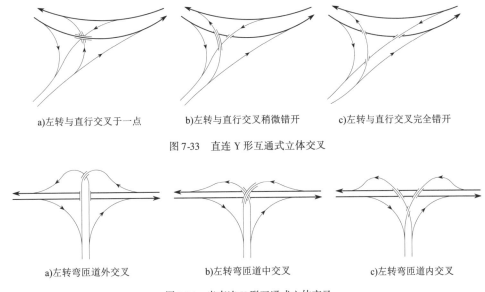

a)左转与直行交叉于一点　　　b)左转与直行交叉稍微错开　　　c)左转与直行交叉完全错开

图 7-33　直连 Y 形互通式立体交叉

a)左转弯匝道外交叉　　　b)左转弯匝道中交叉　　　c)左转弯匝道内交叉

图 7-34　半直连 Y 形互通式立体交叉

布设时直连 Y 形互通式立体交叉的正线在交叉范围内应采用双向分离式路基布置方式,或拉开适当的距离,以满足左转弯匝道纵坡和桥下净空要求,在进行正线设计时应充分考虑这种立体交叉布设的要求。半直连 Y 形互通式立体交叉适用于正线双向采用整体式路基的情况。

(4)梨形互通式立体交叉

梨形互通式立体交叉是用半直连形匝道实现两个左转的三岔全互通式立体交叉,如图 7-35 所示。这种立体交叉和半直连立体交叉一样,通行能力大;无交织,无冲突点,行车安全;行车方向明确,路径短捷,运行流畅。但正线外侧占地宽度比直连式和半直连式大,跨线构造物多,造价较高。布置时,为降低匝道之间跨线构造物的高度,减小跨线桥规模,可以用一个左转弯匝道包含另一个左转弯匝道[图 7-35b)、c)]。同样适用于各方向交通量都很大的三岔互通式立体交叉。

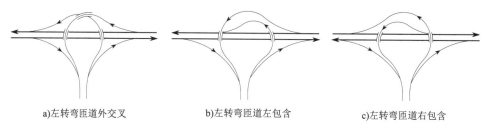

a)左转弯匝道外交叉   b)左转弯匝道左包含   c)左转弯匝道右包含

图 7-35　梨形互通式立体交叉

(5)三岔环形互通式立体交叉

三岔环形互通式立体交叉的匝道布置如图 7-36 所示。其主线交通直通,一般不参与交织[图 7-36a)、b)],而次线及主线转弯车辆环绕中心岛交织运行。为保证主线直行车流快速、畅通,使主线下穿或上跨中心岛,次要道路的直行车流和交叉口的左转弯车流一律绕中心岛作单向逆时针行驶,车流在环道内相互交织。

环形立体交叉能保证主线直通,无冲突点,交通组织方便;结构紧凑,占地面积较小。但次要道路的通行能力受环道交织能力的限制,车速受到中心岛半径的影响;构造物较多,左转弯车辆绕行距离长。适用于主要道路与次要道路相交。布设时,应让主线直通,中心岛可采用圆形、椭圆形或其他形状。为满足车辆掉头的需求,可设置完整的环岛(图 7-36 中虚线部分也修建)。

a)圆形环岛   b)椭圆形环岛   c)椭圆形环岛(直行交织)

图 7-36　三岔环形互通式立体交叉

(6)三岔菱形互通式立体交叉

三岔菱形互通式立体交叉匝道车流轨迹线之间为平面交叉(图 7-37)。一般主要道路与次要道路相交,匝道上交通量均较小,或受地形、地物限制,匝道之间无法采用立体交叉时可采用三岔菱形互通式立体交叉。布设时应注意满足平面交叉点的安全视距要求。为了减少冲突点,可以提前交换次要道路交通行驶方向[图 7-37b)]。

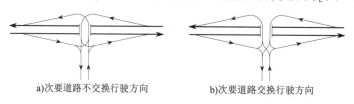

a)次要道路不交换行驶方向   b)次要道路交换行驶方向

图 7-37　三岔菱形互通式立体交叉

2.四岔互通式立体交叉常用形式及其特点

(1)苜蓿叶形互通式立体交叉

苜蓿叶形互通式立体交叉是指用四个对称的环形左转弯匝道实现各方向左转弯

车辆运行的全互通式立体交叉,是四岔交叉常用的互通式立体交叉之一(图7-38)。

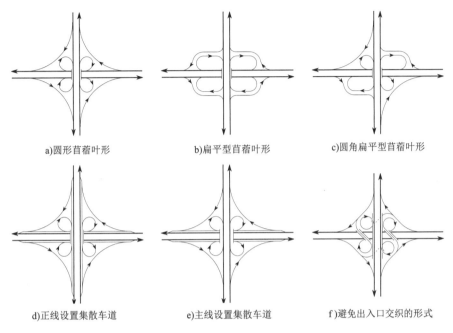

图 7-38 苜蓿叶形互通式立体交叉

这种立体交叉各匝道相互独立,无冲突点,交通运行连续而自然,仅需一座跨线构造物,可分期修建。但占地面积大,左转弯车辆绕行距离长,环形匝道适应车速较低,且跨线桥上、下的正线上存在交织段,限制了立体交叉的通行能力。适用于高速道路之间或城市外围环路上不设收费站的立体交叉。

布设时为消除正线上的交织,避免双重出口并使交通标志简化,提高通行能力和行车安全性,常在主线的外侧增设集散车道,使出入口及交织段布置在集散车道上,成为带集散车道的苜蓿叶形立体交叉[图7-38d)、e)]。或者采用图7-38f)所示的形式,既避免了入口和出口之间的交织段,减少了交织对正线交通流的影响,又通过设置单一出口,解决了同一侧距离较近相邻出口容易导致错路运行的问题。

(2)X形互通式立体交叉

X形互通式立体交叉,又称半直连式立体交叉,是由四条半直连左转弯匝道组成的高级全互通式立体交叉(图7-39)。

这种立体交叉各方向转弯车辆转向明确,自由流畅;具有单一的出口或入口,便于车辆运行并简化交通标志;无冲突点,无交织,行车安全;适应车速高,通行能力大。但层多桥长,造价高,占地面积大。一般多用于高速道路之间、各左转弯交通量大、车速要求高、通行能力大的枢纽互通式立体交叉。

图7-39a)所示形式的转弯匝道线形更为流畅,转角半径更大,适应的车速更高,桥梁建筑高度较大,匝道桥与跨线桥集中布设使结构更复杂。布设时,宜将直行车道分别布置在较低层,而将对角左转弯匝道布置在高层。另外,如图7-39b)所示,可以

243

合理利用空间高差的变化,以降低立体交叉的建筑高度,但要避免一条匝道几次上下起伏变化,以一次升降坡为宜。

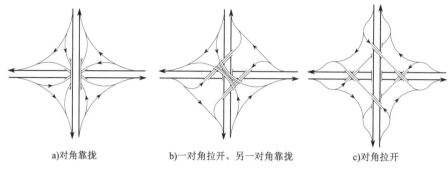

a)对角靠拢　　　　　b)一对角拉开、另一对角靠拢　　　　　c)对角拉开

图 7-39　X 形互通式立体交叉

(3)涡轮形互通式立体交叉

涡轮形互通式立体交叉是由四条半直连式左转弯匝道组成的一种高级全互通式立体交叉,如图 7-40 所示。

这种立体交叉匝道纵坡较缓,适应行驶速度较高的车辆;车辆进出正线安全通畅;无冲突点,无交织,通行能力较大。但左转弯车辆绕行距离较长,运营费用较高;需建两层式跨线构造物五座,造价较高;占地面积大。适用于高速道路之间转弯交通量较大的枢纽互通式立体交叉。

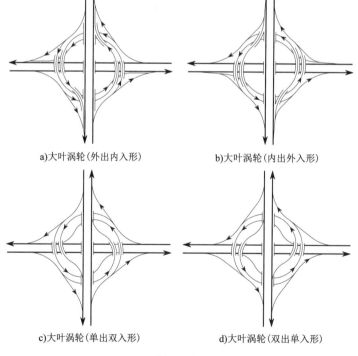

a)大叶涡轮(外出内入形)　　　　　b)大叶涡轮(内出外入形)

c)大叶涡轮(单出双入形)　　　　　d)大叶涡轮(双出单入形)

图　7-40

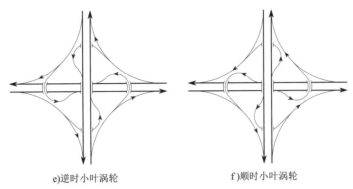

e) 逆时小叶涡轮　　　　　f) 顺时小叶涡轮

图 7-40　涡轮形互通式立体交叉

布设时,为避免主线上出现双重出、入口的问题,应避免选用图 7-40c)、d) 两种形式。匝道平面线形与汽车行驶速度的变化相适应,通常匝道出口线形应比入口线形好,因此不宜选用顺时小叶涡轮形式[图 7-40f)],应优先选用逆时小叶涡轮形式[图 7-40e)]。

(4) 组合型互通式立体交叉

组合型互通式立体交叉是指根据交通量并结合地形、地物限制条件,在同一座立体交叉中采用两种或两种以上不同形式的左转弯匝道组合而成的全互通式立体交叉,如图 7-41 所示。

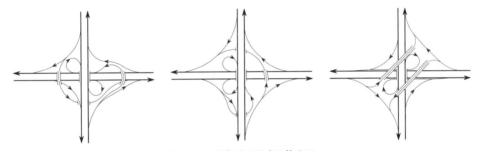

图 7-41　组合型互通式立体交叉

组合型互通式立体交叉在正线不采用分离式路基的情况下,左转弯匝道多为环形和半直连式匝道,组合形式多样;匝道布设形式与交通量相适应,转弯交通量较小的方向可以选择环形匝道,转弯交通量一般的方向可以选择小回或迂回形匝道,转弯交通量较大的方向可以选择大回形匝道;选择形式时应充分利用地形、地物,因地制宜。布设时应合理设置环形左转弯匝道,尽量使结构紧凑,减小占地面积。

(5) 四岔环形互通式立体交叉

四岔环形互通式立体交叉是指所有转弯方向的交通均在环道上行驶,通过环道的交织运行,然后驶离环道的立体交叉。一般情况下仅有转弯车辆在环道上行驶[图 7-42a)],不建议直行车辆在环道上交织,环道宜布置在中间层。若次路的直行交通量较小,也可以在环道上参与交织,一般将环道布置在地面上[图 7-42b)]。适用于转弯交通量较小,或者直行交通量也较小的四岔互通式立体交叉。

(6) 四岔菱形互通式立体交叉

四岔菱形互通式立体交叉是指设有四条单向匝道通向被交道路,在次要道路的连接部存在平面交叉的互通式立体交叉,如图 7-43 所示。这种立体交叉能保证主线直行车流快速、畅通;左转弯车辆绕行距离较短;主线上有高标准的单一进出口,交通标志简单;主线下穿时,匝道纵坡便于驶出车辆减速和驶入车辆加速;形式简单,仅需一座跨线构造物,用地较少,工程费用低。但次线与匝道连接处为平面交叉,影响通行能力和行车安全。适用于城市主要道路与次要道路相交且用地困难的情况,公路上采用较少。布设时应将平面交叉设在次要道路上,主要道路应视地形和排水条件确定上跨或下穿形式,一般以下穿为宜。次要道路上可通过渠化或设置交通信号等措施组织交通。

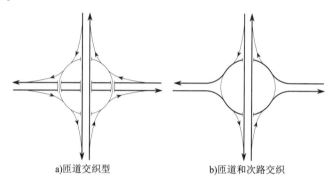

a)匝道交织型　　　　　　b)匝道和次路交织

图 7-42　四岔环形互通式立体交叉

为减少次路平面交叉冲突点的数量,可在平面交叉点附近改变直行交通的方向,成为双纽形菱形立体交叉[图 7-43b)]。

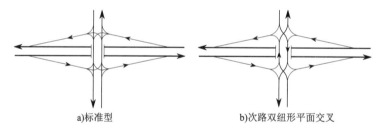

a)标准型　　　　　　b)次路双纽形平面交叉

图 7-43　四岔菱形互通式立体交叉

(7)部分苜蓿叶形互通式立体交叉

部分苜蓿叶形互通式立体交叉是指部分左转弯方向不设环形左转弯匝道,而呈不完全苜蓿叶形的互通式立体交叉,如图 7-44 所示。可根据转弯交通量的大小或场地限制,采用图 7-44 所示任意形式或其他变形形式。

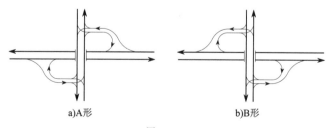

a)A形　　　　　　b)B形

图　7-44

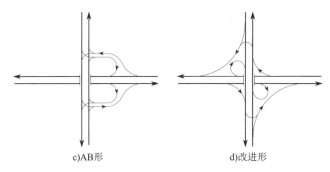

图 7-44 部分苜蓿叶形互通式立体交叉

这种立体交叉可保证主线直行车流快速、畅通;单一出口的驶出方式便于车辆运行,并简化了主线上的交通标志;仅需一座跨线构造物,用地和工程费用较低;便于分期修建,远期可扩建为全苜蓿叶形互通式立体交叉。但次要道路上为平面交叉,影响通行能力和行车安全,且有停车等待和错路运行的可能。适用于主要道路与次要道路相交。

部分苜蓿叶形互通式立体交叉分为 A 形、B 形和 AB 形三种。A 形是指所有环形匝道都是驶入主线的,B 形是指所有环形匝道都是驶出主线的,AB 形则是指一个环形匝道驶入主线,另外一个环形匝道驶出主线。设计时应根据转弯交通量的大小和地形、地物等限制条件综合分析,优先选择 A 形。布设时应使转弯车辆的出入尽量少妨碍主线交通,平面交叉应设在次要道路上,必要时可在次要道路上组织渠化交通或设置信号控制。

二、部分互通式立体交叉形式

部分互通式立体交叉也称不完全互通式立体交叉,指部分转弯方向设置匝道连通,而其他部分转弯方向不设置匝道,无法连通的立体交叉(图 7-45)。一般适用于部分转弯方向交通量为零或者极少的情况。

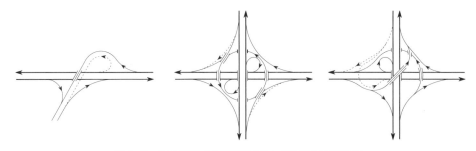

图 7-45 部分互通式立体交叉(图中虚线表示设置匝道)

第四节 收费互通式立体交叉和收费站

一、收费站布置的基本原则

收费道路上封闭式收费互通式立体交叉或需单独收费的立体交叉应按收费互通

式立体交叉设计。互通式立体交叉是否收费、收费方式、收费站布置的数量等均会影响互通式立体交叉的形式。同时,互通式立体交叉的形式也会影响收费站设置的数量。因此需要按照收费互通式立体交叉进行设计时,应综合考虑收费站设置基本原则、收费方式、收费站布置的基本要求,收费车道的数量和要求,收费广场布置的要求,收费管理设施布置的要求等,合理选择收费互通式立体交叉的形式。收费互通式立体交叉收费站布置的基本原则如下:

①1座互通式立体交叉以设1座收费站为宜。

收费互通式立体交叉除三岔互通式立体交叉外,其余立体交叉形式若要收费,则需2~4座收费站(图7-46)。而每个收费站都是昼夜工作,需要的收费员、管理员、收费机、住所等导致费用很高。所以应尽量减少收费站的数量,力求管理方便,设备集中,不干扰正线交通。因此1座互通式立体交叉以设1座收费站为宜。

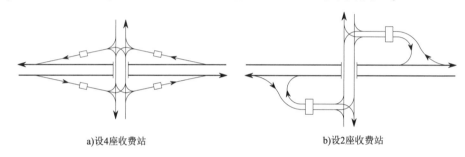

a)设4座收费站　　　　　　　　b)设2座收费站

图7-46　收费互通式立体交叉

②收费站中心与相邻出、入口的间距应满足要求。

收费广场的宽度和长度应满足交通量的要求,排队车辆不应影响收费广场两端道路的正常通行。因此,一般情况下收费广场中心与分流端的距离宜大于100m,与平面交叉口的距离宜大于150m。靠近城区或者交通量特别大的收费站,应根据排队长度合理确定收费广场中心与合流端和平面交叉之间的距离。

③收费站处的平纵面指标应满足收费站布置的基本要求。

收费广场最好设在直线上的平坦路段。当收费广场设在正线上时,圆曲线与竖曲线应与互通式立体交叉的正线线形标准一致;设在匝道或连接线上时,其圆曲线半径应不小于200m,竖曲线半径应大于800m。收费广场处的纵坡应小于2%,当受地形及其他条件限制时,不得大于3%,横坡为1.5%~2.0%。

④车辆在收费广场频繁地减速、停止和起动,且在收费广场区域驾驶人常常把注意力放在寻找空闲车道、通行券及费用缴付上,为方便车辆驾驶人操作和基于广场安全考虑,广场区域的平纵线形应以平缓为宜。不能将收费广场设置在凹形竖曲线的底部或长下坡路段的下方,避免车辆冲撞或擦碰收费岛、收费亭事件频繁发生。

⑤特大桥、隧道等构筑物前后一般都不适宜布设收费广场,且在收费广场与特大桥或隧道之间都应设置相当数量的交通标志,以有效提高这些重要构筑物的交通安全性。通常,特大桥、大型隧道区域是交通事故常发路段,收费站应与这些设施保持足够的间距。

⑥收费站及其场区应注意环境保护,注重场区的空气流通,避免设置在低洼地,收费广场路基中心线方向与当地常年主风向一致为最佳。收费场区防污染设计必须满足国家相关法规的要求。

二、收费站布置的基本方法

1. 设置收费站的方法

如图 7-47 所示,收费互通式立体交叉设置收费站的方法是在距相交道路交叉点适当距离处另设一条连接线,在连接线两端与相交道路交叉处各设一个三岔互通式立体交叉或平面交叉,使所有转弯车辆都集中经由连接线行驶,需在连接线上设置 1 座收费站,实现集中收费。

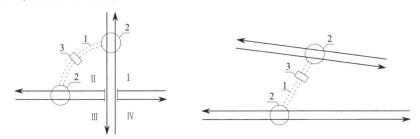

图 7-47 收费互通式立体交叉设置收费站的方法
1-连接线;2-三岔互通式立体交叉或平面交叉;3-收费站

2. 连接线的设置原则

①连接线可设在任意一个象限,主要取决于收费互通式立体交叉附近的地形和地物,同时考虑交通量大小,以设在右转弯交通量较大象限为宜。

②连接线位置和长度,应满足两端三岔互通式立体交叉或平面交叉在正线上的加、减速长度需要;满足在连接线上驶入收费站时减速到零,驶出收费站时从零加速的需要。同时考虑收费广场中心至分流端和平面交叉之间的距离要求、布置收费广场所需的宽度等条件。

③连接线的设置应考虑收费站场区布置的需求,要使收费站场区与收费广场之间的联系方便、短捷。

3. 连接线两端交叉形式选择

连接线与主路连接的一端应设置三岔互通式立体交叉,可以根据转弯交通量大小,从三岔互通式立体交叉的常用形式中选择。连接线与被交路连接的一端交叉形式应根据被交路的功能、等级和交通量大小,结合地形、地物、用地条件等综合考虑,可选择平面交叉和立体交叉,一般遵循如下原则:

①平面交叉:适用于连接线与次要道路的连接,并且应采用渠化平面交叉。

②子叶形互通式立体交叉:适用于连接线与左转弯交通量较小的一般道路的连接。

③喇叭形互通式立体交叉:适用于连接线与主要道路或一般道路的连接,宜采用A形。

④Y形互通式立体交叉:适用于连接线与左转弯交通量大的高速道路、主要道路的连接,或一侧受到河流、铁路、建筑物等限制的其他道路的连接。

4. 常用三岔收费互通式立体交叉的形式

多采用喇叭形、Y形及苜叶形互通式立体交叉,直接在被交路上设置1座收费站即可。

5. 常用四岔收费互通式立体交叉的形式

(1)设置2座收费站

四岔收费互通式立体交叉设置2座收费站常用形式如图7-48所示,其中图7-48c)所示的变形菱形收费互通式立体交叉,弥补了标准菱形互通式立体交叉需要设置4座收费站的缺点,变形后集中收费,收费站的数量减少到2座,尤其适用于高架道路上的收费互通式立体交叉,不必增加跨线构造物,简单而实用。

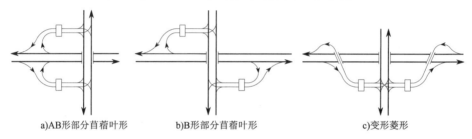

a)AB形部分苜蓿叶形　　b)B形部分苜蓿叶形　　c)变形菱形

图7-48　设置2座收费站的立体交叉

此类四岔收费互通式立体交叉需要设置2座收费站,与1座收费站互通式立体交叉形式相比,费用增加很大,除非地物障碍限制较严,否则最好不采用。

(2)设置1座收费站

四岔收费互通式立体交叉只设1座收费站的形式,在收费道路上使用非常普遍,其显著特点是组织所有转弯车辆都经由连接线通过,这样,只需在连接线适当位置处设1座收费站,有利于集中收费管理,简便实用,收费管理费用最低。收费互通式立体交叉除相交道路交叉处要设置跨线构造物外,还要增加连接线两端三岔互通式立体交叉构造物,使得匝道延长,车辆绕行距离远,工程造价和营运费用都比不收费互通式立体交叉高。

四岔收费互通式立体交叉可供选择的形式很多,比如:平面交叉+菱形、平面交叉+环形、平面交叉+苜叶形、平面交叉+喇叭形、平面交叉+Y形、双菱形、菱形+环形、菱形+苜叶形、菱形+喇叭形、菱形+Y形、双环形、环形+苜叶形、环形+喇叭形、环形+Y形、双苜叶形、苜叶形+喇叭形、苜叶形+Y形、双喇叭形、喇叭形+Y形及双Y形等。

据20世纪80年代统计资料,在日本的高速公路互通式立体交叉中,这些收费互通式立体交叉形式都已使用过,其中互通式立体交叉加互通式立体交叉的组合占全部互通式立体交叉总数的25%,互通式立体交叉加平面交叉的组合约占66%,其他互通式立体交叉形式约占9%。另外,在以上四岔收费互通式立体交叉形式中,使用频率比较高的形式相对集中,如平面交叉+喇叭形组合占到总数的近50%,双喇叭形约占20%,平面交叉+菱形占7.3%,平面交叉+Y形占5.6%,其他形式占17.1%[2]。由此可见,道路收费使互通式立体交叉的选形和设计大大简化,从这个意义上来说,因为不考虑收费问题,加之环境、空间及地上地下各种管线和建筑物的限制,不收费道路(特别是城市道路)上的互通式立体交叉的选形和设计更复杂。常用收费互通式立体交叉的形式如图7-49所示。

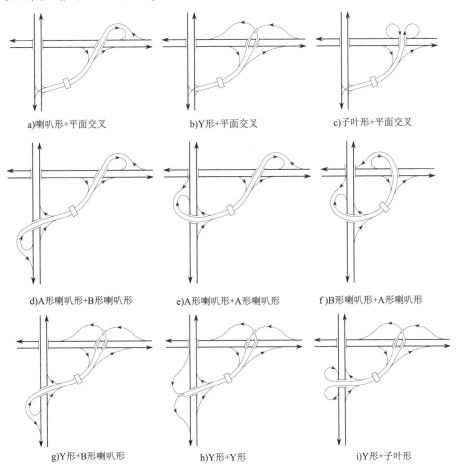

图7-49 设置1座收费站的立体交叉

本章参考文献

[1] 潘兵宏,许金良,杨少伟.多路互通式立体交叉的形式[J].长安大学学报(自然科学版),2002(4):31-33.

[2] 杨少伟.道路立体交叉规划与设计[M].北京:人民交通出版社,2000.

第 八 章
CHAPTER 8
互通式立体交叉匝道设计

第一节 匝道标准横断面

进行匝道平面和纵断面线形设计之前,首先应确定匝道横断面类型及其各部分尺寸。因匝道形式不同,其长度也有所不同,而匝道长度在一定程度上也会影响匝道标准横断面,所以在选择互通式立体交叉形式时,应先考虑匝道的标准横断面,特别是在严格受限的条件下,更需要明确每条匝道的标准横断面。匝道标准横断面和匝道形式之间也会相互影响,在设计中应引起注意。

匝道横断面应满足车辆运行、管理、养护及应急救援等需要,并应充分考虑互通式立体交叉类型、环境影响等因素。互通式立体交叉范围内主线和被交叉公路横断面应采用基本路段的标准横断面,车道数应根据交通量分布及连接部构造等确定。若主线考虑预留扩建的需求,则互通式立体交叉范围内主线的标准横断面宜按照预留的标准横断面设计。

一、匝道横断面的组成

匝道横断面由车行道、硬路肩、土路肩(城市道路可不设)、路缘带组成,对向分隔的双车道匝道还应包括中央分隔带和左侧路缘带(即中间带),城市道路互通式立体交叉匝道考虑非机动车和行人时,还应包括侧分带、非机动车道和人行道。

1. 车行道宽度

车行道宽度为各种车辆以不同速度安全、顺畅行驶时所需的宽度。匝道车行道过窄,会使驾驶人产生较大的心理压力,增加驾驶人心理紧张程度和生理负担;车行道过宽,驾驶人容易超速行驶,并任意超车,增加发生交通事故的风险。因此,车行道宽度的合理设置对保证车辆安全行驶具有重要作用。日本高速公路互通式立体交叉匝道的车行道宽度取值为3.25~3.5m。美国高速公路车行道宽度为3.6m,匝道车行道宽度取2.7~3.3m。我国《立交细则》中规定,设计速度小于70km/h时,匝道车行道宽度采用3.5m;设计速度大于或等于70km/h时,采用3.75m[1]。

匝道车行道宽度主要受车辆类型和侧向安全宽度的影响。《公路工程技术标准》(JTG B01—2014)(以下简称《标准》)规定小客车的车身宽度为1.8m,载重汽车车身宽度为2.5m,大型客车、铰接客车和铰接列车的车身宽度为2.55m。车行道侧向余宽对驾驶人心理、生理和驾驶行为影响较大。侧向余宽过小,容易引起驾驶人生理紧张,增加行车事故风险。侧向余宽过大,会误导驾驶人不规则行驶,增加发生交通事故的风险,也增加工程造价。因此,侧向余宽应该满足车辆正常行驶、超车的需求,宽度不宜过大。通过在高速公路和城市道路上使用动态相机记录车辆在路段车道上的行驶观测数据,建立横断面宽度影响模型(图8-1),使用数理统计方法回归得到各部分宽度的计算公式。其中M.C.萨马哈耶夫经验公式和波良可夫经验公式[2]被多国规范采纳。

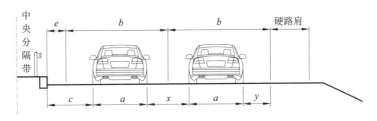

图 8-1　车行道宽度计算模型

b-车行道宽度(m);y-后轮外缘距路面边缘宽度(m);a-车身宽度(m);x-同向车横向安全距离(m);c-车轮外缘距路缘石距离(m);e-左侧路缘带宽度(m),取 0.5m

①M.C.萨马哈耶夫经验公式：

$$\begin{cases} x = 0.7 + 0.005v \\ y = 0.2 + 0.005v \\ c = 0.5 + 0.005v \end{cases} \tag{8-1}$$

式中：v——车辆行驶速度(km/h),取匝道设计速度。

②波良可夫经验公式：

$$\begin{cases} x = 0.7 + 0.02v^{0.75} \\ c = 0.4 + 0.02v^{0.75} \end{cases} \tag{8-2}$$

式中符号意义同前。

利用 M.C.萨马哈耶夫经验公式和波良可夫经验公式计算匝道车行道宽度参数见表 8-1。

匝道车行道宽度参数计算表　　表 8-1

匝道设计速度(km/h)		80	70	60	50	40	30	20
M.C.萨马哈耶夫经验公式(m)	x	1.10	1.05	1.00	0.95	0.90	0.85	0.80
	y	0.60	0.55	0.50	0.45	0.40	0.35	0.30
	c	0.90	0.85	0.80	0.75	0.70	0.65	0.60
波良可夫经验公式(m)	x	1.23	1.18	1.13	1.08	1.02	0.96	0.89
	c	0.93	0.88	0.83	0.78	0.72	0.66	0.59
参数推荐值(m)	x	1.20	1.20	1.20	1.10	1.00	1.00	0.90
	y	0.60	0.55	0.50	0.45	0.40	0.35	0.30
	c	0.95	0.90	0.85	0.80	0.75	0.65	0.60

匝道车行道宽度采用下列公式计算。

①单向单车道：

$$b = y + a + y \tag{8-3}$$

②单向双车道：

$$b = y + a + 0.5x \tag{8-4}$$

③对向分隔双车道：
$$b = c - e + a + y \tag{8-5}$$
④对向分隔四车道：
$$\begin{cases} 左侧:b = c - e + a + 0.5x \\ 右侧:b = 0.5x + a + y \end{cases} \tag{8-6}$$

《标准》中规定小客车车身宽度为 1.8m。调研结果显示，我国中大型轿车、SUV、MPV 等车型的车身宽度已经大于 1.8m，且接近 2m，因此小客车车身宽度宜取 2.0m，大型车车身宽度均取 2.55m。因此，可根据式(8-3)~式(8-6)计算不同类型匝道车行道宽度，为了行驶的安全按最大值取值，其中设计速度为 60km/h 和 50km/h 时比最大值略小，主要考虑的是双车道，且右侧一般均设置了硬路肩，同时也与现行的标准和规范一致，所以取 3.5m(表 8-2)。

匝道车行道宽度 表 8-2

车型	匝道设计速度(km/h)		80	70	60	50	40	30	20
小客车 (m)	单车道		3.20	3.10	3.00	2.90	2.80	2.70	2.60
	双车道		3.20	3.15	3.10	3.00	2.90	2.85	2.75
	对向分隔双车道		3.05	2.95	2.85	2.75	2.65	2.50	2.40
	对向分隔 四车道	左侧	3.05	3.00	2.95	2.85	2.75	2.65	2.55
		右侧	3.20	3.15	3.10	3.00	2.90	2.85	2.75
	最大值		3.20	3.15	3.10	3.00	2.90	2.85	2.75
大型车 (m)	单车道		3.75	3.65	3.55	3.45	3.35	3.25	3.15
	双车道		3.75	3.70	3.65	3.55	3.45	3.40	3.30
	对向分隔双车道		3.60	3.50	3.40	3.30	3.20	3.05	2.95
	对向分隔 四车道	左侧	3.60	3.55	3.50	3.40	3.30	3.20	3.10
		右侧	3.75	3.70	3.65	3.55	3.45	3.40	3.30
	最大值		3.75	3.70	3.65	3.55	3.45	3.40	3.30
建议值 (m)	小客车专用匝道		3.25	3.25	3.25	3.00	3.00	3.00	3.00
	客货混行匝道		3.75	3.75	3.75	3.50	3.50	3.50	3.50
《路线规范》《立交细则》(m)			3.75	3.75	3.50	3.50	3.50	3.50	3.50
《交叉规程》(m)	小客车专用匝道		3.50	3.50	3.50	3.25	3.00	3.00	3.00
	客货混行匝道		3.75	3.75	3.75	3.50	3.25	3.25	3.25

对客货混行匝道，设计速度小于 60km/h 时，车行道宽度宜采用 3.5m，大于或等于 60km/h 时应采用 3.75m。具体应结合通行车辆类型和限制条件等综合确定。

2. 硬路肩宽度

匝道硬路肩具有结构和交通功能。硬路肩结构功能是指为匝道路面层提供横向支撑，其交通功能为诱导驾驶人视线，提供侧向安全宽度，增加横净距，为失控车辆提供初步恢复区、车辆临时停靠区、紧急使用通行区等。匝道硬路肩分为左、右侧硬路肩。

(1)左侧硬路肩宽度

一般情况下,左侧硬路肩不允许车辆临时停车,其功能主要是增加横净距、侧向安全宽度和诱导驾驶人视线,以利于车辆快速行驶。日本规定匝道左侧硬路肩宽度为0.5~1.0m,美国规定匝道左侧硬路肩宽度为1.2m,我国《立交细则》[1]规定匝道左侧硬路肩宽度一般值为0.75~1.0m。左侧硬路肩宽度过小会增加驾驶人的心理紧张程度和生理负担,易导致驾驶人操作失误,影响行车安全。当单向双车道匝道设置紧急停车带时,左侧硬路肩宽度可采用0.75m。

(2)右侧硬路肩宽度

右侧硬路肩是否考虑紧急停车功能对宽度影响较大。不考虑紧急停车功能时,右侧硬路肩宽度与左侧硬路肩宽度相同。硬路肩考虑紧急停车功能时,除了要满足故障车辆停靠需要外,还应满足停靠车辆与行驶车辆之间的安全错车间距要求。因此,考虑紧急停车功能的右侧硬路肩的宽度计算模型如图8-2所示。

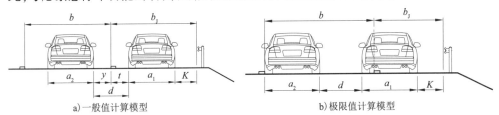

图8-2 满足紧急停车功能的右侧硬路肩宽度计算模型

a_1-停靠车辆车身宽度(m);a_2-行驶车辆车身宽度(m);b_J-硬路肩宽度(m);t-停车间距(m);K-开门间距;d-错车间距;其余物理量意义同前

考虑紧急停车功能的右侧硬路肩宽度采用式(8-7)计算:

$$b_J = \begin{cases} t + a_1 + K & \text{(一般值)} \\ a_1 + d + a_2 + K - b & \text{(极限值)} \end{cases} \quad (8-7)$$

停车间距 t 是指车辆停止时与路面标线之间的横向距离,借鉴我国规范对路侧停车位尺寸规定,停车间距可取0.25m;根据研究,当开门间距 K 为0.5m时,可保证中等身材的人从车内顺利出来。安全错车间距 d 是指行驶车辆与停靠车辆之间的安全错车横向距离,日本建议值取0.5m。国内相关研究表明[2],取85%置信度时错车间距为0.50~0.65m,故取0.5m作为安全错车间距。车道宽度取表8-2的建议值。利用式(8-7)计算得到匝道右侧硬路肩宽度值,见表8-3。当右侧硬路肩不考虑紧急停车功能时,宜采用1.00m。

考虑紧急停车功能的右侧硬路肩宽度　　　　　　　　　　表8-3

匝道设计速度(km/h)		80	70	60	50	40	30	20
小客车专用(m)	一般值	2.75	2.75	2.75	2.75	2.75	2.75	2.75
	极限值	1.75	1.75	1.75	2.00	2.00	2.00	2.00
客货混行(m)	一般值	3.30	3.30	3.30	3.30	3.30	3.30	3.30
	极限值	1.80	1.80	1.80	2.05	2.05	2.05	2.05
《路线规范》规定(m)		3.0	3.0	3.0	3.0	3.0	3.0	3.0
《交叉规程》规定(m)		2.5	2.5	2.5	2.5	2.5	2.5	2.5

《立交细则》规定：当需要供紧急停车用时，匝道右侧硬路肩宽度宜采用3.00m；当条件受限时可采用1.50m，但为对向分隔式双车道时不应小于2.00m；当不供紧急停车用时可采用1.00m。

3. 土路肩宽度

匝道的土路肩主要起设置路侧护栏、改善匝道挖方路段视距的作用。一般情况下，土路肩宽度宜取0.75m，宜满足设置路侧护栏的需要。当受限严格或不设路侧护栏时可采用0.5m。

4. 中间带宽度

中间带由中央分隔带和两侧左侧路缘带组成。中央分隔带主要起分隔对向车流，设置必要防眩设施的作用。根据交通安全设施设置中央分隔带护栏的要求，匝道上设置护栏最小宽度为1.0m，因此公路中央分隔带宽度宜大于或等于1.0m。城市道路为满足绿化和其他设施设置的要求，中央分隔带宽度宜大于或等于1.5m。互通式立体交叉匝道左侧路缘带宽度一般取0.5m，城市道路匝道中间带的左侧路缘带宽度一般取0.5m，困难或者匝道设计速度小于或等于40km/h时，可取0.25m。

5. 右侧路缘带宽度

右侧路缘带包含在硬路肩中，匝道路缘带宽度一般设置为0.5m。对设计速度较低、长度较短的匝道，右侧路缘带宽度可采用0.25m；当匝道较长，且与主线相连接时，右侧路缘带宽度宜取0.5m。见表8-4。

互通式立体交叉匝道横断面各组成部分宽度汇总　　　　表8-4

组成	车行道宽度(m)	左、右侧路缘带宽度(m)	土路肩宽度(m)	硬路肩(含右侧路缘带)宽度(m)		中央分隔带宽度(m)
				左侧	右侧	
公路	3.5(或3.75)	0.5	0.75（或0.5）	1.0（或0.75）	3.0（或1.0、1.5、2.0）	≥1.0
城市道路	3.5(或3.75、3.25、3.00)	0.5（或0.25）	0.75（或0.5）	1.0（或0.75）	2.5（或1.0、0.75、0.5）	≥1.5

匝道车行道、硬路肩宽度与正线不同时，应设置渐变率为1/40~1/20的过渡段，过渡段一般设置在匝道上，特殊困难时，可设置在变速车道范围内。

二、匝道标准横断面类型

我国《路线规范》和《立交细则》根据匝道横断面车道数及车辆行驶方向，将匝道标准横断面划分为如下四种基本类型：

①Ⅰ型：单向单车道匝道，供车辆单向行驶，设置一条车道，一般右侧应设置可供紧急停车的硬路肩[图8-3a)]。

②Ⅱ型:无紧急停车带的单向双车道匝道,供车辆单向行驶,设置两条车道,右侧不设置可供紧急停车的硬路肩,也可用于对向非分隔双车道匝道[图8-3b)]。

③Ⅲ型:设紧急停车带的单向双车道匝道,供车辆单向行驶,设置两条车道,右侧设置可供紧急停车的硬路肩[图8-3c)]。

④Ⅳ型:对向分隔双车道匝道,供车辆对向行驶,设置两条对向分隔的车道,右侧设置可供紧急停车的硬路肩[图8-3d)]。当单侧交通量较大或者匝道较长时,也可以将某个单向匝道设置成两条车道,形成对向分隔三车道或四车道的匝道。

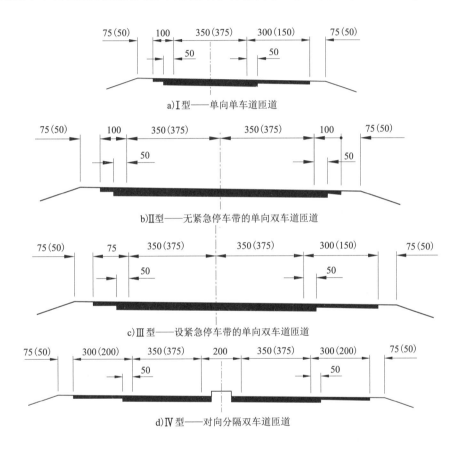

图8-3 匝道横断面的基本类型(尺寸单位:cm)

三、标准横断面的选择

1. 一般情况下匝道标准横断面的选择

匝道标准横断面类型的选择应根据匝道设计速度、设计小时交通量及匝道长度综合确定。当匝道设计服务水平采用四级时,横断面类型可根据匝道设计速度、设计小时交通量和匝道长度按表8-5选取[2]。

匝道横断面类型的选择条件 表 8-5

项目	匝道设计速度(km/h)						匝道长度(m)	标准横断面类型	变速车道的车道数
	80	70	60	50	40	30			
匝道设计小时交通量（pcu/h）	<400	<400	<400	<400	<400	<400	≤500	Ⅰ	单车道
							>500	Ⅱ	单车道
	400~<1500	400~<1400	400~<1300	400~<1200	400~<1000	400~<800	≤350	Ⅰ	单车道
							>350	Ⅱ	单车道
	1500~<1800	1400~<1700	1300~<1600	1200~<1500	1000~<1400	800~1300	不限	Ⅱ	双车道
	1800~2900	1700~2600	1600~2300	1500~2000	1400~<1700	—	不限	Ⅲ	双车道

2. 特殊情况下匝道标准横断面的选择

①当两条对向单向单车道匝道组成整体式对向双车道时，位于高速公路一侧横断面可采用Ⅳ型；位于非高速公路一侧时可采用Ⅱ型。当互通式立体交叉与被交道路之间的连接线较长时，可根据其功能、交通量大小及组成采用相应等级公路的横断面形式（图8-4）。

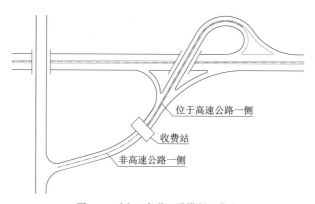

图 8-4 对向双车道匝道横断面类型

②当匝道按高速公路延续路段设计时，应采用高速公路分离式横断面。

③当分流端上游或合流端下游的主线设计交通量接近设计服务水平时，应对分、合流区的通行能力进行验算。若分、合流区不满足通行能力要求，应增加变速车道长度；当双车道匝道采用单车道变速车道时，应将单车道变速车道改为双车道变速车道。

第二节 匝道平面设计

应根据互通式立体交叉的形式、匝道设计速度、交通量、地形和用地条件以及造价等因素确定互通式立体交叉匝道平面线形指标，并保证车辆能连续安全运行，满足工程建设及运营经济性要求。进行匝道平面设计之前应根据互通式立体交叉形式、匝道转弯交通量和通行能力,结合限制条件,合理确定每条匝道的设计速度,选择合理的技术指标进行匝道平面线形设计。匝道平面线形设计应与匝道纵断面设计相结合,平面线形有效长度应使匝道纵坡既不过陡,也不过缓,同时还能满足匝道与匝道、匝道与正线之间相互跨越时的净空要求。平面线形设计还应满足正线连接部设计要求,符合接线条件,使变速车道长度符合要求,连接部设计合理。总之,匝道平面设计比单一路线平面线形设计复杂,需要综合考虑纵断面、横断面、连接部接线条件和要求等,也要考虑其他接入和流出匝道纵断面设计的要求。只有充分考虑各种制约条件,平面线形才能做到既满足安全和功能需求,又满足环境和工程经济性要求。

一、匝道设计速度的选择

选择匝道设计速度时应注意以下几点:

①满足最佳车速要求。

为满足行车安全和通行能力要求,并考虑占地及行驶条件,匝道设计速度宜接近最大通行能力时的车速,即最佳车速 v_K(km/h),简化计算公式为

$$v_K = 3.6\sqrt{\frac{L + L_0}{C}} \tag{8-8}$$

式中:L——车长(m);

L_0——安全距离(m),一般取 5~10m;

C——制动系数(s^2/m),一般取 0.15~0.30。

最佳车速一般为 40~50km/h。

②按匝道形式选用。

同一座互通式立体交叉各匝道设计速度可以不同,也可以相同,应根据匝道形式和转弯交通量大小选用。直连式宜选较高设计速度,半直连式宜选择中等或较高设计速度,环形宜选择较低设计速度;交通量大的方向,匝道设计速度宜较高,交通量小的方向,匝道设计速度宜较低。公路互通式立体交叉匝道的设计速度可参考表 8-6 选用。

匝道基本路段设计速度选取参考表 表 8-6

匝道形式		直连式		半直连式		环形	
		标准形	变化形	内转弯式	外转弯式	标准形	变化形
一般互通式立体交叉	设计速度(km/h)	40~60	30~40	50~60	40~60	30~40	30~40
	匝道线形						

续上表

匝道形式		直连式		半直连式		环形	
		标准形	变化形	内转弯式	外转弯式	标准形	变化形
枢纽互通式立体交叉	设计速度(km/h)	60~80	50~60	60~80	40~60	40	40
	匝道线形						

③接近收费站或平面交叉的末端时,匝道设计速度可酌情降低。

④匝道设计速度应适应分、合流处车辆行驶的需要。

匝道与主线分、合流处应有较高设计速度。驶出匝道分流端设计速度不小于主线设计速度的50%~60%;驶入匝道与加速车道连接处的设计速度应保证车辆行驶至加速车道末端的速度能达到主线的50%~70%。

⑤匝道设计速度应适应车辆连续减速或预加速的需要。

匝道设计速度采用较低值时,匝道接近分、合流鼻端处,应设置一定长度的路段,以适应较高速度连续减速或预加速的需要。

⑥考虑匝道交通组织。

双向无分隔带匝道应取同一设计速度;双向独立匝道根据交通量的不同可分别选用不同的设计速度。

⑦按设计速度完成匝道线形设计后,应对线形指标变化较大等路段进行运行速度连续性检验,如不满足相邻路段运行速度连续性或设计速度与运行速度一致性的要求,应调整匝道平纵面线形或修正超高等几何指标。

二、匝道平面线形指标

互通式立体交叉匝道平面线形指标,应根据互通式立体交叉形式、匝道设计速度、交通量、地形和用地条件以及造价等因素确定,并保证车辆能连续、安全地运行。匝道平面线形仍是由直线、圆曲线及缓和曲线三要素组成,三要素连接处应满足方位角相同、位置相同、偏向相同、曲率半径相同(大于不设超高最小半径时除外)的要求。因匝道通常较短,难以争取到较长直线,故多以曲线为主。

1. 匝道圆曲线最小半径

(1)公路匝道圆曲线最小半径

匝道圆曲线半径大小取决于匝道设计速度,同时应考虑经济性、安全性和舒适性。我国《路线规范》和《立交细则》中规定的互通式立体交叉匝道圆曲线最小半径指标是参考《日本公路技术标准的解说与运用》制定的[3],其主要参数见表8-7。而《立交细则》中规定在非积雪冰冻地区,当交通组成以小客车为主时,匝道最大超高可适当增大,但不应大于8%。因此极限最小半径宜按照最大超高值8%来确定,即采用表8-7中的补充值为宜。

公路互通式立体交叉匝道圆曲线极限和一般最小半径 表8-7

匝道设计速度(km/h)			80	70	60	50	40	35	30	20
计算值	极限值	横向力系数	0.12	0.125	0.13	0.14	0.15	0.18	0.19	0.20
		最小半径(超高10%)(m)	229	171	123	82	50	34	24	11
	一般值	横向力系数	0.12	0.125	0.13	0.14	0.15	0.18	0.19	0.20
		最小半径(超高6%)(m)	280	209	149	98	60	40	28	13
《路线规范》和《立交细则》规定值(m)		极限值	230	175	120	80	50	35	25	—
		一般值	280	210	150	100	60	40	30	—
补充值(m)		极限值(超高8%)	250	190	135	90	55	40	30	15

注:表中最小半径为匝道行车道中心半径。

　　互通式立体交叉匝道圆曲线半径不应小于最小半径的规定(表8-7)。通常应选用大于一般值的半径,当受地形条件或其他特殊情况限制时,方可采用极限值。冰冻积雪地区不得采用极限值。

　　当匝道圆曲线半径较大时,离心力影响较小,路面摩阻力可保证汽车有足够的稳定性,可不设超高,设置与直线段上相同的横坡形式。从舒适和安全的角度考虑,横向力系数应控制到最小值,以使乘客在圆曲线上与在直线上有大致相同的感觉。不设超高时,横向力系数取0.04,最小半径计算结果见表8-8。

公路互通式立体交叉匝道圆曲线不设超高时最小半径 表8-8

		80	70	60	50	40	35	30	20
匝道设计速度(km/h)										
计算值(m)	反向横坡≤2%	2520	1929	1417	984	630	482	354	157
	2%<反向横坡≤2.5%	3360	2572	1890	1312	840	643	472	210
《路线规范》规定值(m)	反向横坡≤2%	2500	2000	1500	1000	600	500	350	150
	2%<反向横坡≤2.5%	3350	2600	1900	1300	800	600	450	200

(2)城市道路匝道圆曲线最小半径

城市道路互通式立体交叉匝道圆曲线最小半径规定见表8-9。选用时宜采用大于或等于表列最大超高为2%的最小半径,有条件时可采用不设超高的最小半径。

城市道路互通式立体交叉匝道圆曲线最小半径及平曲线最小长度 表8-9

		80	70	60	50	40	35	30	25	20
匝道设计速度(km/h)										
积雪冰冻地区(m)		—	—	240	150	90	70	50	35	25
一般地区(m)	不设超高	420	300	200	130	80	60	45	30	20
	最大超高2%	315	230	160	105	65	50	35	25	20

续上表

匝道设计速度(km/h)		80	70	60	50	40	35	30	25	20
一般地区(m)	最大超高4%	280	205	145	95	60	45	35	25	15
	最大超高6%	255	185	130	90	55	40	30	25	15
平曲线最小长度(m)		150	140	120	100	90	80	70	50	40

2. 匝道缓和曲线

①匝道缓和曲线一般采用回旋线形式。匝道及其端部设置回旋线时,其参数及长度宜满足要求。公路匝道回旋线最小长度按照3s行程时间考虑,城市道路按照3.5s行程时间考虑。最小参数A_{min}根据式(8-9)计算,得到的匝道回旋线最小长度和参数值见表8-10。

$$A_{min} = \sqrt{R_n L_{s(min)}} \tag{8-9}$$

式中:A_{min}——匝道回旋线最小参数(m);
$L_{s(min)}$——匝道回旋线最小长度(m);
R_n——匝道圆曲线最小半径极限值(m)。

匝道回旋线最小参数及最小长度　　　表8-10

道路类型	匝道设计速度(km/h)		80	70	60	50	40	35	30	25	20
公路	圆曲线最小半径极限值(m)		230	175	120	80	50	35	25	—	—
	回旋线长度(m)	计算值	67	58	50	42	33	29	25	—	—
		建议值	70	60	50	45	35	30	25	—	—
		《路线规范》规定值	70	60	50	40	35	30	25	—	—
	回旋线参数A(m)	计算值	124	101	77	58	41	32	25	—	—
		建议值	130	105	80	60	40	35	25	—	—
		《路线规范》规定值	140	100	70	50	35	30	20	—	—
城市道路	圆曲线最小半径极限值(m)		255	185	130	90	55	40	30	25	15
	回旋线长度(m)	计算值	78	68	58	49	39	34	29	24	19
		建议值	80	70	60	50	40	35	30	25	20
		《路线规范》规定值	75	70	60	50	45	40	35	25	20
	回旋线参数A(m)	计算值	141	112	87	66	46	37	30	25	17
		建议值	140	110	90	70	50	40	30	25	20
		《路线规范》规定值	135	110	90	70	50	40	35	25	20

②回旋线参数 A 以小于或等于 1.5 倍的所接圆曲线半径为宜。反向曲线间两个回旋线的参数宜相等或相近,相差较大时,大、小两参数之比不宜大于 1.5。直接衔接的复曲线,其大、小半径之比不应大于 1.5,否则应设回旋线,构成卵形曲线。

③回旋线最小长度应满足匝道超高过渡需要。应特别注意分流鼻至缓圆点(或圆缓点至合流鼻)长度宜大于超高过渡所需要的最小长度。

3. 分流鼻附近回旋线参数

在主线出口匝道范围内,驾驶人还没有摆脱在主线上快速行驶的惯性。尽管减速车道长度足够,但是车辆在分流鼻也可能出现没有及时减速到匝道设计速度的情况,所以出口匝道不宜突然出现小半径,应设置一定长度的缓和行驶路段,这一使驾驶人能够适应驶出车辆速度变化的缓和路段称为运行速度过渡段[4](图 8-5)。此段范围内随着车辆速度降低,逐渐减小匝道曲线半径至最小控制曲线半径,以降低驶出车辆发生事故的风险。运行速度过渡段若采用回旋线,则其最小长度 L_t 为从分流鼻的通过速度降低到最小半径对应匝道设计速度所需的距离,采用式(8-10)计算:

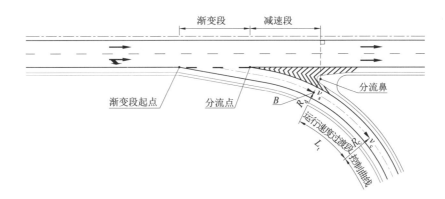

图 8-5 分流鼻处匝道控制要素

$$L_t = \frac{v_s^2 - v_c^2}{25.92a} \tag{8-10}$$

式中:L_t——运行速度过渡段最小长度(m);

v_s——分流鼻通过速度(km/h),根据国内外相关研究和规范,取值见表 8-11;

v_c——匝道控制曲线的设计速度(km/h);

a——运行速度过渡段上车辆的平均减速度,取 1.0m/s²。

然后采用 $A_{\min} = \sqrt{R_c L_t}$ 计算分流鼻回旋线的参数,结果见表 8-11。

在分流鼻端附近,出口匝道回旋线参数不宜小于表 8-11 的规定值。当按匝道基本路段设计速度选取的回旋线最小参数大于表 8-11 中规定值时,应按匝道设计速度取值。

分流鼻附近匝道回旋线最小参数 表 8-11

道路类型	主线设计速度(km/h)		120	100	80	60	50
	减速度 a(m/s²)		1	1	1	1	1
公路	匝道控制曲线设计速度 v_c(km/h)		40	40	35	35	30
	匝道控制曲线最小半径 R_c(m)	一般值	60	60	40	40	30
		极限值	50	50	35	35	25
	分流鼻通过速度 v_s(km/h)		70	65	60	55	50
	运行速度过渡段长度 L_t(m)	计算值	127	101	92	69	62
		建议值	130	100	95	70	65
	回旋线最小参数(m)	计算值 一般值	87	78	61	53	44
		计算值 极限值	80	71	57	49	40
		《立交细则》规定值 一般值	100	80	70	60	[45]
		《立交细则》规定值 极限值	80	70	60	40	[40]
城市道路	匝道最小半径设计速度 v_c(km/h)		40	35	30	25	20
	匝道控制曲线最小半径 R_c(m)	一般值(2%超高)	65	50	35	30	20
		极限值(6%超高)	55	40	30	25	20
	分流鼻通过速度 v_s(km/h)		80(60)	55	50	40	35
	运行速度过渡段长度 L_t(m)	计算值	185(77)	69	62	38	23
		建议值	185(80)	70	65	40	25
	回旋线最小参数(m)	计算值 一般值	110(71)	59	46	34	26
		计算值 极限值	101(65)	53	43	31	24
		《交叉规程》规定值 一般值	110(70)	60	50	35	[30]
		《交叉规程》规定值 极限值	100(65)	55	45	30	[25]

注:圆括号内的值为城市道路低值,方括号内的值为补充的建议值。

4. 分流鼻处匝道最小曲率半径

在出口匝道分流鼻处,因受到驾驶人适应性和驾驶惯性的影响,车辆从正线分离后行驶速度可能仍然较高,所以在该处仍应具有较大的曲率半径,确保驶出车辆安全通过,并使其后曲率变化与行驶速度的变化相适应(图 8-5)。

根据相关调查研究可知,驶出车辆在分流鼻处速度与主线设计速度有关,主线设计速度越高,车辆在分流鼻处运行速度则越高,不同主线设计速度对应的分流鼻通过速度见表 8-12。根据分流鼻通过速度,按照 2% 超高横坡,采用式(8-11)计算出分流鼻处匝道的最小曲率半径一般值和极限值,见表 8-12。

$$R_d = \frac{v_s^2}{127(i_h + \mu)} \tag{8-11}$$

式中:R_d——分流鼻处匝道最小曲率半径(m);

v_s——车辆在分流鼻处的通过速度(km/h);

i_h——分流鼻处匝道的路面超高横坡;

μ——横向力系数。

一般情况下,横向力系数小于 0.1 时,没有曲线存在,很平稳。从行车安全角度考虑,计算分流鼻处最小曲率半径时,取横向力系数为 0.1。

互通式立体交叉分流鼻处匝道最小曲率半径　　　　表 8-12

道路类型	主线设计速度(km/h)		120	100	80	60	50
公路	分流鼻通过速度(km/h)	一般值	70	65	60	55	50
		极限值	65	60	55	50	45
	超高横坡(%)		2	2	2	2	2
	横向力系数		0.1	0.1	0.1	0.1	0.1
	最小曲率半径计算值(m)	一般值	322	277	236	198	164
		极限值	277	236	198	164	133
	《立交细则》规定最小曲率半径(m)	一般值	350	300	250	200	[165]
		极限值	300	250	200	150	[135]
城市道路	分流鼻通过速度(km/h)		80(60)	55	50	40	35
	超高横坡(%)		2	2	2	2	2
	横向力系数		0.18	0.18	0.18	0.18	0.18
	最小曲率半径计算值(m)		252(142)	119	98	63	48
	《交叉规程》规定最小曲率半径(m)		250(150)	120	100	70	[50]

注:圆括号内的值为城市道路低值,方括号内的值为补充的建议值。

5. 运行速度过渡段上的曲率半径

从分流鼻端对应的 B 点往后一定长度范围(图 8-5),为使驶出车辆减速控制在一个合理范围,确保在减速过程中车辆安全、稳定行驶,需要控制运行速度过渡段上任一点的最小曲率半径,其值采用式(8-12)计算:

$$R_x = \frac{v_x^2}{127(i_{hx} + \mu)} = \frac{v_s^2 - 25.92 L_x a}{127(i_{hx} + \mu)} \tag{8-12}$$

式中:R_x——运行速度过渡段上任一点的曲率半径(m);

v_x——运行速度过渡段上任一点的速度(km/h);

i_{hx}——运行速度过渡段上任一点的超高横坡,从鼻端 2% 的超高横坡,逐渐过渡到控制曲线6%的超高横坡,采用 $i_{hx}=2\%+\dfrac{6\%-2\%}{L_t}L_x=2\%+\dfrac{4\%}{L_t}L_x$ 计算;

L_x——运行速度过渡段上任一点至分流鼻对应匝道 B 点的距离(m);

μ——横向力系数,取值范围为0.09~0.15,分流鼻附近取0.09,控制曲线起点取0.15,近似按线性比例过渡;

a——运行速度过渡段平均减速度(m/s^2),取 $1.0m/s^2$。

利用式(8-12)绘制运行速度过渡段上任一点的曲率半径图(图8-6)。当线形设置困难时,可按低一级主线设计速度取值。

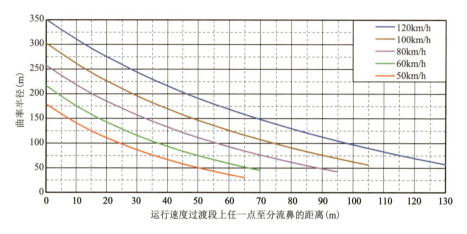

图8-6　运行速度过渡段上任一点的平曲线曲率半径

图8-6中计算结果采用最大超高为6%。当最大超高为8%时,如果采用图8-6的结果,则横向力系数有所减小,有利于安全,因此,图8-6也适用于最大超高为8%的情况。

三、匝道平面线形设计

1. 匝道平面线形设计一般原则

匝道平面线形应根据汽车在匝道上的行驶速度变化特性、匝道设计速度、交叉类型、交通量、地形、用地条件、造价等因素综合确定。

①汽车在匝道上行驶速度呈由高到低再到高逐渐变化的过程,在匝道平面线形设计中,平曲线曲率变化应与此变速行驶状态相适应。

②匝道平面线形设计指标应与匝道设计速度一致,一般情况下采用的圆曲线半径尽量大于或等于一般最小半径,应注意匝道线形指标连续性,不采用设计指标突变的线形。

③匝道平面线形应与该方向的转弯交通量相适应。转弯交通量大的匝道,通行能力较大,行驶速度要求较高,因此应采用较高技术指标。

④在满足用地条件和造价要求的前提下,右转弯匝道和左转弯直连式或半直连

式匝道应采用较高的平面线形指标。

⑤高速道路正线出口匝道平面线形指标应高于入口匝道。

⑥分、合流处应具有良好的平面线形和通视条件。

⑦在满足交通条件、场地条件和技术指标的前提下,匝道平面线形组合应合理,并尽量减少拆迁工程数量和减小占地面积。

⑧匝道平面线形设计应结合匝道纵断面设计进行。匝道长度应满足匝道纵断面设计的要求;应考虑与纵断面的组合设计,与纵断面桥跨布置的协调,尽量使匝道立体线形能诱导驾驶人视线。平面线形设计应考虑结构物控制高程要求。控制点之间匝道最小半径 R_{min} 可近似按式(8-13)计算:

$$R_{min} = \frac{180H}{\pi \alpha i} \qquad (8-13)$$

式中:H——匝道上相邻控制点之间的高差(m);

α——匝道上相邻控制点之间匝道的平面转角(°);

i——匝道设计纵坡,一般可按照3.5%左右控制。

⑨当匝道上设有收费站、停靠站、停车场、服务区等交通和服务设施时,匝道的平面线形设计应考虑这些设施的基本布置要求,且保证有足够的变速行驶长度。

2. 匝道平面线形组合设计要求

①根据汽车在匝道上的行驶特性及匝道平面线形构成,右转弯匝道和直连式左转弯匝道一般宜采用单曲线或多心复曲线、同向曲线、卵形曲线,城市道路立体交叉匝道有时采用反向曲线组成的右转弯匝道,以减小占地面积或减少拆迁工程数量。

②半直连式左转弯匝道的平面线形可由反向曲线与单曲线或卵形曲线等组合而成。

③环形左转弯匝道的平面线形不宜采用单圆曲线设计,特别是喇叭形互通式立体交叉的环形匝道不宜采用。尽管这样的设计简便,但与匝道上行驶速度变化不适应。最好采用曲率半径由大到小再到大的水滴形或卵形曲线,以满足车速变化的要求。另外,为减小占地面积和降低工程造价,环形左转弯匝道设计速度较低,通常采用一般最小半径。

④两反向圆曲线径相衔接或插入的直线长度不足时,可用回旋线将两反向圆曲线连接组合为 S 形曲线。

a. S 形曲线两回旋线参数 A_1 与 A_2 宜相等。

b. 当采用不同回旋线参数时,A_1 与 A_2 之比应小于2.0,有条件时以小于1.5为宜。当 $A_2 \leq 200$ m 时,A_1 与 A_2 之比应小于1.5。

c. 两圆曲线半径之比不宜过大,大、小圆曲线半径之比以小于2为宜。

⑤两同向圆曲线径相衔接或插入的直线长度不足时,可用回旋线将两同向圆曲线连接组合为卵形曲线。

a. 卵形曲线的回旋线参数宜选 $R_2/2 \leq A \leq R_2$(R_2 为小圆曲线半径)。

b. 两圆曲线半径之比,以 $R_2/R_1 = 0.2 \sim 0.8$ 为宜。

c. 两圆曲线的间距,以 $D/R_2 = 0.003 \sim 0.03$ 为宜(D 为两圆曲线的最小间距)。

⑥受地形条件限制时,大半径圆曲线与小半径圆曲线相衔接处,可采用两个或两个以上同向回旋线在曲率相同处径相连接组合为复合曲线。复合曲线的两个回旋线参数之比以小于1.5为宜。

四、匝道平面布线方式

匝道平面布线方式是指参照行车方向,确定匝道平面线形设计的布线顺序的方式。根据匝道起、终点不同接线方式和中间控制条件,可以采用三种不同的布线方式。

1. 从匝道起点顺序布线

从匝道起点顺序布线是指从减速车道起点,沿着车辆行进方向顺序进行平面线形设计[图8-7a)]。这种方式适用于起点减速车道采用平行式或直接式,终点加速车道采用平行式的情况或顺接其他道路的情况。匝道起、终点平面接线简单,不需要多次试算。特殊情况下,也可以用于终点加速车道采用直接式的情况,但终点接线位置不容易确定,需要多次试算才能得到满意的设计。

2. 从匝道终点逆序布线

从匝道终点逆序布线是指从加速车道终点,反着车辆行进方向,逆序进行平面线形设计[图8-7b)]。这种方式适用于终点加速车道采用平行式或直接式,起点减速车道采用平行式的情况或顺接其他道路的情况。特殊情况下,也可以用于起点加速车道采用直接式的情况,但起点接线位置不容易确定,需要多次试算才能得到满意的设计。设计完成后,顺着车辆行进方向进行其他设计。

3. 从匝道两端向中间布线

从匝道两端向中间布线是指先从加速车道终点,与车辆行进方向相反,逆序进行终点段的平面线形设计,然后从减速车道起点,沿着车辆行进方向顺序进行起始段的平面线形设计,并与终点段进行接线的布线方式[图8-7c)]。这种方式适用于起点减速车道采用平行式或直接式,终点加速车道采用直接式的情况。布线时,需要从全局考虑匝道的位置,考虑匝道上关键控制点之间的高差和所需最小长度,合理安排终点段的位置,给起点段与终点段的接线留余地。

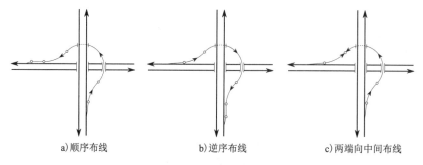

a) 顺序布线　　　　b) 逆序布线　　　　c) 两端向中间布线

图8-7　匝道平面布线的方式

五、匝道与正线平面线形接线设计

当匝道与正线之间采用变速车道连接时,匝道与正线之间连接段的平面线形设计称为接线设计。变速车道平面线形属于匝道平面线形的起始段(或终止段),该段平面线形称为接线。接线设计主要解决匝道接线起点和终点在正线横向上的位置(简称接线横向位置)、流出角和接线段(即变速车道)平面线形三个主要问题。本节主要解决匝道接线起点和终点在正线横向上的位置问题,后面两个问题在变速车道设计部分再详细介绍。接线横向位置与变速车道类型和车道数有关。根据变速车道类型,有两种接线设计方法:一种是直接式接线方法,另一种是平行式接线方法。

1. 匝道平面设计线的位置

无中间带的匝道,一般宜采用匝道行车道的中心线作为平面设计线[图 8-8a)、b)];设置中间带的匝道,一般采用中间带中心线作为平面设计线[图 8-8c)]。

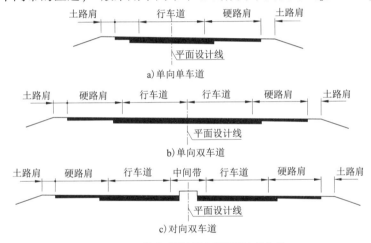

图 8-8 匝道平面设计线在横断面上的位置

2. 直接式接线方法

当变速车道采用直接式时,应采用直接式接线方法。直接式变速车道平面线形与对应路段正线的平面线形应保持一致,具体要求见后述变速车道的线形设计。变速车道数不同,匝道平面线形起点对应横向位置不同。

(1)单车道变速车道

当变速车道为直接式单车道时,匝道接线在正线横断面上的位置宜为正线外侧行车道的中心,当匝道行车道宽度小于正线行车道宽度时,宜保持匝道行车道外边缘与正线行车道外边缘对齐(图 8-9)。

(2)双车道变速车道

变速车道为直接式双车道时,为满足车道数平衡要求,正线在减速车道之前、加速车道之后均应设置辅助车道,此时匝道接线横向位置宜为正线右侧路缘带的外侧边缘,如图 8-10 所示。

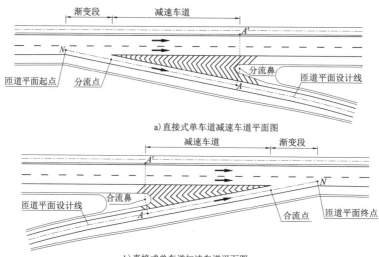

a) 直接式单车道减速车道平面图

b) 直接式单车道加速车道平面图

c) 接线横向位置处正线横断面图

(图中 W_r 为匝道行车道宽度)

图 8-9 直接式单车道变速车道接线横向位置

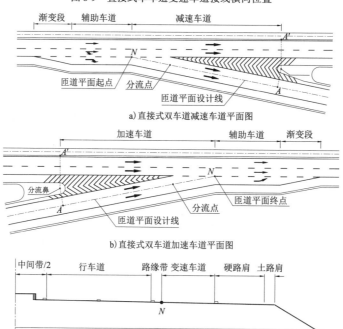

a) 直接式双车道减速车道平面图

b) 直接式双车道加速车道平面图

c) 接线横向位置处正线横断面图

图 8-10 直接式双车道变速车道接线横向位置

3. 平行式接线方法

当变速车道采用平行式时,应采用平行式接线方法。平行式变速车道平面线形与对应路段正线的平面线形平行。平行式变速车道车道数不同,匝道平面线形起点对应的横向位置也不同。

(1)平行式单车道变速车道

当变速车道为平行式单车道时,因为变速车道与正线平行,且变速车道与正线直行车道之间有0.5m的路缘带,所以匝道接线横向位置宜为正线外侧行车道外边缘半个加速车道宽度的位置(图8-11)。

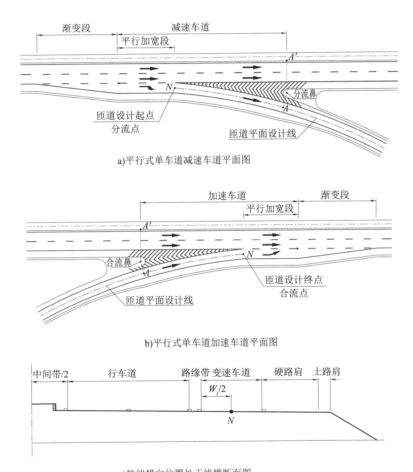

a)平行式单车道减速车道平面图

b)平行式单车道加速车道平面图

c)接线横向位置处正线横断面图

图8-11 平行式单车道变速车道接线横向位置

(2)平行式双车道变速车道

当变速车道为平行式双车道时,因为正线在减速车道之前、加速车道之后均应设置辅助车道,所以匝道接线横向位置宜为正线右侧行车道外侧边缘一个变速车道宽度的位置,如图8-12所示。

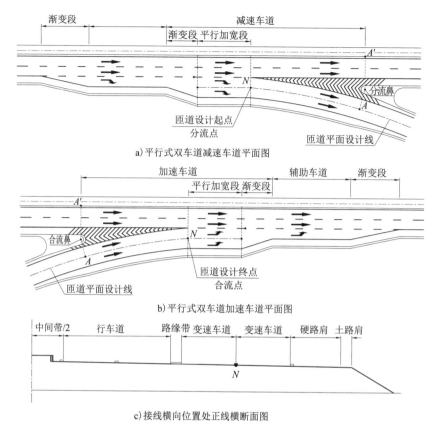

图 8-12　平行式双车道变速车道接线横向位置

第三节　匝道纵断面设计

一、纵断面设计指标

1. 匝道最大纵坡

匝道因受两段正线接线位置高程的限制,为克服高差、节省用地和减少拆迁,并考虑匝道上车辆行驶速度较低这些特点,匝道一般可采用比正线大的纵坡。公路互通式立体交叉匝道最大纵坡见表 8-13。

公路互通式立体交叉匝道最大纵坡　　　　　　　　　表 8-13

	匝道设计速度(km/h)		80、70	60、50	40、35、30
最大纵坡(%)	出口匝道	上坡	3	4	5
		下坡	3	3	4
	进入口匝道	上坡	3	3	4
		下坡	3	4	5

匝道最大纵坡,在地形困难或用地紧张情况下可增加1%;出口匝道的上坡、进口匝道的下坡路段,在非积雪冰冻地区特殊困难情况下可增加2%。

城市道路互通式立体交叉匝道最大纵坡不应大于表8-14的规定。若机动车与非机动车在同一匝道上混行,最大纵坡应满足非机动车道最大纵坡的规定,一般不宜大于3%。

城市道路互通式立体交叉匝道最大纵坡　　　　　　　　　　　表8-14

匝道设计速度(km/h)		80	70	60	50	≤40
机动车道最大纵坡(%)	一般地区	5	5.5	6	7	8
	积雪冰冻地区	4	4	4	4	4
非机动车道最大纵坡(%)		3				

2. 匝道竖曲线最小半径及最小长度

确定匝道竖曲线最小半径的方法和主线相同,取缓和冲击和停车视距两者要求的最小半径中较大值作为竖曲线最小半径极限值,取极限值的1.5~2.0倍作为一般值。匝道竖曲线最小长度采用3s行程作为极限值,采用极限值的1.5倍作为一般值。

设计匝道竖曲线时,竖曲线半径和竖曲线最小长度两个指标应同时满足最小值的要求。匝道各设计速度对应的竖曲线最小半径及长度见表8-15。设计时应尽量采用大于或等于竖曲线设计指标的一般值,受条件严格限制时可适当减小,但应大于极限值。

匝道竖曲线的最小半径及长度　　　　　　　　　　　表8-15

匝道设计速度(km/h)				80	70	60	50	40	35	30	25	20
停车视距(m)				110	95	75	60	45	35	30	25	20
计算值(m)	最小半径	凸形	极限值	3025	2256	1406	900	506	340	250	174	111
			一般值	4538	3384	2109	1350	759	510	375	261	167
		凹形	极限值	1778	1393	1036	775	525	367	293	222	157
			一般值	2667	2090	1554	1163	788	551	440	333	236
	最小长度		极限值	67	58	50	42	33	29	25	21	17
			一般值	101	87	75	63	50	44	38	32	26
《路线规范》《交叉规程》规定值(m)	最小半径	凸形	极限值	3000 (3000)	2000 (2000)	1400 (1200)	800 (800)	450 (400)	350 (300)	250 (250)	(150)	(100)
			一般值	4500 (4500)	3500 (3000)	2000 (1800)	1600 (1200)	900 (600)	700 (450)	500 (400)	— (250)	— (150)
		凹形	极限值	2000 (1800)	1500 (1350)	1000 (1000)	700 (700)	450 (450)	350 (350)	300 (250)	— (170)	— (110)
			一般值	3000 (2700)	2000 (2025)	1500 (1500)	1400 (1050)	900 (675)	700 (525)	400 (375)	— (255)	— (165)
	最小长度		极限值	75 (70)	60 (60)	50 (50)	40 (40)	35 (35)	30 (30)	25 (25)	— (20)	— (20)
			一般值	100 (105)	90 (90)	70 (75)	60 (60)	40 (55)	35 (45)	30 (40)	— (30)	— (30)

注:括号内的数值为《交叉规程》中城市道路的规定值。

3. 分流鼻处匝道竖曲线最小半径

在分流鼻端处，因车辆驶出速度较高，应采用分流鼻端通过速度的较高值，计算缓和冲击和停车视距两者要求的较大值作为竖曲线最小半径的极限值，取极限值的1.5倍作为一般值。计算结果和《立交细则》的规定见表8-16。当按匝道基本路段设计速度选取的竖曲线最小半径大于表8-16中的值时，应按匝道设计速度确定的竖曲线最小半径取值。

分流鼻附近匝道竖曲线的最小半径   表8-16

主线设计速度(km/h)			120	100	80	60	50
分流鼻端通过速度(km/h)			80	70	65	60	55	50
停车视距(m)			110	95	85	75	65	60
计算值(m)	凸形	极限值	3025	2256	1806	1406	1056	900
		一般值	4538	3384	2709	2109	1584	1350
	凹形	极限值	1778	1393	1174	1000	840	694
		一般值	2667	2090	1761	1500	1260	1041
《立交细则》规定值(m)	凸形	极限值	—	2000	1800	1400	1200	—
		一般值	—	3500	2800	2000	1800	—
	凹形	极限值	—	1500	1200	1000	800	—
		一般值	—	2000	1800	1500	1200	—

注：表中主线设计速度列为 120、100、80、60、50 km/h，对应分流鼻端通过速度为 80、70、65、60、55、50 km/h

二、匝道纵断面线形设计原则与要求

1. 匝道纵断面线形设计的一般原则

①匝道及其与正线连接处，纵断面线形应尽量连续，避免突变，保证主线与匝道分岔处能顺适连接。

②匝道纵坡应符合最大纵坡和最小纵坡的规定。

③匝道上应尽量采用较缓纵坡，以保证行车舒适与安全，尽量不采用最大纵坡值。特别是加速上坡匝道和减速下坡匝道，应采用较缓纵坡。

④匝道上设收费站时，收费广场路段纵坡应满足要求，邻接收费广场的路段，其纵坡应平缓，不应以较大下坡紧接收费广场。

⑤匝道纵断面设计除与主线、被交线衔接处纵坡协调配合外，主要受控制高程的制约，如匝道与主线和被交线相互跨越、匝道跨越或下穿非机动车道及人行道、匝道间相互跨越等。设计时要使这些控制高程相互协调，合理抬高或压低纵断面，以适应结构物建筑高度和净空高度的要求。

⑥匝道及端部纵坡变化处应采用较大半径竖曲线,以保证足够停车视距,分、合流点及其附近竖曲线还应满足识别视距要求,以看清前方的路况。

⑦匝道平、纵线形组合设计的基本要求是组合后的立体线形平顺、无扭曲,视野开阔,行车安全、舒适,并与正线衔接处及周围环境协调、配合。平、纵线形组合设计的原则和要点与正线基本相同,但应注意出、入口处平、纵组合的处理。

2. 匝道纵断面线形设计基本要求

①匝道纵断面线形多受其两端相连接正线的高程、纵坡大小及坡向限制;当匝道跨越匝道或正线时,还应考虑交叉处高程的控制。

②右转弯匝道纵断面线形常由一个以上竖曲线组合而成,但纵坡较小,起伏不大,竖曲线半径较大。左转弯匝道一般由反向或同向竖曲线组成,反向竖曲线的上端多为凸形,下端多为凹形,中间宜插入直坡段,也可直接连接;同向竖曲线宜加大半径,设计成一个竖曲线或复合竖曲线。

③匝道纵坡设计应尽量平缓,最好一次起伏,避免多次变坡。出口处竖曲线半径应尽可能大一些,以满足车辆减速不充分的安全行驶要求。入口附近的纵断面线形必须有同正线一致的平行区段,以使驾驶人看清左后方正线车辆运行情况,能安全汇入正线。

④出口处,若是在凸形竖曲线后部以下坡驶入匝道,坡顶之后的平曲线不应突然出现在驾驶人眼前,应将凸形竖曲线加长以满足识别视距要求,使驾驶人能及早发现匝道平曲线的起点和方向,并有足够的变道和减速距离。

⑤入口处,若由匝道上坡驶入正线,应使连接正线的匝道纵断面与邻近正线纵坡基本一致,并满足入口通视三角区要求。

⑥反向平曲线拐点附近或匝道相互分、合流鼻端前不宜设置凸形竖曲线顶点。

三、匝道纵断面设计高程控制

1. 匝道与相交道路立体交叉

当匝道与相交道路立体交叉(包括正线、匝道和其他道路)时,匝道纵断面设计应满足各种高程控制条件,与相交道路之间的净空高度应满足要求。匝道控制位置的设计高程可采用式(8-14)计算:

$$H_C = H_0 \pm h_c \pm h_r \pm h_s \pm h_p \pm h_h \tag{8-14}$$

式中:±——匝道上跨被交路时取"+",下穿时取"-";

H_C——匝道控制位置的设计高程(m);

H_0——被交路的设计高程(m);

h_c——净空高度(m),一般取5m;

h_r——净空预留高度(m),一般取0.2~0.3m;

h_s——跨线构造物的上部结构建筑高度(m),与上部构造类型和跨径大小有关;

h_p——跨线构造物上部结构上的铺装层厚度(m);

h_h——匝道上跨被交路时,为匝道设计高程位置与最不利位置路面横坡的高差(m),匝道下穿被交路时,为被交路设计高程位置与最不利位置路面横坡的高差(m)。

2. 匝道与相交道路平面交叉

匝道与相交道路平面交叉时,匝道和被交路在交叉点处的设计高程应相等。

3. 匝道在分、合流鼻处的设计高程

匝道与正线或匝道之间存在分、合流时,匝道在分、合流鼻对应位置的设计高程应该按接坡设计方法进行计算,见图8-13和式(8-16)。

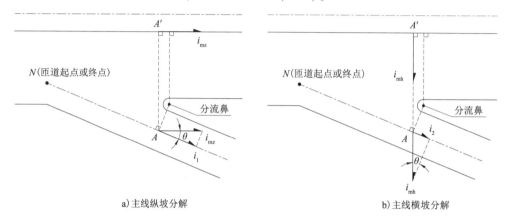

图8-13 匝道接坡计算图示

四、匝道与正线接坡设计

匝道接坡设计是指匝道与正线和匝道与匝道之间的纵坡衔接设计,设计的基本原则是保证接坡段路面平顺。匝道与正线的纵坡衔接包括匝道与正线之间采用变速车道连接和直接平面交叉两种。匝道与正线设置平面交叉时,匝道的纵坡应满足平面交叉相交道路纵坡设置的要求,匝道与正线平面交叉交叉点的设计高程根据正线的设计高程计算。下面介绍匝道与正线之间采用变速车道连接时的接坡设计方法。

1. 接坡的坡度

当匝道与正线之间采用变速车道连接时,接坡的坡度是指分流鼻对应匝道上A点纵坡的坡度(图8-13)。接坡的坡度大小和方向与正线纵坡、横坡和流出角(或汇入角)有关,接坡的坡度采用式(8-15)计算:

$$\vec{i}_A = \vec{i}_1 + \vec{i}_2 = \vec{i}_{mz} \cdot \cos\theta + \vec{i}_{mh} \cdot \sin\theta \quad (8\text{-}15)$$

式中:i_A——接坡的坡度;

i_{mz}——正线上 A' 点的纵坡；

i_{mh}——正线上 A' 点的路面横坡；

θ——分流鼻对应匝道的流出角(或汇入角)，采用主线上 A' 点方位角与匝道上 A 点方位角之差(弧度)。

2. 接坡点设计高程

匝道接坡 A 点的设计高程 H_A 采用式(8-16)计算：

$$H_A = H_{A'} + D_{AA'} \cdot i_{mh} \tag{8-16}$$

式中：$H_{A'}$——正线上 A' 点的设计高程(m)；

$D_{AA'}$——正线上 A' 点和匝道上 A 点之间的水平距离(m)；

i_{mh}——正线上 A' 点的路面横坡。

3. 接坡段竖曲线设置方法

为保证分、合流端部与主线路面之间平顺，一般情况下匝道上接坡点之后的第一个(合流为最后一个)竖曲线不宜进入端部，即变坡点与接坡点之间的距离应大于或等于竖曲线切线长(图 8-14)。

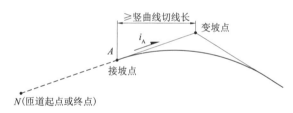

图 8-14　匝道接坡段竖曲线的设置

五、匝道与匝道接坡设计

匝道与匝道之间的接坡包括顺接和对接两种情况。顺接是匝道分流或者合流的情况，对接是指双向匝道与两个方向相反匝道连接的情况。

1. 匝道之间顺接

一般情况下，匝道之间顺接时，主匝道与次匝道之间的纵坡在分流鼻之前和合流鼻之后宜相等，也可以采用匝道与正线设置变速车道连接的接坡方法。次匝道接坡点的高程计算方法同匝道与正线接坡。

2. 匝道之间对接

如图 8-15 所示，匝道对接时，双向匝道①的纵坡与单向匝道②、③在端部范围内的纵坡宜相等。匝道②起点 A 和匝道③终点 B 的设计高程应根据其在双向匝道①横断面上对应的点 A'、B' 的设计高程及两点之间的距离和横坡来计算(图 8-16)。

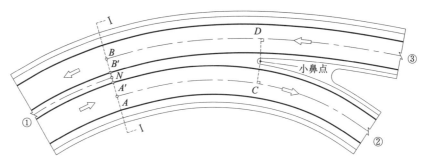

图 8-15 对接接坡设计平面示意图

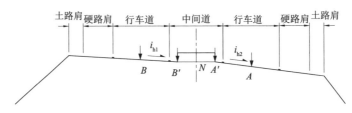

图 8-16 对接接坡 Ⅰ—Ⅰ 横断面图

第四节 匝道横断面设计

一、匝道的路拱超高及其过渡

1. 匝道的路拱

当匝道为直线路段或圆曲线半径大于或等于不设超高的最小半径时,可不设超高。不设超高的路段,单向匝道宜采用单向路拱横坡;对向匝道可根据匝道长度、线形条件、路面类型、路面宽度等采用双向路拱或单向路拱横坡。在不设超高路段,当位于中等强度降雨地区时,匝道路面路拱横坡坡度宜采用2%;当位于降雨强度较大地区时,匝道路面路拱横坡坡度可适当增大。

2. 最大超高值

当匝道圆曲线半径小于不设超高的最小半径时,圆曲线路段应设置超高。

日本道路规范规定冰雪影响显著地区互通式立体交叉匝道最大超高采用6%,有必要考虑冰雪影响的地区最大超高采用8%,一般地区采用10%,存在地形及其他不得已情况的地区最大超高采用10%。美国道路设计指南中高速公路的最大超高值取10%,地形限制及其他不得已情况下最大超高值可取12%,最大超高值不小于8%。

我国对匝道最大超高值的规定较为保守,主要是因为我国目前高速公路立体交叉客货混行,且大货车超宽超载情况较为严重。大货车超宽超载使得车辆轴宽与重心高比发生了变化,较大超高值易引发车辆倾覆。国外测试和研究表明,在雪和冰的作用下停车或试图从停止的位置缓慢行驶时,超高值为8%是容许的最大值。类似冰雪影响,路面有泥浆、浮油也会产生低摩擦效应。许多国家道路研究机构研究认为8%是低摩擦路面超高值最大容许值。

因此,我国《立交细则》规定,匝道圆曲线路段的最大超高宜采用6%,在积雪冰冻地区,最大超高不得大于6%;在非积雪冰冻地区,当交通组成主要以小客车为主时,匝道最大超高可适当增大,但不应大于8%。由于匝道平纵面指标比正线低,车辆行驶速度一般较低,因此《立交细则》的规定较合理。

3. 超高值与横向力系数分配方式

汽车在匝道圆曲线上行驶时,根据传统的点质量-刚体模型(point mass-rigid body model, PMR模型),可知圆曲线半径R、车辆行驶速度v、横向力系数μ及超高i_h之间存在如下关系:

$$R = \frac{v^2}{127(i_h + \mu)} \tag{8-17}$$

由式(8-17)可知,设计速度和圆曲线半径确定后,可采用超高值和横向力系数来抵消离心力。横向力的存在对于驾驶操纵的稳定、行驶的舒适及燃料和轮胎消耗都有不利影响。因此,把大多数车辆行驶时的横向力减到最低限度,应是超高值i_h和横向力系数μ分配的主要原则。相关研究和国内外规范给出了5种横向力系数和超高值分配方式,如图8-17所示。

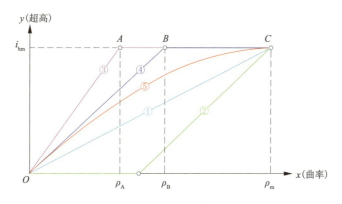

图8-17 超高值分配方式

(1)超高值与横向力系数按线性比例分配

超高值与圆曲线曲率成正比关系,如图8-17中①所示。用这种方式确定的超高值或横向力系数,只有在车辆匀速行驶时才能很好地匹配。由于车辆行驶速度与设计速度之间存在一定的速度差,因此会出现车辆行驶在小半径曲线上超高值过大和行驶在大半径曲线上超高值过小的现象。且横向力系数一直不为零,行驶舒适性较差,轮胎磨损和燃油经济性均不好。不建议采用。

(2)优先分配横向力系数

先使用横向摩阻力来抵消所有的离心力,当横向力系数超过最大值后,才用超高抵消离心力,如图 8-17 中②所示。车辆以设计速度行驶在小于最大横向力系数对应的圆曲线上时,无须设置超高。曲率继续增大时,最大横向力系数保持不变,通过逐渐增加超高值来抵消剩余的离心力,直至达到最大超高值。这种方法一般用于行驶速度不均匀的城市道路上。

(3)优先分配超高值(采用设计速度计算)

优先采用超高来抵消所有的离心力,当超高达到最大值时,即圆曲线半径小于 R_A 时,才由横向摩阻力抵消剩余的离心力,如图 8-17 中③所示。当超高达到最大值后,横向力系数会急剧变化。圆曲线半径小于 R_A,所增加的离心力全部由横向摩阻力承担,半径越小,舒适性越差。

(4)优先分配超高值(采用运行速度计算)

方法(4)和方法(3)基本相同,区别在于采用运行速度代替设计速度来进行超高设计,如图 8-17 中④所示。计算出来的超高值更符合大多数车辆的要求,对于大半径曲线,其超高值比较符合实际;而对于小半径曲线,超高值就偏大。同样存在半径越小,舒适性越差的问题。

(5)曲线分配

在这种分配方式中超高与曲线曲率呈曲线关系,如图 8-17 中⑤所示。当平曲线半径较大时,其超高值接近方法(3)或方法(4),由适当的超高抵消横向力。随着半径的减小,以接近最大超高值的方式设置超高值。这样,在超高值设置上兼顾了大半径和小半径曲线,在一定程度上避免了上述几种方式的缺点,但对大半径曲线更加有利。该方式能够较合理地解决超高值与横向力系数分配问题,因此包括我国在内的多数国家都采用这种方式。

由于匝道运行速度变化较大,驶出段的速度一般高于中间段,而驶入段的运行速度又有所增加,且匝道运行速度难以确定,因此在计算匝道超高值时,不宜采用过低的运行速度,宜采用设计速度来计算超高值。采用曲线分配方式计算匝道超高值的方法如图 8-18 所示。

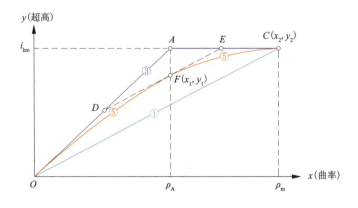

图 8-18　超高值分配方式⑤计算图示

根据超高值分配方法(3)可知,在达到最大超高值i_{hm}时,横向力系数为零,此时曲率半径(对应曲率ρ_A)用式(8-18)计算:

$$R_A = \frac{1}{\rho_A} = \frac{v_D^2}{127 i_{hm}} \tag{8-18}$$

式中:v_D——匝道设计速度(km/h)。

超高分配方法(1)中,当采用最大超高值i_{hm}和最大横向力系数μ_m时,极限最小半径R_m(对应极限最大曲率ρ_m)采用式(8-19)计算:

$$R_m = \frac{1}{\rho_m} = \frac{v_D^2}{127(i_{hm} + \mu_m)} \tag{8-19}$$

超高分配方法(5)中,D、E点分别为OA段和AC段的中点,F、C两点的坐标分别为(x_1, y_1),(x_2, y_2)。可知

$$\begin{cases} x_1 = \dfrac{1}{R_A} \\ y_1 = \dfrac{y_2}{2}\left(1 + \dfrac{x_1}{x_2}\right) = \dfrac{(R_A + R_m) i_{hm}}{2 R_A} \end{cases} \tag{8-20}$$

$$\begin{cases} x_2 = \dfrac{1}{R_m} \\ y_2 = i_{hm} \end{cases} \tag{8-21}$$

根据图8-18可知,OA、DE、EC段的斜率i_1、i_2、i_3分别为

$$i_1 = \frac{y_2}{x_1}, i_2 = \frac{y_2}{x_2}, i_3 = 0 \tag{8-22}$$

假设OF段抛物线的一般方程为$y = ax^2 + bx$,则有:

①起点O:$x = 0$,$y' = i_1$,所以$b = i_1 = \dfrac{y_2}{x_1}$。

②终点F:$x = x_1$,$y' = i_2$,所以$a = \dfrac{y_2}{2 x_1}\left(\dfrac{1}{x_2} - \dfrac{1}{x_1}\right)$。

将式(8-20)、式(8-21)代入可得

$$\begin{cases} a = \dfrac{R_A (R_A + R_m) i_{hm}}{2} \\ b = R_A i_{hm} \end{cases} \tag{8-23}$$

所以抛物线OF的方程为

$$y = \frac{R_A (R_A + R_m) i_{hm}}{2} x^2 + R_A i_{hm} x \tag{8-24}$$

假设FC段抛物线的一般方程为$y = ax^2 + bx + c$。

因在起点F:$x = x_1$,$y' = i_2$;终点C:$x = x_2$,$y' = i_3$,所以

$$\begin{cases} 2ax_1 + b = i_2 \\ 2ax_2 + b = 0 \end{cases} \tag{8-25}$$

上述方程组的解为

$$\begin{cases} a = \dfrac{R_A R_m^2 i_{hm}}{2(R_m - R_A)} \\ b = -\dfrac{R_A R_m i_{hm}}{R_m - R_A} \end{cases} \tag{8-26}$$

终点:$x = x_2, y_2 = 2ax_2^2 + bx_2 + c$,将式(8-26)代入,解得

$$c = \dfrac{(2R_m - R_A) i_{hm}}{2(R_m - R_A)} \tag{8-27}$$

所以抛物线 FC 的方程为

$$y = \dfrac{i_{hm}}{2(R_m - R_A)} [R_A R_m^2 x^2 - 2R_A R_m x + (2R_m - R_A)] \tag{8-28}$$

因此,采用分配方法(5)时,圆曲线R_x对应的超高值i_{hx}采用式(8-29)计算:

$$\begin{cases} i_{hx} = \dfrac{R_A(R_A + R_m) i_{hm}}{2R_x^2} + \dfrac{R_A i_{hm}}{R_x} & (R_x > R_A) \\ i_{hx} = \dfrac{i_{hm}}{2(R_m - R_A)} \left[\dfrac{R_A R_m^2}{R_x^2} - \dfrac{2R_A R_m}{R_x} + (2R_m - R_A) \right] & (R_x \leq R_A) \end{cases} \tag{8-29}$$

4. 匝道超高值的计算结果

采用式(8-29)可计算出在最大超高值为 8.0% 和 6.0% 时不同设计速度和圆曲线半径对应的超高值和横向力系数,计算如果如图 8-19 ~ 图 8-22 所示。根据计算结果,归纳出最大超高值为 8.0% 和 6.0% 时,不同设计速度和圆曲线半径下的超高值,见表 8-17。

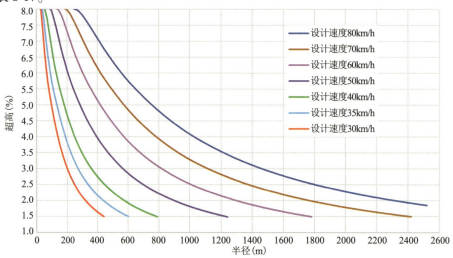

图 8-19　最大超高值为 8.0% 时超高与圆曲线半径的关系

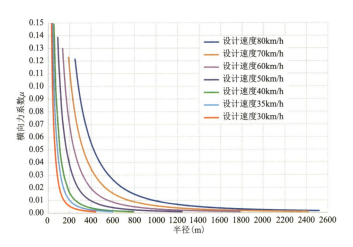

图 8-20 最大超高值为 8.0% 时横向力系数与圆曲线半径的关系

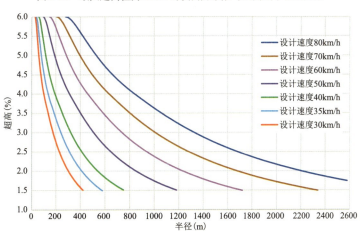

图 8-21 最大超高值为 6.0% 时超高与圆曲线半径的关系

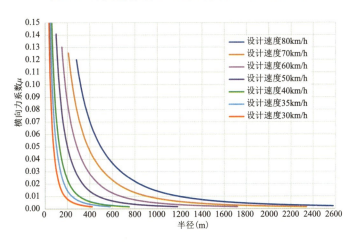

图 8-22 最大超高值为 6.0% 时横向力系数与圆曲线半径的关系

匝道超高值 表8-17

设计速度(km/h)	80		70		60		50		超高(%)
最大超高(%)	8.0	6.0	8.0	6.0	8.0	6.0	8.0	6.0	
圆曲线半径R(m)	250≤R<350	—	190≤R<260	—	135≤R<190	—	90≤R<125	—	8
	350≤R<480	—	260≤R<360	—	190≤R<260	—	125≤R<175	—	7
	480≤R<650	280≤R<420	360≤R<490	210≤R<310	260≤R<360	150≤R<230	175≤R<240	100≤R<150	6
	650≤R<880	420≤R<660	490≤R<670	310≤R<500	360≤R<490	230≤R<360	240≤R<335	150≤R<240	5
	880≤R<1220	660≤R<1060	670≤R<930	500≤R<800	490≤R<680	360≤R<590	335≤R<470	240≤R<400	4
	1220≤R<1810	1060≤R<1680	930≤R<1380	800≤R<1280	680≤R<1010	590≤R<940	470≤R<700	400≤R<650	3
	1810≤R<2500	1680≤R<2500	1380≤R<2000	1280≤R<2000	1010≤R<1500	940≤R<1500	700≤R<1000	650≤R<1000	2

设计速度(km/h)	40		35		30		20		超高(%)
最大超高(%)	8.0	6.0	8.0	6.0	8.0	6.0	8.0	6.0	
圆曲线半径R(m)	55≤R<75	—	35≤R<50	—	30≤R<40	—	10≤R<15	—	8
	75≤R<110	—	50≤R<75	—	40≤R<55	—	15≤R<20	—	7
	110≤R<150	60≤R<90	75≤R<110	40≤R<60	55≤R<80	30≤R<45	20≤R<35	10≤R<20	6
	150≤R<210	90≤R<150	110≤R<160	60≤R<105	80≤R<115	45≤R<75	35≤R<50	20≤R<30	5
	210≤R<300	150≤R<255	160≤R<220	105≤R<185	115≤R<165	75≤R<135	50≤R<75	30≤R<60	4
	300≤R<445	255≤R<415	220≤R<335	185≤R<310	165≤R<250	135≤R<230	75≤R<110	60≤R<100	3
	445≤R<600	415≤R<600	335≤R<500	310≤R<500	250≤R<350	230≤R<350	110≤R<150	100≤R<150	2

5. 超高过渡段过渡方式

匝道上直线与超高圆曲线之间或两超高不同的圆曲线之间,应设置超高过渡段。匝道超高过渡方式包括绕车道中心旋转和绕左侧路缘带外边缘旋转两种。

(1)绕车道中心旋转

以车道中心线为旋转轴,路面绕其旋转,直至达到超高横坡值。当有中央分隔带时,旋转轴为两侧车道中心线,两侧路面分别绕其旋转,使之各自成为独立的单向超高。一般适用于Ⅰ型、Ⅱ型、Ⅲ型匝道。

(2)绕左侧路缘带外边缘旋转

以左侧路缘带外边缘线为旋转轴,路面绕其旋转,直至达到超高横坡值。当有中央分隔带时,旋转轴即中央分隔带两外边缘线,两侧路面分别绕其旋转,使之各自成为独立的单向超高,中央分隔带维持原水平状态。一般适用于Ⅳ型匝道。

6. 超高渐变率

匝道超高渐变率是指路面边缘相对于旋转轴或纵断面设计基线的倾斜度,同时反映了路面空间曲面的圆滑度。当渐变率过大时,过渡段两端的路面边缘附近会形成明显的折线,对车辆运行的平稳性不利,视觉上线形曲折;当渐变率过小时,横坡接近于水平状态的路段较长,当与纵面接近于平坡的路段重叠时,会导致路面排水不畅,并妨碍车辆雨天安全运行。因此,对超高过渡段的最大和最小渐变率应有所限制。

(1)超高最大渐变率

匝道超高最大渐变率的确定主要考虑超高过渡过程中旋转轴外侧的路面旋转角速度 ω 和外侧路面的抬升速度(图 8-23),两者中对舒适性和安全性影响更大的是路面旋转角速度 ω,其计算公式如下:

$$\omega = \frac{h}{B'} \cdot \frac{1}{3.6L_c/v} = \frac{v}{3.6B'} \cdot \frac{h}{L_c} = \frac{v}{3.6B'}P_{max} \qquad (8\text{-}30)$$

式中:ω——旋转轴外侧的路面旋转角速度(rad/s);

v——行驶速度(m/s),可取设计速度;

B'——旋转轴外侧的行车道宽度(包含路缘带)(m);

L_c——超高过渡段长度(m);

P_{max}——超高最大渐变率。

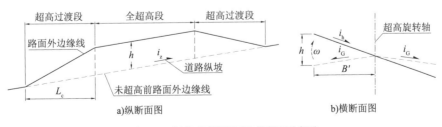

图 8-23 超高过渡纵断面和横断面示意图

由于缺乏关于旋转角速度对舒适性和安全性影响的研究资料,参考美国 AASHTO、德国公路设计指南 RAL 及日本的相关资料,旋转角速度 ω 的取值以及超高最大渐变率计算值和规定值[1]见表 8-18。

匝道超高最大渐变率 表 8-18

旋转轴位置			车道中心		左侧路缘带外边缘	
匝道横断面类型			单向单车道 对向分隔式双车道	单向双车道 对向非分隔双车道	单向单车道 对向分隔式双车道	单向双车道 对向非分隔双车道
B'(m)			2.25	4.0	4.5	8.0
ω(rad/s)			0.047	0.029	0.027	0.020
匝道设计速度(km/h)	80	计算值	1/210	1/192	1/183	1/139
		规定值	1/250	1/200	1/200	1/150
	70	计算值	1/184	1/168	1/160	1/122
		规定值	1/240	1/190	1/175	1/140
	60	计算值	1/158	1/144	1/137	1/104
		规定值	1/225	1/226	1/227	1/228
	50	计算值	1/131	1/120	1/114	1/87
		规定值	1/200	1/150	1/125	1/100
	≤40	计算值	1/105	1/96	1/91	1/69
		规定值	1/150	1/150	1/100	1/100

注:表中规定值是指《立交细则》中的规定值。

(2)超高最小渐变率

当匝道超高过渡段位于凹形竖曲线底部,或纵坡小于 0.5%的路段时,在横坡接近水平状态位置附近,路面横向排水不畅。为了尽可能缩短横向排水不畅路段的长度,应控制超高最小渐变率。《日本高速公路设计要领》中将匝道排水不畅路段最大长度规定为 80~100m,匝道超高最小渐变率 P_{min} 可采用式(8-31)计算:

$$P_{min} = \frac{B' \cdot \Delta i}{L_{cm}} \tag{8-31}$$

式中:Δi——旋转轴外侧超高坡度与路拱坡度的代数差的绝对值,取 4%;

L_{cm}——匝道排水不畅路段最大长度(m);

B'——旋转轴外侧的行车道宽度(包含路缘带)(m)。

由式(8-31)计算得到排水困难路段匝道超高最小渐变率,见表 8-19。

排水困难路段匝道超高最小渐变率 表 8-19

旋转轴位置		车道中心		左侧路缘带外边缘	
匝道横断面类型		单向单车道 对向分隔式双车道	单向双车道 对向非分隔双车道	单向单车道 对向分隔式双车道	单向双车道 对向非分隔双车道
B'(m)		2.25	4.0	4.5	8.0
L_{cm}(m)		80	90	90	100
超高最小渐变率	计算值	1/889	1/563	1/500	1/313
	规定值	1/800	1/500	1/500	1/300

注:表中规定值是指《立交细则》中的规定值。

7. 超高过渡段长度

超高过渡段长度应根据匝道设计速度、横断面类型、旋转轴位置以及超高渐变率等因素确定。超高过渡段长度 L_c 计算公式如下：

$$L_c = \frac{B' \cdot \Delta i}{P} \tag{8-32}$$

式中：B'——旋转轴外侧的行车道宽度（包含路缘带）(m)；

Δi——旋转轴外侧超高坡度与路拱坡度的代数差的绝对值；

P——超高渐变率。

8. 超高过渡段设计

超高过渡段设计宜在回旋线长度内进行。若没有设置回旋线，可将过渡段长度的1/2～2/3设置在直线上，其余设置在圆曲线上；但两个同向圆曲线直接连接时，可将过渡段长度的1/2分别设置在两个圆曲线上。当回旋线内有分、合流鼻时，超高过渡段宜从分流鼻开始（或者至合流鼻结束）。

超高过渡段设计可采用线性过渡、两端插入竖曲线过渡及三次抛物线过渡等方法。

（1）线性过渡

采用线性过渡后，超高过渡段上任一点路面边缘与超高起点路面边缘的高差按式（8-33）计算：

$$h_{cx} = \frac{h \cdot L_{cx}}{L_c} \tag{8-33}$$

式中：h_{cx}——超高过渡段上任一点路面边缘与超高起点路面边缘的高差(m)；

L_{cx}——超高过渡段上任一点与超高起点的距离(m)；

L_c——超高过渡段长度(m)；

h——超高过渡段起、终点之间路面边缘的高差(m)，用式（8-34）计算：

$$h = B'_e \cdot i_{he} - B'_s \cdot i_{hs} \tag{8-34}$$

式中：B'_e——超高过渡终点路面边缘至旋转轴的宽度(m)；

B'_s——超高过渡起点路面边缘至旋转轴的宽度(m)；

i_{he}——超高过渡终点的超高，向旋转轴以上倾斜为正，以下倾斜为负；

i_{hs}——超高过渡起点的超高，向旋转轴以上倾斜为正，以下倾斜为负。

（2）两端插入竖曲线过渡

两端插入竖曲线过渡时（图8-24），中间直坡段的渐变率不得大于超高最大渐变率。可根据纵断面竖曲线上设计高程计算方法进行具体计算。

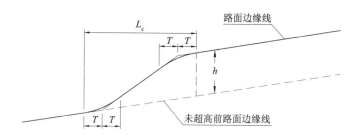

图 8-24　插入竖曲线后的超高过渡示意图

（3）三次抛物线过渡

采用三次抛物线过渡时（图 8-25），超高过渡段上任一点路面边缘与超高起点路面边缘的高差按式（8-35）计算：

$$h_{cx} = h(3t^2 - 2t^3) \tag{8-35}$$

式中：h_{cx}——超高过渡段上任一点路面边缘与超高起点路面边缘的高差（m）；

t——长度比例，采用式（8-36）计算：

$$t = \frac{L_{cx}}{L_c} \tag{8-36}$$

式中符号意义同前。

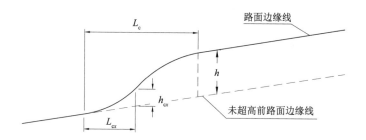

图 8-25　采用三次抛物线超高过渡示意图

二、匝道加宽及其过渡

1. 圆曲线路段路面加宽值计算

（1）加宽值的计算条件

车辆在弯道上行驶时占用的路面宽度比直线段大，因此当匝道半径较小时，路面应加宽。不同的通行条件下所需的路面加宽值不同，匝道加宽应满足当硬路肩停有车辆时，另一辆车能慢速通过，或者两辆车能慢速并行或错车通过。《立交细则》中规定的匝道路面通行条件见表 8-20。

匝道路面通行条件　　　　　　　　表 8-20

匝道横断面类型	一般通行条件	特殊通行条件
单向单车道（Ⅰ型） 对向分隔式双车道（Ⅳ型）	当路肩停有载重汽车时，铰接列车能慢速通过	当路肩停有小客车时，铰接列车能慢速通过
单向双车道（Ⅱ、Ⅲ型）	两辆铰接列车能慢速并行或错车通过	铰接列车与载重汽车能慢速并行或错车通过

（2）加宽值的计算模型

①单向单车道匝道加宽。

单向单车道匝道（Ⅰ型）应保证右侧硬路肩上有载重汽车时，行车道上的铰接列车能够慢速通过，匝道路面加宽值计算模型见图 8-26。

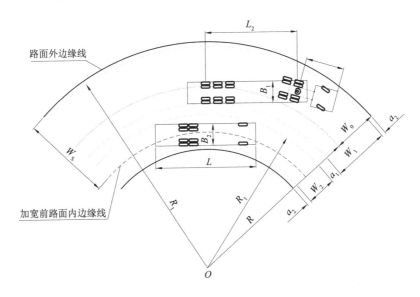

图 8-26　Ⅰ型匝道路面加宽值计算模型

由图 8-26 可知，单向单车道匝道加宽值为曲线路段所需的路面宽度与匝道标准横断面路面宽度的差值，可采用式(8-37)计算：

$$\Delta W = W_1 + W_2 + a_1 + 2a_2 - W_s \tag{8-37}$$

式中：ΔW——加宽值(m)；

W_1——铰接列车行驶所需的路面宽度(m)；

W_2——载重汽车停车所需的路面宽度(m)；

a_1——车辆之间的安全宽度(m)，与停靠车辆之间取 0.75m，与行驶的车辆之间取 1.0m；

a_2——车辆与路面边缘的距离(m)，取 0.25m；

W_s——匝道标准横断面路面宽度(m)，包括行车道宽度 3.5m、右侧硬路肩宽度 3.0m、左侧硬路肩宽度 1.0m，共 7.5m。

其中 W_1、W_2 分别采用式(8-38)、式(8-39)计算：

$$W_1 = R_1 + \frac{B_1}{2} - \sqrt{\left(\sqrt{R_1^2 - L_1^2} - \frac{B_1}{2}\right)^2 - L_2^2} \tag{8-38}$$

$$W_2 = B_2 + R_2 - \sqrt{R_2^2 - \left(\frac{L}{2}\right)^2} \tag{8-39}$$

式中：B_1——铰接列车宽度(m)，取 2.55m；
B_2——载重汽车宽度(m)，取 2.5m；
L——路肩停靠货车全长(m)，取 12.0m；
L_1——铰接列车前端至后轮中心距离(m)，取 3.3m；
L_2——铰接列车挂车的轴距(m)，取 11.0m；
R_1——铰接列车外侧端部转角半径(m)；
R_2——路基停车车辆外侧端部曲线半径(m)。

其中 R_1、R_2 分别采用式(8-40)、式(8-41)计算：

$$R_1 = R + W_0 - a_2 \tag{8-40}$$

$$R_2 = R_1 - W_1 - a_1 \tag{8-41}$$

式中：R——未加宽前车行道中心圆曲线半径(m)；
W_0——未加宽前车行道中心左侧的路面宽度(m)，含左侧硬路肩，可取 2.75m。

②单向双车道匝道加宽。

单向双车道匝道(包括Ⅱ、Ⅲ型)应保证两辆铰接列车能够慢速并行或错车通过，其加宽值计算模型见图 8-27。

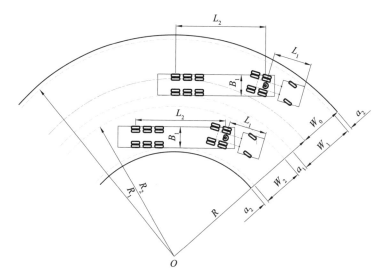

图 8-27　Ⅱ、Ⅲ型匝道路面加宽值计算模型

根据图 8-27 和式(8-37)计算Ⅱ、Ⅲ型匝道加宽值，式(8-37)中 W_1、W_2 分别采用式(8-42)、式(8-43)计算：

$$W_1 = R_1 + B_1 - \sqrt{\left(\sqrt{R_1^2 - L_1^2} - \frac{B_1}{2}\right)^2 - L_2^2} \qquad (8\text{-}42)$$

$$W_2 = R_2 - \sqrt{\left(\sqrt{R_2^2 - L_1^2} - \frac{B_1}{2}\right)^2 - L_2^2} \qquad (8\text{-}43)$$

式中，R_1、R_2 采用式(8-40)、式(8-41)计算，其余符号意义同前。W_0 取 4.5m；Ⅱ型匝道 W_s 取 9.0m；Ⅲ型匝道 W_s 取 10.75m。其余变量计算方法和取值同前。

③对向分隔式双车道匝道曲线内侧加宽。

对向分隔式双车道匝道（Ⅳ型）的曲线内侧匝道通行条件与单向单车道匝道相同，即应保证当路肩停有载重汽车时，铰接列车能慢速通过，曲线内侧匝道加宽值计算模型见图 8-28。

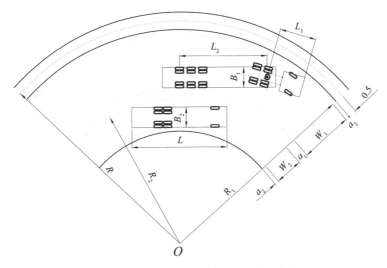

图 8-28　Ⅳ型匝道曲线内侧加宽值计算模型

根据图 8-28 和式(8-37)计算Ⅳ型匝道加宽值，式(8-37)中 W_1、W_2 仍采用式(8-38)、式(8-39)计算，其中 W_s 取 7.0m，R_1、R_2 分别采用式(8-44)、式(8-45)计算：

$$R_1 = R - 0.5 - a_2 \qquad (8\text{-}44)$$

$$R_2 = R_1 - W_1 - a_1 \qquad (8\text{-}45)$$

式中：R——匝道中央分隔带中心圆曲线半径(m)；

其他符号意义和取值同前。

④对向分隔式双车道匝道曲线外侧加宽。

根据图 8-29 和式(8-37)计算Ⅳ型匝道加宽值，式(8-37)中 W_1、W_2 仍采用式(8-38)、式(8-39)计算，其中 W_s 取 7.0m，R_1、R_2 分别采用式(8-46)、式(8-47)计算：

$$R_1 = R + 0.5 + a_2 + W_1 \qquad (8\text{-}46)$$

$$R_2 = R_1 + a_1 + W_2 \qquad (8\text{-}47)$$

需要采用数值算法求解。

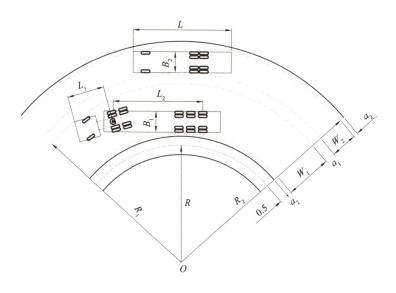

图 8-29 Ⅳ型匝道曲线外侧加宽值计算模型

(3)加宽值计算结果

将代表车型标准车身和标准横断面相关参数代入前述加宽值计算模型可得不同类型匝道路面加宽值(图 8-30)。图中匝道行车道宽度取 3.5m,左侧硬路肩宽度取 1.0m,Ⅱ型匝道右侧硬路肩宽度取 1.0m,Ⅲ型匝道右侧硬路肩宽度取 3.0m;Ⅰ、Ⅱ、Ⅲ型匝道圆曲线半径为加宽前的行车道中心圆曲线半径,Ⅳ型匝道圆曲线半径是指中央分隔带中心圆曲线半径。Ⅰ、Ⅱ、Ⅲ型匝道圆曲线半径采用表 8-21 的建议值。

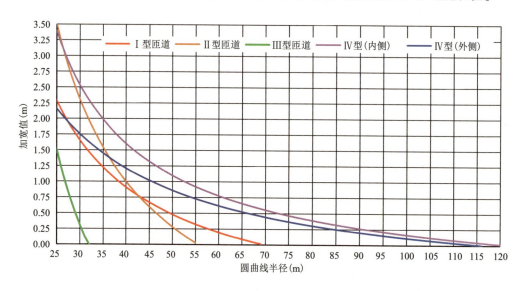

图 8-30 匝道圆曲线加宽值与圆曲线半径关系图

匝道圆曲线的加宽值,应根据圆曲线半径的大小、匝道横断面类型综合确定。对向分隔式双车道(Ⅳ型),应按各自车道的圆曲线半径所对应的加宽值分别进行加宽。加宽值应符合表 8-21 的规定。

匝道圆曲线路段路面加宽值　　　　　　　表 8-21

单向单车道（Ⅰ型）	无紧急停车带双车道（Ⅱ型）	有紧急停车带双车道（Ⅲ型）	对向分隔式双车道（Ⅳ型）		加宽值（m）
			曲线内侧车道	曲线外侧车道	
—	25≤R<26	—	25≤R<26	—	3.50
—	26≤R<27	—	26≤R<27	—	3.25
—	27≤R<28	—	27≤R<28	—	3.00
—	28≤R<29	—	28≤R<30	—	2.75
—	29≤R<30	—	30≤R<32	—	2.50
25≤R<27	30≤R<32	—	32≤R<35	25≤R<26	2.25
27≤R<29	32≤R<34	—	35≤R<38	26≤R<30	2.00
29≤R<32	34≤R<36	—	38≤R<42	30≤R<32	1.75
32≤R<35	36≤R<38	25≤R<26	42≤R<46	32≤R<39	1.50
35≤R<38	38≤R<40	26≤R<27	46≤R<53	39≤R<45	1.25
38≤R<43	40≤R<43	27≤R<28	53≤R<60	45≤R<53	1.00
43≤R<50	43≤R<47	28≤R<29	60≤R<73	53≤R<62	0.75
50≤R<58	47≤R<50	29≤R<31	73≤R<90	62≤R<82	0.50
58≤R<70	50≤R<55	31≤R<32	90≤R<122	82≤R<116	0.25
R≥70	R≥55	R≥32	R≥122	R≥116	0

注：Ⅳ型匝道的圆曲线半径为中央分隔带中心圆曲线半径,其余为行车道中心圆曲线半径。

①Ⅰ型匝道与Ⅳ型匝道在相同半径圆曲线路段衔接时,应采用Ⅳ型匝道的单侧加宽值。

②当通行条件或匝道路面标准宽度有变化时,加宽值应重新计算确定。

2. 加宽位置

圆曲线上路面的加宽位置一般设在圆曲线内侧,对向分隔式匝道宜在内、外侧分别进行加宽。

3. 加宽过渡

匝道路面加宽过渡宜在回旋线路段或超高过渡段进行,且加宽过渡段长度不应小于 10m。加宽过渡可采用线性过渡,或高次抛物线过渡。

(1)线性过渡

当匝道路面加宽渐变率小于 1/25 时,加宽可采用线性过渡,加宽过渡段上任一点的路面加宽值可按式(8-48)计算:

$$W_x = x \cdot W_a / L_w \tag{8-48}$$

式中:W_x——加宽过渡段上任一点的路面加宽值(m);

x——加宽过渡段上任一点至加宽起点的距离(m);

W_a——圆曲线路段路面加宽值(m);

L_w——加宽过渡段全长(m)。

(2)高次抛物线过渡

当匝道路面加宽渐变率大于 1/25 时,加宽可采用高次抛物线过渡,加宽过渡段上任一点的路面加宽值可按式(8-49)计算:

$$W_x = [nt^{n-1} - (n-1)t^n] W_a \tag{8-49}$$

式中:n——高次抛物线的次数,一般取 3 或 4 即可;

t——长度比例,采用式(8-50)计算:

$$t = \frac{x}{L_w} \tag{8-50}$$

式中符号意义同前。

三、邻近横断面边坡处理

在正线与匝道的连接部、不同匝道之间的连接部,均会出现一段路幅已经分离但两侧填方边坡或挖方边坡相交重叠的情况,如图 8-31 所示。重叠部分会造成土石方数量重复计算。当填土高度较大时,对土石方数量的影响较大。因此,需要计算并判断边坡相交的具体位置和两侧的对应断面,避免重复计算土石方数量。

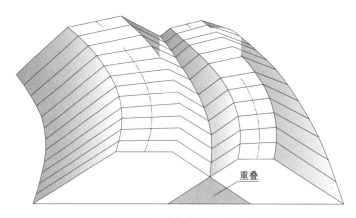

图 8-31 连接部路基边坡重叠

本章参考文献

[1] 中华人民共和国交通运输部.公路立体交叉设计细则:JTG/T D21—2014[S].北京:人民交通出版社股份有限公司,2014.
[2] 亓伟.城市道路机动车车道宽度研究[D].哈尔滨:哈尔滨工业大学,2005.
[3] 日本道路协会.日本公路技术标准的解说与运用[M].王治中,张文魁,冯理堂,译.北京:人民交通出版社,1980.
[4] 潘兵宏,倪旭,唐力焦,等.B型喇叭式立交环圈出口匝道运行速度过渡段长度研究[J].重庆交通大学学报(自然科学版),2019,38(3):32-37.

第九章 CHAPTER 9
附加车道和连接部设计

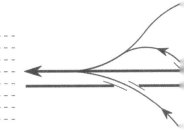

附加车道是指在正线道路上或者匝道局部路段增设的专供车辆特殊需要使用的车道,包括变速车道、辅助车道、集散道等。连接部是指匝道与正线、正线相互之间以及匝道相互之间连接的道口,包括变速车道、出口或入口、小鼻端、大鼻端等。附加车道和连接部是互通式立体交叉的重要组成部分,也是交通运行状况最复杂的区域,直接影响互通式立体交叉驶出区域和汇入区域的交通功能和行车安全。互通式立体交叉附加车道和连接部设计应遵循出入口通视性原则、信息一致性原则、车道平衡原则、通行能力符合性原则、运行速度连续性原则,设计时应充分考虑交通流的特性、车辆特性、驾驶人驶出和汇入操作特性,为驾驶人驶出和汇入提供清晰的引导信息、舒适的变速长度、安全的行驶条件。

第一节 变速车道设计

当匝道与正线之间采用分、合流方式连接时,因匝道几何设计指标比正线低,为满足驶出车辆安全舒适减速、汇入车辆安全加速并汇入正线的需求,应在正线与匝道连接部设置变速车道。变速车道包括设置在出口的减速车道和设置在入口的加速车道。车辆驶离正线,进入匝道时减速所需的附加车道称为减速车道;满足车辆从匝道汇入正线时加速或等待正线外侧车道出现可插入间隙继续保持原车道行驶的附加车道称为加速车道。

一、变速车道的形式及其选择

1. 变速车道形式

按照变速车道的车道数,变速车道可以分为单车道变速车道和双车道变速车道,特殊情况下可能还存在三车道变速车道。按照变速功能,可分为减速车道和加速车道两种。按照与主线流出和汇入的形式可分为平行式与直接式两种。

(1)平行式变速车道

平行式变速车道(图9-1)是在正线外侧平行增设的附加车道。变速车道数为1条时,不需要设置辅助车道;变速车道数为2条时,为保持车道数平衡,应在减速车道起点之前(加速车道终点之后)设置1条辅助车道。平行式变速车道的特点是渐变段起(终)点渐变率较大,车道划分变化明显,行车时容易辨认,但车辆行驶轨迹呈反向曲线,对行车略有影响,只要渐变段渐变率满足要求,就对行车稳定性几乎没有影响。平行式变速车道平行加宽段长度与分(合)流鼻后匝道平面线形和变速车道长度有关。

(2)直接式变速车道

直接式变速车道(图9-2)是由正线斜向以一定角度渐变加宽,形成一条与匝道连接的附加车道。直接式变速车道数为1条时,不需要设置辅助车道;变速车道数为2条时,为保持车道数平衡,也应在减速车道起点之前(加速车道终点之后)设置1条辅助车道。直接式变速车道的特点是线形与正线线形一致,并与正线之间形成2°~4°的夹角,驶出或者汇入的车辆行驶平顺,变速车道线形与驶出或者驶入车辆行车轨迹吻合,对行车有利,但因交角较小,减速车道起点位置不易识别,易导致驾驶人驶出时不能完全利用减速车道长度,减速不充分。

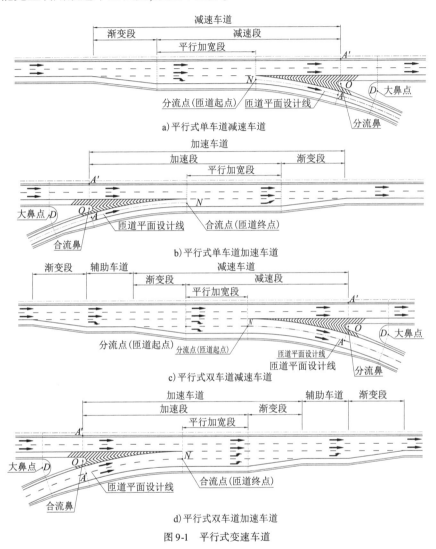

图 9-1 平行式变速车道

2. 变速车道形式选择

变速车道形式选择与变速车道车道数和功能有关,变速车道形式选择的基本原则如下:

①双车道的加速和减速车道宜采用直接式;
②单车道减速车道宜采用直接式;
③下列3种情况下宜采用平行式:
a. 单车道加速车道宜采用平行式;

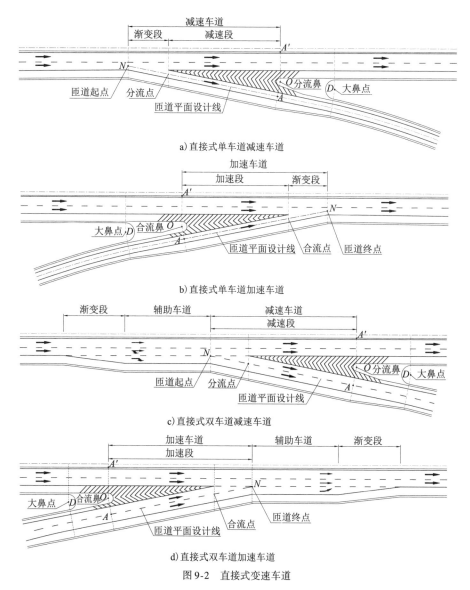

图 9-2 直接式变速车道

b. 当主线圆曲线半径小于互通式立体交叉范围内一般最小半径,且设置直接式困难时,曲线外侧变速车道宜采用平行式;

c. 出口匝道为环形匝道时,减速车道宜采用平行式;

d. 识别视距不足,或者出口变速车道识别困难,宜采用平行式。

3. 变速车道特征点

(1) 匝道起点和终点

匝道起、终点是指匝道平面线形设计的起、终点。匝道起、终点的位置是指采用变速车道时匝道起、终点在正线横断面上的位置。平行式和直接式变速车道的车道数不同,匝道与正线平面接线设计的位置不同,因而匝道平面线形设计的起点和终点位置也不同,见图9-1和图9-2。平行式变速车道匝道起点(终点)处正线的特征横断面如图9-3所示,直接式变速车道匝道起点(终点)处正线的特征横断面如图9-4所示。

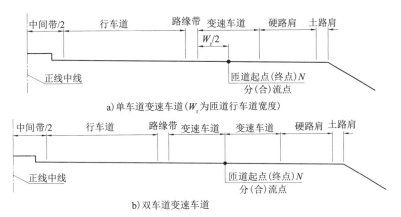

图9-3 平行式变速车道匝道起点(终点)位置的横断面图

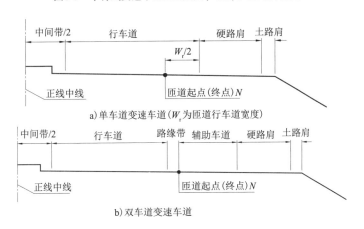

图9-4 直接式变速车道匝道起点(终点)位置的横断面图

(2)分流点和合流点

分流点是指匝道行车道与正线(或主匝道)行车道边缘线刚开始分开的位置。合流点是指匝道行车道与正线行车道刚开始合并的位置。分、合流点处匝道行车道与正线行车道之间共用一个路缘带。平行式变速车道分流点和合流点处的特征横断面与匝道起点(终点)相同(图9-3),直接式变速车道匝道分(合)流点处的特征横断面如图9-5所示。

(3)分流鼻和合流鼻

分流鼻和合流鼻也称为小鼻点,指正线(或主匝道)与匝道相邻侧的硬路肩外边缘线以0.6~1.0m的半径倒圆角的圆心位置。分流鼻和合流鼻对应匝道和正线平面线设计线上的位置分别为 A 和 A',该处的特征横断面如图9-6所示。为满足误行车辆返回的要求,在分流鼻处主线和匝道的硬路肩应偏置加宽,具体要求见鼻端构造部分的介绍。分(合)流点和分(合)流鼻之间的横断面如图9-7所示。

303

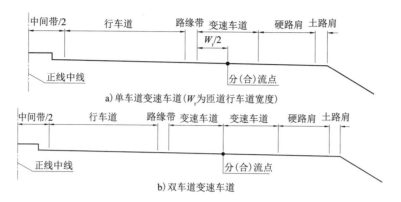

图 9-5 直接式变速车道匝道分(合)流点横断面图

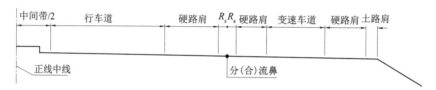

图 9-6 分(合)流鼻 AOA' 横断面图(R_s 为小鼻点半径)

图 9-7 分(合)流点和分(合)流鼻间的横断面图

(4)大鼻点

大鼻点是指正线(或主匝道)与匝道相邻侧土路肩外边缘线以 1.0~1.5m 的半径倒圆角的圆心。大鼻点对应匝道和正线位置的横断面如图 9-8 所示,分(合)流鼻与大鼻点之间的横断面如图 9-9 所示。

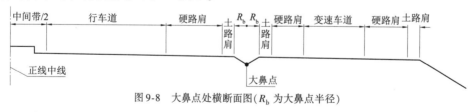

图 9-8 大鼻点处横断面图(R_b 为大鼻点半径)

图 9-9 分(合)流鼻与大鼻点之间的横断面图

为保证分流鼻端后护栏和防撞缓冲设施的布置,分流鼻与大鼻点间的距离一般宜大于10m。当大鼻点位于桥梁时,为满足桥梁设计和施工的要求,大鼻点圆弧的两个切点之间高差不宜超过20cm,因此,可通过调整分流鼻的倒角半径大小来控制分流鼻与大鼻点之间的距离。

二、变速车道长度

变速车道由渐变段、减速段(或加速段)组成。变速车道长度为渐变段与减速段(或加速段)长度之和。渐变段与减速段(或加速段)长度均为对应特征点对应正线的里程之差(图9-1和图9-2)。其中减速段(或加速段)长度是指渐变段车道宽度达到一个车道宽度的位置与分流(或合流)鼻对应正线的里程之差(图9-1和图9-2)。

1. 减速车道长度

国内外相关研究认为,车辆在减速驶出的过程中可能采用两种减速方式:一是采用一个基本不变的减速度驶出,即全程匀减速;二是采用两次不同减速度驶出,称为二次减速,其第一阶段是驾驶人抬起或完全松开加速踏板,采用发动机和行驶阻力减速,这个过程减速度较小,第二阶段是驾驶人看清出口匝道的线形和宽度后,为了驶出主线后安全进入匝道,用主制动器减速,这个过程减速度较大,但应以不引起驾驶人不舒服的减速度完成减速,第二阶段也是匀减速过程。美国AASHTO[1]和《日本高速公路设计要领》[2]中均采用二次减速过程来确定减速车道长度。《日本高速公路设计要领》中认为车辆在渐变段起点开始减速,采用二次减速,直到分流鼻;美国AASHTO认为,大多数车辆以相对较高的速度驶离直行车道,从而降低由直行车道减速导致的追尾碰撞的可能性,因此在渐变段不减速。

根据对国内部分高速公路上出口车辆运行速度的调查,认为二次减速比较符合实际情况[3]。因此可将减速车道分为三个部分:渐变段L_0、第一次减速段L_1、第二次减速段L_2,如图9-10所示,其中渐变段的主要作用是供车辆分流驶出,车辆不减速。

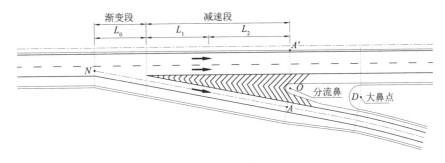

图9-10 减速车道组成

(1)渐变段长度

直接式减速车道渐变段的作用是以一个较小的流出角使车辆从主线安全驶出分流。美国AASHTO对流出角取值一般为2°~5°,而《日本高速公路设计要领》中规定渐变率应<1/15~1/20(2.8°~3.8°)。渐变段长度影响驶出车辆行驶稳定性和舒适性,渐变率(流出角)过大时,驶出车辆需要转动较大的角度才能驶出,容易引起交通事故[4]。为保证驾驶人安全舒适驶出,并考虑路面宽度渐变在视觉上的连续性,渐变段流出角宜与减速段流出角相同,可通过减速段起、终点之间的路面宽度变化值与减速段长度的比值确定,见式(9-1)。在确定渐变率后,可根据渐变率和分流点路面宽度增加值计算渐变段长度L_0(图9-11)。

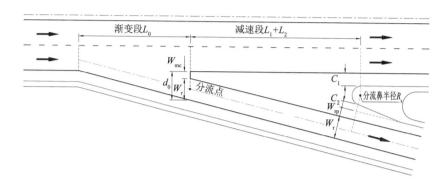

图9-11 直接式减速车道渐变段

$$L_0 = \frac{d_0}{K_e} = \frac{L_1 + L_2}{d_1 - d_0} d_0 \tag{9-1}$$

式中:d_0——分流点处横移值(m),为匝道行车道宽度(因匝道与正线之间夹角较小,此处近似为匝道行车道宽度)与主线右侧路缘带宽度之和,采用式(9-2)计算:

$$d_0 = W_r + W_{mc} \tag{9-2}$$

d_1——分流鼻横移值(m),为分流鼻处主线偏置值、分流鼻直径、分流匝道偏置加宽值、匝道左侧硬路肩宽度和匝道行车道宽度之和,采用式(9-3)计算:

$$d_1 = C_1 + 2R_s + C_2 + W_{rp} + W_r \tag{9-3}$$

W_{mc}——主线右侧路缘带宽度(m);

W_r——匝道行车道宽度(m);

C_1——分流鼻处主线偏置值(m);

R_s——分流鼻鼻端半径(m),取0.6m;

C_2——分流鼻处匝道偏置加宽值(m);

W_{rp}——分流鼻处匝道左侧硬路肩宽度(m);

K_e——渐变段的渐变率;

L_1——第一次减速段长度(m);

L_2——第二次减速段长度(m)。

直接式减速车道渐变段上述计算参数值见表9-1。

直接式减速车道渐变段计算参数 表9-1

匝道设计速度(km/h)		主线右侧路缘带宽度(m)	匝道行车道宽度(m)	分流鼻处主线偏置值(m)	分流鼻鼻端半径(m)	分流鼻处匝道偏置加宽值(m)	匝道左侧硬路肩宽度(m)
公路	≥70	0.5	3.75	3.0	0.6	0.6	1.0
	<70	0.5	3.75	3.0	0.6	0.6	1.0
城市道路	≥70	0.5	3.75	1.0	0.6	0.6	1.0
	<70	0.25	3.5	1.0	0.6	0.6	1.0

AASHTO认为,平行式减速车道渐变段长度应满足在该横移过程中车辆横向受力舒适性要求,渐变段长度采用式(9-4)计算:

$$L_0 = \frac{v_0}{3.6} \times \frac{W_r}{J} \tag{9-4}$$

式中:v_0——车辆在渐变段起点的速度,即分流点行驶速度(km/h),根据美国AASHTO和《日本高速公路设计要领》及相关研究调查,小客车和货车分流点速度可采用表9-2所示建议值;

J——车辆横移速度,从外侧车道横移至分流点的横向移动速度,取1.0m/s。

分流点行驶速度(km/h) 表9-2

主线设计速度		120	100	80	60	50
美国AASHTO		98	85	70	55	47
《日本高速公路设计要领》		90	80	70	60	50
我国相关研究	一般值	95	85	75	60	50
	特殊值	90	80	70	55	45
建议值	小客车	95	85	75	60	50
	货车	90	80	70	55	45

(2)第一次减速段长度

在第一次减速段内,采用发动机减速、路面行驶阻力和空气阻力减速。该减速过程行驶的距离L_1采用式(9-5)计算:

$$L_1 = \frac{v_0 t_1}{3.6} - \frac{a_1}{2} t_1^2 \tag{9-5}$$

式中:v_0——分流点车辆行驶速度(km/h);

t_1——第一次减速时间(s)。

相关研究认为,驾驶人在采用发动机减速制动3s后便采用制动器减速。因此,若用发动机减速3s后的速度v_{m3}大于或等于匝道设计速度v_s,则取3s;若低于匝道设计速度,则按匀减速速度公式计算。第一次减速时间采用式(9-6)计算:

$$\begin{cases} t_1 = 3 \ (v_{m3} \geq v_s) \\ t_1 = \dfrac{v_0 - v_s}{3.6 \, a_1} \ (v_{m3} < v_s) \end{cases} \tag{9-6}$$

式中：a_1——第一次制动过程中发动机的减速度(m/s^2)，《日本高速公路设计要领》及我国《交叉规程》中采用式(9-7)计算：

$$a_1 = \frac{g}{1+\varepsilon}\left(f + \gamma \pm i_z + \frac{KA\rho}{25.92Mg}v_0^2\right) \quad (9-7)$$

g——重力加速度，取 $9.8m/s^2$；

i_z——道路纵坡；

f——路面滚动摩擦系数，与轮胎类型、路面状况和行驶速度有关，目前汽车主要用子午线轮胎，因此路面滚动摩擦系数可按 $f = 0.01$ 计算；

ε——汽车行驶机构阻力比，取 0.05；

γ——发动机阻力系数，90km/h 取 0.055，80km/h 取 0.05，70km/h 取 0.045，60km/h 取 0.04，50km/h 取 0.035，40km/h 取 0.03；

K——空气阻力系数，小客车取值范围为 0.32~0.50，可取 0.5；载重汽车取值范围为 0.60~1.00，可取 0.8；

A——车辆迎风投影面积(m^2)，小客车取值范围为 1.4~1.9m^2，可取 1.65m^2；载重汽车取值范围为 3.0~7.0m^2，可取 6.2m^2；

ρ——空气密度($N \cdot s^2/m^4$)，取 1.2258$N \cdot s^2/m^4$；

M——车重(kg)，通过计算分析，发现车重对减速度影响较小，结合《日本高速公路设计要领》和我国《交叉规程》，小客车取 1800kg，载重汽车取 14000kg。

(3) 第二次减速段长度

第二次减速过程采用制动器减速，制动距离 L_2 用式(9-8)计算：

$$L_2 = \frac{v_m^2 - v_s^2}{25.92 a_2} \quad (9-8)$$

式中：v_m——第一次减速后车辆的末速度(km/h)，计算方法如下：

$$v_m = v_0 - 3.6[a_1 + g(f \pm i_z)]t_1 \quad (9-9)$$

v_s——车辆在分流鼻的运行速度(km/h)，根据匝道设计速度可采用表 9-3 所示建议值；

分流鼻运行速度(km/h) 表 9-3

匝道设计速度		80	70	60	50	40	35	30	20
美国 AASHTO		70	63	51	42	35	—	28	20
《日本高速公路设计要领》		80	70	60	50	40	35	30	20
《立交细则》	一般值	70	65	60	55	—	—	—	—
	最小值	65	60	55	45	—	—	—	—
《交叉规程》		80	70	60	50	40	35	30	20
我国相关研究	一般值	75	70	60	50	40	35	30	20
	最小值	70	63	60	50	40	35	30	20
建议分流鼻运行速度		80	70	60	50	40	35	30	20

a_2——第二次制动过程中车辆主制动器提供的减速度(m/s^2),根据汽车行驶的阻力和制动器制动力,采用制动器制动时的减速度可采用式(9-10)计算:

$$a_2 = \frac{g}{1+\varepsilon}\left(f + \delta \pm i_z + \frac{KA\rho}{25.92Mg}v_m^2\right) \tag{9-10}$$

式中:δ——制动阻力系数。乘客感觉到舒服的最大值为 0.35,可能时采用值宜小于 0.25。国内外相关研究表明,非紧急情况下,90%的车辆的制动减速度小于 $0.25g$[5],因此制动阻力系数最大取 0.24。

其余符号意义同前。

将相关参数代入式(9-7)、式(9-10)中,计算得到纵坡为零时,小客车和载重汽车的减速度 a_1 和 a_2,见表9-4。

纵坡为零时小客车和载重汽车的减速度　　　　　　表9-4

主线设计速度(km/h)	分流点行驶速度 v_0(km/h)	滚动摩擦系数 f	发动机阻力系数 γ	制动阻力系数 δ	发动机制动 a_1(m/s^2)		制动器制动 a_2(m/s^2)	
					小客车	载重汽车	小客车	载重汽车
120	95	0.01	0.055	0.24	0.793	0.736	2.520	2.463
100	85	0.01	0.05	0.24	0.709	0.662	2.482	2.435
80	75	0.01	0.045	0.24	0.629	0.592	2.449	2.412
60	60	0.01	0.04	0.24	0.541	0.515	2.408	2.382
50	50	0.01	0.035	0.24	0.472	0.452	2.385	2.366

(4)单车道减速车道长度

将有关参数代入式(9-5)、式(9-8)中,计算在纵坡为零时,小客车和载重汽车两种车型在变速车道上完成减速所需的减速段长度,结果见表9-5。

减速段长度(m)　　　　　　表9-5

主线设计速度(km/h)		匝道设计速度(km/h)							
		80	70	60	50	40	35	30	20
120	小客车	92	115	135	152	165	171	176	184
	载重汽车	77	100	121	138	152	158	163	171
100	小客车	45	84	105	122	136	142	147	154
	载重汽车	—	70	90	107	120	126	131	139
80	小客车	—	70	91	108	122	128	133	141
	载重汽车	—	—	63	79	93	99	104	112
60	小客车	—	—	—	63	80	95	101	106
	载重汽车	—	—	—	39	57	63	68	75
50	小客车	—	—	—	—	46	52	58	66
	载重汽车	—	—	—	—	36	42	47	55

从表 9-5 中可以看出,载重汽车减速段长度小于小客车,这主要是因为在分流点,载重汽车速度低于小客车。因此,确定减速段长度时,考虑小客车即可。采用式(9-1)验算渐变率,若渐变率小于 1/15,则按 1/15 的渐变率反算减速段最小长度。因城市道路车辆运行速度较低,且干扰较大,所以渐变段长度按照渐变率来计算,减速段的渐变率不一致。最后得到公路和城市道路单车道减速车道的减速段长度和渐变段长度,见表 9-6 和表 9-7。

公路单车道减速车道最小长度 表 9-6

主线设计速度(km/h)		匝道设计速度(km/h)							
		80	70	60	50	40	35	30	20
120	减速段长度(m)	95	115	135	155	165	170	175	185
100		80	85	105	125	135	145	150	155
80		—	80	80	95	110	115	120	130
60		—	—	—	80	80	80	80	90
120	直接式渐变段渐变率	1/18	1/22	1/25.5	1/29.5	1/31.5	1/32	1/33	1/35
100		1/15	1/16	1/20	1/23.5	1/25.5	1/27.5	1/28.5	1/29.5
80		—	1/15	1/15	1/18	1/21	1/22	1/23	1/24.5
60		—	—	—	1/15	1/15	1/15	1/15	1/17
120	直接式渐变段长度(m)	80	95	105	120	125	130	135	140
100		65	70	80	95	105	110	115	120
80		—	65	60	75	85	90	95	100
60		—	—	—	60	60	60	60	70
120	平行式渐变段长度(m)	100	100	90	90	90	90	90	90
100		90	90	85	85	85	85	85	85
80		—	80	75	75	75	75	75	75
60		—	—	—	60	60	60	60	60

城市道路单车道减速车道最小长度 表 9-7

主线设计速度(km/h)		匝道设计速度(km/h)							
		80	70	60	50	40	35	30	20
100	减速段长度(m)	50	85	105	125	135	145	150	155
80		—	50	75	95	110	115	120	130
60		—	—	55	70	75	80	90
50		—	—	—	50	55	60	65
100	直接式渐变段渐变率	1/15	1/26	1/32	1/38	1/41	1/44	1/45.5	1/47
80		—	1/15	1/23	1/29	1/33.5	1/35	1/36.5	1/39.5
60		—	—	—	1/16.5	1/21.5	1/23	1/24.5	1/27.5
50		—	—	—	—	1/15	1/16.5	1/18	1/19.5

续上表

主线设计速度(km/h)		匝道设计速度(km/h)							
		80	70	60	50	40	35	30	20
100	直接式渐变段长度(m)	65	110	130	155	165	175	185	190
80		—	65	95	115	135	140	145	160
60		—	—	65	85	95	100	110	
50		—	—	—	—	60	65	75	80
100	平行式渐变段长度(m)	90	90	85	85	85	85	85	85
80		—	—	80	80	80	80	80	80
60		—	—	—	60	60	60	60	60
50		—	—	—	50	50	50	50	

(5)双车道减速车道长度

双车道减速段长度的确定方法,国内外不统一。日本取双车道减速车道内侧减速段长度为单车道减速段长度的80%,此时双车道减速车道长度约为单车道减速段长度的1.2~1.5倍[2]。澳大利亚双车道减速段长度约为单车道减速段长度的1.4~1.7倍[6]。而我国《路线规范》和《立交细则》中双车道减速车道减速段长度约为单车道减速车道减速段长度的1.5倍。

因双车道匝道采用直接式,根据双车道减速车道的构成,可将其分为内侧减速车道和外侧减速车道。为保证车辆在最不利的情况下能安全减速,应保证内侧减速车道长度满足车辆减速所需的最小长度。此时,在相同渐变率的情况下,可计算双车道减速车道的长度指标,其满足如下关系:

$$K_e = \frac{C_1 + 2R_s + C_2}{L_{ES}} = \frac{C_1 + 2R_s + C_2 + W_r}{L_{ED}} \tag{9-11}$$

式中:L_{ES}——单车道减速车道减速段长度(m);

L_{ED}——双车道减速车道减速段长度(m)。

将上述参数代入式(9-11),得到如下关系:

$$L_{ED} = (1.603 \sim 1.647)L_{ES} \tag{9-12}$$

由式(9-12)可知,双车道减速车道减速段长度约为单车道减速车道减速段长度的1.6倍,大于目前我国《路线规范》和《立交细则》中的1.5倍。双车道匝道采用直接式,因此渐变段长度按照直接式确定。根据式(9-11),得到双车道减速车道设计指标,结果(取为5m的整数倍)见表9-8、表9-9。

公路双车道减速车道最小长度　　　　表9-8

主线设计速度(km/h)		匝道设计速度(km/h)							
		80	70	60	50	40	35	30	20
120	减速段长度(m)	160	190	220	250	265	275	280	300
100		135	140	170	200	220	235	240	250
80		—	135	130	155	180	185	195	210
60		—	—	—	130	130	130	130	145

续上表

主线设计速度(km/h)		匝道设计速度(km/h)							
		80	70	60	50	40	35	30	20
120	渐变段渐变率	1/17	1/20	1/23.5	1/27	1/28.5	1/29.5	1/30	1/32.5
100		1/14	1/14.5	1/18.5	1/21.5	1/23.5	1/25.5	1/26	1/27
80		—	1/14	1/14	1/16.5	1/19.5	1/20	1/21	1/22.5
60		—	—	—	1/14	1/14	1/14	1/14	1/15.5
120	渐变段长度(m)	75	85	95	110	115	120	120	130
100		60	65	75	85	95	105	105	110
80		—	60	55	65	80	80	85	90
60		—	—	—	55	55	55	55	65

城市道路双车道减速车道最小长度　　　　表9-9

主线设计速度(km/h)		匝道设计速度(km/h)							
		80	70	60	50	40	35	30	20
100	减速段长度(m)	100	170	205	240	260	280	290	300
80		—	100	145	185	215	220	230	250
60		—	—	—	105	135	145	155	175
50		—	—	—	—	95	105	115	125
100	直接式渐变段渐变率	1/13.5	1/22.5	1/28	1/33	1/35.5	1/38.5	1/40	1/41
80		—	1/13.5	1/20	1/25.5	1/29.5	1/30	1/31.5	1/34.5
60		—	—	—	1/14.5	1/18.5	1/20	1/21.5	1/24
50		—	—	—	—	1/13	1/14.5	1/16	1/17
100	直接式渐变段长度(m)	60	95	115	135	145	155	160	165
80		—	60	80	105	120	120	125	140
60		—	—	—	60	75	80	85	95
50		—	—	—	—	55	60	65	70
100	平行式渐变段长度(m)	90	90	85	85	85	85	85	85
80		—	—	80	80	80	80	80	80
60		—	—	—	60	60	60	60	60
50		—	—	—	—	50	50	50	50

(6) 减速段纵坡修正系数

受纵坡影响,位于下坡路段减速车道时,车辆减速需要更长的距离;上坡时,则短一些。为提高车辆在减速车道上行驶的安全性,我国《路线规范》和《立交细则》均仅对下坡段减速段长度进行修正,美国AASHTO对上坡段的减速段长度也进行了修正。

因此,根据式(9-5)和式(9-8)计算出不同纵坡下减速段长度,并与纵坡为零时减速段长度进行比较,得到不同纵坡下减速段长度修正系数范围(表9-10)。

减速车道减速段长度修正系数　　　表 9-10

主线设计速度(km/h)	减速车道下坡的纵坡 i_z(%)					
	1	2	3	4	5	6
120	1.04	1.08	1.13	1.18	1.24	1.30
100	1.06	1.09	1.14	1.19	1.31	1.31
80	1.06	1.09	1.14	1.19	1.30	1.32
60	1.05	1.09	1.15	1.21	1.27	1.34
50	1.05	1.10	1.15	1.21	1.28	1.36
下坡建议修正系数	$i_z \leq 2$		$2 < i_z \leq 3$	$3 < i_z \leq 4$	$i_z > 4$	
	1.0		1.1	1.2	1.3	
主线设计速度(km/h)	减速车道上坡的纵坡 i_z(%)					
	1	2	3	4	5	6
120	0.96	0.93	0.89	0.86	0.84	0.81
100	0.96	0.93	0.89	0.86	0.83	0.80
80	0.96	0.92	0.89	0.86	0.82	0.80
60	0.96	0.92	0.88	0.85	0.81	0.77
50	0.96	0.92	0.88	0.84	0.80	0.77
上坡建议修正系数	$i_z \leq 2$		$2 < i_z \leq 3$	$3 < i_z \leq 4$	$i_z > 4$	
	1.0		0.9	0.85	0.80	

2. 加速车道长度

加速车道既要满足合流车辆加速需要，也要满足为合流车辆提供一个与主线车辆合流的机会，而保持在加速车道上继续行驶的需要。加速车道末端也应设置渐变段。因此加速车道应由两个部分组成——加速段和渐变段，如图 9-12 所示。其中加速段主要作用是为汇入车辆加速(车辆加速行驶的距离简称加速距离)，并等待主线外侧车道出现可插入间隙，伺机汇入主线提供继续在加速车道行驶的空间(简称等待距离)，车辆在加速过程中可以汇入主线，在等待可插入间隙时，也可以逐渐加速，因此加速段长度应取加速距离和等待距离中车辆行驶距离的较大值。渐变段的主要作用是在主线车头时距较小、车辆行驶至加速段末端的最不利情况下，为车辆横移进入主线提供空间。因小客车加速性能远大于载重汽车，所以，加速车道长度应考虑载重汽车加速的需要。

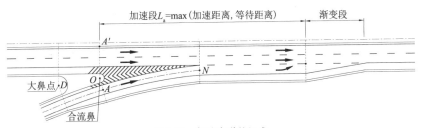

图 9-12　加速车道的组成

(1) 加速段长度

加速段长度是指从合流鼻对应匝道上的 A 点开始,直至车辆加速至合流点末端时行驶的长度。美国 AASHTO 和《日本高速公路设计要领》认为车辆在加速段保持匀加速状态行驶。

① 加速距离计算模型。

当加速车道纵坡一定时,车辆从合流鼻端加速至安全汇流所需速度过程中行驶的距离即加速距离 L_a,采用式(9-13)计算:

$$L_a = \sum_{v_s}^{v_h} \frac{v_{a(i+1)}^2 - v_{a(i)}^2}{25.92 a_u} \tag{9-13}$$

式中:L_a——加速过程车辆行驶的距离(m);

v_h——合流点速度(km/h),指载重汽车与主线合流时的安全速度;

v_s——合流鼻速度(km/h),指载重汽车在合流鼻的运行速度;

$v_{a(i+1)}$——在加速过程中的瞬时速度(km/h),$v_{a(i+1)} = v_{a(i)} + 3.6 a_u t$,式中 t 可取 0.01s,加速开始的速度 $v_{a(i)}$ 从 v_s 开始,$v_{a(i+1)}$ 最大等于 v_h;

a_u——载重汽车在加速过程中的加速度(m/s²),根据汽车运动方程,采用式(9-14)计算:

$$a_u = \frac{1}{1+\varepsilon} \left[\frac{3600 P \eta}{M v_{a(i+1)}} - gf \mp g i_z - \frac{KA\rho}{25.92 M} v_{a(i+1)}^2 \right] \tag{9-14}$$

式中:η——机械效率,取 0.9;

P——载重汽车的输出功率(kW);

M——载重汽车的总质量(kg);

其余符号意义同式(9-10)。

载重汽车的功率质量比 $\left(\dfrac{P}{M}\right)$,是决定载重汽车加速性能的主要指标,加速段长度与载重汽车功率质量比之间的关系曲线如图 9-13 所示。我国载重汽车的有关参数取 10.0 kW/t。

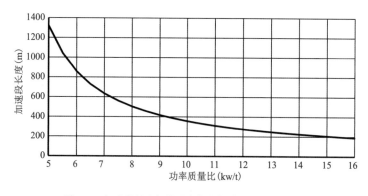

图 9-13 加速段长度与载重汽车功率质量比的关系曲线

②合流鼻速度。

目前,我国和日本对合流鼻速度均是采用匝道的设计速度[2,7],而美国对合流鼻速度的取值则是低于匝道的设计速度,大致为匝道设计速度的 85%~95%[1]。对合流鼻速度的取值,在考虑运行速度连续性,行车安全性、舒适性的基础上,取匝道设计速度的 80%~100%。当匝道设计速度低时取高限,设计速度高时取低限(表 9-11)。

合流鼻速度(km/h) 表 9-11

匝道设计速度	80	70	60	50	40	35	30	20
《日本高速公路设计要领》	70	65	60	50	40	35	30	20
美国 AASHTO	70	63	51	42	35	—	28	20
我国载重汽车合流鼻速度建议值	70	65	60	50	40	35	30	20

③合流点速度。

车辆在主线外侧合流时,应减少对合流区正常直行车辆的影响,若合流车辆与主线直行车辆间的运行速度差过大,则合流过程的安全性将下降。对车辆合流点速度的规定主要是基于车辆行驶安全性、舒适性,运行速度协调性的考虑。日本通过实测认为安全的合流点速度介于 60~70km/h 之间,而我国目前也是参照日本的合流点速度进行取值,美国 AASHTO 对合流点速度的规定值则相对较大,所需加速车道长度更大。综合考虑,载重汽车合流点速度见表 9-12。

载重汽车合流点速度 表 9-12

主线设计速度(km/h)		120	100	80	60	50
日本	合流点速度(km/h)	70	65	63	60	50
	与正线速度的比值	0.58	0.65	0.79	1.00	1.00
美国 AASHTO	合流点速度(km/h)	88	74	60	45	37
	与正线速度的比值	0.73	0.74	0.75	0.75	0.74
我国建议值	合流点速度(km/h)	75	65	60	55	50
	与正线速度的比值	0.58	0.65	0.75	0.92	1.00

④合流平均加速度。

将相关参数代入式(9-13),按照时间间隔为 0.01s 计算,得到载重汽车平均加速度,见表 9-13。

载重汽车平均加速度(m/s²) 表 9-13

主线设计速度(km/h)	合流点速度(km/h)	匝道设计速度(km/h)							
		80	70	60	50	40	35	30	20
		合流鼻速度(km/h)							
		70	65	60	50	40	35	30	20
120	70	—	0.291	0.312	0.358	0.406	0.433	0.460	0.522
100	65	—	—	0.338	0.387	0.441	0.471	0.502	0.573

续上表

主线设计速度(km/h)	合流点速度(km/h)	匝道设计速度(km/h)							
		80	70	60	50	40	35	30	20
		合流鼻速度(km/h)							
		70	65	60	50	40	35	30	20
80	60	—	—	—	0.418	0.478	0.511	0.547	0.627
60	55	—	—	—	0.450	0.517	0.554	0.594	0.687
50	50	—	—	—	—	0.558	0.600	0.646	0.753

⑤加速距离。

采用式(9-13),按照时间间隔为0.01s计算,得到载重汽车从合流鼻速度加速至合流点速度时行驶的总距离,见表9-14。

载重汽车加速距离(m)　　　　　　　　　　表9-14

主线设计速度(km/h)	合流点速度(km/h)	匝道设计速度(km/h)							
		80	70	60	50	40	35	30	20
		合流鼻速度(km/h)							
		70	65	60	50	40	35	30	20
120	70	0	90	161	263	326	346	361	379
100	65	0	0	72	174	236	257	272	289
80	60	0	0	0	102	165	185	200	217
60	55	0	0	0	45	108	128	143	160
50	50	0	0	0	0	63	83	98	116

⑥等待距离。

等待距离(L_w)是指汇入车辆等候主线左侧车道出现可插入间隙时,保持在加速车道上继续行驶的距离。研究表明,合流区最外侧车道的车头时距服从3阶埃尔朗(Erlang)分布,车辆汇入主线的点主要集中在加速车道的中间部分,即在距离合流鼻端60~180m区间内驾驶人选择合流的概率最大,仅较少的车辆选择利用加速车道末部进行合流。在设计服务水平下,合流区大部分位置(50~200m内)符合3阶埃尔朗分布。等待距离采用第一章识别视距计算中的等待距离计算公式,得到的等待距离见表9-15。

等　待　距　离　　　　　　　　　　　　表9-15

道路类型	高速公路			一级公路			城市道路			
设计速度(km/h)	120	100	80	100	80	60	100	80	60	50
等待距离(m)	130	96	62	69	39	29	176	92	29	25

⑦加速段最小长度。

加速段长度应取加速距离和等待距离两者中的较大值,因此结合表9-14和表9-15的结果可得到单车道加速段的最小长度(结果取为5m的整数倍),见表9-16。

单车道加速段最小长度(m) 表9-16

道路类型	主线设计速度(km/h)	匝道设计速度(km/h)							
		80	70	60	50	40	35	30	20
高速公路	120	135	135	165	265	330	350	365	380
	100	100	100	100	175	240	260	275	290
	80	65	65	65	105	165	190	205	220
一级公路	100	70	70	75	175	240	260	275	290
	80	40	40	40	105	165	190	205	220
	60	30	30	30	50	110	130	145	165
城市道路	100	180	180	180	180	240	260	275	290
	80	95	95	95	105	165	190	205	220
	60	30	30	30	50	110	130	145	165
	50	30	30	30	30	65	85	100	120

(2)渐变段长度

单车道加速车道采用平行式,其渐变段长度计算方法与平行式减速车道渐变段长度计算方法相同。渐变段渐变率和长度计算结果见表9-17。当计算的渐变率大于1/15时,取1/15作为最大渐变率,并根据1/15计算渐变段长度。车辆在渐变段依然可以加速,《日本高速公路设计要领》中也这样认为,其计算的加速段的长度包含了渐变段长度,所以最终的加速段长度扣除了渐变段长度。但美国AASHTO计算的加速段的长度不包含渐变段长度,其渐变段长度直接规定为90m。考虑目前我国载重汽车普遍的功率质量比较小,需要的加速段长度更大,因此,确定加速段长度时不扣除渐变段长度,将渐变段作为车辆加速的富余空间,单车道加速车道渐变段长度见表9-17。

单车道加速车道渐变段长度 表9-17

道路类型		高速公路			一级公路			城市道路			
主线设计速度(km/h)		120	100	80	100	80	60	100	80	60	50
渐变段	最小长度(m)	75	70	65	70	65	60	70	65	60	60
	最大渐变率	17.5	16.5	15.5	16.5	15.5	15	16.5	15.5	15	15

(3)双车道加速车道设计指标

对双车道加速车道长度的取值,国内外的做法不一。《日本高速公路设计要领》认为:汇入主线的车辆在没有达到期望汇流速度,或者主线没有合适的汇入间隙出现时,驾驶人可以选择在加速车道的外侧车道上继续行驶[2]。《日本高速公路设计要领》取双车道加速车道内侧车道加速段的长度为单车道加速段长度的80%,此时,除去渐变段长度的双车道加速车道长度则表现为单车道加速车道长度的1.2~1.5倍[3]。美国AASHTO对双车道直接式、平行式加速车道的做法略有不同。其中,直接式取匝道右侧第二车道附加在第一车道的右侧,并继续作为辅助车道延伸；平行式将左侧车道附加于主线外侧，同时将右侧车道自鼻端再向前延伸 90～150m，再以不小于 90m 的渐变段终止[1]。而我国《路线规范》和《立交细则》中的做法，则是取双车道加速车道加速段长度约为 1.75 倍单车道加速段长度[8]。

双车道加速车道分为内侧加速车道和外侧加速车道。在最不利情况下，应保证内侧车道满足车辆加速汇入主线的最小长度。此时，在相同渐变率的情况下，采用与双车道减速车道长度相同的分析方法，得到双车道加速车道的加速段长度约为单车道的 1.75 倍，和目前我国《路线规范》和《立交细则》的方法相一致。因此取双车道加速车道加速段长度约为单车道的 1.75 倍，计算得到双车道加速车道的加速段最小长度、渐变段渐变率和渐变段长度，见表 9-18～表 9-20。

双车道加速车道加速段最小长度(m)　　　　　表 9-18

道路类型	主线设计速度(km/h)	匝道设计速度(km/h)							
		80	70	60	50	40	35	30	20
高速公路	120	230	230	285	460	570	605	635	665
	100	170	170	170	305	415	450	475	505
	80	110	110	110	180	290	325	350	380
一级公路	100	120	120	125	305	415	450	475	505
	80	70	70	70	180	290	325	350	380
	60	55	55	55	80	190	225	250	280
城市道路	100	310	310	310	310	415	450	475	505
	80	160	160	160	180	290	325	350	380
	60	55	55	55	80	190	225	250	280
	50	45	45	45	45	110	145	175	205

双车道加速车道渐变段渐变率　　　　　表 9-19

道路类型	主线设计速度(km/h)	匝道设计速度(km/h)							
		80	70	60	50	40	35	30	20
高速公路	120	25.5	25.5	32.5	52.5	65.0	69.0	72.5	76.0
	100	19.0	19.0	19.5	35.0	47.5	51.5	54.5	57.5
	80	15.0	15.0	15.0	20.5	33.0	37.0	40.0	43.5
一级公路	100	15.0	15.0	15.0	35.0	47.5	51.5	54.5	57.5
	80	15.0	15.0	15.0	20.5	33.0	37.0	40.0	43.5
	60	15.0	15.0	15.0	15.0	21.5	25.5	28.5	32.0
城市道路	100	34.5	34.5	35.5	35.5	47.5	51.5	54.5	57.5
	80	18.0	18.0	18.5	20.5	33.0	37.0	40.0	43.5
	60	15.0	15.0	15.0	15.0	21.5	25.5	28.5	32.0
	50	15.0	15.0	15.0	15.0	16.5	20.0	23.5	

双车道加速车道渐变段长度(m)　　　　　表 9-20

道路类型	主线设计速度(km/h)	匝道设计速度(km/h)							
		80	70	60	50	40	35	30	20
高速公路	120	110	110	130	210	260	275	290	305
	100	80	80	80	140	190	205	220	230
	80	65	65	60	80	130	150	160	175
一级公路	100	65	65	60	140	190	205	220	230
	80	65	65	60	80	130	150	160	175
	60	65	65	60	60	85	100	115	130
城市道路	100	145	145	140	140	190	205	220	230
	80	75	75	75	80	130	150	160	175
	60	65	65	60	60	85	100	115	130
	50	—	—	—	60	65	80	85	

(4)加速段长度修正

当加速车道位于一定纵坡的上坡路段时,车辆加速需要更长距离。当下坡时,有利于车辆加速。为增加车辆在加速行驶时的安全性,所需要的加速车道长度小一些,上坡时,加速度较小,所需的加速段长度更大。根据式(9-13)计算出不同纵坡对应的加速段长度,与坡度为零时的加速段长度对比,得到不同纵坡时加速段长度修正系数,见表9-21和表9-22。从计算结果可以看出,纵坡对载重汽车加速影响较大,纵坡越大,加速段长度越大。为减小加速车道长度,加速车道上坡路段,主线最大纵坡不宜超过2%。

上坡路段加速段长度修正系数计算表　　　　　表 9-21

主线设计速度(km/h)	纵坡(%)	匝道设计速度(km/h)							
		80	70	60	50	40	35	30	20
120	1	—	1.5	1.4	1.4	1.3	1.3	1.3	1.3
100		—	—	1.4	1.3	1.3	1.3	1.3	1.3
80		—	—	—	1.3	1.3	1.2	1.2	1.2
60		—	—	—	1.3	1.2	1.2	1.2	1.2
50		—	—	—	—	1.2	1.2	1.2	1.2
120	2	—	2.8	2.5	2.3	2.1	2.1	2.1	2.0
100		—	—	2.2	2.0	1.9	1.8	1.8	1.8
80		—	—	—	1.8	1.7	1.7	1.6	1.6
60		—	—	—	1.7	1.6	1.6	1.5	1.5
50		—	—	—	—	1.5	1.5	1.4	1.4

续上表

主线设计速度(km/h)	纵坡(%)	匝道设计速度(km/h)							
		80	70	60	50	40	35	30	20
100	3	—	—	6.1	4.4	3.8	3.6	3.5	3.4
80	3	—	—	—	3.2	2.7	2.6	2.6	2.5
60	3	—	—	—	2.7	2.3	2.2	2.1	2.0
50	3	—	—	—	—	2.1	2.0	1.9	1.8
60	4	—	—	—	6.2	4.5	4.1	3.8	3.6
50	4	—	—	—	—	3.2	2.9	2.7	2.6
50	5	—	—	—	—	8.7	7.3	6.5	5.8

下坡路段加速段长度修正系数计算表　　　表9-22

主线设计速度(km/h)	纵坡(%)	匝道设计速度(km/h)							
		80	70	60	50	40	35	30	20
120	-1	—	0.8	0.8	0.8	0.8	0.8	0.8	0.8
100	-1	—	—	0.8	0.8	0.8	0.8	0.8	0.8
80	-1	—	—	—	0.8	0.8	0.8	0.8	0.9
60	-1	—	—	—	0.8	0.9	0.8	0.9	0.9
50	-1	—	—	—	—	0.9	0.9	0.9	0.9
120	-2	—	0.6	0.6	0.7	0.7	0.7	0.7	0.7
100	-2	—	—	0.6	0.7	0.7	0.7	0.7	0.7
80	-2	—	—	—	0.7	0.7	0.7	0.7	0.7
60	-2	—	—	—	0.7	0.7	0.7	0.7	0.8
50	-2	—	—	—	—	0.8	0.8	0.8	0.8
100	-3	—	—	0.5	0.6	0.6	0.6	0.6	0.6
80	-3	—	—	—	0.6	0.6	0.6	0.6	0.7
60	-3	—	—	—	0.6	0.7	0.7	0.7	0.7
50	-3	—	—	—	—	0.7	0.7	0.7	0.7
60	-4	—	—	—	0.5	0.6	0.6	0.6	0.6
50	-4	—	—	—	—	0.6	0.6	0.6	0.6
60	-5	—	—	—	0.5	0.5	0.5	0.5	0.6
50	-5	—	—	—	—	0.6	0.6	0.6	0.6

3. 国内规范中变速车道长度规定

我国《路线规范》中规定的变速车道长度见表9-23，《交叉规程》中规定的变速车道长度见表9-24。

《路线规范》中规定的变速车道长度 表9-23

变速车道类别		主线设计速度（km/h）	变速段长度（m）	渐变率	渐变段长度（m）	主线硬路肩及其加宽后的宽度 C_1(m)	分流鼻处匝道左侧硬路肩加宽值 C_2(m)
出口	单车道	120	145	1/25	100	3.5	0.6
		100	125	1/22.5	90	3.0	0.8
		80	110	1/20	80	3.0	0.8
		60	95	1/17.5	70	3.0	0.7
	双车道	120	225	1/22.5	90	3.5	0.7
		100	190	1/20	80	3.0	0.7
		80	170	1/17.5	70	3.0	0.9
		60	140	1/15	60	3.0	0.6
入口	单车道*	120	230	—(1/45)	90(180)	3.5	—
		100	200	—(1/40)	80(160)	3.0	—
		80	180	—(1/40)	70(160)	2.5	—
		60	155	—(1/35)	60(140)	2.5	—
	双车道	120	400	1/45	180	3.5	—
		100	350	1/40	160	3.0	—
		80	310	1/37.5	150	2.5	—
		60	270	1/35	140	2.5	—

注：*表示单车道入口为平行式；当采用直接式时，采用括号内的数值。入口为单车道的双车道匝道，其加速车道的长度应增加10m或20m。

《交叉规程》中规定的变速车道长度 表9-24

主线设计速度（km/h）		120	100	80	60	50	40
减速段长度（m）	单车道	100	90	80	70	50	30
	两车道	150	130	110	90	—	—
加速段长度（m）	单车道	200	180	160	120	90	50
	两车道	300	260	220	160	—	—
渐变段长度（m）	单车道	70	60	50	45	40	40
出口渐变率		1/25		1/20		1/15	
入口渐变率		1/40		1/30		1/20	

从表9-23和表9-24可以看出，公路和城市道路在相同主线设计速度情况下，变速段的差别较大。

《路线规范》《立交细则》和《交叉规程》均规定下坡路段的减速车道和上坡路段的加速车道的变速段长度修正系数应按表9-25予以修正。

《交叉规程》规定的变速段长度修正系数　　　　　表 9-25

主线纵坡(%)		(0,2]	(2,3]	(3,4]	(4,6]
修正系数	下坡减速车道	1.00	1.10	1.20	1.30
	上坡加速车道	1.00	1.20	1.30	1.40

同时,《路线规范》和《立交细则》又规定了符合下列情况时宜增加变速车道长度:

①当双车道匝道采用单车道加速车道时,加速车道长度应增加 10~20m。

②当匝道基本路段设计速度小于 40km/h 时,减速车道最小长度宜按高一级主线设计速度取值。

③主线、匝道的预测交通量接近通行能力,或载重汽车和大型客车比例较高,应增加变速车道长度。

4. 国外规范中的变速车道长度规定

美国 AASHTO 规定的减速车道和加速车道长度见表 9-26、表 9-27(未列出所有速度值)。国外学者通过实验调查分析,认为 AASHTO 规定的加速车道长度不够[9],不满足车辆加速需求。

AASHTO 规定的单车道减速段长度(m)　　　　　表 9-26

主线		匝道设计速度(km/h)						
主线设计速度(km/h)	分流点速度(km/h)	20	30	40	50	60	70	80
		分流鼻行驶速度(km/h)						
		20	28	35	42	51	63	70
120	98	195	185	175	170	155	140	120
100	85	165	155	145	135	120	100	85
80	70	125	115	100	90	80	55	—
60	55	90	80	65	55	—	—	—
50	47	70	60	45	—	—	—	—

AASHTO 规定的单车道加速段长度(m)　　　　　表 9-27

主线		匝道设计速度(km/h)						
主线设计速度(km/h)	合流点速度(km/h)	80	70	60	50	40	30	20
		合流鼻速度(km/h)						
		70	63	51	42	35	28	20
120	88	245	325	410	460	490	515	530
100	74	40	110	205	255	285	305	325
80	60	—	—	65	115	145	165	180
60	45	—	—	—	—	45	65	80
50	37	—	—	—	—	—	30	50

三、变速车道平面线形

变速车道平面线形与变速车道类型、所在位置正线平面线形有关。设计变速车道平面线形的基本原则是应保持与正线线形一致,包括线形要素组成、线形指标和偏向等均应保持一致。设计时应考虑车辆在变速车道,特别是减速车道上依然保持较高行驶速度的特点,因而需要强调与正线线形的一致性;加速车道是为满足汇入车辆尽快提速而设置,也需要比匝道更好的线形,因此也应与正线线形一致。正线为直线时,变速车道平面线形也为直线,正线为曲线线形时,根据曲线的偏向和变速车道的类型,按照以下方法设计。

1. 平行式变速车道

①平行式变速车道与主线相依部分,采取主线平行加宽的方法设置线形,即分流点至线形分岔点(主线右侧路缘带的外边线与变速车道行车道的左侧边缘线分开的位置,以下简称 CP 点)之间采用与主线平行加宽的方式,不需要单独进行线形设计。

②平行式变速车道与匝道为同向曲线时,CP 点至匝道开始的同向圆曲线之间宜采用卵形回旋线或复合回旋线[图 9-14a)]。当为反向曲线时,宜在 CP 点以外采用 S 形回旋线[图 9-14b)];当主线圆曲线半径大于 2000m,且设置 S 形回旋线困难时,可采用 CP 点曲率半径为∞的完整回旋线。

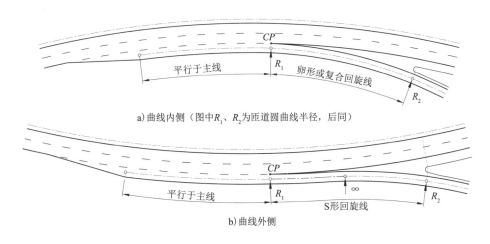

图 9-14 平行式变速车道与主线的平面线形

2. 直接式变速车道

直接式变速车道至分、合流鼻的全长范围内,一般采用与主线一致的线形(相同偏向的同心圆弧半径或相同参数的回旋线)(图 9-15),流出或者汇入的渐变率满足图 9-16 所示的几何关系。

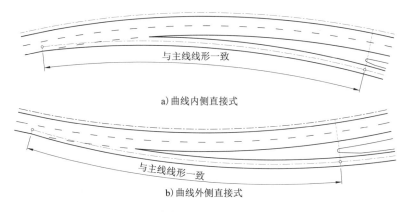

图 9-15　直接式变速车道与主线的线形

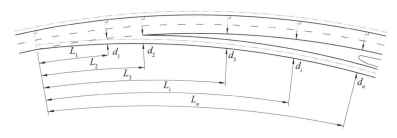

图 9-16　直接式变速车道与主线间线形的几何关系

$$\frac{d_1}{L_1}=\frac{d_2}{L_2}=\frac{d_3}{L_3}=\frac{d_i}{L_i}=\frac{d_n}{L_n}=\frac{1}{m}, m\text{ 为渐变率}$$

当主线为超高大于3%的左转曲线,或因其他原因不便在接近分、合流鼻附近采用与主线相同线形时,可在主线行车道外边缘线和匝道行车道内边缘线的距离均为3.5m这一点至分、合流鼻端范围内采用S形回旋线向匝道线形过渡(图9-17)。

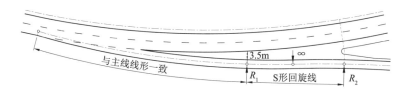

图 9-17　曲线外侧直接式(主线超高大于3%)

四、变速车道横坡

1. 变速车道横坡设置的一般原则

变速车道位于主线不同线形路段时,其横坡过渡设置方法与主线线形、超高值等有关。为使整个连接部平顺,保证驶出车辆行驶的舒适性,并保障因误行而返回车辆行驶的安全性,变速车道的横坡设置及过渡应符合下列基本原则:

①尽可能保持变速车道全长范围内的横坡与正线横坡一致,特别是在分流点之前应保持相同。当不一致时,变速车道的横坡与主线横坡之代数差不应大于6%,且应在分流点与分流鼻之间的三角区设置附加路拱线[图9-18b)]。

②整个连接部路面横坡应平顺,满足车辆在变速车道上安全行驶所必需的超高横坡。

③满足连接部路面排水的要求,最小合成坡度应大于0.5%。

④分、合流鼻端的匝道横坡与主线横坡代数差也不应大于6%。

2. 主线不设超高时变速车道横坡设置

(1)直接式变速车道

主线为直线时,直接式变速车道匝道的第一个(或最后一个)曲线出现在分流鼻(或合流鼻)以外,应在变速车道全长范围内采用与主线相同的横坡[图9-18a)]。

(2)平行式变速车道

平行式变速车道全长范围内的横坡应为主线路拱横坡[图9-18b)]。当变速车道为平行式时,应在一个车道宽度处至鼻端之间的三角区设置附加路拱线。

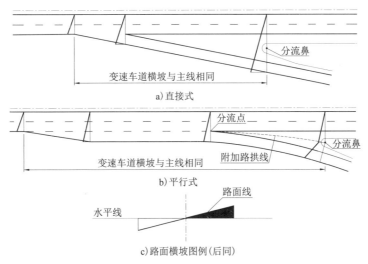

图9-18 主线不设超高时变速车道横坡设置

3. 主线设置超高时变速车道横坡设置

(1)曲线段内侧变速车道

①直接式变速车道。

位于曲线段内侧的直接式变速车道全长范围内的横坡应与主线横坡相同[图9-19a)],在分流鼻后(合流鼻前)按匝道的曲线半径设置超高。

②平行式变速车道。

位于曲线段内侧的平行式变速车道全长范围内的横坡也应与主线横坡相同[图9-19b)],在分流鼻后(合流鼻前)按匝道的曲线半径设置超高。

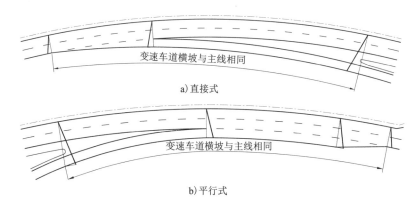

图 9-19　曲线段内侧变速车道横坡设置

（2）曲线段外侧变速车道（主线超高小于或等于 3%）

①直接式变速车道。

渐变段内采用与主线相同的横坡。此后至分（合）流鼻，过渡到外倾 2% 的横坡。分（合）流鼻后的超高与平行式相同，在分流鼻后（合流鼻前）按匝道的曲线半径设置超高。

②平行式变速车道。

在 CP 点保持与主线相同的横坡。CP 点起变化横坡至分（合）流鼻达到外倾 2% 的横坡。此后采用匝道超高过渡所需的渐变率过渡，在分流鼻后（合流鼻之前）按匝道的曲线半径设置超高。

（3）曲线段外侧变速车道（主线超高大于 3%）

在分（合）流鼻处采用外倾 1% 的横坡（图 9-20）。其过渡方法与主线超高小于或等于 3% 时相同。但在分（合）流鼻处横坡的代数差应小于 6%。

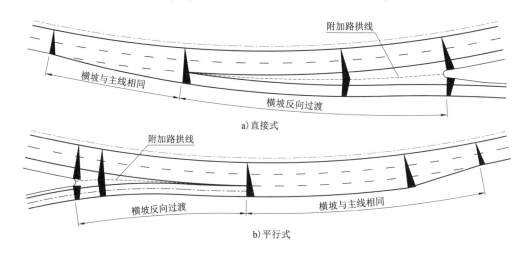

图 9-20　曲线段外侧变速车道横坡设置（主线超高大于 3%）

五、变速车道横断面

变速车道横断面由行车道、右侧硬路肩（包括右侧路缘带）、土路肩组成（图9-21）。各组成部分宽度应符合下列规定：

①变速车道行车道宽度宜采用匝道行车道宽度，匝道设计速度大于60km/h时，一般采用3.75m；小于或等于60km/h时，一般采用3.50m。

②变速车道与主线直行车道之间应设置宽度为0.50m的路缘带。

③右侧硬路肩宽度宜采用主线与匝道硬路肩中较宽者的宽度。当条件受限时，右侧硬路肩宽度可适当减小，但不应小于1.50m。城市道路可不设右路肩，但应保留路缘带。

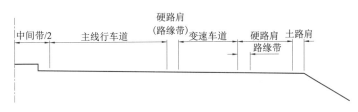

图9-21 变速车道横断面组成

第二节 辅助车道设计

在高速道路全长或重要节点之间的较长路段内，必须保持一定基本车道数。同时在正线与匝道或匝道与匝道的分、合流处必须保持车道数的平衡，两者之间通过辅助车道协调。

一、基本车道数

基本车道数是指一条道路或其某一区段内，根据交通量和通行能力要求所必需的一定数量车道数。基本车道数在相当长的路段内不应变动，不通过互通式立体交叉而改变基本车道数。这样处理的目的是避免因修建立体交叉而形成交通瓶颈，也为今后的扩建留有余地。因此，基本车道数既要根据预测的设计年末的交通量和单条车道通行能力计算，也要依路网规划、地区未来社会经济发展综合确定。因互通式立体交叉属于重要交通节点，工程规模一般较大，不易改、扩建，因此，在研究互通式立体交叉范围内正线基本车道数时，一定要考虑未来发展，提前做好预留，为未来扩建提供空间。

主线基本车道数增减方式应根据互通式立体交叉的形式、匝道车道数及交通量的分布等确定，并应符合下列基本原则：

①相邻路段之间，一个方向行车道上基本车道数的变化不得大于1条。

②基本车道数增减一般宜在基本路段进行，不应在互通式立体交叉范围内进行。

当互通式立体交叉范围内两侧正线交通量发生较大变化,两侧车道数不同时,互通式立体交叉范围内正线基本车道数宜取较大值。

③基本车道数的增加可由双车道入口的辅助车道延伸而成(图9-22)。

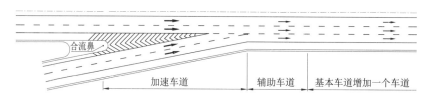

图9-22 主线基本车道数增加

④当入口匝道为单车道时,基本车道数应在互通式立体交叉外减少。被减去的车道应自加速车道终点向下游延伸一段距离后再渐变结束,延伸长度不应小于500m(图9-23),渐变段的渐变率根据第一章识别视距计算时车辆最小换道距离确定,渐变率应小于或等于表9-28的建议值。

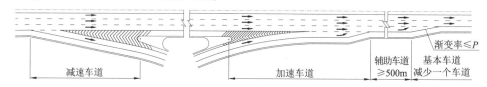

图9-23 基本车道数在互通式立体交叉外减少

车道渐变段最大渐变率　　表9-28

道路类型		公路				城市道路			
设计速度(km/h)		120	100	80	60	100	80	60	50
车道宽度(m)		3.75	3.75	3.75	3.50	3.75	3.75	3.5	3.5
最小换道距离(m)		222	185	139	102	174	139	102	85
最大渐变率 P	计算值	1/59.2	1/49.3	1/39.7	1/29.1	1/46.4	1/37	1/29.1	1/24.3
	推荐值	1/60	1/50	1/40	1/30	1/45	1/40	1/30	1/25

⑤当入口匝道为单车道,在路段调整车道数困难时,基本车道数可在互通式立体交叉内减少。被减去的车道宜由分流鼻端下游不小于150m处开始渐变结束,并加强车道数减少的预告标志和相关的标线设置(图9-24),渐变率应小于或等于表9-28的建议值。

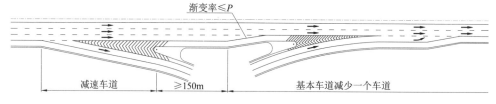

图9-24 基本车道数在互通式立体交叉内减少

⑥当入口匝道为双车道时,基本车道数应在互通式立体交叉外减少。被减去的车道应自辅助车道终点向下游延伸一段距离后再渐变结束,延伸长度不应小于500m

(图9-23),渐变率应小于或等于表9-28的建议值。

二、辅助车道

当进出正线的车辆需要在正线上调整行驶速度、车辆间距、换道或者保持车道数平衡时,可在主线直行车道外侧平行设置附加车道,这种附加车道称为辅助车道。根据辅助车道的作用,可以将其分为车道平衡型和车道交织型两类。互通式立体交叉处正线的交通量必然因分、合流而发生变化,即分流时减少,合流时增大。为适应交通量变化,保证交通流畅和工程经济,分、合流处车道数应保持平衡。若分、合流处车道数不平衡,可在分流点前与合流点后的正线上增设车道平衡型辅助车道。当主线同侧的合流端部与后方的分流端部之间的距离过近,驶入车辆和驶出车辆之间存在交织时,为缓解交织对主线车流的影响,可以在主线同侧的合流端部与后方分流端部之间增设车道交织型辅助车道,车道交织型辅助车道多用于相邻互通式立体交叉之间或与其他设施之间的净距较小时的入口与出口的连接。

(一)辅助车道的设置条件

1. 车道平衡型辅助车道

①在基本车道数连续的条件下,一般单车道匝道能满足车道数平衡要求,无须设置辅助车道;

②变速车道为双车道,出、入口车道数不平衡时,应增设车道平衡型辅助车道,如图9-25所示。

2. 车道交织型辅助车道

当相邻互通式立体交叉净距小于表3-19规定值,且经多方案比选论证必须这样设置时,应根据相邻互通式立体交叉净距的大小,利用辅助车道或集散道或匝道连接,构成复合式互通式立体交叉。如果确定设置辅助车道连接,则应按照下述原则设置辅助车道。

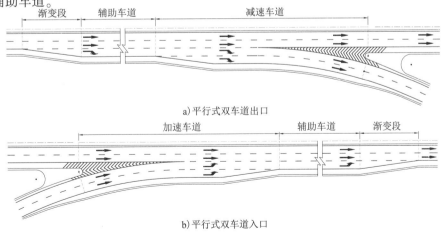

图 9-25

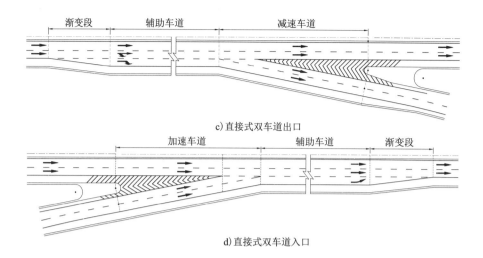

c) 直接式双车道出口

d) 直接式双车道入口

图 9-25 车道平衡型辅助车道

①当入口匝道为单车道、出口匝道为双车道时,入口匝道采用平行式加速车道,入口加速车道的末端为辅助车道的起点,入口加速车道不设置渐变段。出口匝道采用直接式减速车道,其渐变率应符合双车道减速车道的规定(图 9-26)。渐变率应小于或等于表 9-28 的建议值。

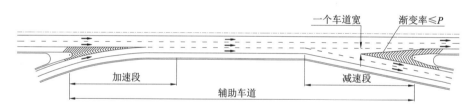

图 9-26 单入双出时辅助车道设置

②当入口匝道为双车道、出口匝道为单车道时,入口匝道宜以直接式与主线相接;出口匝道应以平行式与主线相接。辅助车道宜由分流鼻端开始渐变结束(图 9-27),渐变率应小于或等于表 9-28 的建议值。

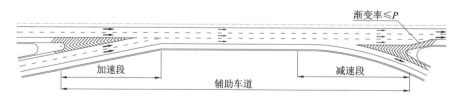

图 9-27 双入单出时辅助车道设置(合流交通量较小时)

③当入口匝道为双车道,且合流前匝道交通量接近设计通行能力时,辅助车道应由分流鼻端向下游延伸一段距离后再渐变结束,延伸长度不应小于 150m(图 9-28),渐变率应小于或等于表 9-28 的建议值。

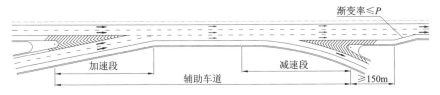

图 9-28　双入单出时辅助车道设置(合流交通量较大时)

④当入口和出口匝道均为单车道时,入口和出口匝道均应以平行式与主线相接。辅助车道宜由分流鼻端开始渐变结束(图 9-29),渐变率应小于或等于表 9-28 的建议值。

图 9-29　单入单出时辅助车道设置

(二)辅助车道最小长度

辅助车道长度根据设计服务水平对应的最大交通量、交织区长度、交织区车道数、交织段车道连接方式等计算确定,同时考虑车辆变道所需要的长度等。设计时应满足有关设计规范的规定。车道平衡型辅助车道和车道交织型辅助车道长度不应小于表 9-29 的规定值,当主线单向基本车道数大于三车道或匝道中有双车道时,不应小于一般值。

辅助车道最小长度　　　　　　　　　　　　　　表 9-29

主线设计速度(km/h)				120	100	80	60
车道 平衡型	平行段 长度(m)	入口		400	350	300	250
		出口	一般值	370	580	510	440
			极限值	180	300	250	200
	渐变段 长度(m)	入口		180	160	140	120
		出口		90	80	70	60
车道交织型	平行段长度 (m)	一般值		1200	1100	1000	800
		极限值		1000	900	800	700
	渐变段长度(m)			150	150	150	140

(三)辅助车道的横断面设计

辅助车道宽度与主线直行车道相同,且与正线直行车道之间不设路缘带(图 9-30)。辅助车道右侧硬路肩宽度一般与主线路段硬路肩相同;用地或其他条件受限制时可减小,但不得小于 1.50m。

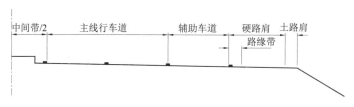

图 9-30　辅助车道横断面布置

第三节　集散道设计

一、集散道的设置方法

集散道是指为隔离交织区、减少主线出入口数量而设置于主线外侧并与主线直行车道隔离的附加道路。当主线相邻出入口的间距较小或转弯车流交织运行干扰直行车流时,应采用与主线分隔的集散道将相邻出入口串联(图9-31),以避免交织车流对主线直行车流的干扰,提高主线通行能力和行车安全性。集散道一般设置在一座互通式立体交叉(或者复合式互通式立体交叉)范围内。设置在距离较近的多座互通式立体交叉之间的连接道路,虽然具有集散的功能,但一般称为辅道。辅道主要用于高速或一级公路被交道路密集、交通出入频繁的路段。

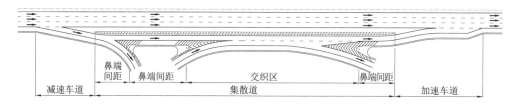

图 9-31　集散道设置示意图

集散道应根据合并出入口、隔离交织区、集散交通流等功能的需要进行设置,集散道设计应注意以下基本原则:

①集散道与主线的连接部应按变速车道设计,并遵循车道数平衡原则。
②匝道与集散道连接部宜按匝道相互分、合流设计。
③集散道上相邻出、入口的间距应根据集散道的设计速度确定,并满足相关的技术要求。

二、集散道的设计速度

集散道设计速度是集散道设计必需参数。设置集散道的原因之一是减少主线流入、流出交通流对主线直行交通流的影响。因此,假定集散道的出入口和基本路段一般为双车道。由于集散道与主线连接部按照变速车道设计,集散道设计速度比主线设计速度至少低 20km/h。因此,集散道设计速度可按表 9-30 取值。

集散道的设计速度(km/h)　　　　　　　　　表9-30

主线设计速度	120	100	80	60
集散道设计速度	80	80	60	40
	60	60	50	—
	50	50	40	—

集散道的平面和纵断面设计指标可依据集散道的设计速度确定。

三、集散道的横断面

集散道横断面由分隔带、行车道、硬路肩组成。集散道与主线之间应设分隔带(也可称为侧分带)，分隔带应设在主线硬路肩外侧，一般不应压缩主线硬路肩宽度(图9-32)。分隔带应采用凸起式的物理分隔，特殊情况也可采用标线施划成隐形岛。集散道的行车道一般为双车道，交通量较小时，非交织段可为单车道。集散道右侧硬路肩宽度一般宜为3.0m，当双车道的通行能力有较大富余时(交通量小于或略大于单车道通行能力时)，硬路肩的宽度可减至1.0m。集散道的硬路肩外侧应设置宽为0.75m的土路肩。

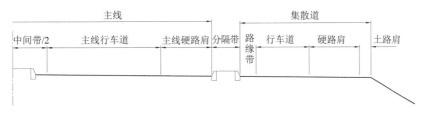

图9-32　集散道横断面布置示意图

第四节　连接部设计

互通式立体交叉的转弯方向的车流之间、与直行车流之间存在分流和合流的连接关系，分流和合流部位采用的形式和技术要求对分流、合流连接部的通行能力、交通安全影响较大。根据分流、合流连接部道路的类型和相互的连接关系，一般分为主线相互分、合流连接部，匝道相互分、合流连接部，主线同侧连续分、合流连接部，匝道连续分、合流连接部4种类型。

一、主线相互分、合流连接部

主线相互分、合流连接部是指分、合流前后均为主线，或为主线连续行驶的转弯匝道；主线相互分、合流连接部的车道也应遵循车道数平衡原则。主线相互分、合流连接部包括主线分成两条主线的连接部、三岔Y形枢纽互通式立体交叉的各连接部、三岔T形枢纽互通式立体交叉中被交叉道路连接部(图9-33)。

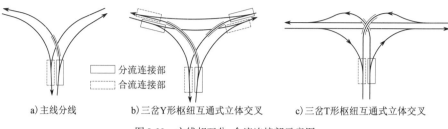

图 9-33　主线相互分、合流连接部示意图

（一）主线相互分流

1. 主线相互分流方式

主线相互分流方式包括直接分流和间接分流两种方式。直接分流是指两个方向交通流直接按照左行交通流在左侧，右行交通流在右侧，分流后不交叉的分流方式，如图 9-34a）所示；间接分流是指左行交通流从右侧分流后，再向左转，并与右行交通流立体交叉后的分流方式，如图 9-34b）、c）所示。主线相互分流方式的选择应根据左行交通量的大小确定，选择的基本原则如下[8]：

①当左行交通流为主交通流，或左、右行交通量大小相当时，宜采用直接分流方式[图 9-34a)]。

②在分流后的交通量中，当左行交通流为次交通流时宜从右侧分流[图 9-34b)]。

③当左行交通流从左侧直接分流且以大型车为主时，可在主线分流前设置半直连式左转弯大型车专用匝道[图 9-34c)]。

④当分流连接部车道数不平衡时，应增设辅助车道[图 9-34d)]，辅助车道长度和渐变段长度可按表 9-29 取值。

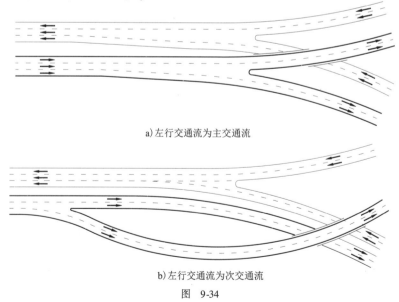

图　9-34

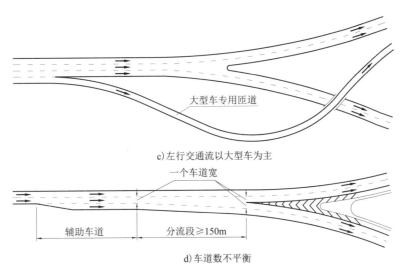

c) 左行交通流以大型车为主

d) 车道数不平衡

图 9-34 主线相互分流连接部形式

2. 分流连接部线形设计

一条主线分流成两条后,从分流起点开始,两条主线的平面线形原则上应分别设计。连接部的几何设计方法如下:

① 自分流起点开始,两主线宜分别进行平面线形设计,分流起点至一个车道宽度处的距离不应小于150m(图 9-35)。

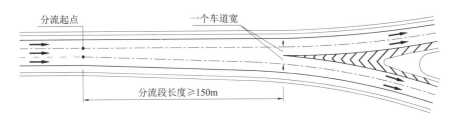

图 9-35 主线相互分流连接部平面线形设计

② 连接部纵断面线形和路面横坡宜由左侧主线的设计基线控制设计,横坡过渡可采用变速车道横坡过渡方法,其超高最大渐变率应根据主线设计速度采用相应的规定值。

(二)主线相互合流

1. 主线相互合流方式

两条主线相互合流方式包括直接合流和间接合流两种方式。直接合流是指两个方向交通流直接按照左行交通流在左侧,右行交通流在右侧的位置关系直接合并成一股交通流,合流前不交叉的合流方式,如图 9-36a)所示;间接合流是指左侧交通流与右侧交通流立体交叉后,在右侧交通流的右侧合并成一股交通流的合流方式,如图 9-36b)所示。主线相互合流方式选择的基本原则如下:

①合流前,左侧交通流为主交通流,或左、右行交通量大小相当时,宜采用直接合流方式。

②合流前,左侧交通流为次交通流时,宜采用间接合流方式。

③合流前交通流均接近设计通行能力时,可采用直接合流方式,且合流后左、右侧的车道数分别等于合流前左、右侧的车道数[图9-36c)]。

④合流前,若左侧交通流接近设计通行能力、右侧交通流较小,应采取直接合流的方式;若左侧交通流较小、右侧交通流接近设计通行能力,应采取间接合流的方式。合流后可减少一个车道,但应设置辅助车道完成车道减少的过渡,辅助车道长度不应小于400m[图9-36d)],且合流后车道数应满足设计通行能力的要求。

⑤合流前交通流均较小时,宜采用直接合流的方式,合流后可减少一个车道[图9-36e)],且合流后车道数应满足设计通行能力的要求。

⑥当合流连接部车道数不平衡时,应增设辅助车道[图9-36f)],辅助车道长度和渐变段长度可按表9-29取值。

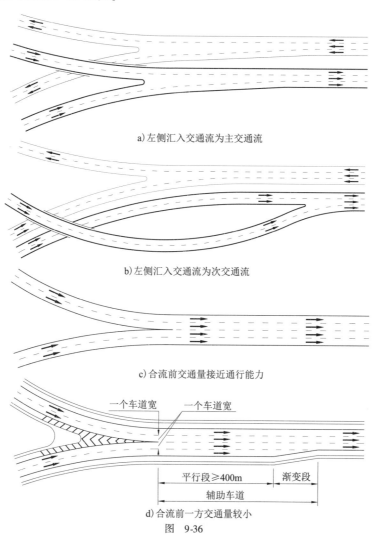

a) 左侧汇入交通流为主交通流

b) 左侧汇入交通流为次交通流

c) 合流前交通量接近通行能力

d) 合流前一方交通量较小

图 9-36

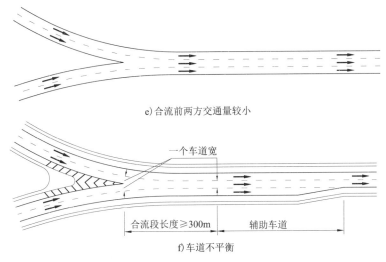

e) 合流前两方交通量较小

f) 车道不平衡

图 9-36　主线相互合流连接部形式

2. 合流连接部线形设计

合流前左、右侧主线至合流终点,两条主线平面线形原则上应分别设计。主线合流连接部设计方法如下:

① 一个车道宽度处至合流终点的距离不应小于300m(图9-37)。

② 连接部纵断面线形和路面横坡宜由左侧主线设计基线控制设计,横坡过渡可采用变速车道的横坡过渡方法,其超高最大渐变率应根据主线设计速度采用相应的规定值。

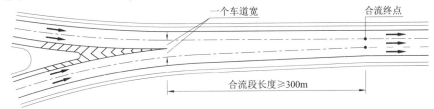

图 9-37　主线相互合流连接部平面线形设计

二、匝道相互分、合流连接部

(一)匝道相互分流

1. 匝道相互分流方式

匝道相互分流一般采用左右侧直接分流的方式(图9-38),分流连接处应满足车道数平衡的要求。若车道数不平衡,则可设置辅助车道,辅助车道长度不应小于150m(图9-39),渐变段长度可按1.0m/s的横移率计算确定。采用单出口的双车道匝道时,可从分流鼻处开始渐变(图9-40),根据第一章识别视距中的换道长度计算模型[式(1-28)]计算得到渐变段最小长度,见表9-31。

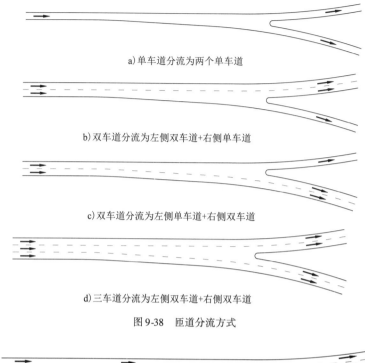

a) 单车道分流为两个单车道

b) 双车道分流为左侧双车道+右侧单车道

c) 双车道分流为左侧单车道+右侧双车道

d) 三车道分流为左侧双车道+右侧双车道

图 9-38 匝道分流方式

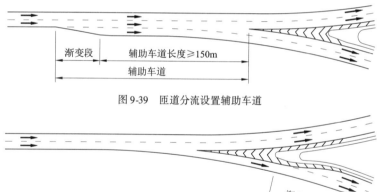

图 9-39 匝道分流设置辅助车道

图 9-40 单出口双车道匝道分流形式

单出口双车道匝道渐变段最小长度　　　　　表 9-31

分流速度(km/h)		80	70	60	50	40	35	30	20
车道宽度(m)		3.75	3.75	3.5	3.5	3.5	3.5	3.5	3.5
最大横向加速度变化率(m/s³)		0.6	0.7	0.8	0.9	1.0	1.0	1.0	1.0
横向力系数		0.14	0.15	0.15	0.15	0.16	0.16	0.16	0.16
渐变段长度(m)	计算值	139	116	93	74	57	50	43	29
	建议值	140	115	90	75	60	50	45	30

《路线规范》规定,当车道数不平衡时,辅助车道长度不应小于 150m。在实际工作中,当受匝道总长度限制时,辅助车道采用 150m 一般较难。《路线规范》中规定匝

道设计速度为 80km/h 时,辅助车道渐变段长 80m,则可知平行段长度为 70m。根据《立交细则》规定的分流渐变段长度,且假定不同分流速度时的辅助车道平行部分长度均为 70m,则当辅助车道设置困难时,分流匝道辅助车道极限最小长度可参照表 9-32 确定。

分流匝道辅助车道极限最小长度　　　　表 9-32

分流速度(km/h)	80	70	60	50	40	35	30	20
平行段最小长度(m)	70							
渐变段最小长度(m)	80	70	60	55	50	50	50	50
辅助车道极限最小长度(m)	150	140	130	125	120	120	120	120

2. 匝道相互分流连接部线形设计

匝道相互分流连接部线形应分别设计(图 9-41),分流段长度不应小于表 9-33 的规定值。连接部纵断面线形和路面横坡按照前述匝道之间的接坡设计和超高过渡方式处理。

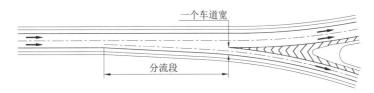

图 9-41　匝道相互分流连接部平面线形设计示意图

匝道相互分流连接部分流段最小长度　　　　表 9-33

分流速度(km/h)	80	70	60	50	40	35	30	20
分流段最小长度(m)	80	70	60	55	50	50	50	50

(二)匝道相互合流

1. 匝道相互合流方式

匝道相互合流一般宜采取直接合流的方式,如图 9-42 所示,设计应遵循下列基本原则:

①当车道数平衡且合流前的交通量均较小时,可采用直接合流的方式[图 9-42a)]。

②当车道数平衡但合流后的交通量接近设计通行能力,或单车道匝道汇入速度相对较高的双车道匝道时,应增加渐变段长度或增设一条辅助车道,辅助车道长度不应小于 100m[图 9-42b)],渐变段长度可按车辆 1.0m/s 的横移率计算。

③当车道数不平衡时,应增设一条辅助车道,辅助车道长度不应小于 150m[图 9-42c)],渐变段长度可按车辆 1.0m/s 的横移率计算。

④采用单入口的双车道匝道时,至合流鼻渐变为单车道(图 9-43),渐变段长度可参照表 9-32,合流速度参照表 9-32 中的"分流速度"即可。

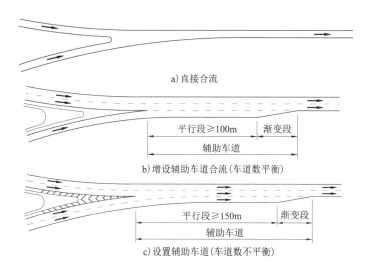

图 9-42　匝道相互合流方式

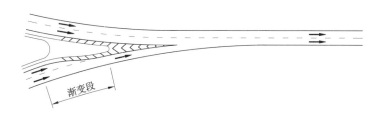

图 9-43　单入口双车道匝道连接部设计

2. 匝道相互合流连接部线形设计

匝道相互合流连接部的两条匝道宜分别进行平面线形设计（图 9-44），合流段长度不应小于表 9-34 的规定值。连接部纵断面线形和路面横坡按照前述匝道之间接坡设计和超高过渡方式处理。

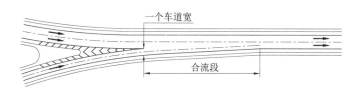

图 9-44　匝道相互合流连接部平面线形设计示意图

匝道相互合流连接部合流段最小长度　　表 9-34

分流速度（km/h）	80	70	60	50	40	35	30	20
合流段最小长度（m）	120	100	90	80	70	60	50	50

三、主线同侧连续分、合流连接部

(一)主线同侧连续分、合流最小间距

当主线同侧出现连续分流或连续合流时,应尽可能合并出口或入口,使其在主线同侧仅有一个出口或入口,特别是近距离连续出口应尽量避免。当因条件限制主线同侧必须按连续分流或连续合流设置时,应控制相邻出入口的间距。

1. 主线同侧连续分流最小间距

美国 ASSHTO 规定主线同侧连续出口的分流点最小间距应满足要求。我国《立交细则》规定的是主线同侧连续分流鼻端之间的距离,与美国 ASSHTO 界定的范围不同。根据交通规则,三角区斑马线禁止车辆跨越,且最小间距应保证分流车辆在到达分流渐变段前就能顺利变道至最外侧车道。在渐变段车辆可以进一步确认是否驶出。因此将主线同侧连续分流间距视作主线前一个分流点与同侧下游相邻渐变段起点之间距离更合理(图 9-45)。

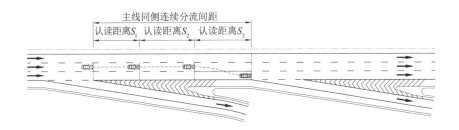

图 9-45　主线同侧连续分流最小间距计算模型

由驶出车辆的行驶过程可知,该过程一般应包含出口标志认读过程中行驶距离、等待换道机会和换道行驶距离,认读过程行驶距离只需要一次,而等待换道机会和换道行驶距离的次数与主线车道数有关。认读距离和换道距离采用第一章识别视距中的认读距离和换道距离,计算参数和结果见表 9-35。

主线同侧连续分流最小间距　　　　表 9-35

道路类型和等级			高速公路			一级公路			城市道路			
设计速度(km/h)			120	100	80	100	80	60	100	80	60	50
认读距离(m)			100	83	67	83	67	50	83	67	50	42
等待距离(m)			130	96	62	69	39	29	176	92	29	25
换道距离(m)			222	185	139	185	139	102	174	139	102	85
分流最小间距(m)	一般值	二车道	450	360	270	340	250	180	430	300	180	150
		三车道	800	650	470	590	420	310	780	530	310	260
		四车道	1160	930	670	840	600	440	1130	760	440	370

续上表

道路类型和等级			高速公路			一级公路			城市道路			
分流最小间距（m）	极限值	二车道	350	280	200	250	180	130	350	230	130	110
		三车道	700	560	400	510	360	260	700	460	260	220
		四车道	1060	840	600	760	540	390	1050	690	390	330
《路线规范》和《立交细则》规定值（m）	一般值		400	350	310	350	310	270	280	220	160	140
	极限值		350	300	260	300	260	220	140	110	80	70

2. 主线同侧连续合流最小间距

主线同侧连续合流间距是指主线同一侧前一个入口加速车道渐变段终点与下游相邻入口合流点之间的距离。从该处的车辆行驶特点分析：当下游相邻入口有车辆即将汇入时，主线外侧直行车道上的车辆为了保持正常行驶速度，一般希望能向左侧换道，避免因下游汇入车辆速度较低而减速。这样对保证主线直行车道的通行能力是有益的。主线同侧连续合流最小间距计算模型如图9-46所示，图中等待距离和换道距离根据第一章识别距离中的计算方法计算。当合流区通视条件良好时，外侧车道驾驶人能提前看见匝道上汇入车辆的情况，此时可以不考虑反应距离，将等待距离和换道距离作为极限值。反之，应考虑反应距离，反应时间取 2.5s。计算结果见表9-36。

图9-46　主线同侧连续合流最小间距计算模型

主线同侧连续合流最小间距　　　　表9-36

道路类型和等级		高速公路			一级公路			城市道路			
设计速度(km/h)		120	100	80	100	80	60	100	80	60	50
反应距离(m)		83	69	56	69	56	42	69	56	42	35
等待距离(m)		130	96	62	69	39	29	176	92	29	25
换道距离(m)		222	185	139	185	139	102	174	139	102	85
合流最小间距(m)	一般值	435	350	255	325	235	175	420	285	175	145
	极限值	350	280	200	255	180	130	350	230	130	110
《路线规范》和《立交细则》规定值(m)	一般值	400	350	310	350	310	270	280	220	160	140
	极限值	350	300	260	300	260	220	140	110	80	70

(二)主线同侧连续分、合流连接部设计

主线同侧连续分、合流连接部,在满足表 9-35、表 9-36 规定的连续分、合流最小间距的前提下,连接部的布置可采用如下方式。

1. 主线同侧连续分流

①当下游减速车道为单车道时,上、下游减速车道按照正常变速车道要求设计(图 9-47)。

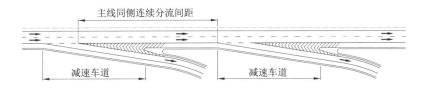

图 9-47 下游减速车道为单车道

②当下游减速车道为双车道时,上游减速车道应设于辅助车道上,且辅助车道自减速车道起点向上游延伸长度不应小于 150m,下游减速车道按照正常路线设计要求设计(图 9-48)。

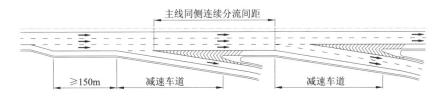

图 9-48 下游减速车道为双车道

2. 主线同侧连续合流

①当上游加速车道为单车道时,上、下游加速车道按照加速车道正常路线设计要求设计(图 9-49)。

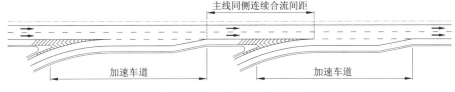

图 9-49 上游加速车道为单车道

②当上游加速车道为双车道时,下游加速车道应设于辅助车道上,且辅助车道自加速车道终点向下游延伸长度不应小于表 9-29 中辅助车道长度的规定值,上游加速车道按照正常路线设计要求设计(图 9-50)。

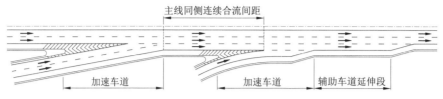

图 9-50　上游加速车道为双车道

四、匝道连续分、合流连接部

(一)匝道连续分流

匝道连续分流是指从主线分流后,在较短距离内匝道上再出现一次或一次以上的分流。常见的是匝道与主线分流后,再与其他匝道分流(图 9-51)。为保证两次分流之间驾驶人安全操作和车辆安全运行的需要,前一分流区的分流鼻与后续相邻分流区的分流点之间必须有足够的距离,这一距离称为匝道连续分流间距。

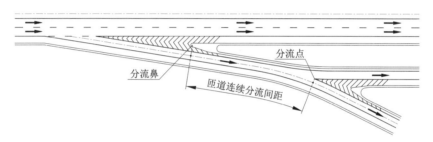

图 9-51　匝道连续分流间距示意图

匝道连续分流间距应满足第二次分流前驾驶人认读标志、决策和车辆变道(或侧移)等三个过程的需要。驾驶人认读标志时车辆行驶的距离采用式(9-15)计算:

$$L_{D1} = \frac{v_{D1}}{3.6} t_1 \tag{9-15}$$

式中:L_{D1}——驾驶人认读标志时车辆行驶的距离,简称认读距离(m);

v_{D1}——驾驶人认读标志时车辆的平均行驶速度(km/h),取匝道设计速度;

t_1——标志认读时间(s),取 3s。

认读完标志后,驾驶人需要做出选择行驶路径的决策,决策过程中车辆行驶的距离采用式(9-16)计算:

$$L_{D2} = \frac{v_{D2}}{3.6} t_2 \tag{9-16}$$

式中:L_{D2}——驾驶人决策时车辆行驶的距离(m);

v_{D2}——驾驶人决策时车辆的平均行驶速度(km/h),可按匝道设计速度取值;

t_2——决策时间(s),驾驶人做出驶出或不驶出的决定,根据式(3-13),计算得到决策反应时间为 1.6s。

若匝道连续分流间距路段为双车道匝道,车辆在选择不同的方向行驶时,部分车辆需要变换车道,变换车道距离采用式(1-28)计算,结果见表9-37。若第二次分流前匝道为单车道匝道,车辆只需要侧移即可,侧移行驶轨迹为换道轨迹的一半,因此,侧移距离取换道距离的一半。匝道连续分流最小间距计算结果见表9-37。

匝道连续分流最小间距　　　　　表9-37

匝道设计速度(km/h)		80	70	60	50	40	35	30	20
反应距离(m)		67	58	50	42	33	29	25	17
决策距离(m)		36	31	27	22	18	16	13	9
换道距离(m)		139	116	93	74	57	50	43	29
计算值(m)	单车道	172	147	123	101	80	70	60	40
	双车道	242	205	169	138	109	95	81	54
建议值(m)	单车道	170	145	125	100	80	70	60	40
	双车道	240	205	170	140	110	95	80	55
《路线规范》规定值(m)	主线设计速度(km/h)	120		100		80		60	
	枢纽互通	240		210		190		—	
	一般互通	180		160		150		—	
《立交细则》规定值(m)		240		210		190		170	
《交叉规程》规定值(m)	一般值	247.5		210		165		120	
	极限值	123.75		105		82.5		60	

(二)匝道连续合流

匝道连续合流是指在匝道一定距离内出现两次或两次以上的合流,最为常见的情况是匝道相互合流后在不远处与主线再次合流(图9-52)。匝道连续合流间距是指第一次合流点与后续相邻合流鼻之间的距离,匝道连续合流间距应满足车辆安全合流和几何设计的需要。

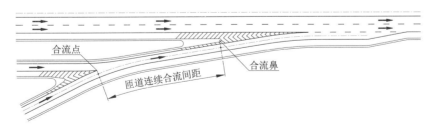

图9-52　匝道连续合流间距示意图

匝道连续合流间距应满足第二次合流前驾驶人看到前方合流后的反应距离、变道(或侧移)等过程的需要。驾驶人反应距离应满足驾驶人看到前方合流位置后决定是否换道,反应距离采用式(9-17)计算:

$$L_{\mathrm{M1}} = \frac{v_{\mathrm{M1}}}{3.6} t_1 \tag{9-17}$$

式中：L_{M1}——驾驶人反应时间内车辆行驶的距离，简称反应距离（m）；

v_{M1}——驾驶人反应时车辆的平均行驶速度（km/h），取匝道设计速度；

t_1——反应时间（s），取3s。

若匝道连续合流间距路段为双车道，车辆在选择不同的方向行驶时，部分车辆需要变换车道，变换车道的距离采用式（1-28）计算，结果见表9-38。若匝道连续合流间距路段为单车道，车辆只需要侧移即可，侧移行驶轨迹为换道轨迹的一半，因此，侧移距离取换道距离的一半。匝道连续合流间距计算结果见表9-38。

匝道连续合流最小间距 表9-38

匝道设计速度（km/h）		80	70	60	50	40	35	30	20
反应距离（m）		67	58	50	42	33	29	25	17
换道距离（m）		139	116	93	74	57	50	43	29
计算值（m）	单车道	206	174	143	116	91	79	68	45
	双车道	136	116	96	79	62	54	47	31
建议值（m）	单车道	210	170	140	120	90	80	70	50
	双车道	140	120	100	80	60	50	50	30
《立交细则》规定值（m）		210	180	160	140	120	110	100	—
《路线规范》规定值（m）	主线设计速度（km/h）	120		100		80		60	
	枢纽互通	240		210		190		—	
	一般互通	180		160		150		—	
《交叉规程》规定值（m）	一般值	247.5		210		165		120	
	极限值	123.75		105		82.5		60	

我国《路线规范》和美国AASHTO的规定中，均取匝道连续分流与匝道连续合流间距相同，且均值与主线设计速度有关，与匝道设计速度无关。事实上，匝道连续合流间距与匝道设计速度有关，与主线设计速度并无关系。因此，《立交细则》对匝道连续合流的最小间距做出了与《路线规范》不同的规定。

五、鼻端类型、构造和设置原则

1. 鼻端类型和构造

鼻端分为分流鼻端和合流鼻端两类。分流鼻端是指分流点之后，两个不同行车方向分离，路面（包含硬路肩）分离的位置。合流鼻端是指合流点之前，两个不同行车方向汇合，路面合并的位置。

在分流鼻端处，为给误行车辆提供返回的余地，分流鼻端左侧的路面应设置偏置值(偏置值包含左侧道路的右侧硬路肩宽度),右侧路面应设置偏置加宽值(偏置值不包含右侧道路的左侧硬路肩宽度)。左侧道路和右侧道路路面偏置后的边缘线用 0.6~1.0m 的圆弧连接(图 9-53)。最小偏置值、最小偏置加宽值和分流鼻端圆弧半径见表9-39。分流鼻处偏置的路面应偏置过渡段收敛到正常路面。偏置过渡段长度不宜小于10m,且长度应不小于依据表9-40规定的渐变率计算的长度。

合流鼻端不需要设置偏置,鼻端圆弧半径宜采用 0.6m。

分流鼻端最小偏置值、最小偏置加宽值和分流鼻端圆弧半径　　表9-39

分流类型	最小偏置值 C_1(m)	最小偏置加宽值 C_2(m)	分流鼻端圆弧半径 r(m)
减速车道分流	3.0	0.6	0.6~1.0
主线相互分流	1.8	—	
匝道相互分流	2.5	0.6	

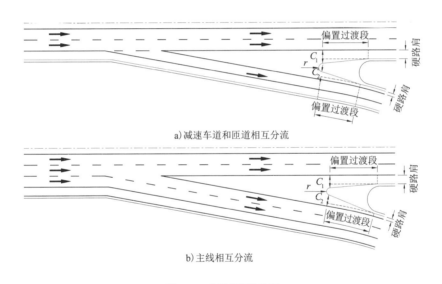

a)减速车道和匝道相互分流

b)主线相互分流

图 9-53　分流鼻端构造图

分流鼻端偏置过渡段的最大渐变率　　表9-40

设计速度(km/h)	120	100	80	60	≤40
渐变率	1/12	1/11	1/10	1/8	1/7

2. 分流鼻端设置的基本原则

分流鼻端应设偏置,鼻端的设置应遵循下列原则:

①减速车道分流鼻端,主线侧可按偏置值控制,匝道侧可按偏置加宽值控制。

②主线相互分流鼻端,鼻端两侧均可按偏置值控制。

③匝道相互分流鼻端,鼻端左侧匝道按偏置值控制,右侧匝道按偏置加宽值控制。

④主线侧的合、分流连接部辅助车道的鼻端应按变速车道鼻端设计。

⑤互通式立体交叉集散道与主线之间的鼻端应按变速车道鼻端设计,匝道与集散道之间的鼻端宜按匝道相互分、合流鼻端设计。

3. 分流鼻端固定物的限制

当分流鼻端位于路基段,且土路肩上设置防撞护栏时,护栏端部与分流鼻端之间的距离应大于6m,并应在分流鼻端与护栏端部之间安装防撞缓冲设施。

当分流鼻端位于构造物路段,或路面外缘设置刚性护栏时,护栏端部应从常规分流鼻端位置后移6~10m,并应在分流鼻端与护栏端部之间安装防撞缓冲设施。

本章参考文献

[1] AASHTO. A policy on geometric design of highways and streets[M]. Washington DC: GDHS-6,2011.

[2] 日本道路公团.日本高速公路设计要领(几何设计·休息设施)[M].交通部工程管理司译制组,译.北京:陕西旅游出版社,1991.

[3] 倪旭.客货分离高速公路互通式立交变速车道设计指标研究[D].西安:长安大学,2019.

[4] 潘兵宏,董爱强,田曦.立交减速车道流出角的研究[J].中外公路,2014,34(1):328-333.

[5] 赵伟强,宗长富,郑宏宇,等.基于制动舒适性的商用车EBS控制策略[J].吉林大学学报(工学版),2012,42(S1):22-26.

[6] TAC. Geometric design guide for Canadian roads[M]. Ottawa:Transportation Association Of Canada,1999.

[7] 刘子剑.互通式立体交叉设计原理与应用[M].北京:人民交通出版社股份有限公司,2015.

[8] 中华人民共和国交通运输部.公路立体交叉设计细则:JTG/T D21—2014[S].北京:人民交通出版社,2014.

[9] E DABBOUR,S M EASA. O DABBOUR. Minimum lengths of acceleration lanes based on actual driver behavior and vehicle capabilities[J]. Journal of transportation engineering,part A:systems,2021,147(3):4020162.1-4020162.7.

第 十 章
CHAPTER 10
互通式立体交叉的其他设施设计

第一节 收费站及收费广场设计

一、互通式立体交叉收费站设计

(一)设置位置

收费站是收取通行车辆通行费用、控制车辆驶入道路的设施。收费互通式立体交叉必须设置收费站。互通式立体交叉收费站设在立体交叉匝道或连接线上,以控制被交道路上进、出主线的车辆,并收取通行费或者发放通行凭证。

(二)收费站车道数

收费站所需车道数应根据收费制式、收费方式、交通量、服务水平、服务时间确定。

1. 收费制式

公路收费制式可分为均一式、开放式、封闭式和混合式四种类型[1]。

(1)均一式收费制式

均一式收费制式是指收费站均设置在公路主线或互通式立体交叉入口或出口,车辆仅在一个收费站停车交费,就可在该路段自由行驶的一种收费制式。这是最简单的一种收费制式。收费站一般设置在匝道和主线两端的入口处,用户进入收费站只需进行一次缴费,收费标准与行程距离无关,由车型决定收费标准,各个收费站采用统一收费标准。

(2)开放式收费制式

开放式收费制式的收费站通常位于高速公路的主线处,或者某些匝道处。如路段距离较长,则会设置多个收费站进行服务,而每个收费站的收费标准和均一式收费制式一样。

(3)封闭式收费制式

封闭式收费制式是指在高速公路控制出入的所有进出口设置收费站,并按行驶里程收费的制式。到达出口处根据车辆行驶距离和车型两个因素决定收费金额。

(4)混合式收费制式

混合式收费制式结合了均一式和开放式两种不同制式的特点。收费站通常布设于开放式收费路段处,每个收费站都会收取固定的费用。主线收费站相邻区域内的匝道不设收费站。

目前封闭式收费制式是我国高速公路的主要收费制式。

2. 收费方式

收费方式因收费服务时间和收费车道通行能力而异,在计算收费站车道数时,应根据设计规划确定收费方式。我国目前通常采用的收费方式有停车人工收费、停车半自动收费(简称MTC)、停车收费和不停车收费(简称ETC)四大类。

3. 交通量

收费站的交通量按设计小时交通量(DDHV)计,一般采用第30位设计小时交通量。

4. 服务水平

收费站的服务水平用各收费车道平均等待的车辆数表示。在一定交通量条件下,平均等待收费的车辆越少,其服务水平就越高,但所需的收费车道数就越多。平均等待车辆数一般以1辆为宜,当受地形或其他条件限制时,可适当增加,但不应大于3辆。

5. 服务时间

服务时间按收费制式、收费方式和车辆类型不同而有所差异。设计时采用平均服务时间,并按表10-1确定。表中括号内数值在大型车辆占比达30%以上时采用,对开放式等收费制式,其最大值可采用12s,而封闭式出口其最大值采用18s。

收费服务时间(s)　　　　　　　　　　　　　　　　表10-1

开放式、均一式、混合式	封闭式	
	入口	出口
8(10)	6(8)	14(16)

(三)收费通道数确定

①应依据设计小时交通量、服务时间和平均等待车辆数,按表10-2或表10-3确定不同水平年平均月交通量(AADT)下的收费通道数。

收费通道数计算表($K=0.12, D=0.60$)　　　　表10-2

	AADT(辆/d)	1000	2500	5000	7500	10000	12500	15000	17500	20000	22500	25000
	DDHV(辆/h)	72	180	360	540	720	900	1080	1260	1440	1620	1800
服务时间(s)	1辆车等待 6	(1)	(1)	2	2	2	3	3	4	4	4	4
	8	(1)	(1)	2	2	3	3	4	4	4	5	5
	10	(1)	(1)	2	2	3	3	4	4	5	5	6
	14	(1)	2	2	3	4	5	5	6	7	7	8
	16	(1)	2	2	3	4	5	6	6	7	8	9
	18	2	2	3	4	5	6	6	7	8	9	10
	3辆车等待 6	(1)	(1)	(1)	2	2	2	3	3	3	3	4
	8	(1)	(1)	2	2	2	3	3	3	4	4	5
	14	(1)	(1)	2	3	4	4	5	6	6	7	8

续上表

AADT(辆/d)		27500	30000	32500	35000	37500	40000	42500	45000	47500	50000	52500
DDHV(辆/h)		1980	2160	2340	2520	2700	2880	3060	3240	3420	3600	3780
服务时间(s)	1辆车等待 6	4	5	5	5	6	6	7	7	7	7	8
	8	5	6	6	7	7	8	8	8	9	9	10
	10	6	6	7	7	8	8	9	10	10	10	11
	14	9	10	10	11	12	12	13	14	15	15	16
	16	10	11	12	13	14	15	15	16	17	18	19
	18	11	12	13	14	15	15	16	17	18	19	20
	3辆车等待 6	4	5	4	5	5	6	6	6	6	7	7
	8	5	6	6	6	7	7	8	8	8	9	9
	14	8	9	10	10	11	11	12	13	13	15	15

注:1. K 为设计小时交通系数,D 为方向系数;
　2. 括号内数字表示计算结果不是1个收费通道,按照1个取。

车道数与DDHV关系表　　　　表10-3

服务时间(s)		6		8		10		14		18		20	
平均等待车辆数(辆)		1	3	1	3	1	3	1	3	1	3	1	3
车道数	1	300	450	230	340	180	270	130	190	100	150	90	140
	2	850	1040	640	780	510	620	360	440	280	350	250	310
	3	1420	1630	1070	1230	850	980	610	700	480	550	430	490
	4	2000	2230	1500	1670	1200	1340	860	960	670	740	600	670
	5	2590	2830	1940	2120	1550	1700	1110	1210	860	940	780	850
	6	3180	3430	2380	2570	1910	2060	1360	1470	1060	1140	950	1030
	7	3770	4020	2830	3020	2260	2410	1620	1720	1260	1340	1130	1210
	8	4360	4630	3270	3470	2620	2780	1870	1980	1450	1540	1310	1390
	9	4960	5220	3720	3920	2980	3130	2130	2240	1650	1740	1490	1570
	10	5560	5820	4170	4370	3330	3490	2380	2490	1850	1940	1670	1750
	11	6150	6420	4610	4820	3690	3850	2640	2750	2050	2140	1850	1930
	12	6740	7020	5050	5270	4040	4210	2890	3010	2250	2340	2020	2110
	13	7340	7620	5510	5720	4400	4570	3150	3270	2450	2540	2200	2290
	14	7940	8220	5954	6170	4760	4930	3400	3520	2650	2740	2380	2470
	15	8530	8820	6400	6620	5120	5290	3660	3780	2840	2940	2560	2650

②当上、下行两个方向收费站分开设置时,应按各自方向的设计交通量计算收费通道数。

③上述各参数的选定对最终收费通道数有影响,并影响收费广场的建设规模,所以在计算收费通道数选择参数时应十分慎重。必要时应选择几组参数反复测算,进一步与所处地区实际应用情况对比后确定。在大型车混入率比较高的路段,收费通

道数应适当增加。

④一站采用两种不同的收费方式时,其收费通道数可视具体设计情况在计算值的基础上适当增加。

⑤收费通道数也可按相关文献中的收费通道数量理论计算。

二、收费广场设计要点

(一)收费广场设计的一般原则

①收费广场建设,原则上不应影响干线交通运行。收费广场应设置在通视条件良好,通风,易排水,环境优美,易于运营管理和交通、生活便利的地点。

②收费广场应尽可能设置在平坦的直线路段。不宜将收费广场设置在易超速的凹形竖曲线的底部或长下坡路段的下方。

③收费广场的设置应满足收费业务和管理业务要求。一般宜在收费方案确定后按照系统要求和工艺要求进行收费广场规划和设计,规划布局力求合理,适应公路建设总体发展需求。

④主线收费广场中心距特大桥、隧道应大于1km,满足车辆换道和调整测速的要求。

⑤收费广场位置应综合工程投资、景观、管理、生活条件等多方面因素进行比选后确定。

⑥分期修建的收费场区,其收费广场路基、收费天棚、地下通道(地下管道)等必须一次建设到位,而其他配套设施、收费设备等可按公路开通后第五年预测远景交通量计算配置。

(二)收费广场的设计方法

①收费广场应优先设置在直线路段。主线收费广场采用的最小平曲线半径应根据识别视距确定,宜大于或等于表10-4中的一般值,特殊情况方可采用表10-4中的极限值。匝道收费广场采用的平曲线半径一般应大于200m。收费广场应按矩形设计,广场路段设计基线宜采用由收费广场长度确定的弦线。

主线收费广场设计技术指标 表10-4

公路主线设计速度(km/h)		120	100	80	60	40
最小平曲线半径 (m)	一般值	2000	1500	1100	500	250
	极限值	1500	1000	700	350	200
最小竖曲线半径(m)	凸形 一般值	45000	25000	12000	6000	2000
	凸形 极限值	23000	15000	6000	3000	1500
	凹形 一般值	16000	12000	8000	4000	3000
	凹形 极限值	12000	8000	4000	2000	1500

②主线收费广场采用的竖曲线半径宜大于或等于表10-4中一般值的要求,特殊情况方可采用表10-4中的极限值。匝道收费广场采用的竖曲线半径一般应大于

800m，特殊情况下也不得低于700m。

③匝道收费广场中心线两侧各50m的范围和设计速度大于80km/h的主线收费广场中心线两侧各100m的范围，纵坡原则上不大于2.0%，特殊情况下也不得大于3.0%。

④收费广场的横坡一般宜为1.5%，最大值为2.0%。

⑤收费广场路面必须采用钢筋混凝土路面，钢筋混凝土路面的铺设范围：主线收费站为收费广场中心线两侧各50~150m，推荐值为100m以上；匝道收费站为收费广场中心线两侧至少各30~100m，推荐值为50m以上。钢筋混凝土路面的宽度与广场中心线所需宽度相同。

⑥收费广场平面布置。

收费广场平面布置如图10-1所示。收费广场中心线至匝道分流点的距离应不小于100m；至被交道路平面交叉点的距离应不小于150m。当收费通道数大于8条时，上述数值宜增加25%~50%，以满足车辆换道要求。不能满足时，应在被交道路上增设停留车道。

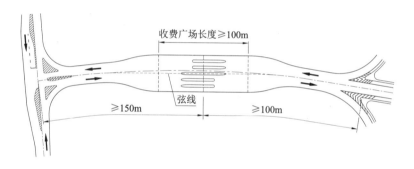

图10-1　收费广场平面布置

⑦收费广场渐变段设计。

收费广场渐变段的平面布置如图10-2所示，图中渐变段各要素规定标准见表10-5。边缘线形过渡应平滑、圆顺，渐变段不应过短，且边缘转折处应设置成圆滑曲线。

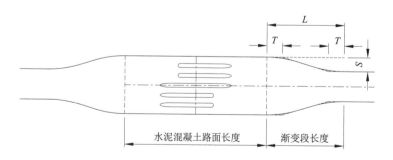

图10-2　收费广场渐变段平面布置

收费广场两端行车道的过渡 表 10-5

渐变段几何要素	收费广场位置	
	匝道上	主线上
圆滑曲线的切线 $T(m)$	10	20~40
广场收敛渐变率(L/S)	一般为 5~8,极限值为 3	

⑧收费岛。

收费岛分为岛头、岛尾和岛身三部分,岛身的中轴线位置应与广场道路中心线重合。收费岛的主要尺寸见表 10-6。

收费岛主要尺寸 表 10-6

项 目		长度(m)	宽度(m)	岛面高度(m)
主线收费站	一般值	36.00	2.20	0.20
	变化值	28.00~36.00	2.00~2.40	0.15~0.30
匝道收费站	一般值	28.00	2.20	0.20
	变化值	18.00~36.00	2.00~2.40	0.15~0.30
严寒地区或特殊情况	一般值	36.00(28.00)	2.60	0.20
	变化值	15.00~36.00	2.00~2.70	0.15~0.30

收费岛岛头(迎来车方向)应设计成流线型,高度在 1.2m 以下,长度不超过 9m。岛头应按标志、标线设置标准的规定设置黄黑相间的反光立面标志,多雾地区一般情况下宜设置雾灯,并可设置必要的引导及防撞设施。收费岛岛尾设计成流线型,岛尾高出岛身,也可与岛身同高,长度不超过 3.3m。

⑨收费车道宽度。

因车辆在收费车道上是减速停车然后启动慢行,一般情况下收费岛间车道宽度采用 3.0~3.2m 即可,不停车收费通道宽度以 3.50m 为宜。行驶方向右侧最外侧边车道应是无棚敞开式的,其宽度为 3.5~3.75m,并附路缘带,以供大型车通过。

⑩收费广场的其他设施。

收费岛上设置的收费室每侧应较收费岛缩进 0.25m,以作为车辆通过的安全净空宽度。收费室上面应设天棚以遮阳、防雨。对交通特别繁忙、收费车道多的收费站,应设置供收费员上、下岗位的专用地下通道或梯级步道。

第二节 互通式立体交叉与服务设施合并设置

高速道路服务设施种类较多,一般包括公共交通停靠站、停车场、服务区等。根据不同服务目的,这些服务设施可以单独设置,也可以组合设置,如服务区内可包含公共交通停靠站或停车场,或二者皆有。根据高速道路沿线服务需要,这些服务设施可在高速道路沿线布设,也可以与互通式立体交叉配合布设。因为互通式立体交叉是高速道路的门户,其特有的交通转换功能必然吸引大量交通流,所以高速道路服务设施常布设在互通式立体交叉处。但车流和人流的集中会影响互通式立体交叉交通功能的充分发挥,也会增加立体交叉的用地面积。所以,除了大城市周围互通式立体交叉以外,城市互通式立体交叉原则上不宜与服务设施组合设置。

一、互通式立体交叉与公共交通停靠站配合布设

当道路规划和设计必须在沿线设置公共交通停靠站,以满足沿线乘客上下车的需求时,公共交通停靠站可以设置在高速道路互通式立体交叉处,可设置于主线侧或主线外;当与分离式立体交叉合并设置时,宜设置于主线侧。

(一)停靠站布设形式

1. 在连接线上布设停靠站

(1)连接线设置收费站

当高速道路与次要道路相交通过连接线连接,且在次要道路上采用平面交叉时[图 10-3a)],宜将停靠站布置在收费站和平面交叉之间,其布设形式如图 10-3 所示。这种布设形式适用于公共交通车辆通过连接线离开或进入一条高速道路的情况;在高速道路上途经该立体交叉的公共交通车辆可采用这种方式,此时车辆需要先驶离主线,在连接线上完成上、下乘客后返回主线行驶。

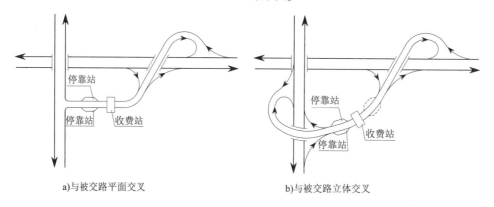

图 10-3 在连接线上布设停靠站

当次要道路上也采用互通式立体交叉时,公共交通停靠站可布设在收费站前或后连接线的两侧[图 10-3b)]。这种布设应注意上下车的乘客横穿连接线而影响交通和安全的问题。如果车流量和乘客流量较大,可考虑在连接线上设置人行天桥或人行地道,天桥或地道的设置位置可根据需要与收费站处收费员上、下岗的通道一并考虑。

(2)连接线不设置收费站

当次要道路上采用平面交叉时,停靠站设置在靠近平面交叉的地方;在次要道路上也设置互通式立体交叉时,停靠站可设置在连接线的中间,且前后通视条件良好的地方。

2. 在被交路上布设停靠站

(1) 高速道路与次要道路设置连接线

当高速道路与次要道路相交通过连接线连接,在次要道路上采用平面交叉时,公共交通停靠站可以布设在平面交叉口附近的次要道路上[图 10-4a)]。这种布设的前提条件是次要道路上交通量较少,且不用扩宽修建港湾式停靠站,否则需要在次要道路上平面交叉的前、后、左、右设置四处港湾式停靠站,这种方式不经济。

(2) 高速道路与次要道路不设置连接线

当高速道路与次要道路相交不设置连接线时,次要道路公共交通停靠站可以布设在次要道路匝道出入口附近[图 10-4b)]。次要道路上交通量较少,且无中央分隔带时,可以设置两处停靠站;次要道路上交通量较大,或者存在中央分隔带时,可设置四处港湾式停靠站。

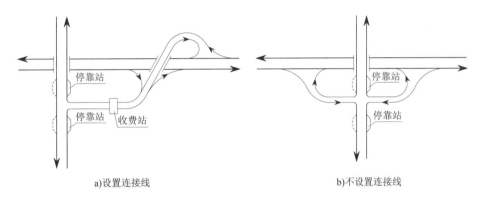

图 10-4 在被交路上布设停靠站

3. 在主要道路上布设停靠站

在立体交叉内主要道路上布设公共交通停靠站,如图 10-5 所示。这种布设形式适用于公共交通车辆在主要道路上途经该立体交叉时,平行于高速道路增设公共交通停车车道。为不影响主要道路主线车辆的正常行驶,应在主线车道与停靠站之间设置隔离带分隔。停靠站两端可与互通式立体交叉出入口附近的匝道连接,形成港湾式停靠站。利用通道、梯道、盘道等组合设施,组织乘客进出立体交叉,严禁乘客平面横穿主要道路或交通量较大的匝道或纵坡较大的下坡匝道。

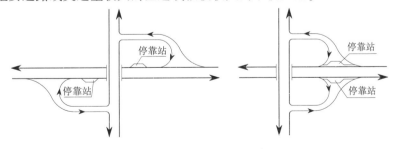

图 10-5 在主要道路上布设停靠站

这种公共交通停靠站与互通式立体交叉配合布设的形式,其特点是充分利用了互通式立体交叉匝道的变速车道作为公共交通车辆进出主线时的一次变速行驶车道。与公共交通停靠站设在立体交叉范围以外的路段上相比,这种形式大大缩短了设置长度,节省了用地和投资。但需要利用专用人行设施组织乘客进入或离开立体交叉范围内的公共交通停靠站,建设和管理成本亦有所增加。

(二)停靠站的平面设计

互通式立体交叉与公共交通停靠站配合设置时,由于布设形式差异,平面布置也不同。

1.停靠站布设在互通式立体交叉的连接线上

当公共交通停靠站布设在互通式立体交叉的连接线上时,收费站停车收费,使进出车辆行驶速度很低,公共交通停靠站的平面布置只需满足构造要求,可不考虑加速或减速行驶的要求。一般情况下,在收费站各行驶方向的外侧都设有无棚敞开式边车道,仅供大型车通过。若大型车所占比例很小,可将收费车道两端的连接道用作公共交通停靠站,不必再加宽停车车道,但应在该车道右侧增设公共交通停靠站的站台,其长度不小于20m,宽度不小于2.0m,以供乘客候车,如图10-6a)所示。若收费站外侧边车道兼作其他收费车道,应在连接道右侧增设公共交通停车道,以免影响其他车辆进出收费站,其平面布置如图10-6b)所示。

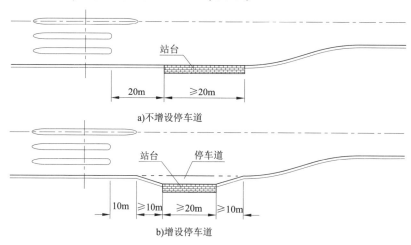

图10-6 连接线上公共交通停靠站平面布置

2.停靠站布设在主要道路上

①布置方法。

当公共交通停靠站布设在互通式立体交叉内的主要道路上时,横向必须用隔离带与直行车道分离,两端应设置足够长的变速车道。可以利用匝道变速车道,也可以单独设置变速车道,其平面布置如图10-7所示[2,3]。减速车道宜采用直接式,加速车道宜采用平行式。

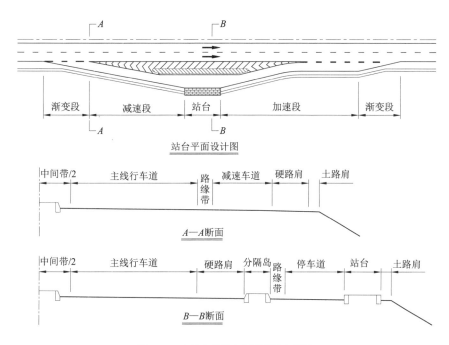

图 10-7 主线上公共交通停靠站布置图

②变速车道长度。

变速车道长度采用匀减速的方法计算。计算减速车道的减速段长度采用的参数和计算结果见表10-7,渐变段长度可根据停靠站横向增加的宽度,按照与减速段相同的渐变率计算,也可以按照不大于1/20的渐变率设置。计算加速段长度采用的参数和计算结果见表10-7,计算中不考虑汇入主线时等待可插入间隙时行驶的距离,原因是停靠站车辆较少,车辆可以在停靠站内等待合适时机再汇入主线。加速段的渐变段长度不宜小于30~60m,速度高时取高值,速度低时取低值。

停靠站变速车道长度计算表　　　　　　　　表 10-7

主线设计速度(km/h)	减速段				加速段长度				
	分流点速度(km/h)	减速度(m/s^2)	长度计算值(m)	长度建议值(m)	初始速度(km/h)	合流点速度(km/h)	加速度(m/s^2)	长度计算值(m)	长度建议值(m)
120	80	1.5	165	160	15	65	1	154	155
100	70	1.4	135	130	15	60	1	130	130
80	60	1.2	116	120	15	55	1	108	110
60	50	1	96	100	15	50	1	88	90
50	45	0.9	87	90	15	45	1	69	70
40	40	0.8	77	80	15	40	1	53	50

③变速车道宽度宜采用3.5m,右侧硬路肩宽度一般采用1.0~1.5m。
④停车道宽度不宜小于5.5m,站台长度和宽度分别不宜小于30m和3.0m。

⑤停车道与主线硬路肩之间应设置分隔带,分隔带宽度不宜小于2.0m,分隔带与停车道之间应设置宽度为0.5m的路缘带。

3.停靠站布设在匝道三角区

当公共交通停靠站布设在互通式立体交叉内的匝道三角区时,横向必须用隔离带与直行车道分离,可利用匝道变速车道,其平面布置如图10-8所示。

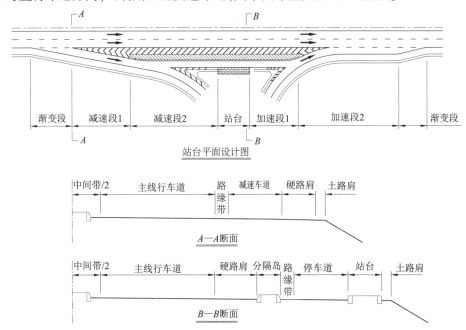

图10-8 匝道三角区内公共交通停靠站布置图

4.停靠站布设在被交线上

当公共交通停靠站布设在互通式立体交叉内的被交线上时,横向必须用隔离带与直行车道分离,两端应设置足够长的变速车道。可以利用匝道变速车道,也可以单独设置变速车道,其平面布置如图10-9所示。

二、互通式立体交叉与停车场配合布设

(一)布设原则

机动车公用停车场的位置和规模应按照规划布局合理布设。根据规划需要,可考虑在下列类型互通式立体交叉中布设停车场:

①通往名胜古迹、旅游区等的互通式立体交叉;
②大城市周围的互通式立体交叉;
③城市内大型互通式立体交叉;
④其他需要设置停车场的互通式立体交叉。

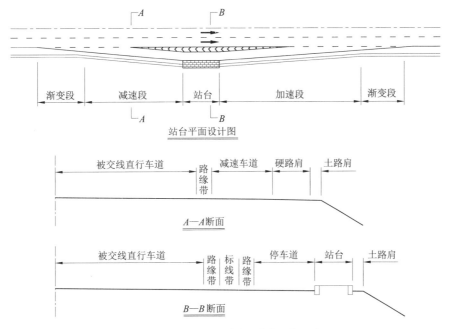

图 10-9 被交线上公共交通停靠站布置图

(二)布设形式

按规划布局有必要将停车场设置在互通式立体交叉之内时,应考虑互通式立体交叉的形式、用地条件、交通便利以及方便出入等因素,合理确定停车场的位置,以不影响互通式立体交叉的交通安全、交通量和运行速度为前提。互通式立体交叉与停车场结合的布设形式一般有以下四种。

1.在连接线的内侧布设

当互通式立体交叉为收费立体交叉,且设置连接线时,可在收费立体交叉连接线的内侧布设停车场(图10-10)。因另一侧车道的车辆进出停车场须横跨车道,所以仅适用于主要道路与次要道路相交、连接线上交通量较小的情况。单侧布设时,为节约土地,应将停车场布设在正线与连接线围成的互通式立体交叉用地范围内。

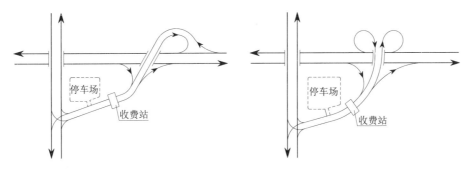

图 10-10 连接线内侧布设停车场

2. 在连接线的两侧布设

也可以在收费立体交叉连接线的两侧布设停车场,如图 10-11 所示。连接线双向需停车的车辆互不干扰,且对直行车辆干扰小,可用于不同等级道路相交、不同交通量的情况。但停车后需在连接线上改变行驶方向的车辆,须横穿车道行驶。两侧布设时,外围需要增加用地。

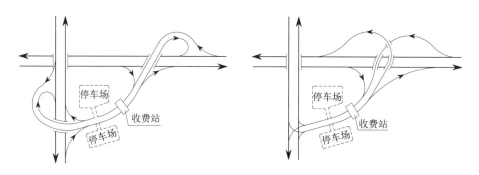

图 10-11 连接线两侧布设停车场

3. 在连接线中间布设

在收费互通式立体交叉的连接线双向匝道之间布设停车场(图 10-12),与在连接线两侧布设相比,因车辆可在停车场内交换行驶方向,不存在横穿车道问题,对直行交通影响小,安全性更好。连接线双向行车之间须有足够间距,使得立体交叉用地面积略有增加。这种布设形式尤其适用于因互通式立体交叉线形布设需要,或因地形、地物等限制,使连接线双向行车之间采用分离式路基,出口和入口收费站分别布设的情况。

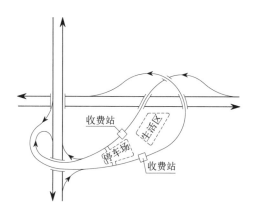

图 10-12 连接线中间布设停车场

4. 在互通式立体交叉跨线桥下布设

以上三种布设形式都适用于收费立体交叉与停车场的配合使用,对不收费立体交叉是否设置停车场和设置位置应慎重研究。因为不收费立体交叉是连续交通流,进出互通式立体交叉范围封闭区域的车辆以不阻碍正线或匝道车辆正常行驶为原则,停车场的出入口不宜设在主线或主要行驶方向的匝道上,而应设置在交通量较小的次路或者匝道上。城市互通式立体交叉采用上跨式或多层立体交叉时,引道较长且采用桥梁,则桥下净空高度满足要求的区域可用于设置停车场,如图10-13所示。

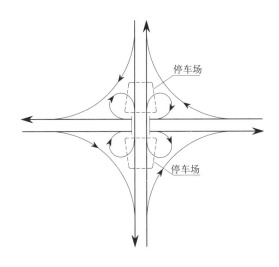

图10-13　在桥下布设停车场

三、互通式立体交叉与服务区合并布设

服务区是指为乘客、驾驶人提供旅途中休息、进餐等服务,为车辆提供检修、加油等必要服务的场所。服务区应包括停车场、公厕、休息室、加油站、电话、餐厅、修理站、商店、绿地等具有服务功能的设施。

(一)布设原则

①服务区与互通式立体交叉合并设置的形式较多,应根据立体交叉用地范围及地形条件等合理布设。服务区各组成部分之间位置应合适,功能应齐全。加油站应与修理站和餐厅分开布设,保持一定安全距离;停车场地面应平坦,以利于车辆停放;为车辆服务的设施应与停车场基本保持一个高度,为驾驶人和乘客服务的设施可结合地势灵活布置。

②在保证互通式立体交叉交通功能和线形布设条件下,立体交叉的用地范围受

服务区规模大小的影响,服务区的规模为其各组成部分的用地面积之和,而各组成部分的用地大小都是根据停车车位数确定的。停车场的停车车位数应由进出立体交叉的交通量、车辆停放率、高峰率以及周转率等确定。

③通常情况下,当互通式立体交叉的出入交通量比较大时,最好使驶出和驶入立体交叉的车辆分别使用各自的服务区。如果这样设置困难,则可在主线两侧分别布设服务区,以分散服务区的交通量。但当出入立体交叉的交通量比较小时,可采用主线一侧布设服务区的形式。

(二)布设形式

1. 主线单侧布设一个服务区

如图10-14所示,在互通式立体交叉范围内主线的单侧合适位置仅布设一个服务区,供所有出入立体交叉的车辆使用。这种布设形式适用于与地方道路相交的互通式立体交叉需要服务的交通量比较小的情况。其特点是占地较少,出入服务区的所有车辆只存在分流与合流运行,不存在平面交叉,但适应服务交通量较小,需设两座跨线构造物,主线另一侧车辆使用服务区不方便。

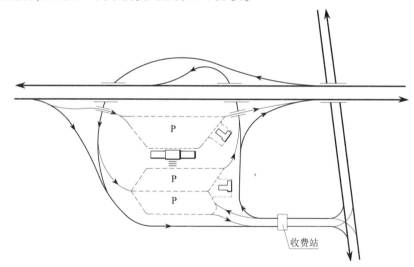

图10-14 主线单侧布设一个服务区
图中P表示停车场。

2. 主线单侧布设两个服务区

如图10-15所示,在互通式立体交叉范围内主线的单侧布设两个服务区,分别供收费站驶出和驶入两个方向需要服务的车辆使用。适用于主线一侧用地限制不严、出入立体交叉需要服务的交通量比较大的情况。其特点是驶出和驶入的服务车辆分别使用各自的服务区,只有分流与合流运行,不存在平面交叉;只需一座跨线构造物;适用于服务的交通量较大,但两个服务区用地面积较大,主线另一侧直行车辆使用服务区不方便的情况。

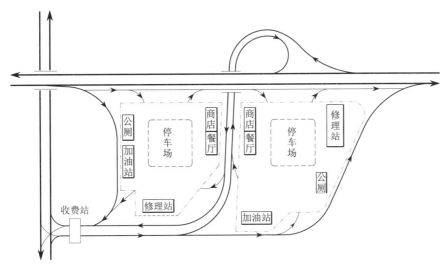

图 10-15　主线单侧布设两个服务区

3. 主线两侧各布设一个服务区

如图 10-16 所示,在互通式立体交叉范围内主线的两侧各布设一个服务区,分别供主线两侧驶出和驶入交通需要服务的车辆使用。适用于出入互通式立体交叉服务交通量较大,主线两侧用地限制不严的情况。其特点是主线两侧需要服务的出入车辆分别使用各自的服务区,可分散交通;只需一座跨线构造物;主线直线交通需要服务的车辆也可方便地使用服务区;由收费站驶入的右转车辆需要进入服务区时,可采用定向匝道或平面交叉,视服务交通量大小而定;立体交叉占地面积较大。

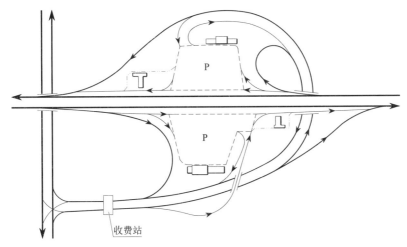

图 10-16　主线两侧各布设一个服务区
图中 P 表示停车场。

4. 服务区布设在互通式立体交叉外部

当受地形、用地条件限制,或为利用风景资源时,服务区可布设于互通式立体交叉外部,服务区和互通式立体交叉各自保持相对独立的形式,其间利用匝道相连接(图 10-17)。

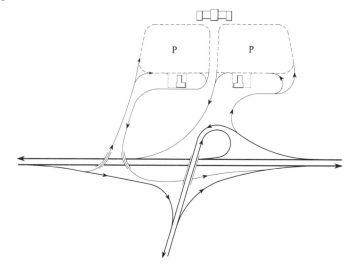

图 10-17　服务区布设于互通式立体交叉外部
图中 P 表示停车场。

(三)布设形式选择要点

服务区与互通式立体交叉合并布设的形式选择要点如下:

①服务区与互通式立体交叉合并布设时,交通组织比单独布设复杂得多,特别是单侧布设时,因此,当不得不合并布设时,应优先考虑采用服务区分设于主线两侧的方式。

②当受互通式立体交叉形式和现场地形、地物等条件限制时,服务区可集中设于主线一侧。

③当受地形、用地条件限制,或为融合当地旅游风景资源时,服务区可布设于互通式立体交叉外部。

(四)互通式立体交叉合并与服务区布设要点

①互通式立体交叉和服务区的交通流组织需统筹考虑,合理组织,正线上出入口应满足前述互通式立体交叉出入口设计的有关技术要求。

②互通式立体交叉和服务区的交通流线应统一布置,在保证互通式立体交叉匝道的连续性和便捷的前提下应简化交通流线的组合。

③互通式立体交叉和服务区在主线上的出入口宜合并为单一的出入口。

④为了便于管理和保证行车安全,减少多个出入口与服务区内人流和车流交叉,提高内部的行车安全性,停车场宜采用单一的出入口。

⑤服务区宜利用互通式立体交叉内部用地进行布设。应为服务区日常管理车辆提供与被交叉公路间的连接道路。

⑥匝道相邻鼻端间距应满足以下要求:

合并布设时,服务区匝道相邻鼻端之间的距离不应小于表 9-37 和表 9-38 中的值。服务区匝道分岔后至停车场的距离应大于或等于 40m,并在停车场前约 15m 处设置强制减速带,避免车辆高速进入停车场(图 10-18)。

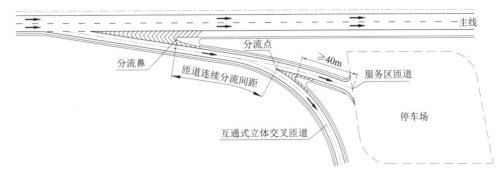

图 10-18　互通式立体交叉与服务区合并布设时各端部间距示意图

本章参考文献

[1] 杨少伟.道路立体交叉规划与设计[M].北京:人民交通出版社,2000.

[2] 刘子剑.互通式立体交叉设计原理与应用[M].北京:人民交通出版社股份有限公司,2015.

[3] 中华人民共和国交通运输部.公路立体交叉设计细则:JTG/T D21—2014[S].北京:人民交通出版社,2014.

第十一章
CHAPTER 11
道路交叉景观绿化设计

道路景观可分为内部景观和外部景观两部分。内部景观是指行驶在道路上的驾驶人看到的道路几何形状、道路设施、道路沿线的自然和人文景观,在停车场、服务区等休息设施散步时看到的各种景观,是动态景观,不注重构造物的细部,而注重运动状态下道路及其与周围环境协调的程度,注重线形对视觉的诱导作用。线形设计是内部景观设计的主体,直接影响道路景观设计的效果。此外,沿线绿化、标志标线、边坡处治、景点造型与设计、道路色彩等对道路景观设计也有很大影响。外部景观是指从道路外侧任意观察点看到的道路景观,是静态景观,强调道路的整体印象,是从道路外部审视道路与环境的一致性。外部景观要求道路及沿线构造物与环境融为一体,协调一致。

道路景观还有景点景观和变迁景观之分,如在景致优美之处建造的休息设施或独立景点以及造型独特、气势宏伟的互通式立体交叉等称为景点景观,而称道路沿途不断变换的边坡及植被等景观为变迁景观。由于互通式立体交叉构造庞大,对区域景观影响很大,在城镇,这一影响尤为突出,因此,立体交叉美学已成为立体交叉规划设计的重要课题。在国内一些城市,甚至还用大型立体交叉来显示其市政建设的成就,以此作为城市的地标,形成现代城市的重要景观设施。立体交叉美学已在立体交叉建设中具有越来越重要的地位和作用。

第一节 道路交叉景观绿化总体设计原则

景观绿化设计的主要目的是在保证道路使用功能和行车安全的前提下,将道路建设与环境有机融合,与历史文化、民族风情、生物资源、旅游资源等有机结合,减少环境破坏,提升道路周边环境品质,改善行车环境,提高行车安全性和舒适性。道路交叉的景观绿化设计需要在分析、整合、利用道路交叉范围内景观风貌资源的基础上,充分考虑行车安全需求,同时借鉴和融入道路交叉所在地域的文化元素,通过景观绿化设计,构建道路交叉路域内的生态景观。道路交叉景观绿化的总体设计原则如下:

(1)安全优先原则

道路交叉范围内的景观绿化设计首先应满足道路安全行车的需求,景观绿化不得侵入建筑限界,视距包络线范围内不得影响通视,道路交叉视距三角区的景观设施也不得遮挡驾驶人视线,不得影响驾驶人对标志、线形诱导设施、信号灯等安全设施上信息的认读。应注意避免景观绿化对驾驶人产生不良的心理影响。

(2)功能性原则

景观绿化设计的主要功能是提升道路和道路交叉范围内的自然环境质量;应能够辅助提供良好的行车视觉诱导,并对影响驾驶人正常驾驶的不利环境进行适当的视觉隔离,并能改善行车环境,减轻驾驶人的视觉疲劳,为驾驶人提供安全、舒适的行车环境。

(3)整体协调性原则

道路交叉作为道路整体的一个重要组成部分,虽然由于其具有特殊性,属于景点景观,但其景观绿化设计也应满足整体协调性原则。一方面,要求道路交叉景观设计与一定路段长度内的景观绿化设计风格和特征协调,保持设计风格的一致性和连续性;另一方面,要求将道路交叉范围的平纵线形、路基宽度、桥隧、沿线设施等与交叉区域的地形、地貌、生态特征以及其他自然和人文景观作为一个有机整体统一考虑,使道路交叉与沿线自然系统和其他人工系统协调配合,构建协调的景观环境。道路交叉范围内的各种人工构造物的造型与色彩应考虑景观效果和驾驶人的视觉效果,尽可能减少或消除各种构造物对自然景观的不利影响,减轻或避免对驾驶人视觉心理的不利影响。

(4)自然性原则

道路建设必须以环境保护为前提,严格贯彻"不破坏就是最大的保护"这一原则,使得道路沿线场地原有的植被、地貌等自然资源得到充分的保护和利用,有效组织场地内部的景观布局,从而达到利用环境造景而恢复自然景观的目的。追求与自然环境相融合的景观效果,以植物造景为主,不去刻意人工造景。尽量保留原有的自然景观,因地制宜,就势造景。对交叉区域内原有景观要充分保留。

(5)个性化原则

对具有丰厚人文景观和文化积淀的地区,景观设计中应注重提炼当地文化中特有的色彩、符号、形式等,并将之运用于景观绿化设计中,以展现本土特有的文化和民族特色。在交叉范围内应以绿地为基础,自然式栽植尽量多的乔、灌木,或者融入一些能体现当地风土人情、地域民族特色的文化元素,能提升景观品质的雕塑或人工建筑物。

(6)简单化原则

景观绿化应主次有序,松紧适度,突出特色景观,提高景观的观赏性。复杂的景观绿化容易分散驾驶人的注意力,因此应避免采用复杂图案造型,对特殊符号和具有当地文化特色的内容进行简化,采取简洁明快的线条展示,设计的景观以不需要驾驶人仔细观察就能明白为宜。

(7)兼顾效益原则

景观绿化设计应充分考虑前期投入和后期维护成本之间的平衡,工程后期的管养和维护费用应尽量减少,充分发挥环境景观的可持续发展性。尽量采用当地的乡土树种以及一些易于养护、抗性强、能体现地方特色的乔、灌木。

(8)比例协调原则

和谐的比例与尺度是景观形态美的必要条件。比例一般是指道路交叉中的各种建筑物各部分的相对尺寸,也是各种建筑物与景观绿化的体量之比。合乎比例的形式是美的,几乎所有的美学家、建筑学家都一致认可比例在建筑艺术上的重要性。合乎比例或比例优美是建筑和景观美的根本法则,适宜的数比关系是景观形式美的理性表达。交叉工程和景观绿化的和谐美,体现在量上就是寻求比例与尺度的协调,对互通式立体交叉的桥梁建筑这种单维突出的结构,比例协调显得尤为重要。

第二节 道路交叉景观绿化设计基本要求

一、景观绿化不得侵入道路建筑限界

为保证车辆在道路上行驶的安全与通畅，要求道路建筑限界范围内禁止任何障碍物存在，景观绿化也不应侵入道路的建筑限界。这是对景观绿化设计的最基本的要求。车辆在行驶过程中对道路侧向安全宽度有要求，速度越快，侧向安全宽度应越大。当景观绿化侵入侧向安全宽度范围时，驾驶人会潜意识远离景观绿化，景观绿化就压缩了驾驶人的操作空间，当遇到紧急情况时，发生交通事故的风险会增加。当景观绿化侵入行车道建筑限界内（图11-1）时，就会直接影响行车安全。同时也应注意，在常规天气满足建筑限界要求的景观绿化布置，在大风、雨雪等特殊天气也可能侵入建筑限界。

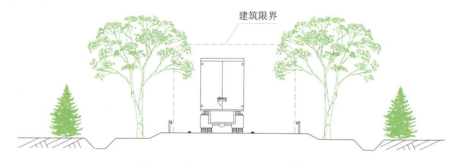

图11-1　绿化植物侵入道路建筑限界内

二、景观绿化应满足交叉范围内的视距要求

不合理的景观绿化会遮蔽道路交叉范围内驾驶人的视线，导致停车视距不足，形成安全隐患。这是道路景观绿化中比较常见和突出的问题。景观绿化对视距的影响主要体现在对平面交叉口范围内通视三角区、互通式立体交叉出入口处视距、转弯视距、中央分隔带开口和侧分带开口处视距的影响上。

（1）平面交叉通视三角区内的景观绿化应满足通视要求

平面交叉范围内的景观绿化应满足相交道路间由各自停车视距所构成三角区通视的要求，条件受限时也应满足安全交叉停车视距三角区通视的要求。若在平面交叉通视三角区内存在浓密的景观绿化（图11-2），则驾驶人将无法观察到相交道路上车辆的行驶情况，容易发生交通事故。

（2）环形平面交叉中心岛的景观绿化应满足停车视距要求

环形平面交叉中心岛上的景观绿化设计应满足驾驶人识别出入口车辆的行驶情况，也应满足绕岛行驶车辆的停车视距要求。在视距要求的范围内，横净距应足够保证驾驶人视线的通透性，不应出现景观绿化导致停车视距不足的情况（图11-3）。

第十一章 道路交叉景观绿化设计

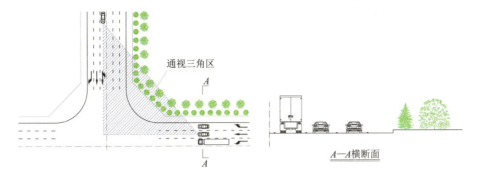

图 11-2 通视三角区内景观绿化不满足通视要求

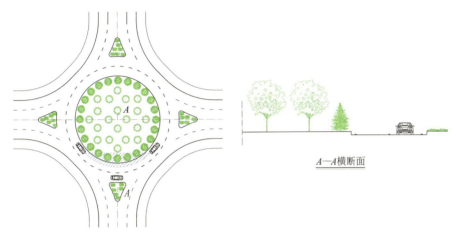

图 11-3 环形平面交叉中心岛内景观绿化不满足通视要求

(3)互通式立体交叉分流前端的景观绿化应满足识别视距要求

互通式立体交叉分流前端的景观绿化不应影响驾驶人对出口位置的识别,应满足识别视距的要求。景观绿化设计不合理导致识别视距不足时,景观绿化会遮蔽驾驶人的视线,导致驾驶人无法及时发现出口的位置(图 11-4),进而影响驾驶人安全变道驶出,也易导致驾驶人强行变道而引发交通事故。

(4)互通式立体交叉合流端的景观绿化应满足合流视距要求

互通式立体交叉合流端的景观绿化应满足合流视距的要求,整个合流视距三角区范围内的景观绿化设计不应遮蔽驾驶人的视线(图 11-5),应满足驾驶人观察合流两侧车道上车辆的行驶状况,避免合流区发生碰撞交通事故。

(5)弯道内侧景观绿化应满足停车视距要求

主线为曲线时,弯道内侧和中央分隔带的防眩植物可能影响停车视距,应根据横净距验算,确保停车视距的要求;平面交叉转弯曲线和互通式立体交叉匝道的半径均较小,曲线内侧的横净距容易受到景观绿化的影响而变小,导致驾驶人视线受阻,影响停车视距(图 11-4、图 11-6)。因此应根据道路交叉内正线、转弯曲线和匝道曲线半径的大小和横断面形式,选择合适的景观绿化形式和植物类型,并进行及时的养护管理,定期修建,确保弯道处的停车视距满足要求,避免出现景观绿化使停车视距不足而导致的交通事故。

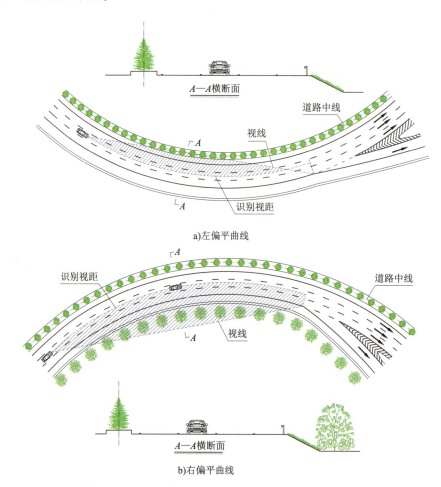

图 11-4 互通式立体交叉分流前端的景观绿化不满足通视要求

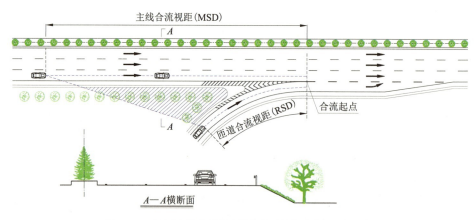

图 11-5 互通式立体交叉合流端的景观绿化不满足通视要求

图 11-6　匝道内侧的景观绿化导致视距不良

(6)平面交叉分隔带开口处的景观绿化应满足直行车停车视距要求

当正线设置分隔带时,在平面交叉处需设置开口。若开口处附近一定范围内的景观绿化设置不当,影响、遮蔽驾驶人视线,则会导致视距不足,存在发生交通事故的安全隐患(图 11-7)。

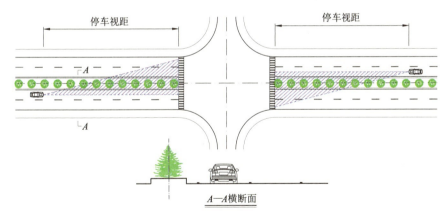

图 11-7　平面交叉分隔带开口停车视距不足

(7)平面交叉侧分带开口处景观绿化应满足停车视距要求

城市道路路幅采用三幅路和四幅路时,一般需设置侧分带。侧分带在平面交叉附近也需要断开。如果侧分带开口附近景观绿化设置不当,也会遮挡驾驶人的视线,影响主路机动车与辅道上车辆之间或与行人之间的通视,从而影响交通安全(图 11-8)。因此,侧分带内的景观绿化在平面交叉范围内也应注意不影响驾驶人的视线,满足视距的要求。

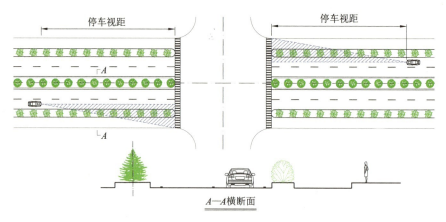

图 11-8 平面交叉侧分带开口视距不足

三、景观绿化不得遮蔽交通安全设施

景观绿化植物栽植初期一般不会遮蔽标志牌、线形诱导设施、夜间的道路轮廓标、路口警示柱、交通信号灯等道路安全设施,但随着植物的自然生长,若养护修剪不到位,其可能会遮蔽标志牌等道路安全设施(图 11-9),导致驾驶人在相应的范围内无法准确识别相关的道路安全信息。因此,应根据绿化植物的生长特性定期检查和修剪,确保其不遮挡交通安全设施。

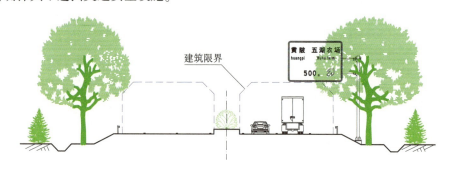

图 11-9 绿化植物遮挡标志牌

四、景观绿化支撑结构或乔木不应侵入路侧净区内

立体交叉匝道或服务区入口的主线分流处,有时会出现因分流不及时,车辆失控撞上楔形端护栏的情况。而护栏内侧有时会栽植高大乔木(图 11-10),若车速较高,车辆可能会在碰撞护栏后再次撞击树木,导致二次伤害,从而造成严重损伤。

在低填方路段,行道树栽植过密或位置不当,车辆失控撞上行道树的事故后果也往往比冲出路外要严重得多。因此,为了提高安全性、降低事故伤亡程度,事故多发路段的景观绿化往往采取缓冲栽植的方式。

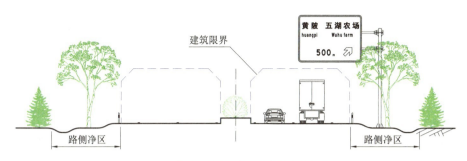

图 11-10　路侧净区内存在标志支撑结构和乔木

五、景观绿化应避免对驾驶人产生不良的心理影响

视觉感知是人体感知中最重要的一部分,通过光源得到周围环境的信息,感知距离、感知客体的结构形态及所感知的色彩都会对驾驶人的心理、生理产生相应的影响。道路环境景观美是一种视觉的艺术。认知实验证明,驾驶人在行驶过程中容易注意道路两侧的植物特征,而感知距离不同、感知角度不同,驾驶人对道路景观绿化的认识也会不同。不同的景观绿化对驾驶人的心理会产生不同影响,有时甚至会影响行车的安全性与舒适性,因此,在进行景观绿化设计时应注意以下几点。

(1)避免景观绿化形成错误的视线诱导

驾驶人的视觉判断能力与车辆行驶速度有极大关联,车速越快,驾驶人的视线越远,视野越窄。因此,在车辆高速行驶时,驾驶人必须对道路的线形变化有清晰了解,避免判断失误导致的交通事故。路侧景观绿化设计不当可能无法真实反映道路线形的走向,如图 11-11 所示,主路为右转,直行方向为支路,但支路入口处的两排行道树容易给驾驶人带来主路直行的错误诱导。

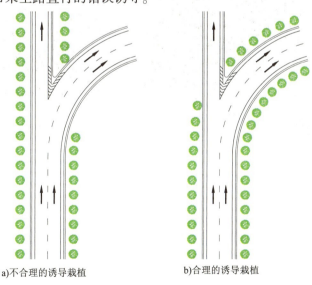

a)不合理的诱导栽植　　　　b)合理的诱导栽植

图 11-11　景观绿化对视线的诱导

(2) 避免景观绿化分散驾驶人的注意力

道路景观绿化栽植不应繁杂,否则容易分散驾驶人行车注意力,不利于交通安全。根据行车安全心理学的理论,驾驶人对道路环境信息的处理能力有限,当要处理的信息过载时,驾驶人对信息的处理就容易出错或者漏掉重要的信息。而驾驶人进入道路交叉范围后需要处理的信息源大于基本路段,如果景观绿化再吸引了驾驶人注意力,导致干扰信息增加,就会分散驾驶人对安全行车重要信息的注意,延长对道路突发事件的判断时间,导致驾驶人无法及时、准确地处理复杂情况,也易引发交通事故。

(3) 避免景观绿化造成驾驶人心理疲劳

长时间在单调的景观绿化环境中驾驶车辆,特别是狭窄道路两侧密集的绿化植物,因为枝叶过于茂盛,容易出现"墙壁效应",给驾驶人带来视觉和精神上的双重疲劳,甚至使其产生烦躁情绪,潜意识会提高车速来"逃离"所处环境,进而增加行车风险。合理进行景观绿化设计,并每隔一段距离变换景观绿化形式,能改善行车环境、调节驾驶人情绪、消除行车疲劳,从而提高行车的安全性。

(4) 避免景观绿化产生"频闪"现象

道路两侧的绿化植物为高大乔木时,因距离行车道较近,其树影会投射至行车道上,形成光线明暗交替的斑驳环境(图 11-12)。当驾驶人以高于某一固定值的速度在这种路面斑驳的道路上行驶时,其视觉上会形成一定频率的光线"频闪"现象。这种频繁的明暗变化会影响驾驶人的视觉舒适性,甚至产生视觉疲劳,影响驾驶人对前方道路交叉范围内的交通状况的观察,增加行车安全风险。因此道路景观绿化应避免产生"频闪"现象[1]。

图 11-12 景观绿化产生的"频闪"现象

第三节 满足交通安全要求的景观绿化控制区

景观绿化控制区是指在道路区域的路面范围以外,景观绿化可能影响驾驶人视线,导致行车视距不足的区域。景观绿化控制区内景观和绿化植物不得遮蔽驾驶人视线,因此对此区域内景观设施和绿化植物种类、高度等都有特殊要求。

一、平面交叉范围内景观绿化控制区

1. 平面交叉转弯景观绿化控制区的概念

平面交叉转弯景观绿化控制区(图11-13)大小和范围为平面交叉通视三角区,通视三角区范围内的景观绿化不应阻碍驾驶人观察潜在冲突车辆和行人。因景观绿化属于可控制的措施,从安全角度考虑,景观绿化控制区范围大小均应满足主要道路和次要道路的停车视距要求,停车视距 S_s 为相交道路设计速度对应的停车视距。

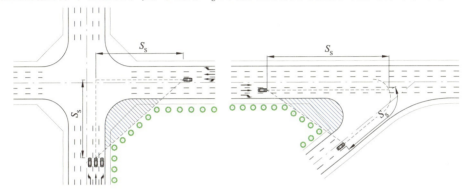

图 11-13　平面交叉转弯景观绿化控制区(图中阴影部分)

2. 中心岛景观绿化控制区的概念

中心岛是一种交通岛,用来组织左转弯交通与分隔对向交通流。中心岛形状多采用圆形。中心岛的景观绿化原则上只具有观赏作用,为装饰性绿地。因其位于道路交叉中央,为保证驾驶人的视线通透性,应对视点轨迹线与视距包络线之间的中心岛绿化进行控制(图11-14)。

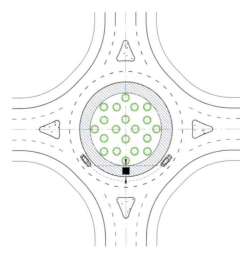

图 11-14　中心岛景观绿化控制区(图中阴影部分)

图 11-15 中，S_S 为停车视距；R 为中心岛半径（取环道速度对应的最小半径，景观绿化控制区域最大）；L_1 为中心岛从外向内的景观绿化控制距离；L_2 为视点与中心岛的距离，为 1.7m，包括视点与路缘带的距离 1.2m 和路缘带宽度 0.5m。根据三角函数关系可得 $L_1 = R - (R + L_2)\cos[S_S \times 90°/(\pi L_2 + \pi R)]$，计算结果见表 11-1。

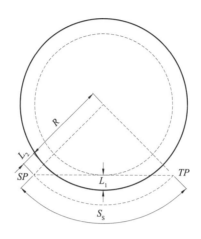

图 11-15　中心岛景观绿化控制距离计算示意图

中心岛景观绿化控制距离　　　　　　　　　表 11-1

环道设计速度(km/h)		20	25	30	35	40
环岛最小半径 R(m)		20	25	35	50	65
停车视距 S_S(m)		20	25	30	35	40
视点与中心岛的距离 L_2(m)		1.7	1.7	1.7	1.7	1.7
景观绿化控制距离 L_1	计算值(m)	0.56	1.17	1.32	1.23	1.28
	建议值(m)	0.6	1.2	1.4	1.3	1.3

表 11-1 中景观绿化控制距离为极限情况下的取值。为提高行车安全性和舒适性，应适当增大中心岛的景观绿化控制区域。

3. 控制区内景观绿化布置要求

在景观绿化控制区域，景观绿化不应阻碍驾驶人观察潜在冲突车辆和行人，以便及时减速停车，因此景观绿化控制区域宜种植草或低矮花卉，或设置其他装饰性绿地。种植灌木时，对灌木高度进行控制，灌木的最大高度不宜超过 0.3m，并应定期修剪。若在控制区内种植乔木，要求乔木的最大植株直径不应超过 15cm，最小株距应大于 1.0m，且为避免遮蔽视线，树干枝条的高度应不小于 2m。在非控制区域内也不宜密集栽植高大的乔木和灌木，绿化应多以低矮灌木、草坪、花卉为主，选用多种不同形态、颜色的绿化植物组成各种几何图案，曲线优美、色彩明快，但不应过于繁杂、华丽，以免分散驾驶人注意力而影响交通安全。

二、分、合流端景观绿化控制区

1. 分流端景观绿化控制区

互通式立体交叉、服务区、停车区等分流路段的主线分流区域是事故高发区,因景观绿化不当导致驾驶人视线受阻,对出口位置识别不清,极易出现强制变道或操作失误导致的车辆追尾或碰撞事故。因此,应对互通式立体交叉分流端一定范围内的景观绿化进行控制,改善驾驶人对出口的识别问题,提高行驶安全性。

(1) 分流端景观绿化控制区的概念

互通式立体交叉、服务区、停车区等一般在出口匝道减速车道的起点位置会设置出口预告标志,驾驶人在一定距离外应能清晰辨识,而不同速度下,驾驶人的视角不同,为提高出口的辨识度,应确保视距范围内视线通透。出口预告标志外一个识别距离处最外侧车道驾驶人的视线与道路、匝道围成的三角形区域即景观绿化需要控制的区域(图11-16)。

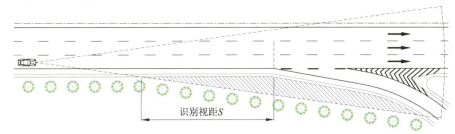

图11-16 分流端景观绿化控制区示意图(图中阴影部分)

识别视距根据主线设计速度采用表1-16中的值。车辆在高速行驶过程中,驾驶人的视野会受到影响,不同设计速度下驾驶人的单侧水平视野角度见表3-13。根据驾驶人的位置、水平视野角度和识别视距可确定景观绿化控制区在主线上的位置和范围。

(2) 控制区内景观绿化布置要求

互通式立体交叉分流端景观绿化控制区内,为使驾驶人更好地识别出口,需要保证驾驶人视线的通透性。控制区内不应种植高大树木,可种植低矮的丛生灌木或花草,其高度不应超过外侧行车道上驾驶人的视线高度。植物种类的确定应考虑当地气候环境、土壤条件,优先选用当地本土植物。

2. 合流端景观绿化控制区

(1) 合流端景观绿化控制区的概念

在互通式立体交叉、服务区、停车区等合流鼻端部前,主线和匝道距合流鼻端一定距离所形成的通视三角区内应没有遮挡主线与匝道之间相互通视的障碍物。因此,合流端景观绿化控制区即为合流通视三角区,由主线合流视距(MSD)和匝道合流视距(RSD)围成的三角区即为合流端景观绿化控制区。MSD和RSD的取值见表1-18和表1-19。

(2)控制区内景观绿化布置要求

互通式立体交叉合流端景观绿化控制区属于禁止植树区,不可栽植树木。为保证夜间主线车辆能看见匝道上合流车辆的尾灯,在此控制区内只可种植高度小于0.6m的低矮灌木或花草,以保证通视(图11-17)。

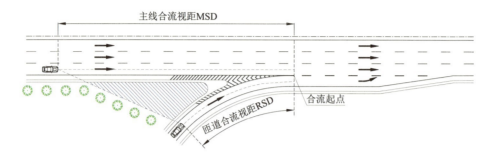

图11-17 合流端景观绿化控制区示意图(图中阴影部分)

三、弯道内侧景观绿化控制区

弯道内侧的视线通透性直接影响行车安全,弯道内侧的景观绿化应不影响驾驶人视线,确保停车视距满足要求。因此,必须控制弯道内侧景观绿化。

(1)弯道内侧景观绿化控制区的概念

在视距曲线与路基边缘线之间的区域,应保障驾驶人通视,该区域即景观绿化控制区域(图11-18)。

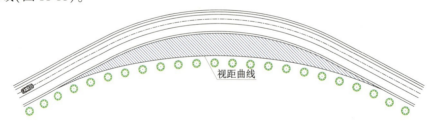

图11-18 弯道内侧景观绿化控制区示意图(图中阴影部分)

驾驶人视点轨迹线与视距曲线之间的距离为横净距,根据最大横净距值即可确定景观绿化的控制范围,其范围内扣除道路主体部分后的区域即弯道内侧景观绿化控制区。

(2)控制区内景观绿化布置要求

弯道内侧景观绿化控制区域内的绿化植物不应阻碍驾驶人的视线,且不得影响路基边坡的稳定性。在路堑段,土质边坡宜种植多年生耐旱、耐瘠薄的草本植物和当地生命力较强的低矮灌木,石质边坡则应选用阳性、适应性强的攀缘植物进行绿化覆盖。在路堤段,可栽植适应性强、管理粗放的低矮灌木,当路堤高度较大时,可栽植根系不深、伸展面积较大的乔木以修饰路堤高度,缓解驾驶人的紧张心理。

四、中央分隔带开口处景观绿化控制区

当设有中央分隔带的道路在平面交叉处设置开口时,开口处一定范围内应保证通视良好,在最内侧车道上的驾驶人应能观察到开口处的车辆和行人。为保证通视,应对中央分隔带开口处附近一定范围内的景观绿化进行控制。

1. 中央分隔带开口处景观绿化控制区的概念

在最内侧车道上的驾驶人在距离中央分隔带开口前端一个停车视距的位置就应能观察到开口处的情况,以避免与横穿的车辆和行人发生碰撞。因此,开口前端一个停车视距处驾驶人的视线与中央分隔带围成的三角形区域即景观绿化的控制区。为了管理和景观绿化实施的便捷性,一般取驾驶人的视线与中央分隔带相交处至开口前端的中央分隔带开口处景观绿化为开口处景观绿化控制区(图 11-19)。

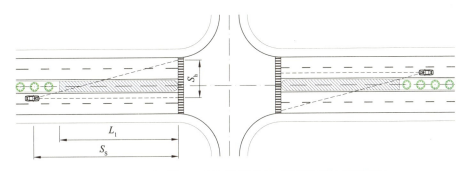

图 11-19 中央分隔带开口处景观绿化控制区示意图(图中阴影部分)
S_S-停车视距(m);S_h-行人视距(m);L_1-控制区长度(m)

景观绿化的控制区域主要与行驶在最内侧车道上车辆的停车视距和行人的行进速度有关,驾驶人视点较高,因此停车视距只考虑小汽车的停车视距。行人的步行速度一般在 1.2~2.7m/s。行人的步行速度越快,控制区长度越小,从安全角度考虑,行人步行速度取低值 1.2m/s。行人视距 S_h 应根据步行速度和车辆驾驶人在停车视距内的行驶时间计算。控制区长度 L_1 根据三角形的相似关系计算。驾驶人视点位置距离行车道左侧边缘线 1.2m 处,路缘带宽度取 0.5m(图 11-20)。最后计算得到的中央分隔带开口处景观绿化控制区长度见表 11-2。

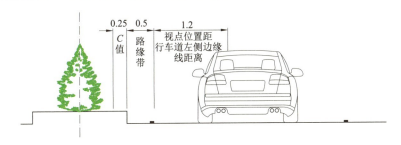

图 11-20 视点与中央分隔带绿化植物横向位置示意图(尺寸单位:m)

中央分隔带开口处景观绿化控制区长度　　　　　　　　表 11-2

设计速度(km/h)		100	80	70	60	50	40	35	30
停车视距(m)		155	110	95	75	60	45	35	30
时间(s)	反应时间	2.5	2.5	2.5	2.5	2.5	2.5	2.5	2.5
	减速时间	6.2	4.9	4.3	3.7	3.1	2.5	2.2	1.8
	总计	8.7	7.4	6.8	6.2	5.6	5.0	4.7	4.3
行人视距(m)		10.4	8.9	8.2	7.4	6.7	6.0	5.6	5.2
控制区长度(m)	计算值	125.9	85.9	72.3	55.3	42.5	30.3	22.8	18.8
	建议值	125	85	70	55	45	30	25	20

2. 控制区内景观绿化布置要求

中央分隔带绿化的主要目的是防眩,对植物高度和间距均有一定要求。中央分隔带开口处景观绿化控制区内宜栽植低矮灌木或草坪(图 11-21)。在满足防眩要求的前提下,应调整控制区的绿化植物高度和间距,确保驾驶人能看清中央分隔带开口处的状况。为了引起驾驶人警觉,在开口前方控制区域之外一定距离可栽植有别于基本路段的植物,提示驾驶人前方需要注意。

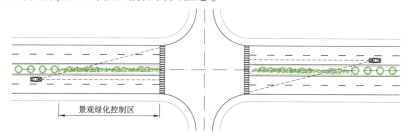

图 11-21　中央分隔带开口处景观绿化控制区绿化示意图

五、侧分带开口处景观绿化控制区

设有侧分带的城市道路,在平面交叉处也需要开口,开口附近的景观绿化控制区的长度与中央分隔带一样。绿化植物的种植要求与中央分隔带类似,在景观绿化控制区域宜栽植低矮灌木或草坪(图 11-22)。

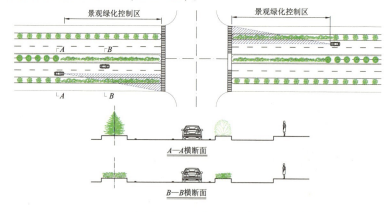

图 11-22　侧分带开口处景观绿化控制区绿化示意图

第四节 绿化设计

驾驶人是驾驶行为的主体。国内外大量的事故统计资料显示,交通事故发生的最主要原因在于驾驶人操作失误。针对驾驶人的心理、生理进行研究并采取对应的措施能有效降低交通事故率。景观绿化植物是道路环境的重要组成部分,对其进行适当布置以符合驾驶人的心理、生理特点,能改善驾驶人的行车体验,有利于提升行车安全性。

道路景观是一种动态景观,因此道路环境空间应该是一种序列空间,充满律动感和方位诱导性,其给驾驶人呈现的不是某一时刻的固定观感,而是随时间和里程增加而变化的丰富空间表情。道路空间是车流的通过空间,始终与运动联系在一起,因此可以通过运用道路界面元素表现空间的动感和秩序。道路所在环境中,形态各异的地形地貌和景观绿化形成道路沿线的景观逻辑秩序,道路线形设计应使道路线形的内在秩序与沿线地区的内在秩序统一起来,并把各种景观绿化要素有机地安排在这种秩序中,使道路的协调感得以加强,给驾驶人带来心理上的愉悦感、舒适感,并在一定程度上避免错觉的产生,给驾驶人掌握行车方向和合理控制车辆提供引导。

一、坡面修饰与绿化

坡面修饰是将道路交叉范围内所有匝道包围区域(包括环圈式匝道内和三角地带内区域)的边坡修饰成规则、圆滑和接近自然地形的形状。原则上只对匝道包围区域进行坡面修饰,其外侧应以满足通视条件、保持坡面规整为原则进行适当修整。坡面修饰应满足坡顶圆滑、坡面规则和坡脚顺适的要求。坡面修正后应进行坡面绿化,一方面可以美化环境,另一方面也可对坡面起到加固防护的作用。

1. 填方地段的边坡处理

路堤边坡坡顶以土路肩宽度为切线长,采用圆弧修整折线坡顶和坡脚成圆滑形状。边坡坡度最好随高度逐渐变化,接近底部应该平缓一些。位于互通式立体交叉匝道包围的封闭区域(图11-23)的边坡宜采用较缓的边坡,一般宜采用缓于1∶4的坡度[2];若因地形或经济等条件限制,不能采用较缓的边坡,可采用直线形边坡,但边坡坡度以不陡于1∶2为宜,最大应不陡于1∶1.5,并在坡脚附近3~4m范围内逐渐变缓或用圆弧修整坡脚成圆滑形状(图11-24)。

另外,坡面修饰应结合立体交叉范围内的匝道填土高度、地形和排水构造物进行总体规划设计。总体规划设计可用匝道包围区域的等高线图表示(图11-24)。

等高线图不一定是很规则的,但必须充分利用原有地形,力求变化均匀、圆滑,并保持自然景观。等高线图是经设计人员反复修改后完成的。另外,也可利用等高线图来复查坡面修饰的景观效果。

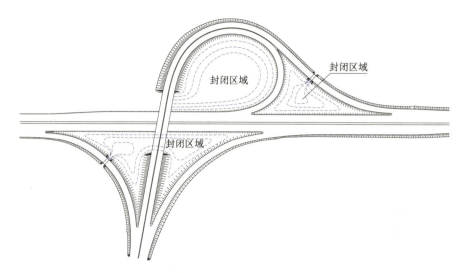

图 11-23　坡面修饰等高线图

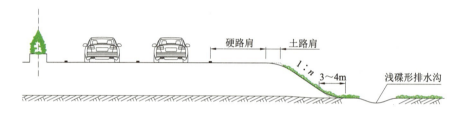

图 11-24　填方地段边坡处理

2. 挖方地段的边坡处理

互通式立体交叉处于挖方地段时,主要应满足视距要求,必要时应后退挖方坡脚、开挖视距台、挖除匝道所围区域内的山体、清除匝道曲线内侧阻挡视线的障碍物等。

如图 11-25 所示,在合流端应保证正线合流视距和匝道合流视距所围区域内通视,环圈式匝道所围区域内的山体或其他障碍物应予以清除,以保证驾驶人能看清交汇道路(正线或匝道)上的车辆运行情况,实现安全合流。分流部位的端部应沿脊线使挖方边坡向两侧倾斜,并修整脊线成圆滑状,以起到诱导交通的作用。匝道所围区域内挖方边坡的坡顶和坡脚,一般宜用圆弧修整成圆滑形状,以开阔视野,减少压迫感(图 11-26)。

二、防眩栽植

在中央分隔带、主线与辅道或平行的道路之间,可栽植常绿灌木、矮树等以隔断对向车流的眩光,避免夜间对向车辆灯光的影响。防眩植物可连续栽植,也可以单株栽植。

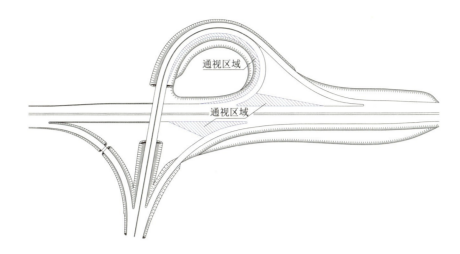

图 11-25　挖方路段景观绿化控制区通视处理

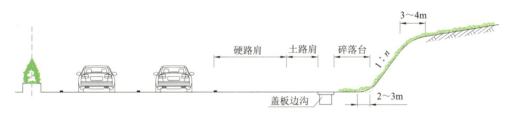

图 11-26　挖方地段边坡处理

1. 直线路段植物种植株距

防眩设施既要有效地遮挡对向车辆前照灯的眩光,也要满足横向通视好、能看到正前方,并对驾驶人心理影响小的要求。如采用完全遮光,反而缩小了驾驶人视野,影响巡逻管理车辆对对向车行道的通视,且对驾驶人行车有压迫感。同时,无论白天或黑夜,对向车行道的交通状况是行车的重要参照系,其中很重要的一点是驾驶人在夜间能通过对向车前照灯的光线判断两车的纵向距离,使其注意调整行驶状态。从国外试验结果可知,相会两车非常接近(小于 50m)时,光线不会影响视距,但当达到某一距离时,眩光会对视距产生较大的影响。防眩设施不需要很大的遮光角也可获得良好的遮光效果。所以,防眩设施不一定要把对向车灯的光线全部遮挡,而采用部分遮光的原理,允许部分车灯光穿过防眩设施,当然,透光量不应使驾驶人感到不舒适。因此,遮光角一般在直线路段不宜小于 8°,平曲线路段宜采用 8°~15°。此外,防眩植物的株距与植物的冠幅直径有关,可采用图 11-27 所示的方法计算。

根据图 11-27 所示几何关系得:

$$L_{st} = d/\sin\theta \tag{11-1}$$

式中:L_{st}——直线路段防眩植物最大株距(m);

d——防眩植物冠幅直径(m),一般取 1.0~1.8m;

θ——直线路段遮光角(°),采用植物防眩时遮光角宜取 8°~15°[3]。

图 11-27　直线路段防眩植物株距计算图示

根据式(11-1)计算得到平直路段不同冠幅的防眩植物最大株距(表 11-3,取为 0.5m)。

直线路段不同冠幅防眩植物株距　　　　　　　　　　　　表 11-3

冠幅直径(m)	1.0	1.1	1.2	1.3	1.4	1.5	1.6	1.7	1.8
最大遮光角(°)	8	8	8	8	8	8	8	8	8
最小遮光角(°)	15	15	15	15	15	15	15	15	15
最大株距(m)	7.0	8.0	8.5	9.5	10.0	11.0	11.5	12.0	13.0
最小株距(m)	4.0	4.5	4.5	5.0	5.5	6.0	6.0	6.5	7.0

不同冠幅下绿化植物的防眩最大株距不同,且植物株距随冠幅呈线性变化,又考虑不同植物物种生长需求及驾驶人通视需要,可得到植物种植最小株距。种植株距在最小值与最大值之间即可。

2. 平曲线路段防眩植物株距

平曲线路段弯道内侧车辆前照灯光线沿切线方向射向外侧车道,使外侧车道驾驶人受到眩光影响,如图 11-28 所示。图中 AD 为车辆前照灯主光轴方向,AE 为前照灯左侧边缘,θ 为照射角。

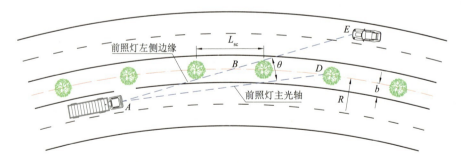

图 11-28　平曲线路段防眩植物株距计算图示

平曲线路段防眩植物株距的计算可采用图 11-29 所示模型。A 为车辆前照灯的位置;B 为两相邻植株的弦长中点,B' 为弧长中点;C 为 BB' 连线与车辆前照灯轨迹线的交点。根据模型的几何条件有

$$d = L_{sc}\sin(\theta + \beta) \tag{11-2}$$

$$BB' = R - R\arcsin\left(\frac{L_{sc}}{2R}\right) \tag{11-3}$$

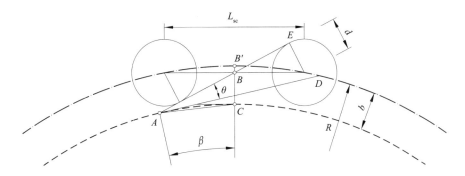

图 11-29　平曲线路段防眩植物株距计算模型

$$BC = b - BB' \tag{11-4}$$

$$AC = 2(R-b)\sin(0.5\beta) \tag{11-5}$$

式中：L_{sc}——平曲线路段防眩植物最大株距(m)；

　　　d——防眩植物冠幅直径(m)，一般取 1.0~1.8m；

　　　R——道路平曲线半径(m)；

　　　b——车辆中线与道路中线的横向距离(m)，一般取最内侧行车道中心线与道路中线的横向距离；

　　　θ——遮光角(°)，采用植物防眩时遮光角宜为 8°~15°，取 12°；

　　　β——圆弧 AC 所对应的圆心角(°)。

根据正弦定理，在 $\triangle ABC$ 中有

$$\frac{BC}{\sin(\theta+0.5\beta)} = \frac{AC}{\sin(0.5\pi-\theta-\beta)} \tag{11-6}$$

将式(11-2)~式(11-5)代入式(11-6)，得：

$$\frac{b - R + R\arcsin\left[\dfrac{d}{2R\sin(\theta+\beta)}\right]}{\sin(\theta+0.5\beta)} = \frac{2(R-b)\sin(0.5\beta)}{\cos(\theta+\beta)} \tag{11-7}$$

式(11-7)属于非线性方程，可通过数值算法求解。因平曲线半径相对植株的间距而言很大，所以 BB' 可近似为 0，即忽略弦长与弧长的长度差，则式(11-7)可转换为

$$\frac{b}{\sin(\theta+0.5\beta)} = \frac{2(R-b)\sin(0.5\beta)}{\cos(\theta+\beta)} \tag{11-8}$$

式(11-8)可化简为

$$\cos(\theta+\beta) = \frac{(R-b)\cos\theta}{R} = \left(1 - \frac{b}{R}\right)\cos\theta \tag{11-9}$$

根据 $\sin^2(\theta+\beta) + \cos^2(\theta+\beta) = 1$，有

$$\sin(\theta+\beta) = \sqrt{1 - \left(1 - \frac{b}{R}\right)^2\cos^2\theta} \tag{11-10}$$

代入式(11-2)即可求得植株间距：

$$L_{sc} = \frac{d}{\sqrt{1-\left(1-\frac{b}{R}\right)^2 \cos^2\theta}} \tag{11-11}$$

当直线路段和平曲线路段采用相同冠幅的植株时,将平曲线路段防眩植物株距与直线路段防眩植物株距之比定义为株距修正系数:

$$k = \frac{L_{sc}}{L_{st}} = \frac{\sin\theta}{\sqrt{1-\left(1-\frac{b}{R}\right)^2 \cos^2\theta}} \tag{11-12}$$

平曲线半径越小,修正系数越小,因此,采用极限最小半径计算不同车道的防眩植物株距修正系数,见表11-4。

平曲线路段防眩植物株距修正系数　　　　表11-4

设计速度(km/h)		120	100	80	70	60	50	40
极限最小半径(m)		650	400	250	175	125	80	60
遮光角(°)		12	12	12	12	12	12	12
中央分隔带宽度(m)		3	3	2	2	2	1	1
左侧路缘带宽度(m)		0.75	0.5	0.5	0.5	0.5	0.5	0.25
车道宽度(m)		3.75	3.75	3.75	3.75	3.5	3.5	3.5
第一车道	横向距离 b(m)	4.13	3.88	3.38	3.38	3.25	2.75	2.50
	修正系数 k	0.88	0.84	0.79	0.74	0.68	0.63	0.60
第二车道	横向距离 b(m)	7.88	7.63	7.13	7.13	6.75	6.25	6.00
	修正系数 k	0.81	0.74	0.67	0.60	0.55	0.48	0.44
建议修正系数 k		0.80	0.75	0.65	0.60	0.55	0.50	0.45

从计算结果可以看出,车辆位于第二车道时,防眩植物株距更小。当车道数更多时,对向车辆的横向间距大于14m,则不需要考虑眩光影响。故株距修正系数按第二车道选取即可。

3. 防眩植物高度

若防眩植物过低,则起不了防眩作用;若防眩植物过高,则会加大车辆的侧向风压,影响车辆行驶稳定性,且容易形成"墙壁"效应,对驾驶人造成心理压力,故需要对中央分隔带防眩植物的高度进行控制。防眩植物的高度与车辆前照灯高度、驾驶人视线高度、前照灯照射角及公路总体线形有关。防眩植物高度计算原理见图11-30。

由图11-30所示几何比例关系可得到防眩植物高度计算公式:

$$h = \frac{b_2}{b_1+b_2}[(H_A+h_1)-(H_P+h_2)]+(H_P+h_2)-H_B \tag{11-13}$$

式中:h——防眩植物高度(m);

b_1——车辆左侧前照灯与防眩植物中心的间距(m);

b_2——对向车辆驾驶人与防眩植物中心的间距(m);

h_1——车辆前照灯高度(m);
h_2——对向车辆驾驶人视线高度(m);
H_A——车辆左侧前照灯位置的路面设计高程(m);
H_P——对向车辆驾驶人位置的路面设计高程(m);
H_B——植物防眩中心位置的设计高程(m)(不含中央分隔带路缘石的高度)。

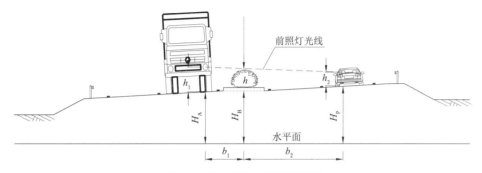

图 11-30　防眩植物高度计算示意图

根据实际情况分析可知,当一辆大型车在超车道上,另一辆大型车在对向第二车道上行驶时所需的防眩高度最大。大型车前照灯相对路面高度为 1.0m,大型车驾驶人视线相对路面高度为 2.0m。根据相关规范选取合适参数,可计算出平直路段中央分隔带的防眩植物高度在 1.4~1.7m 之间。平曲线路段和竖曲线路段应考虑超高和竖曲线的影响,根据式(11-13)计算,计算时车辆前照灯位置 A 与对向车道驾驶人 P 之间的纵向距离一般按照 120m 确定。图 11-31 为设计速度 80km/h 的高速公路中一段平纵面组合线形和防眩植物高度计算分布图,从图中可看出防眩植物高度与平纵面组合的线形指标有关,防眩植物最高的路段位于平曲线与凹形竖曲线组合的路段;防眩植物最低的路段位于直线与凸形竖曲线组合的路段。

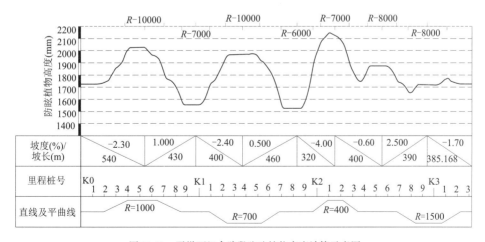

图 11-31　平纵面组合路段防眩植物高度计算示意图

三、标示栽植

为强化驾驶人对出口的辨认和识别,提前做好驶出准备,可以通过改变出口附近的环境,以区别基本路段的一般环境,强化出口信息,提醒驾驶人做好对道路交叉的识别,将道路交叉从环境中凸显出来,引起驾驶人的注意,通常在道路交叉出口前端设置标示植物起到标示交叉位置的作用。当沿途景观环境单一或长时间驾驶而使驾驶人难以确定所经地点时,可在平面交叉进口道、互通式立体交叉、服务区、休息区等出口地点前适当距离连续设置与背景环境和其他路段不同的景观绿化,以引起驾驶人的注意和重视,指引驾驶人识别道路交叉的位置,这些具有标示作用的植物被称为标示植物。

1. 标示植物对驾驶人平均反应时间的影响

外界信息对人的感觉器官产生刺激,通过神经系统传递至大脑,信息经处理后,再由大脑传递至肌肉,肌肉收缩作用于外界客体,这就是人面对外界反应的基本过程,这一系列过程都需要相应的时间。驾驶人从受到外界刺激到对外界信息做出反应动作的时间,就是反应时间。对于外界不同的刺激,不同的驾驶人会有不同的反应时间。国内相关研究从标示植物的颜色、种植长度、种植面积比例及种类数量四个方面进行了驾驶人反应时间的实验[4],实验结果见表11-5。

标示植物布置特征与驾驶人平均反应时间的关系　　表11-5

标示植物布置特征		平均反应时间(ms)	标示植物布置特征		平均反应时间(ms)
颜色	红色	172	种植面积比例	1:4	245
	橙色	184		1:2	224
	黄色	192		2:1	202
	黄绿色	216		4:1	198
种植长度(m)	50	235	种类数量	1	185
	100	223		2	316
	150	215		3	364
	200	210		4	434

国内相关研究实验表明标示植物与背景植物颜色对比度越大,颜色越鲜艳,栽植段长度越大,与背景植物的种植面积比例越大,植物种类越单一,驾驶人的反应时间越短。因此,标示植物宜选择色彩鲜艳的单一植物。

2. 标示植物的布置

当车辆行驶速度较低时,标示植物指示作用较低。研究标示植物布置时主线设计速度大于或等于60km/h。

(1)标示植物纵向布设

标示植物一般需配合标志牌来使用,因为标示植物无法用来表达某些具体信息,标示植物无法独立使用。驾驶人在高速行驶中长时间注意力集中,反应会变得相对迟钝,设置与其他路段不同的标示植物能有效刺激驾驶人对出入口标志的认读[5]。因此,标示植物纵向布设起点与出口附近预告标志的距离(简称标示植物纵向位置)为驾驶人看到标示植物后的反应距离与对出口预告标志视认距离两者之和(图11-32)。

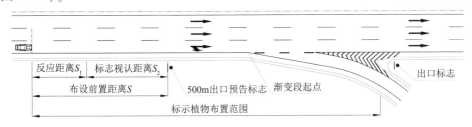

图11-32 标示植物纵向布设示意图

驾驶人看到标示植物时,需要一定的时间反应,在此期间车辆保持主线设计速度匀速行驶的反应距离 S_1 见表11-6。

标示植物布设前置距离 表11-6

主线设计速度(km/h)	120	100	80	60
反应时间(s)	3	3	3	3
反应距离 S_1(m)	100	83	67	50
汉字高度(m)	0.70	0.60	0.53	0.45
标志视认距离 S_2(m)	155	133	118	100
布设前置距离 S(m)	260	220	190	150

标志视认距离是指驾驶人开始识别标志牌的位置到标志牌的距离。根据驾驶人的视觉特性,标志视认距离可按式(11-14)计算[6]:

$$S_2 = \frac{57.3h}{\alpha} \tag{11-14}$$

式中:h——指路标志版面中的汉字高度(m),按表11-6取值[7];

α——驾驶人的竖直视角(°),视认标志版面上的汉字所需的最小视角取 $15.5'$ [7]。

采用式(11-14)计算出口指路标志视认距离 S_2,结果见表11-6。因此,标示植物纵向布设起点与出入口附近预告标志的距离 S 见表11-6。为达到更好的指示效果,标示植物纵向布设终点应延伸至出口分流鼻附近,连续栽植标示植物能起到更好的走向标示作用。

(2)标示植物横向布设

为增强标示效果,标示植物可同时在中央分隔带内和右侧路幅外侧栽植。当路侧为较平缓的低填方时,标示植物可栽植在右侧的边坡上,并应位于停车视距包络线之外;当路侧为路堑边坡时,标示植物可栽植于碎落台上,若边坡高度较小,也可栽植于挖方边坡的坡顶[图11-33a)];当填土较高时,标示植物栽植于坡脚排水沟外侧[图11-33b)]。

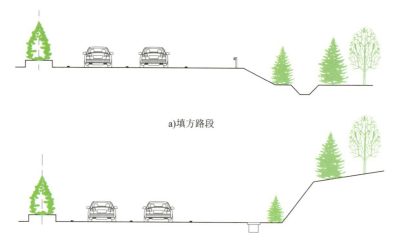

a)填方路段

b)挖方路段

图 11-33　标示植物横向布置示意图

依据对驾驶人动视觉特性的研究,驾驶人对不同视觉范围内景物的敏感程度不同,将视觉敏感区划分为三个区划[4](表 11-7)。驾驶人对一级敏感区内的景观最敏感,对二级敏感区内的景观较为敏感,对三级敏感区内的景观不敏感。为达到较好的指示效果,标示植物应栽植于一级敏感区内,若因断面布置原因无法栽植于一级敏感区,至少应保证标示植物栽植于二级敏感区内。左侧中央分隔带位于一级敏感区内,右侧路幅之外在保证视距的情况下,标示植物栽植难以位于一级敏感区内,但一般也能保证位于二级敏感区内。

驾驶人视觉敏感区与路基边缘的横向距离　　　　表 11-7

主线设计速度(km/h)	120	100	80	60
一级视觉敏感区(m)	5	10	15	10
二级视觉敏感区(m)	100	125	130	95
三级视觉敏感区(m)	120	170	200	230

(3)标示植物顶端距路面的高度

高速行驶过程中,驾驶人对路侧一定高度以下的景物无法清晰辨认,为了达到更好的指示效果,标示植物顶端距路面的高度应该满足驾驶人清晰辨认的最小高度 h_m (图 11-34)。不同速度下驾驶人清晰辨认的最小高度[8]见表 11-8。标示植物高度的选择与道路断面形式有关,不同的断面形式、边坡高度对植物的高度控制不同,因此对标示植物高度的具体选择要考虑道路沿线地形及道路断面布置情况。

驾驶人清晰辨认的最小高度　　　　表 11-8

主线设计速度(km/h)	60	80	100	120
驾驶人清晰辨认的最小高度 h_m (m)	1.1	1.5	2.0	2.6

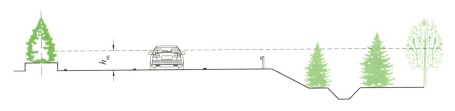

图 11-34　标示植物最小高度

（4）标示植物的种类选择

标示植物应选择单一种类、颜色鲜艳，并与其他路段绿化植物不同的乔、灌木进行成林连续栽植，以达到更好的指示目的。种类选择还应考虑地域环境因素以及四季变化的影响，单一种类的标示植物可能无法保证其全年的指示效果，因此应将多种植物进行有效组合。在全国大部分地区，标示植物可选择紫叶桃，其春、夏、秋三季叶片为紫红色，与秋、冬两季叶片为金黄色的金枝槐搭配，能起到较好的指示效果；在我国华北及其以南地区，标示植物还可以选择紫叶李，其整个生长季节叶片都为紫红色；在东南沿海地区，标示植物可选择红桑，其叶片为浅红色。

（5）标示植物平面布置形式

标示植物是为了提示驾驶人前方存在服务区、休息区、互通式立体交叉或道路进出口而设置的。为了达到更好的标示效果，其布置形式应该起到一定的方向指引作用，能有效暗示驾驶人的行驶方向。出口前端标示植物群落可以采用图11-35所示的平面布置形式。

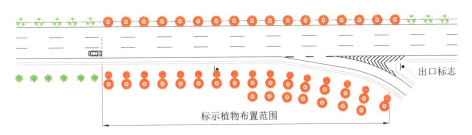

图 11-35　出口前端标示植物平面布置形式

标示植物群落沿出入口方向向外延伸布置，形成一道诱导曲线，而立面上标示植物在路基外侧由低到高布置形成的线条，也能在一定程度上预告道路的线形变化，给予驾驶人驶出主线的心理准备。标示植物群落需要根据现场的地形环境、实际情况进行布置，并注意后期修剪，可起到良好的指引效果。

四、诱导栽植

视线诱导设施是指在视距受限路段，为帮助驾驶人正确判断前方道路线形，在行车道外侧设置预告线形走向的指示性标志或其他设施。视线诱导设施除了设置线形诱导标外，也可以采用景观绿化的方法在道路平面和纵断面视距受限路段进行必要的线形诱导栽植。

1. 平面线形诱导

在驾驶过程中，驾驶人可能受到不利因素影响而产生错觉，不良的错觉会威胁行车安全，导致交通事故多发。当主线或者匝道平面转角半径较小时，可在弯道外侧种植乔木，为驾驶人预告匝道平面线形的变化，诱导驾驶人视线（图11-36）。平曲线外侧的诱导栽植植物不宜过高，以防止在小半径路段内形成封闭效果，给驾驶人带来压抑感。同时注意修剪乔木主干下方的多余枝条，仅保留一定高度的主干，以便形成通透和连续的线形诱导。

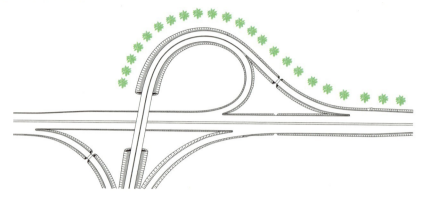

图11-36　匝道平面线形诱导栽植示意图

2. 纵断面线形诱导

车辆行驶在竖曲线上，在坡度变化较为明显的坡道段易出现坡道错觉，下坡行驶至坡度变缓处时会觉得下坡结束从而加速上坡，上坡行驶至坡度变缓处时会觉得上坡结束，从而盲目换挡（图11-37）。可在道路两侧栽植等高的行道树，能有效预告前方平竖曲线的线形变化（图11-38），对驾驶人的视线进行有效诱导，确保交通安全。

五、缓冲栽植

在低填方且没有设护栏路段或互通式立体交叉出口端部，可栽植一定宽度的密集灌木或矮树。缓冲栽植要遵循节奏与韵律的设计原则，可让驾驶人在心理上有一种理性的安全感，一方面，在分流区域采用灌木来缩小视野，间接引导驾驶人降低车速或防止车辆因分流不及时而失控，一定程度上起到预防事故的作用；另一方面，栽植的灌木可在一定程度上减轻驶出路基的事故车辆发生碰撞时造成的损伤程度（图11-39）。

六、过渡栽植

当隧道出入口与互通式立体交叉出入口净距较小时，可在隧道洞口外两端光线明暗急剧变化的基本路段栽植高大乔木，降低洞内外的照度差，减少明暗适应的时间，有利于驾驶人更快地观察出入口的位置和交通状况。

第十一章　道路交叉景观绿化设计

a) 纵断面线形设置诱导植物前效果图

b) 纵断面线形设置诱导植物后效果图

图 11-37　纵断面线形诱导栽植示意图

图 11-38　路侧绿化诱导纵断面线形效果图

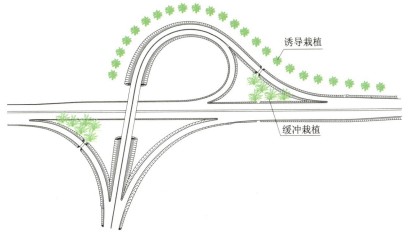

图 11-39　分流端缓冲栽植示意图

七、遮蔽栽植

道路两旁的环境信息会对驾驶人的行车安全性和舒适性产生一定影响,不协调的环境和路侧景观或建筑,易分散驾驶人的注意力、影响驾驶人的心情,严重时甚至会让驾驶人产生行车错觉,威胁驾驶安全。采用合理、有效的景观绿化设计,遮挡不协调的路侧环境,能消除不良视觉效应,改善道路行车环境,提高行车的舒适性。

1. 对不良景观遮蔽栽植

道路设计过程中由于地形、地貌、地物及经济因素的影响,不可避免会出现对驾驶人心理、生理产生不利影响的环境,如高路堤、深路堑、连续急弯、线形错觉等,在景观绿化设计时可使用绿化植物对其进行遮蔽。

在高路堤下种植树木能掩饰路堤的高度,缓解驾驶人紧张情绪,当路堤过高时,甚至可以在其边坡上栽植,但应选择根系不深、树枝伸展面积较大的树木种类。在深路堑路段行车,驾驶人由于视野狭窄,容易产生紧张、不安的情绪,可在边坡上栽植当地的乔、灌木,美化边坡环境,宜从坡底从下至上逐渐提高其植根点。线形组合不利也会产生不良视觉效果,平曲线与凸形竖曲线组合会产生急弯效果,而与凹形竖曲线组合则会让驾驶人感觉弯道不明显,一个平曲线内包含几个竖曲线会在视觉上出现连续起伏,影响驾驶人对前方路线走向的判断,在弯道内侧栽植植物进行遮蔽能在一定程度上削弱上述弯道错觉(图11-40)。为避免形成"断背曲线",同向圆曲线之间的直线长度(m),不宜小于6倍设计速度(以 km/h 计),但有时因环境限制,直线长度很难满足要求,而在弯道内侧栽植遮蔽植物可以避免产生反弯错觉,保证行车安全。

据相关研究,驾驶人对景物的认知理解时间一般为 0.4~0.5s,当不良景观和线形在驾驶人视野内出现的时间低于上述值时,对驾驶人基本无干扰。因此,对不良景观和线形不需要完全遮蔽(图11-41)。即使驾驶人意识到不良景观和线形的存在,其使驾驶人产生负面感受的时间仍需要 3s,因此可据此计算遮蔽栽植的最大设置间距(表11-9)。

遮蔽栽植设置最大间距(m) 表11-9

设计速度(km/h)	120	100	80	70	60	50	40	35	30	20
一般值(0.5s 行程)	17	14	11	10	8	7	6	5	4	3
极限值(3s 行程)	100	83	67	58	50	42	33	29	25	17

2. 避免视觉污染的景观绿化设置

道路两侧绿化有时为了营造观赏效果,常采用彩色植物进行群植、丛植,在互通式立体交叉范围内甚至采用图案式栽植。良好的色彩搭配能令人心旷神怡,产生一种韵律和意境的美感。但若植物色彩搭配不当,则很容易产生景物繁杂感,造成视觉污染,大大分散驾驶人注意力,严重时甚至会使驾驶人产生焦虑、烦躁的情绪,不利于交通安全。

第十一章 道路交叉景观绿化设计

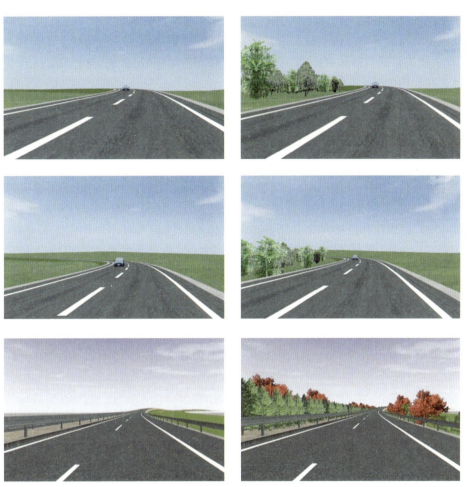

图 11-40 遮蔽栽植效果对比

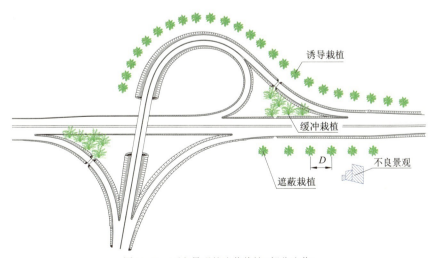

图 11-41 不良景观的遮蔽栽植(部分遮蔽)

不同的色彩会使人产生不同的心理感受，红色容易引起人的兴奋、紧张，长期处于红色环境易使人产生视觉疲劳和精神焦灼，橙色、黄色给人一种精神上的温暖和愉悦，绿色使人感到宁静和放松，白色给人朴素和简洁的感觉，蓝色、紫色则让人产生一种萧瑟和忧伤之感。

道路两侧绿化种植中一般不会大面积采用暖色植物，避免分散驾驶人的注意力，也不会单纯地采用冷色植物，避免驾驶人产生压抑情绪，多采用两种或两种以上色彩植物搭配栽植，在色彩植物的选取过程中应注意色彩的对比和排斥问题。

色彩的对比即色相对比，由色相环可以看出不同色彩之间对比度的强弱关系（图11-42），色相环上相距15°~30°称作邻近色相对比，相距30°~60°称作类似色相对比，相距60°~90°称作中差色相对比，相距90°~120°称作对比色相对比，相距120°~180°称作互补色相对比。当多种绿化植物的色相为对比色相或互补色相时，其色彩对比鲜明、强烈，容易对驾驶人产生视觉冲击，这类色彩搭配组织较为复杂、难度较大，不易统一调和，为避免产生视觉污染，一般不应大范围采用。若采用邻近或类似色相搭配，尽管色彩效果柔和，但也极易产生单调、乏味之感，故一般情况下应采用中差色相搭配，既可保证一定程度的兴奋刺激，又便于调和统一。

图11-42 色相环

在道路景观色彩搭配中，天空的颜色作为背景色是必须要考虑的，一般情况下为明亮的蓝色，故基于中差色相的搭配理论，绿化植物的颜色宜选用绿色、橙色、淡金色等，以形成色彩上的和谐。若因景观美化需求，需种植颜色鲜艳的植物，如红色、金色等，可通过彩度的逐渐过渡来渐变调和，如深红、浅红、粉红按顺序层次布置。当不可避免地出现对比色相或互补色相时，为了降低色彩之间的对比效果，应在两者之间引入较为中性的色彩，如大红色花朵与浅绿色草坪搭配时，可在其间种植白色的花朵来缓冲调和。

在景观绿化设置过程中，除了考虑色彩搭配组合问题外，不同色彩植物栽植面积的控制也是至关重要的。前文所说的色彩对比效果是基于色彩面积相同的情况提出的，若两个色彩的面积比例较为悬殊，即使是色差大的强对比也会产生弱对比的效果，而根据心理学实验可知，当一种色彩的面积变大，其看上去会更加明亮、艳丽，故基于降低视觉刺激的考虑，两色差较大的色彩中，应优先增加暗色调的植物面积。

通过合理的植物色彩搭配和面积大小控制，能有效避免景观绿化不当带来的视觉污染,提高行车过程的舒适性,安定驾驶人的心理,有利于行车安全。

八、防污栽植

当交叉附近存在学校、医院、疗养院、住宅区等环境敏感场所时,宜在用地范围内栽植防噪、防气体污染林带,以减少车辆行驶噪声和废气污染的影响。防污栽植的树种和密度应满足环境影响评价分析的要求。

九、隔离栽植

在道路交叉用地边缘的隔离栅内侧,宜栽植刺藜、常绿灌木、攀缘植物等,以防止人或动物进入道路,影响行车安全。当平面交叉的交通岛面积较大时,也可以在交通岛的周边栽植低矮常绿灌木,围住交通岛,防止行人随意穿越交通岛。

本章参考文献

[1] 章坤鹏.基于交通安全的公路景观绿化设计[D].西安:长安大学,2016.

[2] 潘兵宏,陈瑾,章坤鹏,等.基于车辆行驶稳定性的路堤边坡坡率研究[J].中国公路学报,2015,28(10):34-40.

[3] 中华人民共和国交通运输部.公路交通安全设施设计规范:JTG D81—2017[S]. 北京:人民交通出版社股份有限公司,2017.

[4] 许金良,王荣华,冯志慧,等.基于动视觉特性的高速公路景观敏感区划分[J].交通运输工程学报,2015,15(2):1-9.

[5] 潘兵宏,章坤鹏,殷缘.高速公路互通式立交出口前端标志性植物布置研究[J]. 公路工程,2016,41(6):39-42,47.

[6] 李中原,李爽爽.基于人因工程学的交通信息显示屏设计方案研究[J].智能建筑与城市信息,2010(2):85-87.

[7] 中华人民共和国国家质量监督检验检疫总局,中国国家标准化管理委员会.道路交通标志和标线 第2部分:道路交通标志:GB 5768.2—2022[S].北京:中国标准出版社,2022.

[8] 谢韦韦.基于视觉特性的高速公路景观要素设计研究[D].西安:长安大学,2011.